SUSTENTABILIDADE NO DIREITO ADMINISTRATIVO

IDAPAR
Organizador

MARIA CRISTINA CESAR DE OLIVEIRA
OCTAVIO CASCAES DOURADO JUNIOR
MARCIO AUGUSTO MOURA DE MORAES
Coordenadores

Prefácio
André Saddy

SUSTENTABILIDADE NO DIREITO ADMINISTRATIVO

Belo Horizonte

2025

© 2025 Editora Fórum Ltda.

É proibida a reprodução total ou parcial desta obra, por qualquer meio eletrônico, inclusive por processos xerográficos, sem autorização expressa do Editor.

Conselho Editorial

Adilson Abreu Dallari
Alécia Paolucci Nogueira Bicalho
Alexandre Coutinho Pagliarini
André Ramos Tavares
Carlos Ayres Britto
Carlos Mário da Silva Velloso
Cármen Lúcia Antunes Rocha
Cesar Augusto Guimarães Pereira
Clovis Beznos
Cristiana Fortini
Dinorá Adelaide Musetti Grotti
Diogo de Figueiredo Moreira Neto (*in memoriam*)
Egon Bockmann Moreira
Emerson Gabardo
Fabrício Motta
Fernando Rossi
Flávio Henrique Unes Pereira
Floriano de Azevedo Marques Neto
Gustavo Justino de Oliveira
Inês Virgínia Prado Soares
Jorge Ulisses Jacoby Fernandes
Juarez Freitas
Luciano Ferraz
Lúcio Delfino
Marcia Carla Pereira Ribeiro
Márcio Cammarosano
Marcos Ehrhardt Jr.
Maria Sylvia Zanella Di Pietro
Ney José de Freitas
Oswaldo Othon de Pontes Saraiva Filho
Paulo Modesto
Romeu Felipe Bacellar Filho
Sérgio Guerra
Walber de Moura Agra

FÓRUM
CONHECIMENTO JURÍDICO

Luís Cláudio Rodrigues Ferreira
Presidente e Editor

Coordenação editorial: Leonardo Eustáquio Siqueira Araújo / Thaynara Faleiro Malta
Revisão: Bárbara Ferreira
Projeto gráfico: Walter Santos
Capa e Diagramação: Formato Editoração

Rua Paulo Ribeiro Bastos, 211 – Jardim Atlântico – CEP 31710-430
Belo Horizonte – Minas Gerais – Tel.: (31) 99412.0131
www.editoraforum.com.br – editoraforum@editoraforum.com.br

Técnica. Empenho. Zelo. Esses foram alguns dos cuidados aplicados na edição desta obra. No entanto, podem ocorrer erros de impressão, digitação ou mesmo restar alguma dúvida conceitual. Caso se constate algo assim, solicitamos a gentileza de nos comunicar através do *e-mail* editorial@editoraforum.com.br para que possamos esclarecer, no que couber. A sua contribuição é muito importante para mantermos a excelência editorial. A Editora Fórum agradece a sua contribuição.

Dados Internacionais de Catalogação na Publicação (CIP) de acordo com ISBD

S964	Sustentabilidade no direito administrativo / IDAPAR - Instituto de Direito Administrativo do Pará (org.). Maria Cristina Cesar de Oliveira, Octavio Cascaes Dourado Junior, Marcio Augusto Moura de Moraes (coord.). Belo Horizonte: Fórum, 2025. 345p. 14,5x21,5cm
	ISBN impresso 978-65-5518-953-7 ISBN digital 978-65-5518-950-6
	1. Sustentabilidade. 2. Direito administrativo. 3. Governança. 4. Administração Pública. 5. Políticas públicas. 6. Urbanismo. I. IDAPAR. II. Oliveira, Maria Cristina Cesar de. III. Dourado Junior, Octavio Cascaes. IV. Moraes, Marcio Augusto Moura de. V. Título.
	CDD: 342 CDU: 342

Ficha catalográfica elaborada por Lissandra Ruas Lima – CRB/6 – 2851

Informação bibliográfica deste livro, conforme a NBR 6023:2018 da Associação Brasileira de Normas Técnicas (ABNT):

IDAPAR - Instituto de Direito Administrativo do Pará (org.); OLIVEIRA, Maria Cristina Cesar de; DOURADO JUNIOR, Octavio Cascaes; MORAES, Marcio Augusto Moura de. (coord.). *Sustentabilidade no direito administrativo*. Belo Horizonte: Fórum, 2025. 345p. ISBN 978-65-5518-953-7.

SUMÁRIO

PREFÁCIO
André Saddy 13

SUSTENTABILIDADE E DIREITO ADMINISTRATIVO
Maria Cristina Cesar de Oliveira 17
1   Os riscos da modernidade avançada 17
2   Sustentabilidade e desenvolvimento 18
3   O Direito no marco da sustentabilidade 22
3.1   Sustentabilidade e boa governança 23
3.2   Princípios jurídicos e governança pública sustentável 24
4   À guisa de conclusão 27
       Referências 28

A IMPORTÂNCIA DO PROCESSO ADMINISTRATIVO DE OUTORGA DE DIREITO DE USO DE RECURSOS HÍDRICOS, NO ESTADO DO PARÁ
Octavio Cascaes Dourado Junior, Miguel Monteiro Ribeiro, Stefany Monteiro Lucena 31
1   Introdução 31
2   Regra geral na gestão dos recursos hídricos 33
2.1   Política Estadual de Recursos Hídricos do Estado do Pará – PERH 33
2.2   Outorga de direito de uso dos recursos hídricos como instrumento de gestão 34
3   A realidade dos processos de outorga de direito de uso dos recursos hídricos 35
3.1   Quantitativo de deferimento e indeferimento dos processos de outorga de direito de uso dos recursos hídricos entre 2016 e 2021 35
3.2   Causas dos indeferimentos de outorga de direito de uso dos recursos hídricos 38
3.3   Tempo médio para a conclusão dos processos administrativos de outorga de direito de uso de recursos hídricos, no Estado do Pará 40

4	Conclusão	42
	Referências	43

DIREITO A UM MEIO AMBIENTE DE TRABALHO SUSTENTÁVEL NO SERVIÇO PÚBLICO
Marcio Augusto Moura de Moraes, Fábio Bandeira de Mello 45

	Introdução	45
1	Interseção entre Direito do Trabalho e Direito Ambiental	46
2	Conceito e objeto do meio ambiente do trabalho	48
3	Emergência da discussão acerca do meio ambiente de trabalho no serviço público e a influência da pós modernidade	49
4	Atos normativos que sustentam o direito ao meio ambiente do trabalho saudável	52
4.1	Convenções internacionais	52
4.2	Constituição Federal de 1988	56
4.3	Atos normativos infraconstitucionais	57
5	Normas regulamentares do Ministério do Trabalho e sua (in)aplicabilidade aos agentes públicos	59
6	Direito ao meio ambiente de trabalho sustentável no serviço público	62
6.1	Dados do painel estatístico de pessoal do Ministério do Planejamento	64
6.2	Relatório da Organização Mundial da Saúde	66
6.3	A incidência da sustentabilidade de modo pluridimensional	66
	Conclusões	68
	Referências	69

CONTRATAÇÕES ADMINISTRATIVAS E SUSTENTABILIDADE
Cesar Pereira 73

	Introdução	73
1	Sustentabilidade nos contratos regidos pela Lei de Licitações e Contratos Administrativos	74
1.1	"Desenvolvimento nacional" e a dimensão constitucional das contratações públicas sustentáveis	74
1.2	Contratações públicas sustentáveis na Lei nº 8.666	76
1.3	Contratações públicas sustentáveis a partir da Lei nº 14.133	78
2	Sustentabilidade nos contratos administrativos internacionais	80
2.1	Esforços internacionais para a promoção das contratações públicas sustentáveis	80
2.2	Sustentabilidade no GPA/WTO e a potencial acessão do Brasil	81

2.3	Contratos administrativos de compra internacional de mercadorias	84
2.3.1	Aplicação da CISG aos contratos administrativos de compra internacional de mercadorias	84
2.3.2	Sustentabilidade nos contratos regidos pela CISG	85
3	Conclusão	87
	Referências	88

GOVERNANÇA: INSTRUMENTO DE PROMOÇÃO AO BEM-ESTAR SOCIAL E DE CONSECUÇÃO DO DESENVOLVIMENTO SUSTENTÁVEL
Renata Fabris Pinto Gurjão, Eurico Soares Montenegro Neto 91

1	Introdução	91
2	Quando as instituições falham, o que pode ser feito? ...	93
3	As boas práticas de governança corporativa como instrumento de gerenciamento das instituições políticas	95
4	Índices verificadores de implementação da governança apontam para o desenvolvimento sustentável: uma análise da perspectiva da Associação dos Membros dos Tribunais de Contas (ATRICON)	100
5	Considerações finais	107
	Referências	108

A GOVERNANÇA COMO CRITÉRIO DE SUSTENTABILIDADE DAS POLÍTICAS PÚBLICAS NO BRASIL
Arianne Brito Cal Athias 113

	Introdução	113
1	A importância da governança e os critérios ESG para a sustentabilidade ambiental	114
2	Políticas públicas de boa governança para a promoção do desenvolvimento sustentável	118
3	Adoção de práticas inovadoras de gestão e governança sustentáveis	121
4	Agenda 21 Brasileira e o processo de governança e planejamento para o desenvolvimento sustentável	124
	Conclusões	128
	Referências	129

CARTAS DA CIDADE: UMA ANÁLISE DO NEOLIBERALISMO NA COP 30
Fernando Lourenço Matos Lima, Daniella Maria dos Santos Dias 131

	Introdução	131
	A sombra do neoliberalismo	132

As cartas revelam: análise das contas públicas 133
Desvendando o futuro: neoliberalismo e a preparação de
Belém para a COP 30 137
Considerações finais 140
Referências 141

O DIÁLOGO INTERSETORIAL PARA A CONCRETIZAÇÃO DO SOCIALMENTE JUSTO: UMA VISÃO DE COMPETÊNCIAS E DE PODERES COMPARTILHADA ENTRE ESTADO, MERCADO E SOCIEDADE CIVIL NO PROGRAMA ESCREVENDO E REESCREVENDO A NOSSA HISTÓRIA (PERNOH)

Sandoval Alves da Silva, Pedro Simões da Silva 145
1   Introdução 145
2   O Estado e a cooperação na divisão das funções estatais 148
3   As teorias do diálogo aplicadas à cooperação intersetorial 150
4   O diálogo intersetorial para concretizar o socialmente justo:
      Programa Escrevendo e Reescrevendo Nossa História
      (Pernoh) 153
5   Conclusão 156
      Referências 157

A INSTITUIÇÃO DE UM REGIME DE PREVIDÊNCIA COMPLEMENTAR E O DESAFIO PARA UMA PREVIDÊNCIA SOCIAL SUSTENTÁVEL

Sérgio Oliva Reis 159
1   Apresentação da questão 159
2   Do modelo previdenciário brasileiro 160
3   Do histórico do tratamento dos regimes fechados de
      previdência complementar destinados aos servidores públicos
      no Direito brasileiro 161
4   Da evolução dos déficits atuarial e previdenciário dos regimes
      próprios no Brasil 164
5   Das alterações decorrentes da implementação de um regime
      de previdência complementar pelos entes federados 167
6   Considerações finais 169
      Referências 169

O DESENVOLVIMENTO DA EDUCAÇÃO AMBIENTAL PELA ADMINISTRAÇÃO PÚBLICA COMO DEVER CONSTITUCIONAL: ASPECTOS LEGAIS E PRÁTICOS

Ana Maria Barata, João Rogério Rodrigues 173
Introdução 173

1	O contexto da educação ambiental no âmbito rural	174
2	Normativo constitucional e legal da educação ambiental	177
3	Proposição do ensino prático na educação ambiental	180
	Conclusões	184
	Referências	185

O PAPEL DA ADVOCACIA PÚBLICA CONSULTIVA NA FORMULAÇÃO DE POLÍTICAS PÚBLICAS SUSTENTÁVEIS

Mônica Martins Toscano Simões 187

1	Palavras introdutórias	187
2	A advocacia pública consultiva e a formulação das políticas públicas	188
2.1	A escolha da política pública	188
2.2	A modelagem da política pública	190
3	A judicialização das políticas públicas	195
4	Conclusão	197
	Referências	197

ÚTEIS, CONTÍNUOS OU CORRIDOS: SEGURANÇA JURÍDICA NA FORMA DE CONTAGEM DE PRAZOS ADMINISTRATIVOS NO ESTADO DO PARÁ E SUA INFLUÊNCIA PARA A JUSTIÇA E FORMAÇÃO DE INSTITUIÇÕES FORTES (META 16 – ODS)

João Paulo Mendes Neto, Carlos Alberto Schenato Junior 199

1	Introdução	199
2	Federalismo, legalidade e o princípio da segurança jurídica para o Objetivo de Desenvolvimento Sustentável nº 16 da ONU	202
3	Prazos administrativos no Estado do Pará e a Lei Geral de Processos Administrativos – LEPA	205
4	Conclusão	211
	Referências	212

SUSTENTABILIDADE E RESPONSABILIDADE CIVIL ESTATAL POR INJUSTIÇA AMBIENTAL

Elody Boulhosa Nassar 215

1	Introdução	215
2	Sustentabilidade como valor supremo na CF de 1988	217
3	Responsabilidade civil extracontratual do estado em sede ambiental e a jurisprudência do STJ	220
4	Conclusões	227
	Referências	228

A IMPORTÂNCIA DO DESENVOLVIMENTO NACIONAL SUSTENTÁVEL NAS CONTRATAÇÕES PÚBLICAS
Amanda Guiomarino, Priscilla Vieira 231
1   Introdução 231
2   O desenvolvimento nacional sustentável e o tão falado ASG (ESG) 232
3   A Lei nº 14.133/2021 e sua relação com o desenvolvimento nacional sustentável 234
4   Compras sustentáveis e perspectivas para o futuro 238
5   Conclusão 241
      Referências 242

COMPRAS PÚBLICAS SUSTENTÁVEIS: APLICAÇÃO DA NOVA LEI DE LICITAÇÕES E CONTRATOS NOS MUNICÍPIOS BRASILEIROS
Milene Dias da Cunha, Meriam Paes 245
1   Introdução 245
2   A Lei nº 14.133/2021 e as compras públicas sustentáveis 247
3   Aplicação da Nova Lei de Licitações e Contratos na gestão pública brasileira 250
4   Boas práticas 255
5   Levantamento sobre a aplicação da Nova Lei de Licitações e Contratos nos municípios brasileiros 256
6   Pontos positivos 265
7   Considerações finais 267
      Referências 268

COMPRAS PÚBLICAS SUSTENTÁVEIS SOB A ÓTICA DA LEI FEDERAL Nº 14.133/2021: EXPECTATIVA OU POSSIBILIDADE REAL?
Anete Marques Penna de Carvalho, Tátilla Brito Pamplona 271
1   Introdução 271
2   Evolução legislativa das compras públicas no Brasil 272
3   Sustentabilidade, desenvolvimento sustentável e a Lei nº 14.133/2021 274
4   Critérios de sustentabilidade na Lei nº 14.133/21 275
5   Desafios para aplicabilidade da Lei nº 14.133/21? 279
6   Conclusão 281
      Referências 282

SUSTENTABILIDADE E GOVERNANÇA NO PROCESSO ADMINISTRATIVO DE REGULARIZAÇÃO FUNDIÁRIA URBANA NA AMAZÔNIA LEGAL

Jane Vieira Alcântara Neves, Monique Soares Leite.................... 285
1 Introdução.. 285
2 Sustentabilidade, governança pública fundiária e processo administrativo de regularização fundiária urbana na Amazônia legal 287
3 Considerações finais.. 294
Referências... 295

OS OBJETIVOS DE DESENVOLVIMENTO SUSTENTÁVEL (ODS) E OS SEUS REFLEXOS NAS COMPETÊNCIAS E HABILIDADES PARA A ATUAÇÃO ADVOCATÍCIA EM DIREITO ADMINISTRATIVO

Victor Russo Fróes Rodrigues.. 297
1 Introdução.. 297
2 Os Objetivos de Desenvolvimento Sustentável (ODS) e o controle das atividades das instituições e dos agentes públicos 298
3 Reflexo dos ODS na atuação advocatícia em Direito Administrativo... 300
4 Conclusão... 304
Referências... 304

PROCESSO ESTRUTURAL E SUSTENTABILIDADE NO DIREITO ADMINISTRATIVO: UM CAMINHO PARA A EFETIVAÇÃO DE POLÍTICAS PÚBLICAS AMBIENTAIS

Adilson Carvalho Pantoja.. 307
1 Introdução.. 307
2 O desenvolvimento sustentável e as contratações públicas: Agenda 2030 da ONU, ODS 12.7 e gestão pública sustentável .. 309
3 Processo estrutural e o controle judicial de políticas públicas.... 312
4 Processo estrutural como mecanismo de reestruturação de órgãos administrativos em falhas de gestão ambiental: o caso da ADPF nº 760 e a Pauta Verde 316
5 Considerações finais.. 320
Referências... 321

O COMBATE À GRILAGEM PELOS CARTÓRIOS DE REGISTRO DE IMÓVEIS: UMA ANÁLISE ACERCA DA JURIDICIDADE DOS PROVIMENTOS VOLTADOS AO COMBATE À GRILAGEM EDITADOS PELA CORREGEDORIA DE JUSTIÇA DO TRIBUNAL DE JUSTIÇA DO ESTADO DO PARÁ

Antonio Carlos Apolinário de Souza Cardoso 325
Introdução.. 325

1	O caos fundiário e o combate à grilagem pela Corregedoria de Justiça	326
2	A fiscalização e regulação da atividade registral pelo Poder Judiciário e a juridicidade dos provimentos voltados ao combate à grilagem	328
	Conclusão	336
	Referências	337
SOBRE OS AUTORES		341

PREFÁCIO

É com muito orgulho que assumi a honrosa tarefa de escrever o prefácio da obra coletiva *"Sustentabilidade no Direito Administrativo"*, organizada pelo Instituto de Direito Administrativo do Pará (IDAPAR). Esta publicação é um marco para este recém Instituto, pois se trata da primeira obra coletiva organizada, mas também é algo que me dá muita satisfação, pois ajudei a plantar a semente, na qualidade de diretor do Instituto Brasileiro de Direito Administrativo (IBDA), da sua criação.

Ao olhar para trás, lembro-me de ter sugerido que o IDAPAR fosse criado ao seu atual presidente, Dr. Márcio Moraes, que, com sua excelente rede de relacionamento, transformou aquele sonho em um centro de excelência para o estudo e o desenvolvimento do Direito Administrativo no Estado do Pará.

Ter contribuído para a sua criação e estar participando ativamente dos seus primeiros anos de vida é, sem dúvida, uma experiência enriquecedora para mim.

Quando o IDAPAR nasceu, o objetivo central era fomentar um ambiente onde o Direito Administrativo fosse analisado, debatido e praticado de forma inovadora, responsável e voltada para as necessidades concretas da sociedade brasileira e, principalmente, do Pará. Hoje, ao ver essa primeira obra coletiva ser publicada, fica evidente que aquele ideal está se consolidando.

Este livro reflete o comprometimento de todos os que integram e colaboram com o Instituto, trazendo à luz temas de extrema relevância para o cenário jurídico contemporâneo, sobretudo em uma era em que a sustentabilidade passou a ser um imperativo global.

O título "Sustentabilidade no Direito Administrativo" sintetiza perfeitamente o espírito que norteia os artigos que compõem a obra. A sustentabilidade tornou-se uma das maiores questões do século XXI, transversal a todas as áreas do conhecimento e, especialmente, do Direito Administrativo.

A relação entre a administração pública e a sustentabilidade envolve não apenas a preservação do meio ambiente, mas também a promoção de políticas públicas justas, eficientes e socialmente inclusivas, que assegurem um desenvolvimento equilibrado e responsável para as futuras gerações.

Esta obra mergulha profundamente nessas questões e oferece uma análise plural e diversificada, que dialoga diretamente com a realidade do Brasil e, em particular, com os desafios e as oportunidades do Estado do Pará, que sediará a COP 30 em 2025, ano de lançamento da obra.

Os artigos reunidos nesta obra trazem uma ampla gama de abordagens, todas orientadas por um eixo comum: a busca pela sustentabilidade e a efetivação de políticas públicas que consigam harmonizar desenvolvimento econômico, proteção ambiental e justiça social. A pluralidade de temas abordados demonstra a abrangência e a importância da sustentabilidade no Direito Administrativo. Desde as discussões sobre compras públicas sustentáveis, regidas pela nova Lei Federal nº 14.133/2021, até a análise da governança no processo de regularização fundiária urbana na Amazônia Legal, passando pela importância do combate à grilagem de terras pelos cartórios de registro de imóveis e o papel da advocacia pública consultiva na formulação de políticas públicas sustentáveis, esta obra oferece um panorama robusto e atual dos principais desafios enfrentados pela administração pública contemporânea.

Além disso, a obra não se limita a análises teóricas. Muitos dos artigos trazem propostas concretas e práticas, refletindo a necessidade de soluções jurídicas inovadoras e eficazes para problemas complexos. O diálogo intersetorial entre o Estado, o mercado e a sociedade civil, como destacado no artigo sobre o Programa Escrevendo e Reescrevendo a Nossa História (Pernoh), é um exemplo dessa abordagem pragmática e colaborativa. Esse tipo de cooperação é fundamental para a concretização de um ambiente socialmente justo e ambientalmente equilibrado.

Outro ponto de destaque é o compromisso desta obra com os Objetivos de Desenvolvimento Sustentável (ODS), que servem como um guia ético e jurídico para muitos dos artigos da obra. A Meta 16 dos ODS, que busca promover sociedades pacíficas, justas e inclusivas, permeia diversas reflexões, especialmente aquelas relacionadas à formação de instituições fortes e à segurança jurídica, como no artigo que aborda a contagem de prazos administrativos no Estado do Pará.

Não poderia deixar de mencionar também a relevância dos artigos que tratam da responsabilidade civil estatal por injustiça ambiental e da educação ambiental como dever constitucional da administração pública. Esses textos não apenas reafirmam o papel do Direito como instrumento de transformação social, mas também demonstram a importância de um Estado atuante e responsável, que deve garantir um meio ambiente equilibrado tanto para seus servidores quanto para toda a população.

Ao refletir sobre a trajetória do IDAPAR e seu primeiro grande trabalho coletivo, vejo que este livro é um marco, não apenas por reunir temas tão importantes, mas porque simboliza o amadurecimento de uma instituição comprometida com o avanço da ciência jurídica no Pará. Cada página deste livro é um testemunho da dedicação dos associados que buscam respostas concretas para os desafios que a sociedade enfrenta, especialmente em um contexto de rápidas transformações sociais, econômicas e ambientais. A qualidade e profundidade das reflexões apresentadas aqui são um convite à leitura cuidadosa e à ação.

Deixo, por fim, meu agradecimento e reconhecimento a todos os que participaram desta obra. O sucesso desta publicação é resultado de um trabalho coletivo, feito com paixão, compromisso e a convicção de que o Direito Administrativo, quando aliado aos princípios da sustentabilidade, pode ser uma ferramenta poderosa para a construção de um futuro mais justo, inclusivo e próspero. Estou certo de que esta será a primeira de muitas contribuições que o IDAPAR oferecerá ao Brasil e ao Estado do Pará.

Desejo a todos uma boa leitura!

André Saddy
Pós-Doutor pelo Centre for Socio-Legal Studies da Faculty of Law da University of Oxford. Doutor Europeu em "Problemas actuales de Derecho Administrativo" pela Facultad de Derecho da Universidad Complutense de Madrid, com apoio da Becas Complutense Predoctorales en España. Mestre em Administração Pública pela Faculdade de Direito da Universidade de Lisboa, com apoio do Programa Alßan, Programa de Bolsas de Alto Nível da União Europeia para América Latina, pós-graduado em Regulação Pública e Concorrência pelo Centro de Estudos de Direito Público e Regulação (CEDIPRE) da Faculdade de Direito da Universidade de Coimbra. Professor de Direito Administrativo da Faculdade de Direito, do mestrado em Direito Constitucional e do doutorado em Direitos, Instituições e Negócios da Universidade Federal Fluminense (UFF). Professor de Direito Administrativo do Departamento de Direito da Pontifícia Universidade Católica do Rio de Janeiro (PUC-Rio). Diretor-Executivo do Instituto Brasileiro de Direito Administrativo (IBDA). Vice-Presidente do Instituto de Direito Administrativo do Rio de Janeiro (IDARJ). Diretor- Presidente do Centro de Estudos Empírico-Jurídicos (CEEJ). Idealizador e coordenador do Grupo de Pesquisa, Ensino e Extensão em Direito Administrativo Contemporâneo (GDAC). Sócio-fundador do escritório Saddy Advogados. Consultor e parecerista.

SUSTENTABILIDADE E DIREITO ADMINISTRATIVO

MARIA CRISTINA CESAR DE OLIVEIRA

1   Os riscos da modernidade avançada

Na atualidade, o grande progresso da ciência, da tecnologia, da informação e da comunicação tem promovido a solução de graves problemas e inúmeros e inestimáveis benefícios à sociedade. Mas, por outro lado, desse avanço surgiram vários novos riscos concretos ou mesmo potenciais, cuja magnitude muitas vezes é desconhecida, inclusive pelos próprios cientistas, a exemplo do desenvolvimento da energia atômica.

Nesse contexto, segundo Pardo,[1] o conceito de *risco* pode ser definido em oposição a *perigo*, gerado pela natureza, já os riscos são derivados da ação humana. Em face de tal situação, o homem desenvolve a *técnica*. Explica ainda o autor que a técnica gera riscos decorrentes da ação humana, mais ou menos consciente.

Conforme Ortega e Gasset,[2] a técnica consiste na reação enérgica contra a natureza ou circunstância, que leva a criar entre estas e o homem uma nova natureza posta sobre aquela, uma sobrenatureza. A técnica é a reforma da natureza, dessa natureza que nos faz necessitados e indigentes (tradução livre da autora).

---

[1]   PARDO, José Esteves. *Técnica, Riesgo, y Derecho*. Tratamiento del Riesgo Tecnológico en el Derecho Ambiental. Barcelona: Ariel, 1999. p. 28.
[2]   Meditación de la Técnica. Luis Washington Vita (trad.) Ibero-Americana 1963.

Para Beck,[3] na modernidade avançada, a produção social da riqueza é acompanhada pela produção de riscos gerados pela ciência e pela tecnologia. E ressalta: a miséria pode ser hierarquizada, e o *smog* é democrático. Com a extensão dos riscos da modernidade, se relativizam as diferenças de classe e os efeitos deles provenientes possuem tendência igualadora, relativamente aos atingidos e globalizante, quanto ao leque de ação.[4]

Por outro lado, as sociedades desenvolvidas possuem mais condições de enfrentamento em face dos perigos da natureza e dos riscos tecnológicos, na maioria dos casos por elas mesmas criados. Já o mundo periférico, além de estar mais vulnerável aos perigos naturais, sofre, também, as consequências dos riscos tecnológicos que lhe engastam as sociedades industrializadas e ricas.

2 Sustentabilidade e desenvolvimento

Em face do cenário apresentado, a questão da sustentabilidade representa um dos maiores desafios para o século XXI, visto que, além de apresentar a proposta de minimização da degradação socioambiental, pode significar a formulação de um novo paradigma de desenvolvimento, uma nova ética de convivência entre os homens e desses com o planeta.

O primeiro despertar relevante dos países do Globo para a insuficiência do modelo de desenvolvimento até então adotado, vinculado, basicamente, ao desenvolvimento econômico, ocorreu na Conferência de Estocolmo de 1972.

Em Estocolmo, ficou nítida, não somente a gravidade da questão, como a inafastável presença da variável socioambiental no processo de desenvolvimento. Além disso, a situação heterogênea entre os países deixou revelada a chamada *poluição da pobreza* e a *poluição da riqueza* a demandar estratégias diversas para o enfrentamento do problema.

Após a Conferência de Estocolmo, surge um dos documentos mais relevantes para o trato da matéria: o *Relatório Nosso Futuro Comum*,

---

[3] BECK, Ulrich. *La sociedade del riesgo*. Hacia una nueva modernidad. Paidós: Barcelona. 2006. p. 29.
[4] BECK, Ulrich. *La sociedade del riesgo*. Hacia una nueva modernidad. Paidós: Barcelona. 2006. p. 52.

de 1987. Nesse documento, também chamado de *Relatório Brundtland*,[5] é concebida a definição de desenvolvimento sustentável, que assim se traduz:

> Em essência, o desenvolvimento sustentável é um processo de transformação no qual a exploração dos recursos, a direção dos investimentos, a orientação do desenvolvimento tecnológico e a mudança institucional de harmonizam e reforçam o potencial presente e futuro, a fim de atender as necessidades e aspirações humanas.

Em 1992, no Rio de Janeiro, foi realizada a Conferência das Nações Unidas sobre Meio Ambiente e Desenvolvimento. A Declaração do Rio de Janeiro trouxe 27 princípios visando uma parceria global mais justa e participativa, a ser adotada por seus signatários.

Entre os princípios consignados na Carta do Rio de Janeiro,[6] podem ser destacados os afetos à solidariedade intergeracional e à obstrução antecipada de danos socioambientais, especialmente os advindos do grande desenvolvimento das ciências e da tecnologia, mediante a *precaução*. São eles:

> Princípio 3
> O direito ao desenvolvimento deve ser exercido de tal forma que responda equitativamente às necessidades de desenvolvimento e ambientais das *gerações presentes e futuras*. (destaquei)
> Princípio 15
> Com o fim de proteger o meio ambiente, o princípio da *precaução* deverá ser amplamente observado pelos Estados, de acordo com suas capacidades. Quando houver ameaças de danos graves ou irreversíveis, *a ausência de certeza científica absoluta não será utilizada como razão para o adiamento de medidas economicamente viáveis para prevenir a degradação ambiental*. (destaquei)

Vinte anos após a Rio 92, ocorreu a Conferência Rio+ 20, que realçou o imperativo de *eficácia* de ações sustentáveis e deu ênfase à necessidade da *boa governança*. E declara:

---

[5] *Nosso futuro comum/* Comissão Mundial sobre Meio Ambiente e Desenvolvimento. 2. ed. Rio de Janeiro: Editora Fundação Getúlio Vargas, 1991. p. 49.

[6] Disponível em: Chrome-extension://efaidnbmnnnibpcajpcglclefindmkaj/http://portal.iphan.gov.br/uploads/ckfinder/arquivos/Carta%20do%20Rio%201992.pdfextension://efaidnbmnnnibpcajpcglclefindmkaj/http://portal.iphan.gov.br/uploads/ckfinder/arquivos/Carta%20do%20Rio%201992.pdf.

Reconhecemos que a democracia, a *boa governança* e o Estado de Direito, em nível nacional e internacional, bem como um ambiente favorável são essenciais para o desenvolvimento sustentável, incluindo um crescimento econômico sustentável e igualitário, desenvolvimento social, proteção ambiental e a erradicação da pobreza e da fome. Reafirmamos que, para alcançar os objetivos do desenvolvimento sustentável, *precisamos de instituições de todos os níveis, que sejam eficazes, transparentes, responsáveis e democráticas*. (destaquei)[7]

Em 2015, foi aprovado pelo Comitê da ONU o documento intitulado Transformando Nosso Mundo: a Agenda 30 para o Desenvolvimento Sustentável, que adotou 17 Objetivos de Desenvolvimento Sustentável – ODS e 169 metas integradas e indivisíveis.

Figura 1 – Objetivos do Desenvolvimento Sustentável

Fonte: https://brasil.un.org/pt-br/sdgs.

Como se verifica, os ODS traçam o arco da sustentabilidade em todos os seus escaninhos, a indicar que o desenvolvimento para ser adjetivado como sustentável, deve ser traduzido mediante um *processo democrático, dinâmico, multifacetado, participativo, igualitário, eficiente e eficaz, inclusivo, intergeracional e complexo.*

---

[7] Disponível em: https://antigo.mma.gov.br/assuntos-internacionais/item/8071-carta-da-terra.html#:~:text=Terra%2C%20Nosso%20Lar&text=A%20capacidade%20de%20recupera%C3%A7%C3%A3o%20da,%C3%A1guas%20puras%20e%20ar%20limpo. chrome-extension://efaidnbmnnnibpcajpcglclefindmkaj/http://portal.iphan.gov.br/uploads/ckfinder/arquivos/Carta%20do%20Rio%201992.pdf.

A abrangência do modelo sustentável de desenvolvimento invade todas as áreas do conhecimento e campos de ação humana. Dele compartilham como partícipes indispensáveis o Estado, a sociedade civil, amplamente considerada, a unir o público e o privado como faces diferentes da mesma moeda. E, assim, o conceito de desenvolvimento calcado na sustentabilidade se constrói ao longo do tempo e de percepções científicas, técnicas, éticas, filosóficas e jurídicas num constante vir a ser.

Verifica-se, portanto, a complexidade do modelo em tela. E, segundo Edgar Morin,[8] o conceito de complexidade consiste na:

> união dos processos de simplificação que são seleção, hierarquização, separação e redução, com outros contraprocessos que são a comunicação, que são a articulação do que foi dissociado e distinguido; e é a maneira de escapar à alternação entre o pensamento redutor, que só vê os elementos e o pensamento globalizado que só vê o todo.

Nessa linha, a sustentabilidade complexa já não mais é integrada somente pelas dimensões socioambiental e econômica, mas, além dessas, passam a ser agregadas outras dimensões abertas, complementares e conjugadas. São elas: dimensão social, econômica, ambiental, cultural, política, espacial e interior, que visa a apreender percepções, comportamentos, valores e posicionamentos diante da realidade.

Tais dimensões, por seu turno, não podem ser controláveis, pois o modelo "rompe com determinismos e com a causalidade linear. Ela considera que, enquanto uma dimensão produz outra, ela é produzida pelas demais, num processo de auto-organização ininterrupto, aberto, que recebe interações do meio, e que abraça o caos e a incerteza".[9]

Diante da configuração descrita do desenvolvimento sustentável, importante destacar a fluidez da questão, a implicar, muitas vezes, que os impactos negativos resultantes da ação humana não sejam percebidos pelos atingidos. A questão ultrapassa as barreiras do tempo e do espaço, e os danos a serem enfrentados podem ter efeitos catastróficos e irreversíveis.[10]

---

[8] MORIN, Edgar. *Introdução ao Pensamento Complexo*. Trad. Eliane Lisboa, 5. ed. Porto Alegre: Sulina, 2015. p. 102.

[9] ROCHA, J. C. M. da; LUZIO-DOS-SANTOS, L. M. Sustentabilidade Complexa: o discurso de sustentabilidade sob a perspectiva do Pensamento Complexo de Edgar Morin. *REMEA – Revista Eletrônica do Mestrado em Educação Ambiental*, 37(1), p. 208-227, 2020. Disponível em: https://doi.org/10.14295/remea.v37i1.9789.

[10] BECK, Ulrich. *La sociedade del riesgo*. Hacia una nueva modernidad. Paidós: Barcelona. 2006.

Ainda, quanto aos riscos da modernidade avançada, embora possuam potencial igualador, o compartilhamento dos benefícios gerados pelas atividades impactantes é profundamente injusto, visto que as populações mais pobres são as mais afetadas, pois suas possibilidades de defesa e proteção são muito mais escassas relativamente às mais ricas.

Esse é o ponto nevrálgico que impõe a implementação da boa governança, pois desafia a realização do desenvolvimento sob a égide da sustentabilidade, voltado à concreção dos direitos dos cidadãos a envolver "como elementos essenciais o respeito dos direitos humanos e das liberdades fundamentais, a democracia assente no Estado de Direito e o sistema de governo transparente e responsável".[11]

3 O Direito no marco da sustentabilidade

Diante do cenário até aqui traçado, o Direito e, em particular, o Direito Administrativo, não se queda mero expectador. Os riscos da modernidade avançada vêm a exigir reflexão e ação para a eficácia de um desenvolvimento viável, equilibrado e justo, a *preservar o direito fundamental da vida com dignidade*.

Com efeito, normas jurídicas passam a prescrever princípios[12] e regras mais aptas ao enfrentamento da realidade presente, com problemas de novo matiz. O tripé da sustentabilidade – social, ambiental e econômico – se multiplica e incorpora outros aspectos da vida social, como cultural, político, jurídico, dentre outros.

---

[11] CANOTILHO, José Joaquim Gomes. *Brancosos e Interconstitucionalidade*. Itinerários dos discursos sobre a historicidade constitucional. Coimbra: Almedina, 2006, p. 133.

[12] OLIVEIRA, Maria Cristina Cesar. Propriedade Intelectual e Conflitos Normativos. *Publicações da Escola da AGU*: Propriedade Intelectual; Conceitos e Procedimentos – v. 2 – Escola da Advocacia Geral da União Ministro Victor Nunes Leal, Brasília: EAGU – mensal, p. 69-70, ano IV, n. 14, jan. 2012.

Figura 2 – Sustentabilidade, Direito e boa governança

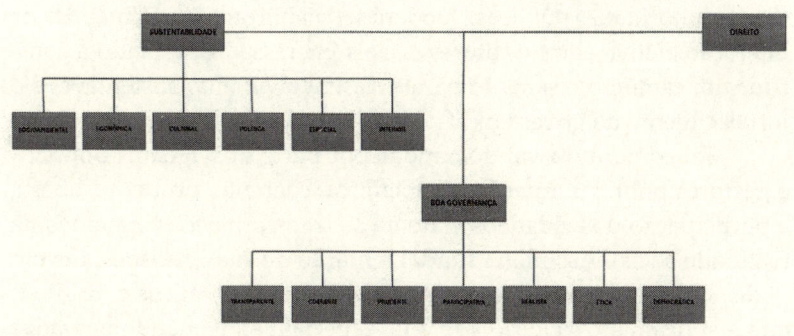

Fonte: Autora (2024)

3.1 Sustentabilidade e boa governança

A resolução das demandas pela perspectiva do desenvolvimento sustentável requer, então, governança. A governança consiste na "capacidade de pilotagem de sistemas complexos".[13]

Já a *boa governança* abrange um processo desenvolvido pelo Estado com a inclusão e participação da cidadania, com vistas à conjugação dos recursos disponíveis, escassos ou não, a fim de alcançar resultados economicamente viáveis, ecologicamente responsáveis e equilibrados e socialmente justos, aptos a satisfazer as necessidades materiais, intelectuais e espirituais, da presente e das próximas gerações.

Verifica-se, portanto, a íntima relação entre sustentabilidade e boa governança. A Administração Pública passa a conviver e a considerar novas e diferentes áreas e perspectivas, até então aparentemente estranhas e que necessitam de eficiência e eficácia na atuação pública.

Negar a transversalidade entre sustentabilidade e boa governança é obstar a possibilidade de uma visão sistêmica, capaz de equacionar demandas da problemática posta. Nessa direção, "vê-se que os temas governança e sustentabilidade são aplicados em contextos de alta complexidade, o que sugere que eles dialogam entre si, sob o uso de diversos saberes científicos e técnicos",[14] bem como do conhecimento popular.

---

[13] CANOTILHO, José Joaquim Gomes. *Brancosos e Interconstitucionalidade*. Itinerários dos discursos sobre a historicidade constitucional. Almedina. Coimbra. 2006, p. 328.
[14] CADER Renato; VILLAC, Tereza. *Governança e sustentabilidade*. Belo Horizonte: Fórum, 2022. p. 141.

A partir, então, do necessário diálogo entre sociedade civil, cientistas e autoridades públicas, "poderá ser viabilizada uma dinâmica de interação efetiva entre os atores sociais interessados, visando a construir um caminho orientado para o desenvolvimento sustentável e o fortalecimento da governança".[15]

Tal conjuntura vai demandar por parte dos agentes políticos e gestores públicos atuação democrática, coerente, prudente, aberta à participação dos cidadãos e atenta às transformações operadas na realidade social. Assim, na fundamentação de suas decisões, deve o Poder Público demonstrar com clareza os motivos fáticos e jurídicos que justificam a conclusão adotada, especialmente quando baseadas em normas de conteúdo abstrato.

3.2 Princípios jurídicos e governança pública sustentável

Nesta empreitada, os princípios jurídicos, espécie de norma jurídica, são de crucial importância. Tais princípios são *ideais de valor* que uma dada sociedade, historicamente considerada, elege como significativos. E, porque assim define e por querer efetivamente vivenciá-los, os eleva ao nível constitucional para que, como norma de Direito, possuam força cogente.[16]

São normas com *função metodológica*, já que costuram as regras de Direito, dando sentido ao sistema jurídico, e com *função finalística*, pois indicam as metas a serem atingidas pela sociedade por meio do Direito.

Os princípios podem estar expressos ou implícitos na Constituição Federal. E, dentre eles, pode-se destacar: *dignidade humana, insculpido logo no art. 1º* da Constituição federal, *juridicidade, solidariedade,* inclusive intergeracional, *precaução e prevenção, informação, participação pública, coerência, motivação, razoabilidade e proporcionalidade entre os custos e os benefícios.*

A boa governança ou a governança sustentável, do ponto de vista do Direito, deverá, então, ser ajustada em acordo com as máximas principiológicas, a fim de que se dê concreção ao desenvolvimento sustentável, cujo objetivo último e definitivo consiste na *eficácia dos direitos fundamentais, formais e materiais.*

---

[15] CADER Renato; VILLAC, Tereza. *Governança e sustentabilidade*. Belo Horizonte: Fórum, 2022. p. 141.

[16] OLIVEIRA, Maria Cristina Cesar de. *Princípios Jurídicos e Jurisprudência Socioambiental*. Belo Horizonte: Fórum, 2009.

A partir da pauta principiológica, a autoridade administrativa, portanto, ao proferir decisão baseada em princípio jurídico, especialmente em se tratando dos *casos difíceis*,[17] deverá demonstrar, conjuntamente: a) que o princípio fundante é o de maior peso ou densidade, em aferição com os demais princípios integrantes do sistema normativo; b) que na hipótese de colisão foi preservado o máximo benefício oriundo do princípio de maior peso e o mínimo de custo do princípio de menor densidade, e c) que a solução encontrada para o caso determinado é, *naquele momento*, a que melhor se enquadra relativamente às normas jurídicas e à conjuntura fática circundante.

Nessa linha, a Lei nº 13655/2018 – Lei de Introdução às Normas do Direito Brasileiro, LINDB, considerando a força normativa dos princípios e a fluidez de que são dotados, determina em seu art. 20 que: "nas esferas administrativa, controladora e judicial, não se decidirá com base em valores jurídicos abstratos sem que sejam consideradas as consequências práticas da decisão". E no parágrafo único completa: "a motivação demonstrará a necessidade e a adequação da medida imposta ou da invalidação de ato, contrato, ajuste, processo ou norma administrativa, inclusive em face das possíveis alternativas".

Consoante Carlos Ari Sundfeld,[18] os artigos 20 e 22 aproximam o mundo fático para o interior do Direito, ou seja:

> trazem a realidade para dentro dos jogos de aplicação da lei. Com isso, combatem o equívoco de que interpretação jurídica e decisão por princípios seriam puros juízos abstratos que autorizariam o aplicador a se manter distante das evidências do real, das consequências e da metódica comparação de alternativas.

Verifica-se, portanto, que "hoje o direito administrativo contemporâneo está também sob o influxo da razão pragmática sob múltiplas formas e em diferentes setores de seu campo de atuação".[19]

Fica a descoberto a insuficiência da fundamentação de ações e decisões dos gestores públicos simples e unicamente com a invocação

---

[17] DWORKIN, Robert. *O império do Direito*. Tradução de Jefferson Luiz Camargo. São Paulo: Martins Fontes, 1999.
[18] SUNDFELD, Carlos Ari. *Direito Administrativo*: o novo olhar da LINDB. 2. reimpr. Belo Horizonte: Fórum, 2022. p. 44.
[19] BINENBOJM, Gustavo. Para que, afinal, serve o direito administrativo? In: SUNDFELD, Carlos Ari et al. *Curso de Direito Administrativo em Ação* – casos e leituras para debates. São Paulo: Juspodivm, 2024, p. 701.

de que tal conduta se dá em razão do "princípio do desenvolvimento sustentável". O princípio não se explica por si mesmo se a mera referência a seu rótulo o apresenta indeterminado, é certo que em face do sistema jurídico e do caso concreto é passível de determinação.

Contudo, o imperativo aporte ao real não expurga a necessária observância à juridicidade. Essa deve ultrapassar uma visão estrita de legalidade, a superar identificação do Direito com o texto de lei. Abrange, inclusive, a legalidade material, corolário do princípio da igualdade.

Como explica Marçal Justen Filho:

> Nesses casos, a invocação a fórmulas gerais e imprecisas funciona como uma solução para encobrir uma preferência subjetiva da autoridade estatal. O sujeito investido da competência, formula uma escolha segundo processos psicológicos indeterminados. Em muitos casos, essa decisão até pode se configurar como arbitrária. A invocação a fórmulas genéricas apresenta uma dimensão retórica, destinada a impedir a crítica e a ocultar a solução arbitrária adotada.[20]

Nessa senda, verifica-se que a explicitação dos motivos da prática do ato ou mesmo da omissão do agente público atende aos direitos de acesso à informação, pedra angular a possibilitar a participação cidadã na gestão pública. Dar eficácia ao princípio da *informação* é dever do Estado.

A transparência tem função inclusiva e deve gerar o mais amplo conhecimento da ação estatal pelas populações interessadas, a fim de que estas possam participar e acompanhar, desde o planejamento até a execução, referidas ações. E daí resultar *participação popular* consciente e responsável.

Por outro lado, a informação completa e transparente é fundamental para a sustentabilidade da própria democracia.[21]

---

[20] JUSTEN FILHO, Marçal. Art. 20 da LINDB – Dever de transparência, concretude e proporcionalidade nas decisões públicas. *Revista de Direito Administrativo*, p. 13-4, 2018. Disponível em: https://doi.org/10.12660/rda.v0.2018.77648 p. 23.

[21] GOMES, Carla Amado. Direito Administrativo do Ambiente. *In*: OTERO, Paulo; GONÇALVES, Pedro (coord.). *Tratado de Direito Administrativo Especial*. Vol. I. Coimbra: Almedina, 2009. p. 172.

4 À guisa de conclusão

Diante do exposto e examinado, é possível verificar que sustentabilidade e governança são temas intercambiantes e complexos. Exigem do Poder Público reflexão e alterações, tanto no interior de suas estruturas como de seu corpo funcional, especialmente de gestores, para a construção de um arcabouço de gestão capaz de permitir uma visão holística e sistêmica de todos os enfoques da sustentabilidade, mas sem abandonar as noções de especificidade, em face da ética de vida digna para todos.

Contudo, a afirmação anterior não significa que tais realidades sejam necessariamente complicadas e burocráticas. Ao contrário, vencer ditas barreiras é tarefa que urge acontecer para que o cidadão não necessite:

> para bem transitar no interior da Administração de *mapas* e *roteiros*: receber informações da arquitetura e funcionamento dos órgãos e das entidades públicas, inclusive à luz da desconcentração, da descentralização e das parcerias de colaboração, sobe pena de permanecer na penumbra e afastado da *transparência organizatória* que assegure recursos de informação suficientes para controlar, participar e avaliar a atuação direta e indireta da Administração Pública.[22]

Dessa feita, a simplificação de estratégias e processos de gestão coerentes, proporcionais, realistas, transparentes e com a necessária prudência poderão, além de legitimar a ação administrativa, induzir à maior participação popular e promover melhoria na qualidade de vida do cidadão, partícipe das responsabilidades e decisões estatais que tanto afetam a dinâmica da vida das populações.

Nessa toada, é de ser destacada a relevância do *serviço público* para a concreção do desenvolvimento humanístico que queremos.

Previsto em norma constitucional, o serviço público constitui *garantia constitucional material de direito fundamental*.[23] Assim, a Lei Maior, em seu art.175, determina que incumbe ao Estado oferecer aos cidadãos prestações promovidas diretamente e pelos próprios meios estatais, tais como: saúde, educação, segurança, saneamento, habitação e lazer,

---

[22] MODESTO, Paulo. *Direito Administrativo da Experimentação*: inovação e pragmatismo na gestão pública. São Paulo: Juspodivm, 2024. p. 295.
[23] OLIVEIRA, Maria Cristina Cesar de. *Princípios Jurídicos e Jurisprudência Socioambiental*. Belo Horizonte: Fórum, 2009. p. 74.

dentre outras. E, como afirma Celso Antônio Bandeira de Mello,[24] quem exerce tal função administrativa "está adstrito a satisfazer interesses públicos, ou seja, interesses de outrem: a coletividade".

Ora bem, como já visto, conduzir toda essa estrutura impõe a existência de normas jurídicas, muitas de conteúdo altamente abstrato, a requerer determinação. É nesse ponto que a autoridade administrativa, ao realizar a tarefa interpretativa, no contexto de uma sociedade de risco, não poderá olvidar as premissas da sustentabilidade em sua conformação complexa a penetrar em todas as dimensões da caminhada humana.

Em face desse panorama, é importante ressaltar que a Administração Pública, em uma sociedade de risco, não poderá olvidar a necessária prudência nas suas escolhas. Os princípios da *prevenção* e da *precaução* surgem então como excelente instrumento a gerar opções a serem contrastadas, razão custo/benefício, inclusive com a possibilidade de não realização do ato ou empreendimento proposto.

Impõem ao gestor público prevenir os eventos indesejáveis já conhecidos bem como buscar medidas capazes de precaver infortúnios futuros e potenciais, cujas consequências, muitas das vezes, podem ser incomensuráveis.

Em suma, a relação Direito Administrativo e boa governança pública, sob o paradigma da sustentabilidade, consiste não apenas de assuntos que se atravessam, se reivindicam e se completam, mas propostas de vivência pautadas no respeito e proteção à vida em todas as suas formas, equação absolutamente necessária à concreção de uma sociedade livre e justa, no presente e no futuro, e na qual a erradicação de pobreza seja, efetivamente, sustentada pela máxima da solidariedade entre todos os povos.

Referências

BANDEIRA DE MELLO, Celso Antônio. *Curso de Direito Administrativo*. 29. ed. São Paulo: Malheiros, 2012.

BINENBOJM, Gustavo. Para que, afinal, serve o direito administrativo? *In*: SUNDFELD, Carlos Ari *et al*. *Curso de Direito Administrativo em Ação* – casos e leituras para debates. São Paulo: Juspodivm, 2024.

---

[24] BANDEIRA DE MELLO, Celso Antônio. *Curso de Direito Administrativo*. 29. ed. São Paulo: Malheiros, 2012. p. 72.

BRASIL. Disponível em: http://www.rio20.gov.br/documentos/documentos-da-conferencia/o-futuro-que-queremos/at_download/the-future-we-want.pdf.

BRASIL. Disponível em: https://brasil.un.org/sites/default/files/2020-09/agenda2030-pt-br.pdf.

CADER Renato; VILLAC, Tereza. *Governança e sustentabilidade*. Belo Horizonte: Fórum, 2022.

COMISSÃO MUNDIAL SOBRE MEIO AMBIENTE. *Nosso futuro comum*. Rio de Janeiro: Fundação Getúlio Vargas, 1988.

CANOTILHO, José Joaquim Gomes. *Brancosos* e interconstitucionalidade. Itinerários dos discursos sobre a historicidade constitucional. Coimbra: Almedina, 2006.

DWORKIN, Robert. *O império do Direito*. Tradução de Jefferson Luiz Camargo. São Paulo: Martins Fontes, 1999.

GOMES, Carla Amado. Direito Administrativo do Ambiente. *In*: OTERO, Paulo; GONÇALVES, Pedro (coord.). *Tratado de Direito Administrativo Especial*. Vol. I. Coimbra: Almedina, 2009.

JUSTEN FILHO, Marçal. Art. 20 da LINDB – Dever de transparência, concretude e proporcionalidade nas decisões públicas. *Revista de Direito Administrativo*, p. 13-41, 2018. Disponível em: https://doi.org/10.12660/rda.v0.2018.77648.

MODESTO, Paulo. *Direito Administrativo da Experimentação*: inovação e pragmatismo na gestão pública. São Paulo: Juspodivm, 2024.

MORIN, Edgar. *Introdução ao pensamento complexo*. Tradução Eliane Lisboa. 5. ed. Porto Alegre: Sulina, 2015.

OLIVEIRA, Maria Cristina Cesar de. *Princípios Jurídicos e Jurisprudência Socioambiental*. Belo Horizonte: Fórum, 2009.

OLIVEIRA, Maria Cristina Cesar. Propriedade intelectual e conflitos normativos. *Publicações da Escola da AGU*: Propriedade intelectual; conceitos e procedimentos – v. 2 – Escola da Advocacia-Geral da União (EAGU), Brasília: Ministro Victor Nunes Leal, ano IV, n. 14, jan. 2012.

PARDO, José Esteves. *Técnica, Riesgo, y Derecho*. Tratamiento del Riesgo Tecnológico en el Derecho Ambiental. Barcelona: Ariel, 1999.

ROCHA, J. C. M. da; LUZIO DOS SANTOS, L. M. Sustentabilidade complexa: o discurso de sustentabilidade sob a perspectiva do pensamento complexo de Edgar Morin. *REMEA – Revista Eletrônica do Mestrado em Educação Ambiental*, 37(1), p. 208-227, 2020. Disponível em: https://doi.org/10.14295/remea.v37i1.9789.

SUNDFELD, Carlos Ari. *Direito Administrativo*: o novo olhar da LINDB. 2. reimpr. Belo Horizonte: Fórum, 2022.

Informação bibliográfica deste livro, conforme a NBR 6023:2018 da Associação Brasileira de Normas Técnicas (ABNT):

OLIVEIRA, Maria Cristina Cesar de. Sustentabilidade e Direito Administrativo. *In:* IDAPAR, Instituto de Direito Administrativo do Pará (org.); OLIVEIRA, Maria Cristina Cesar de; DOURADO JUNIOR, Octavio Cascaes; MORAES, Marcio Augusto Moura de (coord.). *Sustentabilidade no Direito -Administrativo*. Belo Horizonte: Fórum, 2025. p. 17-30. ISBN 978-65-5518-953-7.

A IMPORTÂNCIA DO PROCESSO ADMINISTRATIVO DE OUTORGA DE DIREITO DE USO DE RECURSOS HÍDRICOS, NO ESTADO DO PARÁ

OCTAVIO CASCAES DOURADO JUNIOR,
MIGUEL MONTEIRO RIBEIRO,
STEFANY MONTEIRO LUCENA

1 Introdução

Indispensável à vida, a água pode ser utilizada de diversas formas, tanto isolada como conjuntamente. No entanto, por ser um bem partilhado, não existindo no Brasil a possibilidade de domínio privado, é dever do Poder Público gerenciar sua alocação. Do momento em que a água passa a ter uma utilização econômica, esta é configurada como recurso hídrico, sendo-lhe atribuído um valor econômico (LANNA, 2008).

O art. 20, inciso III, da Constituição Federal considera a água como bem de domínio da União (art. 20, II) ou bem de domínio dos Estados (art. 26, I). São da União "os lagos, rios e quaisquer correntes de água em terrenos de seu domínio, ou que banhem mais de um Estado, sirvam de limites com outros países, ou se estendam a território estrangeiro ou dele provenham, bem como os terrenos marginais e as praias fluviais" e dos Estados "as águas superficiais ou subterrâneas, fluentes, emergentes e em depósito, ressalvadas, neste caso, na forma da lei, as decorrentes de obras da União".

Para organizar e institucionalizar a administração desse recurso, a Lei nº 9.433, de 8 de janeiro de 1997, instituiu a Política Nacional de Recursos Hídricos (PNRH), que, dentre outros, adotou como instrumento de gestão, a outorga de direito de uso dos recursos hídricos.

Os vários usos da água podem ser concorrentes e, muitas vezes, gerar conflitos entre os usuários, a resultar possíveis impactos ambientais. A partir dessa premissa, a outorga tem por objetivo garantir a disponibilidade e a possibilidade de acesso à água por todos. O uso dos recursos hídricos para consumo e demais atividades, salvo as situações de dispensa, só poderá ser exercido por intermédio da emissão da outorga, a qual é concedida pela Administração Pública a partir do cumprimento de determinadas exigências normativas.

Dentre os diversos usos múltiplos, estão as utilidades para irrigação, abastecimento humano, dessedentação animal, geração de energia elétrica, preservação ambiental, entre outros (SEMAS, 2010).

A outorga de uso da água consiste em uma autorização administrativa, sejam elas águas subterrâneas ou águas superficiais, que dependem de uma série de análises técnicas e jurídicas para que haja a fruição do direito de acesso à água e o controle quantitativo e qualitativo desses usos (ANA, 2019).

Segundo Setti *et al.* (2001) a gestão das águas é uma atividade analítica e criativa, que fundamenta a formulação de princípios e diretrizes, documentos de orientação e normatização e a estruturação de sistemas de gerenciamento para que, por fim, haja a criação de inventários, uso, controle e proteção dos recursos hídricos. É imprescindível o conhecimento de todo o sistema físico dos recursos hídricos, bem como consideradas as características das bacias, seu comportamento hidrológico e aspectos relativos à disponibilidade hídrica para um eficiente consumo.

A concessão do documento de outorga garante aos usuários deveres e direitos relativamente aos recursos hídricos, de modo que, uma vez possuidores do direito, esses possam realizar investimentos de forma correta e sustentável, inibindo possíveis conflitos com os demais usuários e impactos negativos ao ambiente.

Diante disto, o presente estudo identificou, no período entre 2016 e 2021, o tempo de conclusão dos processos administrativos de outorga de direito de uso dos recursos hídricos na SEMAS/PA, bem como as principais causas de indeferimento desses processos e possíveis consequências, demonstrando o quão importante para o meio ambiente é a regularidade em relação ao processo administrativo de outorga de direito de uso dos recursos hídricos.

2 Regra geral na gestão dos recursos hídricos

Atualmente, a lei federal que regulamenta a outorga de direito de uso dos recursos hídricos é a Lei nº 9.433/97 — Lei das Águas, que institui a Política Nacional de Recursos Hídricos (PNRH) e cria o Sistema Nacional de Gerenciamento de Recursos Hídricos (SINGREH).

Dentre os fundamentos da Lei das Águas, ressalta-se que os usos múltiplos da água têm por dever gerar a paridade em todas as categorias de usuários em condições de acesso. Outrossim, em relação às bacias hidrográficas, estas são definidas como uma unidade de planejamento da PNRH. Por fim, a gestão descentralizada e participativa embasa o gerenciamento das águas (SETTI, 2001; POGIAN, 2013).

A PNRH determina cinco instrumentos: planos de recursos hídricos; enquadramento dos corpos d'água; outorga dos direitos de uso de recursos hídricos; cobrança pelo uso de recursos hídricos e sistema de informações sobre recursos hídricos (AZEVEDO et al., 2003).

Em face à necessária sustentabilidade socioambiental, a PNRH prevê como diretriz dos seus objetivos a materialização do desenvolvimento sustentável, assegurando à atual e às futuras gerações a disponibilidade hídrica na quantidade necessária e com qualidade de acordo com seus usos múltiplos.

2.1 Política Estadual de Recursos Hídricos do Estado do Pará – PERH

No Estado do Pará, a Política Estadual de Recursos Hídricos é regulada pela Lei Estadual nº 6.381/2011, que, além de dispor sobre a Política Estadual de Recursos Hídricos, também instituiu o Sistema Estadual de Gerenciamento de Recursos Hídricos (SIGERH).

Atendendo às peculiaridades do Pará, a PERH prevê dois objetivos que a tornam diferente da regra geral nacional: a proteção das bacias hidrográficas contra práticas que coloquem em risco seu uso atual e futuro e o controle do uso dos recursos hídricos. Além disso, a lei estadual possui especificidades relacionadas à realidade regional, visto que a gestão e o planejamento dos recursos hídricos devem considerar as particularidades sociais, econômicas e ambientais na utilização do recurso no território paraense (DIAS; MORALES; BELTRÃO, 2017).

A importância desses instrumentos de gestão para o Estado do Pará ocorre pelo fato da região paraense possuir uma hidrografia rica e ampla, dotada de corpos hídricos perenes, ou seja, com disponibilidade hídrica quase o ano todo. No entanto, segundo os estudos de Cirilo e Almeida (2022), a situação de conforto hídrico no Estado leva à indução de comportamentos que originam diversos problemas socioambientais, por exemplo: atividades antrópicas desordenadas; ocupação irregular de áreas de nascente; degradação dos corpos hídricos superficiais por metais pesados, provenientes de atividades garimpeiras; captações superficiais e subterrâneas irregulares e despejo de efluentes, em especial domésticos.

No Pará, visando a implementação e concretização da PERH, foi instituído o Sistema Estadual de Gerenciamento de Recursos Hídricos (SEGRH), composto por vários órgãos públicos e entidades, como o Conselho Estadual de Recursos Hídricos (CERH), SEMAS, os Comitês de Bacias Hidrográficas (CBH), as agências de bacias e poderes públicos estaduais e municipais.

2.2 Outorga de direito de uso dos recursos hídricos como instrumento de gestão

Com o aumento da população, da industrialização e da urbanização, torna-se necessária a atenção, não apenas para o quantitativo dos recursos hídricos, como também para os parâmetros qualitativos. Para isso, o art.11 da Lei nº 9.433/97 determina que a outorga de direito do uso de recursos hídricos possui como objetivo assegurar o controle da qualidade e quantidade do uso da água, garantindo o efetivo acesso ao recurso (MARQUES, 2004).

No âmbito do Plano de Bacia a discricionariedade das outorgas encontra limites nas prioridades de uso, com a participação da sociedade e dos usuários diante da tomada de decisões. Para Carolo (2007) a precariedade, dentro do Direito Administrativo, representa a possibilidade do órgão outorgante de suspender ou revogar, motivadamente, a outorga concedida. Tal decisão pode ocorrer, especialmente, pelo fato de a outorga estar vinculada ao interesse público, concretamente demonstrado, e pela indisponibilidade hídrica impossibilitar o exercício do direito concedido aos outorgantes.

Por outro lado, o art. 12 da PNRH estabelece casos em que é necessária a outorga, além de discriminar as situações dispensáveis de outorga.

A não obrigatoriedade da outorga não exonera o Poder Público de realizar fiscalização e controle.

3 A realidade dos processos de outorga de direito de uso dos recursos hídricos

3.1 Quantitativo de deferimento e indeferimento dos processos de outorga de direito de uso dos recursos hídricos entre 2016 e 2021

Em relação às águas de domínio do Estado do Pará, estas são regulamentadas pela PERH, e a emissão das outorgas incumbe à Secretaria de Estado de Meio Ambiente e Sustentabilidade – SEMAS/PA (SEMAS, 2010).

No momento da solicitação da outorga, torna-se necessário identificar a fonte hídrica que será utilizada, podendo esta ser de captação superficial proveniente de um corpo hídrico, como rios e lagos; captação subterrânea quando advinda da utilização de poços; e para o lançamento de efluentes em mananciais que estejam aptos a receber esta diluição.

Gráfico 1 – Quantitativo geral dos processos administrativos de solicitações para a concessão de outorgas de direito de uso dos recursos hídricos entre 2016 e 2021

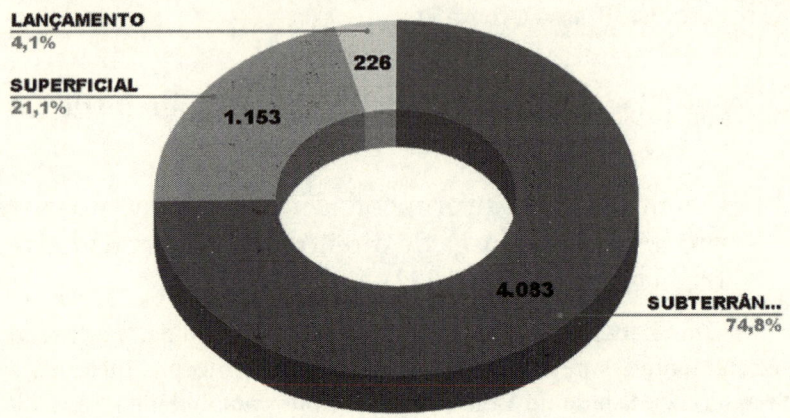

Fonte: Autores (2024)

O gráfico 1 representa o quantitativo dos processos administrativos de outorga de direito de uso dos recursos hídricos no intervalo de 5 anos (2016 a 2021).

De acordo com levantamento realizado pelos autores junto à SEMAS/PA, verificou-se a existência de 5.462 processos, categorizados por tipologia, tanto de lançamento, captação superficial e subterrânea. Do total, 226 foram referentes às solicitações de outorgas de lançamento de efluentes (4,1%). Para a captação superficial, foram instaurados 1.153 processos (21,1%). O quantitativo mais expressivo ocorreu na tipologia captação de água subterrânea, onde tem-se um total de 4.083 processos (74,8%).

Relativamente às águas subterrâneas, no Brasil, segundo Hirata *et al* (2019), estima-se que há cerca de 2,5 milhões de poços tubulares, os quais podem extrair potenciais 17 milhões de m^3 de água por ano, o suficiente para abastecer a população brasileira em um ano. Os principais usos de águas subterrâneas são o abastecimento doméstico (30%), agropecuário (24%), abastecimento público urbano (18%) e abastecimento múltiplo (14%), industrial (10%) e outros (4%), como lazer etc.

Dessa forma, tal estudo está em consonância com os resultados apresentados na pesquisa dos autores, em que há maior número de processos de tipologia de água subterrânea devido às suas características de uso múltiplo.

Diante do exposto e dos objetivos do presente artigo, os processos foram analisados com a finalidade de identificar os indeferimentos das outorgas para que fossem levantadas as ocorrências de maior incidência nos indeferimentos de cada categoria.

Gráfico 2 – Quantitativo dos processos de solicitação para as outorgas de direito de uso dos recursos hídricos indeferidos entre 2016 e 2021

PROCESSOS - INDEFERIDOS

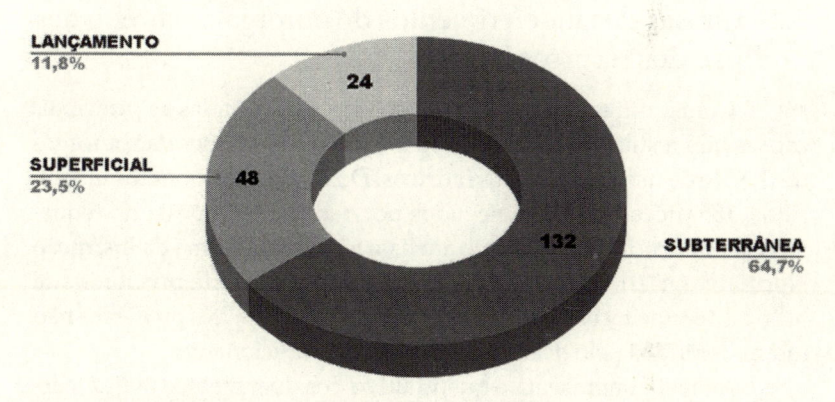

- LANÇAMENTO: 11,8% (24)
- SUPERFICIAL: 23,5% (48)
- SUBTERRÂNEA: 64,7% (132)

Fonte: Autores (2024)

Nos termos do art. 2º da Portaria nº 424, de 29 de março de 2011, os processos em tramitação com pendências não cumpridas no prazo estipulado, ou no caso de não apresentação de requisitos técnicos ou jurídicos para aprovação, deverão ser indeferidos e arquivados (SEMAS, 2011).

Conforme o gráfico 2, os casos indeferidos totalizaram 204 processos administrativos. A categoria de águas subterrâneas correspondeu a um total de 132 casos de todos os indeferimentos (64,7%). Também foram identificados 48 processos para a utilização das águas superficiais (23,5%). Já os processos de lançamento apresentaram a menor alíquota, equivalente a 11,8% dos casos (24 processos).

Segundo a Agência Nacional de Águas e Saneamento Básico (2018), a abertura de poços é uma prática em ascensão no país, motivada por várias situações, como: vantagens econômicas e necessidade de aquisição da água mediante a incapacidade de o sistema público de abastecimento fornecer.

Não obstante o acentuado uso de águas subterrâneas, mesmo com a existência de normas técnicas e legislação sobre recursos hídricos, a maior parte das perfurações de poços, privados ou públicos, ainda é realizada em desconformidade com os requisitos técnicos mínimos necessários e sem um projeto básico para a garantia de uma boa construção. Dessa forma, os proprietários não possuem os relatórios técnicos de construção e os responsáveis construtores dos poços não possuem habilitação legal para tal procedimento.

3.2 Causas dos indeferimentos de outorga de direito de uso dos recursos hídricos

Com o tratamento dos dados, foram identificadas as principais causas que resultaram no indeferimento das solicitações das outorgas de direito de uso dos recursos hídricos. Dos 204 requerimentos indeferidos, 185 processos foram negados por não haver resposta do requerente à notificação enviada pelo analista técnico, na forma da Instrução Normativa nº 01/2021 (SEMAS/PA). Pelos motivos de inviabilidade hídrica, 16 solicitações foram indeferidas. E, por fim, três processos não foram deferidos pelo descumprimento de condicionantes.

A tabela 1 apresenta o quantitativo dos documentos mais recorrentes de não atendimento às notificações pelos requerentes.

Tabela 1 – Documentos com maior ocorrência de não resposta à notificação

(continua)

NOTIFICAÇÕES - DOCUMENTOS					
SUBTERRÂNEA	QTD.	SUPERFICIAL	QTD.	LANÇAMENTO	QTD.
Teste de bombeamento para aferição do volume de água que se pode explorar dos poços	49	Cadastro CNARH	20	Análises físico-química e bacteriológica do efluente bruto e tratado	8

(conclusão)

NOTIFICAÇÕES - DOCUMENTOS					
SUBTERRÂNEA	**QTD.**	**SUPERFICIAL**	**QTD.**	**LANÇAMENTO**	**QTD.**
Cálculo de demanda de vazão	38	Cópia, solicitação ou Dispensa da Licença Ambiental	12	Cadastro CNARH	6
Registro fotográfico(s) poço(s)	37	Formulário técnico de barragem	10	Estudo de autodepuração de OD e DBO	3
Cadastro CNARH	35	Reajuste de coordenadas do ponto de captação	10	Correção dos dados no CNARH	2
ART	32	Registro fotográfico do(s) ponto(s) de captação	6	Medidor de vazão na saída do Sistema de Tratamento dos efluentes	2
Fluxograma desde a captação até o lançamento dos efluentes	31	ART	5	Formulário técnico	2
Formulário técnico	27	Mapa do(s) ponto(s) de captação	4	Cálculo de demanda de vazão	2
Cópia, solicitação ou Dispensa da Licença Ambiental	22	Estudo do tratamento dos efluentes	4	Reajuste de coordenadas do ponto de lançamento	2
Análises físico-química e bacteriológica da água do(s) poço(s)	22	Análise físico-química da água	3	ART	2
Detalhes do lançamento dos efluentes	22	Método de irrigação da finalidade uso	3	Acompanhamento mensal das vazões	2
Laje ou caixa de proteção ao redor do(s) poço(s)	12	Relatório técnico de barragem	3	Plano de eliminação ou redução dos parâmetros fora dos padrões outorgados	2

Fonte: Autores (2024)

Para a tipologia de utilização de água subterrânea, o documento faltante mais recorrente foi o teste de bombeamento para aferição do volume de água que se pode explotar dos poços (49). Em relação à tipologia de captação superficial, o principal documento não atendido foi o Cadastro do usuário no Cadastro Nacional de Usuários de Recursos Hídricos – CNARH (20). E, por fim, o documento não entregue por mais vezes na tipologia de lançamento de efluentes foram as análises físico-química e bacteriológica do efluente bruto e tratado para verificação dos parâmetros que estão sendo lançados no corpo receptor (8).

3.3 Tempo médio para a conclusão dos processos administrativos de outorga de direito de uso de recursos hídricos, no Estado do Pará

A análise dos dados contidos nos gráficos 3 e 4 ocorreu a partir da contabilização dos dias entre a entrada das solicitações na SEMAS/PA, para início de análise, até a concessão do documento de outorga de direito de uso de recursos hídricos, para os casos deferidos. Já para os indeferidos, o cálculo ocorreu entre a entrada das solicitações até o prazo estipulado pelo analista para a resposta da notificação. Ao todo, para cada tipologia e por amostragem, foram analisadas 6 solicitações de cada ano, 2016 a 2021, sendo 3 processos para os casos deferidos e 3 para os indeferidos, totalizando 30 processos.

Gráfico 3 – Tempo médio para o deferimento das solicitações de outorga de direito de uso de recursos hídricos

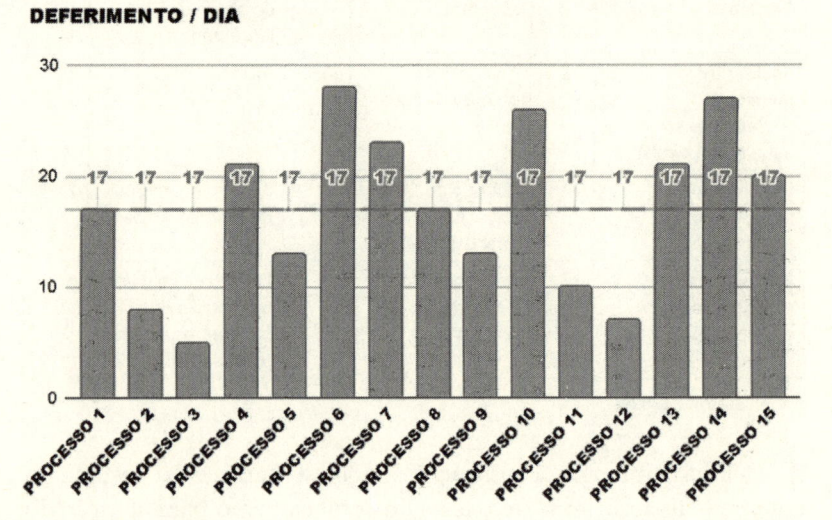

Fonte: Autores (2023)

O gráfico 3 apresenta a média, em dias, para que um processo administrativo de outorga de direito de uso de recursos hídricos seja deferido. Constatou-se, então, que o tempo médio entre o início da análise até a concessão do documento foi de 17 dias, sendo o menor tempo 5 dias e o maior 28 dias. Observa-se do exposto o reflexo positivo no que tange à celeridade do processo com a entrega tempestiva da documentação.

Gráfico 4 – Tempo médio para o indeferimento das solicitações de outorga de direito de uso de recursos hídricos

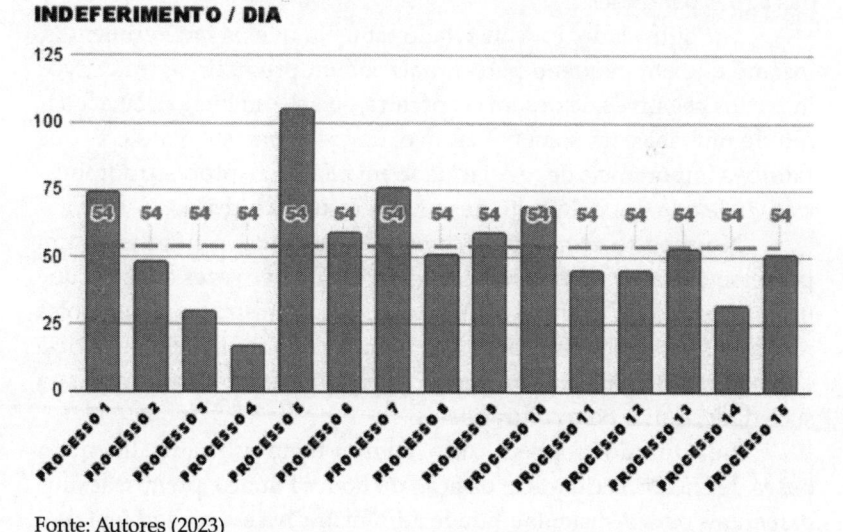

INDEFERIMENTO / DIA

Fonte: Autores (2023)

Por outro lado, no gráfico 4, referente aos processos indeferidos, foi observado que a média de tempo para a conclusão processual foi de 54 dias, devido à ausência de resposta pelo interessado, nos termos da IN nº 01/2021, SEMAS/PA.

Dessa forma, verifica-se que enquanto um processo fica parado em média 54 dias aguardando a resposta do requerente à notificação, neste mesmo período, quase três processos poderiam ser analisados e deferidos.

4 Conclusão

Diante dos resultados apresentados, conclui-se que, mesmo com as variadas situações de indeferimentos de outorga de direito de uso de recursos hídricos, o quantitativo de processos nessa situação, no período pesquisado, representou 3,7% (204 dos 5.462 processos analisados). Isso demonstrou que a grande maioria dos processos administrativos de outorga de direito de uso de recursos hídricos transcorreu com regularidade e a devida atenção por parte dos requerentes, o que pode ser considerado um fator positivo na busca do uso racional e sustentável das águas paraenses.

Por outro lado, foi constatado também que os indeferimentos, mesmo que em pequeno percentual, podem produzir significativos impactos negativos de ordem econômica, social e ambiental, cuja magnitude muitas vezes somente aferível no caso concreto. Fato este que ratifica a importância de regularidade em relação ao processo administrativo de outorga de direito de uso dos recursos hídricos.

No aspecto econômico, como demonstrado, o trâmite de um processo que apresenta pendências representa três vezes o tempo que um processo regular transcorre, ou seja, a Administração desembolsa recursos financeiros com pessoal e estrutura para uma circunstância que não resulta em nenhum benefício para o interessado, nem para a sociedade, muito pelo contrário.

Tal situação, por seu turno, compromete substancialmente a busca de eficiência e eficácia da ação do Poder Público, premissas fundamentais para a sustentabilidade administrativa e socioambiental.

No contexto social, as atividades irregulares por falta da outorga de direito de uso de recursos hídricos podem resultar em sérios problemas para a sociedade, visto que o uso indiscriminado da água pode levar à incidência de doenças de veiculação hídrica e contribuir para a maior degradação das condições sanitárias do Estado.

Por fim, merecem destaque os possíveis impactos de ordem ambiental, visto que, com o uso clandestino das fontes hídricas, diversos danos são produzidos aos mananciais e aos aquíferos subterrâneos, como: contaminação das águas, deficiência quantitativa de recursos hídricos, redução da qualidade das águas, dentre muitos outros.

Referências

AZEVEDO, L. G. T. et al. *Sistemas de Suporte à Decisão para a Outorga de Direitos de Uso da Água no Brasil*. Brasília: Banco Mundial, 2003. 48 p. Disponível em: https://documents1.worldbank.org/curated/ver/887091468239135433/pdf/multi0page.pdf. Acesso em: 27 jul. 2023.

AGÊNCIA NACIONAL DE ÁGUAS – ANA. *Outorga dos direitos de uso de recursos hídricos*. Distrito Federal: Agência Nacional de Águas, 2019. P. 76.0 Disponível em: http://www.snirh.gov.br/portal/snirh/centrais-de-conteudos/conjuntura-dos-recursos-hidricos/ana_encarte_outorga_conjuntura2019.pdf. Acesso em: 24 abr. 2023.

CAROLO, F. *Outorga de direito de uso de recursos hídricos*: instrumento para o desenvolvimento sustentável? Estudo das bacias dos rios Piracicaba, Capivari e Jundiaí. 2007. 204 f. Dissertação (Mestrado) – Curso de Desenvolvimento Sustentável, Área de Concentração Políticas Públicas e Gestão Ambiental, Universidade de Brasília, Brasília, 2007. Disponível em: https://repositorio.unb.br/bitstream/10482/2949/1/2007_FabianaCarolo.pdf. Acesso em: 25 nov. 2023.

CIRILO, B. B.; ALMEIDA, O. T. de. *Os limites à gestão de recursos hídricos no Estado do Pará*: uma análise técnica. desenvolvimento em questão, 20(58), e11542, 2022. https://doi.org/10.21527/2237-6453.2022.58.11542. Disponível em: https://www.revistas.unijui.edu.br/index.php/desenvolvimentoemquestao/article/view/11542. Acesso em: 5 fev. 2024.

DIAS, N. M.; MORALES, G. P.; BELTRÃO, N. E. S. Política dos Recursos Hídricos no Pará: a evolução do instrumento de outorga de direito de uso dos recursos hídricos. *Contribuciones a las Ciencias Sociales*, Málaga, p. 01-20, fev. 2017. Disponível em: https://www.eumed.net/ver/cccss/2017/01/agua.html#. Acesso em: 12 out. 2023.

HIRATA, Ricardo et al. *A revolução silenciosa das águas subterrâneas no Brasil*: uma análise da importância do recurso e os riscos pela falta de saneamento. [São Paulo]: Instituto Trata Brasil. Disponível em: https://repositorio.usp.br/directbitstream/e7d9e125-7b22-4706-915b-a397f8a91784/2928658.pdf. Acesso em: 17 jan. 2024.

LANNA, A. E. A economia dos recursos hídricos: os desafios da alocação eficiente de um recurso (cada vez mais) escasso. *Estudos Avançados*, São Paulo, v. 22, n. 63, p. 113-130, 2008. Disponível em: https://www.revistas.usp.br/eav/article/view/10296. Acesso em: 16 ago. 2024.

MARQUES, B. F. *A Natureza Real e Contratual da Outorga de Direitos de Uso de Recursos Hídricos*. 2004. 232 f. Tese (doutorado) – curso de programa de pós-graduação em Direito, Universidade Federal de Pernambuco, Recife, 2004. Disponível em: https://repositorio.ufpe.br/bitstream/123456789/3894/1/arquivo5053_1.pdf. Acesso em: 24 jun. 2022.

POGIAN, M. F. *Estudo da outorga coletiva e seus efeitos na melhoria do uso da água, com foco na bacia hidrográfica do Córrego Sossego*, Itarana/ES. 2013. 122 f. TCC (graduação) – curso de Engenharia Ambiental, Universidade Federal do Espírito Santo, Vitória, 2013. Disponível em: https://ambiental.ufes.br/sites/ambiental.ufes.br/files/field/anexo/estudo_da_outorga_coetiva_e_seus_efeitos_na_melhoria_do_uso_da_agua_com_foco_na_bacia_hidrografica_do_corrego_sossego_-_.pdf. Acesso em: 29 jul. 2022.

SEMAS. Secretaria de Estado de Meio Ambiente. *Manual para Usuários de Outorga de Uso de Recursos Hídricos*. Belém, 2010. Disponível em: https://www.semas.pa.gov.br/wp-content/uploads/2012/09/Manual_para_Outorga_de_Direito_de_Uso_de_RH_FINAL_MENOR_06082014.pdf. Acesso em: 16 jan. 2023.

SETTI, A. A. et al. *Introdução ao Gerenciamento de Recursos Hídricos*. 2. ed. Brasília: Agência Nacional de Energia Elétrica, 2001. 207 p. Disponível em: https://lamorh.ufes.br/sites/lamorh.ufes.br/files/field/anexo/introducao_ao_gerenciamento_de_recursos_hidricos.pdf. Acesso em: 29 jul. 2022.

Informação bibliográfica deste livro, conforme a NBR 6023:2018 da Associação Brasileira de Normas Técnicas (ABNT):

DOURADO JUNIOR, Octavio Cascaes; RIBEIRO, Miguel Monteiro; LUCENA, Stefany Monteiro. A importância do processo administrativo de outorga de direito de uso de recursos hídricos, no Estado do Pará. *In:* IDAPAR, Instituto de Direito Administrativo do Pará (org.); OLIVEIRA, Maria Cristina Cesar de; DOURADO JUNIOR, Octavio Cascaes; MORAES, Marcio Augusto Moura de (coord.). *Sustentabilidade no Direito Administrativo*. Belo Horizonte: Fórum, 2025. p. 31-44. ISBN 978-65-5518-953-7.

DIREITO A UM MEIO AMBIENTE DE TRABALHO SUSTENTÁVEL NO SERVIÇO PÚBLICO

MARCIO AUGUSTO MOURA DE MORAES,
FÁBIO BANDEIRA DE MELLO

Introdução

O presente artigo objetiva analisar as deficiências na proteção legal do meio ambiente de trabalho no âmbito do serviço público brasileiro. Enquanto há um desenvolvimento significativo de normas e discussões sobre a segurança e saúde no trabalho para empregados do setor privado regidos pela Consolidação das Leis do Trabalho (CLT), observa-se uma clara insuficiência de regulamentação que atenda especificamente às necessidades dos servidores públicos.

Este estudo propõe-se a explorar essa lacuna, destacando a importância de um sistema normativo que inclua a gestão preventiva de riscos ocupacionais, sobretudo a interação entre a esfera psíquica do indivíduo e a dimensão social do trabalho, especialmente à luz das transformações sociais e tecnológicas da pós-modernidade que afetam a saúde mental e física dos servidores públicos.

A pesquisa busca correlacionar as normas internacionais e nacionais sobre a proteção do meio ambiente de trabalho, cuja análise crítica revela que, apesar das recomendações e diretrizes estabelecidas por convenções internacionais, como a Convenção nº 155 da OIT, a implementação dessas normas no Brasil é insuficiente no contexto do serviço público.

Enquanto os documentos internacionais fornecem um quadro robusto de princípios e melhores práticas, a realidade brasileira é marcada por uma falta de aplicação efetiva e monitoramento dessas políticas. Além disso, o enfoque nas condições físicas de trabalho, em detrimento de uma atenção equivalente aos riscos psicossociais, representa uma falha significativa.

É crucial que o Brasil adote uma abordagem mais integrada e crítica que considere não apenas o alinhamento com padrões internacionais, mas também a adaptação dessas normas à realidade específica do serviço público, considerando as suas peculiaridades e os desafios da modernidade líquida, como proposto por Zygmunt Bauman.

Essa integração deve ser feita com uma reflexão crítica sobre a viabilidade e a aplicação prática dessas normas, questionando a capacidade do Estado em garantir um ambiente de trabalho verdadeiramente sustentável e saudável para os seus servidores.

A abordagem metodológica adotada é qualitativa, utilizando-se a técnica de pesquisa documental primária, por meio da análise de normativos constitucionais, legais, convenções internacionais e outros regulamentos afetos à temática, aliada à pesquisa bibliográfica e jurisprudencial.

Além disso, a análise dos dados em relação aos afastamentos dos servidores, obtidos a partir desta pesquisa documental, será empreendida de modo a extrair, por inferência, as principais razões e prováveis motivos, considerando a escassez de detalhamento das informações. Desse modo, não se pretende afirmar que as conclusões são inequívocas, uma vez que se utilizará o método dedutivo.

1 Interseção entre Direito do Trabalho e Direito Ambiental

A análise da doutrina, leis e precedentes judiciais no Brasil evidencia que a discussão do ambiente laboral está muito associada ao Direito do Trabalho. É o que afirma Carolina Spack Kemmelmeier, aduzindo que a justificativa para tal contexto é que tal campo jurídico tem sua origem material associada à degradação da saúde pelo processo de industrialização, à luta pela sobrevivência e pela integridade física como motivo da formação histórica dos movimentos dos trabalhadores, bem como ao interesse econômico e político de conservação da força de trabalho, de aumento da produtividade e de acomodação dos conflitos sociais.[1]

Sob este enfoque, o regime jurídico de proteção à saúde do trabalhador se estrutura pelos seguintes eixos: a) a saúde e segurança do trabalho, que tem por objeto a eliminação, neutralização e redução dos riscos inerentes ao trabalho, bem como os acidentes do trabalho e as doenças ocupacionais; b) as normas jurídicas sobre o tempo de trabalho, da mulher, do adolescente e a proibição do trabalho infantil; c) o Direito Ambiental do Trabalho.[2] A temática também está atrelada ao Direito Ambiental. Para Kemmelmeier, há uma confluência entre esses campos diante da transversalidade epistemológica do Direito Ambiental.[3]

Gina Copola, por sua vez, afirma que o campo de atuação do Direito Ambiental do Trabalho não é, nem poderia ser, o mesmo do Direito do Trabalho. Este cuida das relações jurídicas privadas entre empregado e empregador. É ramo do Direito Privado, que cuida de relações personalizadas, individuais, e de interesses absolutamente individualizados. O objetivo é proteger a saúde e a segurança do trabalhador, como direito fundamental previsto na Constituição Federal de 1988.[4]

De outro lado, aponta a referida autora que o Direito Ambiental cuida dos interesses difusos, que não podem ser individualizados. São interesses da coletividade. É tutela de saúde e não da relação do trabalho.[5]

Para Gustavo Filipe Barbosa, o meio ambiente pode ser classificado nas seguintes espécies: a) meio ambiente natural ou físico: constituído pelo solo, água, ar atmosférico, flora e fauna; b) meio ambiente cultural: valores históricos, ou seja, o patrimônio histórico, artístico, arqueológico, paisagístico e turístico existente em determinado país; c) meio ambiente artificial: espaço urbano construído pelo ser humano,

---

[1] KEMMELMEIER, Carolina Spack. Direito à saúde e o debate sobre os riscos psicossociais no ambiente de trabalho. *Revista de Direito do Trabalho*, v. 186, p. 89-113, fev. 2018.
[2] KEMMELMEIER *Op. cit.*
[3] KEMMELMEIER *Op. cit*
[4] COPOLA, Gina. O Direito Ambiental do Trabalho e a Figura do Assédio Moral. *Fórum de Direito Urbano e Ambiental – FDUA*, Belo Horizonte, ano 3, n. 17, set./out. 2004. Disponível em: http://www.bidforum.com.br/bid/PDI0006.aspx?pdiCntd=11407. Acesso em: 11 abr. 2018.
[5] COPOLA, *Op. cit.*

englobando o conjunto de edificações e espaços urbanos públicos; d) *meio ambiente do trabalho: local de realização da atividade laboral.*[6]

Em observância a essa classificação, é possível extrair o conceito, o objeto do meio ambiente de trabalho e compreender a sua importância e complexidade.

2 Conceito e objeto do meio ambiente do trabalho

Ney Maranhão buscou uma descrição jurídico-conceitual para o meio ambiente do trabalho e destacou que o seu conceito é de extrema complexidade e engloba uma vasta gama de fatores que interagem no contexto laboral, tornando a sua caracterização um desafio.[7]

A análise estática e detalhada da estrutura compositiva do meio ambiente do trabalho permite identificar três elementos essenciais: o ambiente, a técnica e o homem. O ambiente corresponde ao local onde os serviços são prestados. A técnica é o meio pelo qual as ações são objetivadas, revelando a finalidade pretendida. O homem, representando o trabalho, é a figura central da estrutura produtiva, fator essencial e inerente. Cada cenário de trabalho, seja ele um oceano para mergulhadores ou vias públicas para motoristas, transforma-se em um meio ambiente de trabalho com a presença do trabalhador.[8]

Conforme se verifica, na ótica do mencionado autor, o meio ambiente é a resultante da interação dinâmica de múltiplos fatores naturais e sociais. Essa relação configura o cenário do meio ambiente laboral, cuja compreensão deve, portanto, integrar esses elementos para refletir a verdadeira complexidade jurídica do conceito.

José Afonso da Silva define o meio ambiente do trabalho como sendo o local em que se desenrola boa parte da vida do trabalhador, cuja qualidade de vida está, por isso, em íntima dependência da qualidade daquele ambiente.[9]

---

[6] GARCIA, Gustavo Filipe Barbosa. Meio ambiente do trabalho no contexto dos direitos humanos fundamentais e responsabilidade civil do empregador. *In*: Doutrinas Essenciais de Responsabilidade Civil. São Paulo: Revista dos Tribunais, 2011. v. 5, p. 1085-1104.

[7] MARANHÃO, Ney. Meio ambiente do trabalho: descrição jurídico-conceitual. *Revista de Direito do Trabalho*, São Paulo, v. 170, p. 139-165, jun./jul. 2016.

[8] MARANHÃO, *Op. cit.*

[9] SILVA, José Afonso. *Direito ambiental constitucional*. 10. ed. São Paulo: Malheiros, 2019, p. 23.

Explica o citado professor que é um meio ambiente que se insere no artificial, mas digno de tratamento especial, tanto que a Constituição Federal de 1988 o menciona explicitamente no art. 200, inciso VIII, ao estabelecer que uma das atribuições do Sistema Único de Saúde consiste em colaborar na proteção do ambiente, nele compreendido o do trabalho, e que o ambiente do trabalho é protegido por uma série de normas constitucionais e legais destinadas a garantir-lhe condições de salubridade e de segurança.[10]

Gina Copola afirma que se pode conceituar o meio ambiente do trabalho como o "ramo específico do meio ambiente artificial, que protege e disciplina o local, que deve ser seguro, sadio, salubre, e onde os trabalhadores devem permanecer, e exercer suas funções profissionais, sob controle de um superior hierárquico".[11]

Para Carolina Spack Kemmelmeier, o Direito Ambiental do Trabalho tem por objeto o "conjunto (= sistema) de condições, leis, influências e interações de ordem física, química, biológica e psicológica que incidem sobre o homem em sua atividade laboral, esteja ou não submetido ao poder hierárquico de outrem".[12]

3 Emergência da discussão acerca do meio ambiente de trabalho no serviço público e a influência da pós modernidade

Além do quadro de insuficiência de leis específicas para a tutela do meio ambiente do trabalho no serviço público, que será demonstrado no tópico a seguir, a pós-modernidade, caracterizada por mudanças profundas na cultura, economia, tecnologia e sociedade, tem impactos significativos na saúde das pessoas.

Esses efeitos são multifacetados e influenciam tanto a saúde física quanto a mental, além de afetarem os sistemas de saúde e as políticas públicas. No entanto, a análise crítica deve também questionar como essas transformações influenciam a eficácia das políticas públicas atuais e a capacidade do Estado de responder adequadamente às novas demandas de um ambiente de trabalho saudável para os servidores públicos.

---

[10] SILVA, *Op. cit.*
[11] COPOLA, *Op. cit.*
[12] KEMMELMEIER *Op. cit.*

A identificação e gestão dos novos riscos associados à pós-modernidade, como o estresse tecnológico, doenças mentais, transtornos psicológicos, vida acelerada e as desigualdades globais, são cruciais para a criação de ambientes de trabalho saudáveis.

Segundo dados do último Relatório Mundial sobre Saúde Mental, divulgado pela Organização Mundial da Saúde (OMS),[13] os transtornos mentais são frequentes em todos os países e, em grande medida, inadequadamente tratados, sendo a principal causa de incapacidades e suicídios.

Aponta o estudo que as consequências econômicas dos problemas de saúde mental são enormes, com perdas de produtividade que superam em muito os custos diretos da atenção. Além disso, os sistemas de saúde mental em todo o mundo se caracterizam por importantes deficiências na governança, nos recursos, nos serviços, nas informações e nas tecnologias para a saúde mental.

Adiante, aponta o estudo que vários fatores impedem que as pessoas busquem ajuda para seus problemas de saúde mental, como o acesso limitado a serviços de qualidade, os baixos níveis de conhecimento sobre saúde mental, a estigmatização e discriminação generalizadas.

Em resumo, aponta a OMS que 1 (uma) em cada 8 (oito) pessoas tem um problema de saúde mental. E que 71% destas pessoas recebem tratamento insuficiente. Por fim, em média apenas 2% dos orçamentos de saúde são direcionados para a saúde mental.

Os impactos deste novo tempo são abordados por Tereza Aparecida Asta Gemignani, que aponta:

> A leitura da matriz constitucional deve atentar para os novos tempos vividos neste início de século, em que a "economia capitalista produz uma enorme instabilidade, que ela é incapaz de dominar e controlar e muito menos de evitar — assim como é incapaz de corrigir os danos perpetrados por essas catástrofes" como alerta Zygmunt Bauman, o que gera efeitos relevantes quando se trata de saúde e segurança no trabalho. A intensificação da violência na sociedade e seus reflexos no ambiente de trabalho, onde pessoas têm que conviver por longos períodos num local em que via de regra há elevado nível de stress, vem desencadeando

---

[13] ORGANIZAÇÃO MUNDIAL DA SAÚDE. *World mental health report: transforming mental health for all*. ISBN 978-92-4-004933-8 (versão eletrônica), ISBN 978-92-4-004934-5 (versão impressa). Genebra: Organização Mundial da Saúde, 2022. Disponível em: https://iris.who.int/bitstream/handle/10665/356119/9789240049338-eng.pdf?sequence=1. Acesso em: 29 ago. 2024.

novas doenças e lesões, que comprometem a integridade física e mental, levam ao absenteísmo elevado e decréscimo de produtividade, causando prejuízo a todos os envolvidos.[14]

Especificamente no que tange aos problemas psicossociais, defende Laís de Oliveira Penido que uma das suas dificuldades de tutela é que frequentemente são invisíveis no contexto laboral porque não se manifestam em exames ou radiografias como ocorre com as doenças físicas:

> Os transtornos mentais e comportamentais possuem etiologia variada, indo desde os fatores orgânicos aos essencialmente psicológicos. Uma das características dessas doenças, principalmente na sua relação com o trabalho, é a invisibilidade (BARBOSA-BRANCO, 2003). Esse processo de invisibilidade ocorre porque as disfunções mentais não aparecem em exames e radiografias como as disfunções físicas, tais como: a hipertensão arterial, a diabetes, a úlcera gástrica etc. Grande parte das alterações funcionais psíquicas envolve processos crônicos, cumulativos e multicausais os quais podem ou não ser somatizados.[15]

Por este e outros argumentos, defende a referida autora a necessidade de humanização das relações de trabalho:

> O principal objetivo da denominada humanização das relações de trabalho é preservar a saúde e a integridade psicofísica do trabalhador. A sua finalidade primordial é a de tornar o trabalho mais satisfatório para os indivíduos e mais produtivo para a empresa e para a sociedade, em uma tentativa de conciliar a atividade humana no ambiente de trabalho e a recíproca adaptação das condições laborais com as características do ser humano.[16]

A importância de o indivíduo sentir-se seguro no ambiente de trabalho é destacada por Maria José Giannella Cataldi, que subscreve:

---

[14] BAUMAN, Zygmunt. *Modernidade líquida*. Tradução de Plínio Dentzien. Rio de Janeiro: Zahar, 2001. p. 183 *et seq*. (*Apud* GEMIGNANI, Tereza Aparecida Asta; GEMIGNANI, Daniel. Meio ambiente de trabalho. Precaução e prevenção. Princípios norteadores de um novo padrão normativo. *Revista Fórum Trabalhista – RFT*, Belo Horizonte, ano 1, n. 1, p. 145-166, jul./ago. 2012).

[15] PENIDO, Laís de Oliveira. Por um meio ambiente humano de trabalho sustentável. *Revista de Direito do Trabalho*, v. 161, p. 157-176, jan./fev. 2015. DTR\2015\255.

[16] PENIDO, *Op. cit.*

O indivíduo precisa sentir-se seguro em seu ambiente de trabalho, livre de riscos e perigos para a sua saúde, caso isso não ocorra, às consequências podem ser: acidentes de trabalho, surgimento de doenças relacionadas ao estresse ocupacional, uso de drogas e álcool, dentre outros problemas que poderão afetar negativamente todo o processo produtivo da empresa e a saúde dos empregados.[17]

Assim, a pós-modernidade vem alterando radicalmente a natureza da vida social. Estas transformações se entrelaçam de maneira direta com a vida pessoal. Diante disso, torna-se cada vez mais importante a tutela do meio ambiente do trabalho no serviço público.

Byung-Chul Han defende que a sociedade do século XXI não é mais disciplinar, mas sim uma sociedade do desempenho. Ele afirma que "o que torna doente, na realidade, não é o excesso de responsabilidade e iniciativa, mas o imperativo do desempenho como um novo *mandato* da sociedade pós-moderna de trabalho. [...] Por falta de repouso, nossa civilização caminha para uma nova barbárie".[18]

Conforme será demonstrado adiante, apesar de amplamente destacada a importância do meio ambiente de trabalho sadio na legislação internacional e na Carta Magna, existe um quadro de insuficiência legislativa no que tange ao meio ambiente de trabalho no serviço público, sobretudo uma atenção voltada aos problemas psicossociais, o que dificulta a concretização destes direitos amplamente previstos no ordenamento.

4 Atos normativos que sustentam o direito ao meio ambiente do trabalho saudável

4.1 Convenções internacionais

É sabido que o §3º do art. 5º da Constituição Federal de 1988, inserido pela Emenda Constitucional nº 45/2004, prevê que "os tratados e convenções internacionais sobre direitos humanos que forem aprovados, em cada Casa do Congresso Nacional, em dois turnos, por

---

[17] CATALDI, Maria José Giannella. A saúde mental e o meio ambiente de trabalho. *Revista de Direito do Trabalho*, v. 166, p. 159-170, nov./dez. 2015.
[18] HAN, Byung-Chul. *Sociedade do cansaço*. Tradução de Enio Paulo Giachini. 2. ed. Petrópolis, RJ: Vozes, 2017. p. 27.

três quintos dos votos dos respectivos membros, serão equivalentes às emendas constitucionais".

O Supremo Tribunal Federal, por sua vez, adota a compreensão de que os tratados de direitos humanos não aprovados na forma do §3º do art. 5º da Constituição Federal de 1988 possuem *status* supralegal e eficácia paralisante sobre as leis que com eles conflitarem.[19]

Sendo assim, diversas normas internacionais, ratificadas no Brasil, tutelam o meio ambiente do trabalho no aspecto físico e psicossocial, conforme adiante:

a) Constituição da Organização Mundial de Saúde

O Decreto nº 26.042/1948 promulgou os atos firmados em Nova York, em 22 de julho de 1946, por ocasião da Conferência Internacional de Saúde, tendo o Congresso Nacional aprovado, pelo Decreto Legislativo nº 6/1946, a Constituição da Organização Mundial de Saúde. Nesse sentido, a convenção estabelece que "a saúde é um estado de completo bem-estar físico, mental e social, e não consiste apenas na ausência de doença ou de enfermidade".

Conforme se verifica, o conceito de saúde é bastante amplo e não está restrito somente à doença no corpo físico, considerando, também, a saúde mental do indivíduo e sua inserção no meio ambiente de trabalho, para que este seja considerado saudável.

b) Pacto Internacional sobre Direitos Econômicos, Sociais e Culturais

O Decreto nº 591/1992 promulgou o Pacto Internacional sobre Direitos Econômicos, Sociais e Culturais aprovado pelo Congresso Nacional por meio do Decreto Legislativo nº 226/1991.

O art. 7º fixa que os Estados Partes reconhecem o direito de toda pessoa de gozar de condições de trabalho justas e favoráveis, que assegurem, dentre outras coisas, a segurança e a higiene no trabalho.

No mesmo sentido, o art. 12 estatui que os Estados Partes reconhecem o direito de toda pessoa desfrutar do mais elevado nível possível de saúde física e mental e a melhoria de todos os aspectos de higiene do trabalho e do meio ambiente.

c) Protocolo de São Salvador

O Decreto nº 3.321/1999 promulgou o Protocolo Adicional à Convenção Americana sobre Direitos Humanos em Matéria de Direitos

---

[19] Vide: HC 94702, Relatora: Min. Ellen Gracie, Segunda Turma, julgado em 07.10.2008.

Econômicos, Sociais e Culturais, "Protocolo de São Salvador", aprovado por ato multilateral por meio do Decreto Legislativo nº 56/1995.

O art. 7º garante a segurança e higiene no trabalho e o art. 10º estabelece que toda pessoa tem direito à saúde, compreendendo-se como tal o gozo do mais alto nível de bem-estar físico, mental e social e que, a fim de tornar efetivo o direito à saúde, os Estados-Partes comprometem-se na prevenção e tratamento das doenças profissionais e de outra natureza.

d) Convenção nº 155 da OIT

O Decreto nº 1.254/1994 promulgou a Convenção nº 155 da Organização Internacional do Trabalho sobre Segurança e Saúde dos Trabalhadores e o Meio Ambiente de Trabalho.

Trata-se do ato normativo internacional mais importante para o estudo em questão, pois obriga seus membros a formular uma política nacional em matéria de segurança e saúde dos trabalhadores e do meio ambiente de trabalho, com o objetivo de prevenir os acidentes e os danos à saúde que forem consequência do trabalho, que tenham relação com a atividade laboral ou se apresentarem durante o trabalho, reduzindo ao mínimo, na medida em que for razoável e possível, as causas dos riscos inerentes ao meio ambiente de trabalho (art. 4º).

Regulamentando o tratado internacional em tela, no Brasil, foi expedido o Decreto nº 7.602/2011, disciplinando a Política Nacional de Segurança e Saúde no Trabalho (PNSST), que será tratada mais adiante.

Além disso, a Convenção nº 155 fixa, ainda, que: deverá ser exigido dos empregadores que, na medida do possível, garantam que os locais de trabalho sejam seguros e não envolvam risco algum para a segurança e a saúde dos trabalhadores (art. 16), devendo estes cooperarem com aqueles (arts. 19/20).

Importante destacar que, para os fins desta Convenção Internacional, consoante o art. 3º, a expressão "áreas de atividade econômica" abrange todas as áreas em que existam trabalhadores empregados, inclusive a Administração Pública, bem como a palavra trabalhador abrange todas as pessoas empregadas, incluindo os funcionários públicos.

O ato normativo, portanto, estabelece que a saúde e a segurança no trabalho devem ser tratadas como uma política pública a ser implementada e gerida pelo Estado signatário, orientação reforçada no art.

3º, que amplia as disposições da norma para incluir a Administração Pública e os servidores públicos.

e) Objetivos de Desenvolvimento Sustentável

Os Objetivos de Desenvolvimento Sustentável (ODS) são um conjunto de metas globais estabelecidas pela Organização das Nações Unidas (ONU), em 2015, como parte da Agenda 2030 para o Desenvolvimento Sustentável. Esses objetivos foram adotados por todos os Estados-membros da ONU e visam erradicar a pobreza, proteger o planeta e garantir que todas as pessoas desfrutem de paz e prosperidade até 2030.

O ODS 8 visa promover o crescimento econômico sustentado, inclusivo e sustentável, emprego pleno e produtivo e trabalho decente para todos e é desdobrado em várias metas, dentre elas a Meta 8.8, que reza:[20] "Proteger os direitos trabalhistas e promover ambientes de trabalho seguros e protegidos para todos os trabalhadores, incluindo os trabalhadores migrantes, em particular as mulheres migrantes, e pessoas em empregos precários".

Conforme se verifica, trata-se da proteção dos direitos laborais e promoção de ambientes de trabalho seguros e protegidos para todos os trabalhadores, ou seja, o crescimento econômico de forma inclusiva e sustentável.

f) Consolidação das Convenções Internacionais

O Decreto nº 10.088/2019 consolidou todos os atos normativos editados pelo Poder Executivo Federal referentes à promulgação de convenções e recomendações da Organização Internacional do Trabalho (OIT) ratificadas pela República Federativa do Brasil, reunindo, em um único documento, todas as convenções e recomendações da OIT que foram oficialmente incorporadas ao ordenamento jurídico brasileiro, facilitando a consulta e a aplicação dessas normas.

Dentre tais atos normativos, destaca-se o Anexo LXXVI (Convenção nº 151), que define no seu art. 1º que a convenção se aplica a todas as pessoas empregadas pelas autoridades públicas. O tratado internacional em tela garante uma série de direitos tais como: liberdade sindical (art. 4º); independência funcional (art. 5º); proteção ao dirigente sindical (art.

---

[20] ORGANIZAÇÃO DAS NAÇÕES UNIDAS NO BRASIL. Objetivo 8: Trabalho decente e crescimento econômico. *Nações Unidas Brasil*. Disponível em: https://brasil.un.org/pt-br/sdgs/8. Acesso em: 10 jul. 2024.

6º); negociação das condições de trabalho (art. 7º); solução de conflitos (art. 8º); e direitos civis e políticos (art. 9º).

Diante disso, é evidente a grande preocupação, tanto em nível nacional quanto internacional, com a promoção de um ambiente de trabalho que assegure a segurança e a saúde dos trabalhadores, incluídos aqueles que atuam em prol da Administração Pública, em sentido amplo, garantindo, assim, a sua integridade física e mental.

4.2 Constituição Federal de 1988

A dignidade da pessoa humana, prevista no art. 1º, inciso III, da CRFB/88, como um fundamento do Estado Democrático de Direito, é o principal alicerce da proteção do local de trabalho como um direito de toda a coletividade.[21]

Além disso, tem-se o direito fundamental e social da saúde e do trabalho fincados no art. 6º da Carta Maior, e sua implementação se trata de competência comum da União, dos Estados, do Distrito Federal e dos Municípios (art. 23, inciso II), assim como a competência legislativa também é concorrente entre os entes federativos (art. 24, inciso XII), competindo à municipalidade prestar, com a cooperação técnica e financeira da União e dos Estados, serviços de atendimento à saúde da população em geral (art. 30, inciso VII).

Conforme se verifica, a Constituição Federal de 1988 em vigor não eximiu nenhum ente federativo da obrigação de proteger, defender e promover a saúde.

Adiante, é direito dos trabalhadores urbanos e rurais a redução dos riscos inerentes ao trabalho, por meio de normas de saúde, higiene e segurança, consoante art. 7º, inciso XXII, regra que se estende aos servidores ocupantes de cargo público, por força do art. 39, §3º, todos da CRFB/88.

A ordem econômica também é fundada na valorização do trabalho humano e na defesa do meio ambiente (art. 170, *caput* e inc. VI). Do mesmo modo, a política de desenvolvimento urbano é orientada para garantir o bem-estar dos habitantes da cidade (art. 182).

Se não bastasse, no tripé da seguridade social (saúde, previdência e assistência social), a Carta Maior fixou a saúde como direito de todos e dever do Estado, exigindo deste a realização de políticas públicas para

---

[21] COPOLA, *Op. cit.*

a redução do risco de doença e de outros agravos (art. 196), além do que, organizou o Sistema Único de Saúde (art. 198), caracterizando-se, ao mesmo tempo, como um direito individual, coletivo e difuso. Ainda, quanto ao SUS, destaca-se que compete a este colaborar na proteção do meio ambiente, nele compreendido o do trabalho (art. 200, inciso VIII).

Por fim, no capítulo alusivo ao meio ambiente, a Carta Maior também assegura a todos o direito ao meio ambiente ecologicamente equilibrado, devendo o Poder Público e a coletividade defendê-lo e preservá-lo para a presente e as futuras gerações, através da promoção da educação ambiental e conscientização pública (art. 225).

Assim, a garantia de um ambiente de trabalho seguro, salubre e saudável é amplamente assegurada, seja nas convenções internacionais, seja pela CRFB/88, por meio de um conjunto abrangente de dispositivos legais que devem ser interpretados e aplicados de forma conjunta e refletem a tendência global de assegurar a todos os cidadãos um meio ambiente de trabalho conforme as normas e convenções estabelecidas pela Organização Internacional do Trabalho (OIT).[22]

Pelo exposto, não resta nenhuma dúvida de que as convenções internacionais e a Constituição Federal de 1988 garantem aos trabalhadores, sejam privados, sejam vinculados à administração pública, e até mesmo os migrantes, o direito a saúde, compreendendo-se como sendo o direito ao bem-estar físico, mental e social, o que se repete na legislação infraconstitucional, que será demonstrada adiante.

Neste particular, afirma Gina Copola[23] que tais dispositivos constitucionais para a proteção do meio ambiente do trabalho, lamentavelmente, ainda não são amplamente aplicados e respeitados em nosso país, o que tem resultado em acidentes de trabalho, doenças profissionais, intoxicações, entre outros.

4.3 Atos normativos infraconstitucionais

a) Lei Orgânica da Saúde

A Lei nº 8.080, de 19 de setembro de 1990, conhecida como Lei Orgânica da Saúde, dispõe sobre as condições para a promoção, proteção e recuperação da saúde, a organização e o funcionamento dos

---

[22] COPOLA, *Id. Ibid.*
[23] COPOLA, *Id. Ibid.*

serviços correspondentes. Este ato normativo institui o Sistema Único de Saúde (SUS) no Brasil, estabelecendo os princípios e diretrizes para sua operacionalização.

Segundo o art. 3º da referida lei, os níveis de saúde expressam a organização social e econômica do País, tendo a saúde como determinantes e condicionantes, entre outros, a alimentação, a moradia, o saneamento básico, o meio ambiente, o trabalho, a renda, a educação, a atividade física, o transporte, o lazer e o acesso aos bens e serviços essenciais.

O texto legal ressalta as importantes variáveis para aferição do nível de saúde de uma pessoa. No art. 6º, inciso V, o legislador incluiu, no campo de atuação do Sistema Único de Saúde (SUS), a colaboração na proteção do meio ambiente, nele compreendido o do trabalho.

b) Política Nacional de Saúde e Segurança do Trabalho

Em vista do disposto no art. 4º da Convenção nº 155 da Organização Internacional do Trabalho, o Brasil editou o Decreto nº 7.602/2001, instituindo a Política Nacional de Saúde e Segurança do Trabalho. Trata-se de um importante ato normativo que disciplina a proteção à saúde dos trabalhadores.

O inciso IV, alínea "a", da PNSST, fixa que a norma é aplicável a todos os trabalhadores brasileiros do sistema de proteção à saúde, o que, ao nosso sentir, contemplou os agentes públicos, espécie do gênero "trabalhador". Ademais, diversos dispositivos tratam da proteção à saúde nos locais de trabalho.

c) Atos administrativos e regulamentares

O Poder Público tem exarado atos administrativos e regulamentares sob o escopo da proteção ao meio ambiente de trabalho. Por exemplo, o Ministério do Trabalho e Emprego, em virtude das determinações dos arts. 155 e 200 da CLT, expediu a Portaria nº 3.214/78, a qual, por intermédio de várias normas regulamentadoras, regulamenta o meio ambiente laboral acerca do atendimento às regras de segurança, higiene e medicina do trabalho.

As próprias normas regulamentadoras (NRs) a que se refere são exemplificativos dos propósitos dos atos regulamentares da temática. As NRs servem à complementação do Capítulo V, do Título II, da CLT, com redação dada pela Lei nº 6.514/1977, no intuito de dispor das obrigações, direitos e deveres que devem ser cumpridos por empregadores e trabalhadores, para a garantia de um trabalho seguro e sadio, prevenindo a ocorrência de doenças e acidentes nesse ambiente.

5 Normas regulamentares do Ministério do Trabalho e sua (in)aplicabilidade aos agentes públicos

No Brasil, existem diversas normas versando sobre saúde e segurança laboral expedidas pelo Ministério do Trabalho. Entretanto, ainda subsiste muita controvérsia sobre a aplicabilidade ou não destas normas aos agentes públicos estatutários.

Aqueles que defendem a não aplicação destas normas regulamentares aos agentes públicos sustentam que a própria CLT expressamente os excluiu da sua incidência. Sobre a referida controvérsia, aponta Ednaldo Rodrigo Brito que:

> Existe, contudo, relevante debate em torno da aplicação das normas de saúde e segurança do trabalho veiculadas na CLT e nas normas regulamentadoras do Ministério do Trabalho e Emprego aos servidores públicos estatutários. A principal argumentação é de que os servidores estatutários não são regidos pela CLT e o art. 7º, alíneas "c" e "d", da Consolidação das Leis do Trabalho excluem expressamente sua incidência aos servidores da União, Estados, municípios e respectivas autarquias (BRASIL, 1943).[24]

Ademais, os defensores da inaplicabilidade destas NRs aos agentes públicos apontam que a discussão relativa a eventuais reformas estruturais ou alterações das condições de trabalho dos servidores estatutários, ainda que atinentes ao meio ambiente do trabalho, faz parte da relação jurídica administrativa existente entre o servidor público e o Estado, devendo ser disciplinada por lei do respectivo ente público.

De outro lado, para aqueles que defendem a aplicabilidade, o meio ambiente do trabalho integra uma das vertentes do próprio meio ambiente (art. 225, CRFB/88), razão pela qual hão de ser adotadas, em observância a esse direito fundamental, medidas e providências voltadas a evitar todo e qualquer risco inerente à atividade laboral.

---

[24] SILVA, Ednaldo Rodrigo Brito da. A proteção do meio ambiente de trabalho dos servidores públicos estatutários. *Revista do Tribunal Superior do Trabalho*, Porto Alegre, v. 89, n. 3, p. 97-131, jul./set. 2023.

Considerando-se que o meio ambiente do trabalho está previsto na Constituição Federal de 1988, na Consolidação das Leis do Trabalho, na Lei nº 8.080/1990, na Convenção nº 155 da Organização Internacional do Trabalho sobre Segurança e Saúde dos Trabalhadores e o Meio Ambiente de Trabalho e atualmente consolidada pelo Decreto nº 10.088/2019, e diversos outros tratados internacionais, trata-se, então, de um direito fundamental.

Nessa condição, por se tratar de um direito fundamental, indivisível e aplicável a todos indistintamente, e de expressa previsão na Convenção nº 155 da OIT, de que a expressão "trabalhadores" alcança os servidores públicos, as normas regulamentadoras do Ministério do Trabalho e Emprego que tratam de saúde, higiene e segurança do trabalho, na ausência de normas específicas, aplicam-se ao ambiente de trabalho de servidores estatutários.

Ednaldo Rodrigo Brito aduz que:

> É possível concluir que a proteção da saúde e segurança no trabalho é dirigida ao ser humano no lugar onde ele trabalha (SIRVINSKAS, 2022, p. 2004-2005). [...] Depreende-se que, assim como a proteção ao meio ambiente é titularizada pelo ser humano, a proteção do meio ambiente do trabalho, sendo este último parte do meio ambiente em geral, é titularizada pelo ser humano no curso das suas atividades laborais, no seu local de trabalho, independentemente de qualquer outra condição.

Sobre qual é a justiça competente para processar e julgar as causas envolvendo o meio ambiente de trabalho do serviço público, verifica-se que, em 11.12.2003, o STF aprovou a Súmula nº 736, afirmando que "compete à justiça do trabalho julgar as ações que tenham como causa de pedir o descumprimento de normas trabalhistas relativas à segurança, higiene e saúde dos trabalhadores".

Assim, quanto aos trabalhadores regidos pela CLT, não resta dúvida acerca da competência da justiça especializada para processar e julgar as causas envolvendo o meio ambiente de trabalho. Entretanto, quanto aos servidores públicos estatutários, estão albergados pela referida súmula?

Na Reclamação nº 52.816, o relator Ministro Alexandre de Moraes, em decisão monocrática publicada em 22.4.2022, afirmou acerca da Súmula 736 que:

[...] a norma a ser extraída do Enunciado é a de que compete à Justiça do Trabalho julgar as ações cujo objetivo seja corrigir, no ambiente de trabalho como um todo, eventuais descumprimentos de normas trabalhistas relativas à segurança, higiene e saúde. Ou seja, diante de situação de irregularidade ampla em determinado ambiente de trabalho, referente à segurança, higiene e saúde dos trabalhadores, é possível ajuizar ação almejando sanar tais vícios, tornando o ambiente de trabalho próprio ao labor.

Diante do caráter genérico da súmula, muitos julgados, seja no âmbito do STF, seja no âmbito das instâncias ordinárias, entenderam que a Justiça Especializada seria competente para apreciar demandas relativas ao meio ambiente e medicina do trabalho, independentemente da natureza do vínculo – estatutário ou celetista.

Em decisões mais recentes, os Ministros Relatores assentaram que o critério determinante que se extrai da ADI nº 3.395/DF para a definição da Justiça competente depende da natureza do vínculo jurídico entre o servidor (em sentido amplo) e o ente público.

Por exemplo, na Reclamação nº 53214 AgR, de Relatoria do Ministro André Mendonça, publicada em 21.11.2023, ficou assentado que a competência para o cumprimento de normas alusivas ao meio ambiente de trabalho de servidores públicos compete à justiça comum, conforme segue:

> 1. As condições de trabalho voltadas à prestação de atividades pelos servidores públicos integram o regime jurídico administrativo-estatutário.
> 2. A discussão referente a normas ou eventuais reformas estruturais ou alterações das condições de trabalho dos servidores estatutários, ainda que atinentes ao meio ambiente do trabalho decorrem da relação jurídico-administrativa existente entre o Poder Público e seus agentes, atraindo a competência da Justiça comum.

O STF tem julgado diversas reclamações com processos ajuizados na Justiça do Trabalho envolvendo o Poder Público como demandado e determinado a incompetência da Especializada e determinando a remessa dos autos para a Justiça Comum.[25]

Portanto, além da insuficiência normativa envolvendo a proteção do meio ambiente do trabalho no que tange aos servidores públicos,

---

[25] Nesse sentido: Rcl 44.656/RO, Ministro Ricardo Lewandowski; Rcl 43.764/PI, Ministra Rosa Weber; Rcl 43.753/PI, Ministra Cármen Lúcia.

esta categoria de trabalhadores ainda convive com a controvérsia jurisprudencial acerca da aplicação ou não das Normas Regulamentares ao seu regime jurídico e, se não bastasse, com a divergência acerca da justiça competente para processar e julgar as pretensões, fatores estes que enfraquecem a proteção ao meio ambiente do trabalho dos agentes públicos estatutários.

6 Direito ao meio ambiente de trabalho sustentável no serviço público

O termo sustentabilidade está cada vez mais presente na sociedade. A definição mais difundida deste termo é a da Comissão Brundtland (WCED, 1987),[26] a qual considera que o desenvolvimento sustentável deve satisfazer às necessidades da geração presente sem comprometer as necessidades das gerações futuras. Esse conceito deixa claro um dos princípios básicos de sustentabilidade, a visão de longo prazo, uma vez que os interesses das futuras gerações devem ser considerados.[27]

Desde a definição da Comissão Brundtland,[28] já surgiram inúmeras definições, porém, o ponto comum em todas elas, quando analisadas detalhadamente, está nas dimensões que compõem o termo sustentabilidade. A maioria dos estudos afirma que a sustentabilidade é composta de três dimensões que se relacionam: econômica, ambiental e social.[29]

Além do tripé consagrado dessas dimensões, adota-se para os fins deste artigo o acréscimo proposto por Juarez Freitas das dimensões jurídico-política e ética, que consubstancia uma abordagem mais sistêmica e inclusiva do ser humano, que agasalha uma ideia de multidimensionalidade do bem-estar.[30]

Nessa linha, a sustentabilidade aparece como dever ético e jurídico-político de viabilizar o bem-estar no presente, sem prejuízo do bem-estar futuro, próprio e de terceiros.

---

[26] A sigla significa: Comissão Mundial sobre Meio Ambiente e Desenvolvimento (WCED).
[27] CLARO, Priscila Borin de Oliveira; CLARO, Danny Pimentel; AMÂNCIO Robson. Entendendo o conceito de sustentabilidade nas organizações. *Revista de Administração – RAUSP* [Internet]. Disponível em: https://www.redalyc.org/articulo.oa?id=223417504001. Acesso em: 28 ago. 2024.
[28] O relatório veio a ser conhecido como "Brundtland" em homenagem ao presidente da Comissão, Gro Harlem Brundtland. Ele desenvolveu princípios orientadores para o desenvolvimento sustentável.
[29] CLARO, *Id. Ibid.*
[30] FREITAS, Juarez. *Sustentabilidade*: direito ao futuro. 4. ed. Belo Horizonte: Fórum, 2019.

De acordo com o que foi abordado no presente artigo, o Poder Público é o principal responsável pela promoção e efetividade da sustentabilidade. Nesse sentido, exclama Juarez Freitas que:

> A cogência constitucional e legal de observância do desenvolvimento sustentável alcança principalmente o Poder Público, que tem a obrigação de zelar pela sustentabilidade de suas decisões descabendo invocar a discricionariedade ou a reserva do possível para adiá-las, sobretudo em virtude da constitucionalização das relações administrativas. Com isso é possível falar em mudança de paradigma do Direito Administrativo, para superar-se a insaciabilidade patrimonialista, em favor da sustentabilidade (...).[31]

Também sobre o papel central do Estado na promoção e efetividade da sustentabilidade, Klaus Bosselmann (*apud* Rafael Martins Costa Moreira) ressalta que:

> [...] o Estado detém autoridade central para governar o povo e determinado território, de modo que, sem ele, os princípios fundamentais não podem ser garantidos. Dessa forma, os Estados são considerados curadores do meio ambiente no âmbito de sua competência territorial, o que envolve, internamente, 'uma obrigação fundamental de proteger o meio ambiente para seu próprio bem'.[32]

Considerando-se que o Estado exerce um papel fundamental na promoção e efetividade da sustentabilidade, é preciso repensar diversos paradigmas no âmbito do Direito Administrativo, dentre eles uma atenção ao meio ambiente de trabalho saudável no âmbito do serviço público, e explorar criticamente os fatores que impedem essa aplicação, incluindo-se a insuficiência legislativa, a divergência sobre a aplicação das Normas Regulamentares aos agentes públicos estatutários, a dúvida sobre a competência da justiça para processar e julgar o meio ambiente de trabalho envolvendo o Poder Público, desafios estes já citados anteriormente, além da resistência institucional e da falta de vontade política.

---

[31] FREITAS, *Op. Cit.*
[32] BOSSELMAN, Klaus. Princípio da Sustentabilidade: transformando direito e governança. São Paulo: *Revista dos Tribunais*, 2015 (*apud* MOREIRA, Rafael Martins Costa. *Direito Administrativo e sustentabilidade*: o novo controle judicial da Administração Pública. Belo Horizonte: Fórum, 2017).

As normas internacionais e nacionais, embora de modo genérico, já obrigavam o Poder Público a promover a segurança e saúde dos trabalhadores e o meio ambiente de trabalho no âmbito do serviço público, como por exemplo a Política Nacional de Saúde e Segurança do Trabalho, que expressamente atribui como um dever do Estado, através do SUS, a sua implementação.

A generalidade destas normas envolvendo o meio ambiente de trabalho no serviço público, sobretudo no que tange à proteção psíquica dos servidores, dificulta a concretização da proteção à saúde laboral no Brasil.

É preciso dar um passo adiante e positivar como a tutela da saúde física e mental do servidor público deverá ser implementada no país. Não se está ignorando a sua dificuldade para o Direito, sobretudo por se tratar de um tema alheio ao conhecimento jurídico e que envolve outras áreas do conhecimento, como a Medicina e a Psicologia, por exemplo.

6.1 Dados do painel estatístico de pessoal do Ministério do Planejamento

Outra dificuldade é que as estatísticas disponibilizadas especificamente no âmbito do serviço público no Brasil são bastante escassas, o que dificulta a adoção de políticas públicas para os agentes estatutários. Entretanto, segundo dados de afastamentos no serviço público federal elencados no Painel Estatístico de Pessoal do Ministério do Planejamento,[33] especificamente no período de agosto de 2023 a julho de 2024, de um total de 695.730 afastamentos registrados de servidores, tem-se:

a) Quanto aos órgãos com maior número de afastamentos

O Ministério da Educação lidera, de forma esmagadora, com 65,35% de todos os afastamentos, totalizando 454.642 casos. Isso reflete o alto número de servidores ligados ao setor educacional, incluindo professores do magistério superior e do ensino básico técnico tecnológico, que possuem uma alta incidência de afastamentos. Este dado pode estar associado a uma série de fatores, incluindo carga de trabalho

---

[33] BRASIL. Ministério da Economia. Painel Estatístico de Pessoal. Disponível em: http://painel.pep.planejamento.gov.br/QvAJAXZfc/opendoc.htm?document=painelpep.qvw&lang=en-US&host=Local&anonymous=true. Acesso em: 29 ago. 2024.

elevada, condições de trabalho estressantes e possivelmente questões relacionadas à saúde mental.

Em segundo lugar, o Ministério da Saúde, com 7,43% dos afastamentos (51.702 casos). Este dado é significativo, visto que os servidores desse ministério estão frequentemente em contato direto com situações de alta pressão, especialmente durante a pandemia de covid-19, o que pode ter exacerbado problemas de saúde mental e física entre esses trabalhadores.

Em seguida, vem o Ministério da Justiça, com 6,26% dos afastamentos (43.578 casos), que reflete o impacto das condições desafiadoras enfrentadas pelos servidores que atuam em áreas como a segurança pública, onde o estresse e o risco físico são constantes.

b) Quanto aos cargos com maior incidência de afastamentos

O professor do magistério superior é o cargo com mais afastamentos, representando 14,08% do total (97.979 casos). Isso sugere um possível desgaste entre docentes do ensino superior, talvez devido à sobrecarga de trabalho e questões de saúde mental.

O professor de ensino básico técnico e tecnológico também possui alta incidência, com 12,70% do total, ou seja, 88.335 casos. Isso sugere que professores deste nível de ensino enfrentam desafios semelhantes aos dos professores do ensino superior, possivelmente devido às demandas pedagógicas, à necessidade de atualização constante e ao ambiente de trabalho.

O assistente em administração representa 8,52% dos afastamentos. Este cargo envolve tarefas administrativas e de apoio, que podem gerar estresse devido à natureza repetitiva ou à pressão por resultados. Com 59.267 afastamentos, se destaca como um dos que exigem atenção em termos de bem-estar no trabalho.

O auxiliar de enfermagem, com 3,39% dos afastamentos, tem um papel crucial no sistema de saúde, o que pode levar a um desgaste físico e mental significativo. Com 23.587 afastamentos, é possível que as longas jornadas de trabalho e a exposição constante a situações de alta pressão contribuam para esses números.

Como conclusão, o painel estatístico de pessoal do Ministério do Planejamento permite auferir a alta incidência de afastamentos entre professores do magistério superior e técnicos de ensino, o que sugere um foco necessário na saúde mental e nas condições de trabalho desses profissionais.

6.2 Relatório da Organização Mundial da Saúde

Quanto ao relatório da Organização Mundial da Saúde, citado anteriormente, este documento identifica os desafios críticos na provisão de cuidados de saúde mental no âmbito do serviço público em diversos países, quais sejam:

a) Informação: aponta o relatório que os dados reportados pelos países à OMS são muitas vezes incompletos e as pesquisas em saúde mental são insuficientes, especialmente em países de baixa e média renda;

b) Governança: destaca o estudo que há uma falta de políticas, planos e leis adequadas, e uma priorização equivocada dos recursos, com uma grande parte dos gastos destinados a hospitais psiquiátricos em vez de serviços comunitários;

c) Recursos: destaca o parecer que o financiamento para saúde mental é extremamente limitado, resultando em uma escassez de medicamentos essenciais e pessoal qualificado;

d) Serviços: a cobertura dos serviços de saúde mental é inadequada, com uma grande maioria das pessoas com condições graves como a psicose sem acesso a tratamento. Além disso, há uma variedade limitada de serviços disponíveis, particularmente em países de baixa renda.

Essa análise sublinha a necessidade urgente de melhorar as políticas públicas, o financiamento e a infraestrutura de saúde mental em muitos países, inclusive o Brasil, para garantir que todos os indivíduos tenham acesso aos cuidados de que necessitam.

6.3 A incidência da sustentabilidade de modo pluridimensional

Sendo assim, com a incidência do Princípio da Sustentabilidade de modo pluridimensional e com efeito cogente, haverá uma reformulação dos espaços laborais no âmbito da Administração Pública de modo a efetivamente o Poder Público legislar e tutelar o meio ambiente de trabalho funcional.

Laís de Oliveira Penido, embora numa acepção voltada para as organizações privadas, apresenta importantes reflexões a partir da sustentabilidade no meio ambiente de trabalho. Defende a autora uma mudança de paradigma nas organizações, por meio de uma discussão sobre o lugar que a empresa ocupa no contexto multidimensional da sustentabilidade e suas repercussões no desenvolvimento econômico e social.[34]

As empresas sustentáveis fogem à tradicional gestão do trabalho, focado na produtividade e remuneração econômica e direcionam um olhar para o ser humano e a qualidade de vida no trabalho. A sustentabilidade, em nível de negócios, é um conceito mais amplo e profundo do que o mero ganho financeiro.

Para a referida autora, a empresa sustentável:

> [...] abarca necessariamente um sistema de produção que proporcione simultaneamente uma melhora na qualidade do trabalho realizado, na qualidade dos produtos, bem como na prestação dos serviços. Nessa abordagem, uma grande variedade de relevantes questões devem ser levadas em consideração, tais como: o desenvolvimento social e econômico, a proteção do meio ambiente do trabalho, as condições de trabalho favoráveis à saúde dos trabalhadores, a qualidade de vida no trabalho, a formação profissional, o trabalho digno etc.[35]

Com isso, defende a função social da empresa e o processo de geração de um ativo social:

> Gerar ativo social integra educar, capacitar, manter a coesão social, preservar o meio ambiente e, principalmente, proteger e promover a saúde no ambiente de trabalho. Isto é, gera ativo social quem cumpre sua finalidade econômica específica, entregando produtos e serviços de qualidade ao melhor preço possível e, ao mesmo tempo, impulsione e colabore com o seu capital humano e meio ambiental.

Portanto, uma empresa sustentável é aquela que promove o desenvolvimento ao gerar valor social, humano, econômico e ambiental no local de trabalho. Ela utiliza seus recursos de forma eficiente para atender às suas necessidades sem prejudicar a saúde dos empregados, garantindo que tanto as gerações atuais quanto as futuras possam, igualmente, satisfazer suas necessidades. Esse conceito possibilita a criação de organizações empresariais sustentáveis do ponto de vista humano.

Seja no ambiente privado ou no serviço público, os benefícios de um ambiente de trabalho sustentável são os mesmos. Ambientes seguros e ergonomicamente projetados diminuem a incidência de

---

[34] PENIDO. *Op. cit.*
[35] PENIDO. *Op. cit.*

doenças ocupacionais e lesões. A adoção de práticas que promovem um equilíbrio entre vida pessoal e profissional, como horários flexíveis e apoio psicológico, contribui para a saúde mental dos trabalhadores. Funcionários saudáveis tendem a faltar menos ao trabalho, aumentando a produtividade geral da organização.

Neste sentido, aduz Tereza Aparecida Asta Gemignani que:

> Em relação ao trabalhador, assegurar meio ambiente de trabalho seguro e saudável evita lesões incapacitantes ainda na idade produtiva, diminuindo os custos da previdência social com afastamentos por doenças e aposentadorias precoces.
> Também evita inegável dano à sociedade, pois um trabalhador acidentado ou doente, que é "encostado", leva para a exclusão social toda sua família. A queda da renda prejudica os filhos, que tem sua formação profissional comprometida, porque precisam entrar mais cedo no mercado de trabalho, a fim de contribuir para o próprio sustento.
> Investir na melhoria das condições de trabalho, para que o ambiente seja saudável e seguro, cria um círculo virtuoso em benefício de todos os envolvidos. Traz vantagens para o empregador, que não perde o tempo e dinheiro investidos no treinamento e pode contar com um empregado sadio e bem treinado. Reduz o número de acidentes e doenças profissionais, diminuindo os gastos previdenciários com auxílio-doença e aposentadorias precoces, evita o comprometimento da empregabilidade futura do trabalhador, a desagregação familiar e os casos recorrentes de alcoolismo e violência doméstica.[36]

Por fim, um ambiente de trabalho sustentável no âmbito do serviço público, além de todos os benefícios acima mencionados, acarretará a melhoria na qualidade da prestação dos serviços públicos, contemplando o indivíduo e a coletividade.

Conclusões

A integridade psicofísica do trabalhador e o meio ambiente de trabalho sadio são amplamente tutelados na legislação nacional e internacional. A questão da extensão desta proteção aos agentes públicos é expressamente dirimida pela Convenção nº 155 da OIT, que no art. 3º abrange os trabalhadores empregados na Administração Pública.

---

[36] GEMIGNANI, *Op. cit.*

Entretanto, a generalidade destas normas no que tange aos aspectos psicossociais associada às controvérsias jurisprudenciais sobre a extensão ou não destas normas aos trabalhadores da administração pública, associada a conflitos da justiça competente para processar e julgar estas demandas, enfraquece seu âmbito de proteção para os agentes públicos.

Some-se a isso que, em se tratando de administração pública, incidem outros desafios para a efetividade do direito ao meio ambiente de trabalho sadio nos aspectos físico e mental, tais como a falta de vontade política, a burocracia excessiva e as resistências internas às mudanças necessárias.

Diante deste panorama, o direito ao meio ambiente de trabalho sustentável no âmbito do serviço público afigura-se atualmente como uma pretensão bastante fragilizada diante do arcabouço normativo vigente, o que compromete a eficácia das políticas de saúde e segurança no trabalho para agentes públicos, sendo urgente a elaboração de um arcabouço normativo específico que contemple as particularidades desse grupo, sobretudo diante da pós-modernidade e todos os riscos adicionais associados.

Por fim, a adoção de uma abordagem pluridimensional do princípio da sustentabilidade deve ser acompanhada de um compromisso com a reforma institucional e a promoção de uma cultura organizacional que valorize a saúde e o bem-estar dos servidores públicos, contribuindo para a construção de uma administração pública mais eficiente e justa, além de refletir diretamente na qualidade dos serviços públicos prestados, beneficiando tanto os indivíduos quanto a coletividade.

Referências

ARAUJO, Luiz Alberto David; NUNES JÚNIOR, Vidal Serrano. *Curso de direito constitucional*. 10. ed. São Paulo: Saraiva, 2006, *apud* GARCIA, Gustavo Filipe Barbosa. Meio ambiente do trabalho no contexto dos direitos humanos fundamentais e responsabilidade civil do empregador. *In*: *Doutrinas Essenciais de Responsabilidade Civil*. São Paulo: Revista dos Tribunais, 2011. v. 5, p. 1085-1104.

BAUMAN, Zygmunt. *Modernidade líquida*. Tradução de Plínio Dentzien. Rio de Janeiro: Zahar, 2001. p. 183 *et seq*. (*apud* GEMIGNANI, Tereza Aparecida Asta; GEMIGNANI, Daniel. Meio ambiente de trabalho. Precaução e prevenção. Princípios norteadores de um novo padrão normativo. *Revista Fórum Trabalhista – RFT*, Belo Horizonte, ano 1, n. 1, p. 145-166, jul./ago. 2012).

BOSSELMAN, Klaus. *Princípio da Sustentabilidade*: transformando direito e governança. São Paulo: Revista dos Tribunais, 2015 (*apud* MOREIRA, Rafael Martins Costa. *Direito Administrativo e sustentabilidade*: o novo controle judicial da Administração Pública. Belo Horizonte: Fórum, 2017).

BRASIL. Ministério da Economia. Painel Estatístico de Pessoal. Disponível em: http://painel.pep.planejamento.gov.br/QvAJAXZfc/opendoc.htm?document=painelpep.qvw&lang=en-US&host=Local&anonymous=true. Acesso em: 29 ago. 2024.

CATALDI, Maria José Giannella. A saúde mental e o meio ambiente de trabalho. *Revista de Direito do Trabalho*, v. 166, p. 159-170, nov./dez. 2015.

CLARO, Priscila Borin de Oliveira; CLARO, Danny Pimentel; AMÂNCIO Robson. Entendendo o conceito de sustentabilidade nas organizações. *Revista de Administração – RAUSP*. Disponível em: https://www.redalyc.org/articulo.oa?id=223417504001. Acesso em: 28 ago. 2024.

COPOLA, Gina. O Direito Ambiental do Trabalho e a Figura do Assédio Moral. *Fórum de Direito Urbano e Ambiental – FDUA*, Belo Horizonte, ano 3, n. 17, set./out. 2004. Disponível em: http://www.bidforum.com.br/bid/PDI0006.aspx?pdiCntd=11407. Acesso em: 11 abr. 2018.

DALLARI, Sueli Gandolfi. A construção do direito à saúde no Brasil. *Revista de Direito Sanitário*, 9-34, 2008. Disponível em: https://doi.org/10.11606/issn.2316-9044.v9i3p9-34.

FREITAS, Juarez. *Sustentabilidade*: direito ao futuro. 4. ed. Belo Horizonte: Fórum, 2019.

GARCIA, Gustavo Filipe Barbosa. Meio ambiente do trabalho no contexto dos direitos humanos fundamentais e responsabilidade civil do empregador. In: *Doutrinas Essenciais de Responsabilidade Civil*. São Paulo: Revista dos Tribunais, 2011. v. 5, p. 1085-1104.

GEMIGNANI, Tereza Aparecida Asta; GEMIGNANI, Daniel. Meio ambiente de trabalho. Precaução e prevenção. Princípios norteadores de um novo padrão normativo. *Revista Fórum Trabalhista – RFT*, Belo Horizonte, ano 1, n. 1, p. 145-166, jul./ago. 2012.

HAN, Byung-Chul. *Sociedade do cansaço*. 2. ed. Petrópolis, RJ: Vozes, 2017.

KEMMELMEIER, Carolina Spack. Direito à Saúde e o Debate Sobre os Riscos Psicossociais no Ambiente de Trabalho. *Revista de Direito do Trabalho*, vol. 186, p. 89-113, fev. 2018. DTR\2018\7948.

MARANHÃO, Ney. Meio ambiente do trabalho: descrição jurídico-conceitual. *Revista de Direito do Trabalho*, São Paulo, v. 170, p. 139-165, jun./jul. 2016.

ORGANIZAÇÃO DAS NAÇÕES UNIDAS NO BRASIL. Objetivo 8: Trabalho decente e crescimento econômico. *Nações Unidas Brasil*. Disponível em: https://brasil.un.org/pt-br/sdgs/8. Acesso em: 10 jul. 2024.

ORGANIZAÇÃO MUNDIAL DA SAÚDE. *World mental health report: transforming mental health for all*. ISBN 978-92-4-004933-8 (versão eletrônica), ISBN 978-92-4-004934-5 (versão impressa). Genebra: Organização Mundial da Saúde, 2022. Disponível em: https://iris.who.int/bitstream/handle/10665/356119/9789240049338-eng.pdf?sequence=1. Acesso em: 29 ago. 2024.

PENIDO, Laís de Oliveira. Por um meio ambiente humano de trabalho sustentável. *Revista de Direito do Trabalho*, v. 161, p. 157-176, jan./fev. 2015. DTR\2015\255.

SILVA, Ednaldo Rodrigo Brito da. A proteção do meio ambiente de trabalho dos servidores públicos estatutários. *Revista do Tribunal Superior do Trabalho*, Porto Alegre, v. 89, n. 3, p. 97-131, jul./set. 2023.

SILVA, José Afonso. *Direito ambiental constitucional*. 10. ed. São Paulo: Malheiros, 2019. p. 23.

Informação bibliográfica deste livro, conforme a NBR 6023:2018 da Associação Brasileira de Normas Técnicas (ABNT):

MORAES, Marcio Augusto Moura de; MELLO, Fábio Bandeira de. Direito a um meio ambiente de trabalho sustentável no serviço público. *In:* IDAPAR, Instituto de Direito Administrativo do Pará (org.); OLIVEIRA, Maria Cristina Cesar de; DOURADO JUNIOR, Octavio Cascaes; MORAES, Marcio Augusto Moura de (coord.). *Sustentabilidade no Direito Administrativo*. Belo Horizonte: Fórum, 2025. p. 45-71. ISBN 978-65-5518-953-7.

CONTRATAÇÕES ADMINISTRATIVAS E SUSTENTABILIDADE

CESAR PEREIRA

Introdução[1]

A Lei nº 12.349 alterou o art. 3º da Lei nº 8.666 para estabelecer que a licitação se destina a "... garantir (...) a promoção do desenvolvimento nacional sustentável". A Lei nº 14.133 retomou o tema e adotou o desenvolvimento nacional sustentável como um dos princípios previstos no art. 5º e um dos objetivos da licitação (art. 11, IV). Marçal Justen Filho assim comentou os dispositivos:

> [e]xistem casos em que será necessário restringir a dimensão econômico-social do desenvolvimento, tal como há outros em que se verifica a necessidade de atenuação da proteção ao meio ambiente. Em suma, podem ser necessárias soluções de compromisso, orientadas pela técnica da proporcionalidade.
> Não se admite o crescimento econômico selvagem, orientado à busca da riqueza sem atentar para os efeitos destrutivos do ambiente e da Natureza. Mas também não se admite uma concepção de preservação da Natureza que acarrete o atraso econômico e a condenação de largas parcelas da população a um estado de carência.

---

[1] O autor agradece a colaboração de Lorenzo Galan Miranda, da Justen, Pereira, Oliveira e Talamini, na pesquisa e revisão do texto.

A solução de equilíbrio deve ser produzida em face das circunstâncias concretas, sem a afirmação apriorística, abstrata e teórica de propostas que ignorem as circunstâncias do mundo real.[2]

Já se consolidou a noção de desenvolvimento sustentável como a capacidade de atender às necessidades atuais sem comprometer os recursos disponíveis para o futuro,[3] aliando o desenvolvimento econômico com a preservação ambiental e a inclusão social. Trata-se do tripé da sustentabilidade.[4]

A realidade é que "os instrumentos econômicos vêm evoluindo e se transformando com o passar do tempo, acompanhando as demais modificações nos padrões de desenvolvimento, de consumo, da noção de sustentabilidade e, também, de acordo com as novas realidades de mercado".[5]

1 Sustentabilidade nos contratos regidos pela Lei de Licitações e Contratos Administrativos

1.1 "Desenvolvimento nacional" e a dimensão constitucional das contratações públicas sustentáveis

A sustentabilidade nos contratos administrativos tem uma (primeira) dimensão constitucional. A noção de "desenvolvimento nacional"

---

[2] JUSTEN FILHO, Marçal. *Comentários à Lei de Licitações e Contratações Administrativas*. 2. ed. São Paulo: Revista dos Tribunais, 2023, p. 151.

[3] A definição decorre do Relatório Brundtland, elaborado pelas Nações Unidas em 1987. Descreve o documento: "Sustainable development is development that meets the needs of the present without compromising the ability of future generations to meet their own needs" (ONU. *Relatório Brundtland*, 1987. Disponível em: https://digitallibrary.un.org/record/139811. Acesso em: 17 dez. 2024).

[4] Expressão atribuída ao trabalho de Edward Barbier: "One basic analytical approach is to view this process as an interaction among three systems: the biological (and other resource) system (BS), the economic system (ES), and the social system (SS)" (BARBIER, Edward. The Concept of Sustainable Economic Development. *Environmental Conservation*, vol. 14, n. 2, p. 101-110, 1987, p. 104).

[5] MORAIS, Roberta Jardim de; MATTEI, Juliana Flávia. Títulos e fundos ESG: uma visão atualizada dos instrumentos econômicos da política nacional do meio ambiente no contexto financeiro. *In*: MILARÉ, Edis (coord.). *Quarenta anos da lei da política nacional do meio ambiente*. Belo Horizonte, São Paulo: D'Plácido, 2021, p. 1098.

de que tratam os artigos 3º, II,[6] e 174[7] da Constituição está intrinsecamente relacionada aos fundamentos da República Federativa do Brasil, contidos no artigo 1º da Constituição.[8] A promoção do "desenvolvimento nacional" está arraigada na cidadania, nos valores sociais do trabalho e da livre-iniciativa e na dignidade da pessoa humana. Sob a perspectiva ambiental, a conclusão foi ainda posteriormente reforçada pelo artigo 170, VI, da Constituição, ao fixar como princípio da ordem econômica nacional a "defesa do meio ambiente, inclusive mediante tratamento diferenciado conforme o impacto ambiental dos produtos e serviços e de seus processos de elaboração e prestação".[9]

O desenvolvimento nacional se concretiza pelo incremento de riqueza econômica da nação, mas também pelo aumento da qualidade das condições sociais.[10] A preservação ambiental não está alheia a essa definição. Marçal Justen Filho ressalta que as contratações públicas são "um meio para fomentar e assegurar o emprego da mão de obra brasileira e o progresso da indústria nacional, mas preservando o equilíbrio do meio ambiente".[11]

Por decorrência, as contratações públicas sustentáveis já encontravam respaldo nas normas constitucionais independentemente da previsão específica na Lei nº 8.666 e na Lei nº 14.133. A conclusão constou expressamente do voto do Ministro Dias Toffoli no âmbito da Ação Direta de Inconstitucionalidade nº 2.946: "mesmo antes da

---

[6] CRFB, artigo 3º, *caput* e II: "Art. 3º Constituem objetivos fundamentais da República Federativa do Brasil: [...] II - garantir o desenvolvimento nacional".

[7] CRFB, artigo 174, *caput*: "Art. 174. Como agente normativo e regulador da atividade econômica, o Estado exercerá, na forma da lei, as funções de fiscalização, incentivo e planejamento, sendo este determinante para o setor público e indicativo para o setor privado".

[8] CRFB, artigo 1º, incisos I a V: "Art. 1º A República Federativa do Brasil, formada pela união indissolúvel dos Estados e Municípios e do Distrito Federal, constitui-se em Estado Democrático de Direito e tem como fundamentos: I - a soberania; II - a cidadania III - a dignidade da pessoa humana; IV - os valores sociais do trabalho e da livre iniciativa; V - o pluralismo político".

[9] CRFB, artigo 170, *caput* e inciso VI: "Art. 170. A ordem econômica, fundada na valorização do trabalho humano e na livre iniciativa, tem por fim assegurar a todos existência digna, conforme os ditames da justiça social, observados os seguintes princípios: [...] VI - defesa do meio ambiente, inclusive mediante tratamento diferenciado conforme o impacto ambiental dos produtos e serviços e de seus processos de elaboração e prestação".

[10] JUSTEN FILHO, Marçal. *Comentários à Lei de Licitações e Contratações Administrativas*. 2. ed. São Paulo: Revista dos Tribunais, 2023, p. 147.

[11] JUSTEN FILHO, Marçal. *Comentários à Lei de licitações e contratos administrativos*. 17. ed. rev., atual. e ampl. São Paulo: Revista dos Tribunais, 2016, p. 103.

alteração introduzida pela Lei nº 12.349/10, as licitações sustentáveis já eram constitucionais e legais".[12]

Os contratos administrativos devem promover o desenvolvimento nacional sustentável, em sua ordem ambiental, social e econômica.[13] As subsequentes alterações legislativas contribuíram para dar robustez à noção de "desenvolvimento nacional sustentável" e à sua aplicação às contratações públicas.

1.2 Contratações públicas sustentáveis na Lei nº 8.666

Em sua formulação original, a Lei nº 8.666 era praticamente silente quanto à sustentabilidade.[14] Foi a partir das alterações movidas pela Lei nº 12.349 que o tema passou a constar de forma expressa no regime licitatório brasileiro. O "desenvolvimento nacional sustentável" foi elencado como uma das finalidades da contratação administrativa, mediante alteração do artigo 3º, *caput*, da Lei nº 8.666.[15]

A alteração inaugurou um novo momento no setor das licitações públicas. O objetivo primário continuou sendo a contratação de bens ou serviços pela "proposta mais vantajosa", conforme redação do artigo 3º, *caput*, da Lei nº 8.666. Todavia, caso a vantagem fosse vinculada exclusivamente à oferta do menor preço, não haveria espaço para critérios de sustentabilidade. Logo, a inovação legislativa imprimiu à "proposta

---

[12] STF. ADI nº 2.946, Pleno. Rel. Min. Dias Toffoli. Julg. em 9 de março de 2022.

[13] WONTROBA, Bruno Gresler; ANTONIETTO, Letícia Alle. Contratações sustentáveis (sustentabilidade ambiental e social). *In*: NIEBUHR, Karlin Olbertz; POMBO, Rodrigo Goulart de Freitas (org.). *Novas questões em licitações e contratos*. São Paulo: Lumen Juris, 2023, p. 377.

[14] Havia no artigo 12, inciso VII, a previsão do impacto ambiental como requisito de avaliação dos projetos básicos e projetos executivos de obras e serviços.

[15] Lei nº 8.666, art. 3º, *caput*: "A licitação destina-se a garantir a observância do princípio constitucional da isonomia, a seleção da proposta mais vantajosa para a administração e a promoção do desenvolvimento nacional sustentável e será processada e julgada em estrita conformidade com os princípios básicos da legalidade, da impessoalidade, da moralidade, da igualdade, da publicidade, da probidade administrativa, da vinculação ao instrumento convocatório, do julgamento objetivo e dos que lhes são correlatos". Embora a Lei trate do desenvolvimento nacional sustentável como finalidade do processo licitatório, Marçal Justen Filho aponta o equívoco conceitual do legislador: "Ora, a promoção do desenvolvimento nacional sustentado não é uma finalidade da licitação, mas da contratação administrativa. A licitação é um mero procedimento seletivo de propostas – esse procedimento não é hábil a promover ou a deixar de promover o desenvolvimento nacional" (JUSTEN FILHO, Marçal. Desenvolvimento nacional sustentado – contratações administrativas e o regime introduzido pela Lei nº 12.349/10. *Informativo Justen, Pereira, Oliveira e Talamini*, n. 50, abr. 2011. Recurso eletrônico. Disponível em: https://edisciplinas.usp.br/pluginfile.php/1788209/mod_resource/content/1/mar%C3%A7al%20justen%20filho%20-%20desenvolvimento%20nacional%20sustentado%20%20.......pdf. Acesso em: 26 fev. 2025).

mais vantajosa" interpretação clara: exige-se também a adoção de critérios distintos daqueles puramente econômicos para a sua aferição.[16] Como observa Marçal Justen Filho, o dispositivo almeja não apenas "o incremento da quantidade de bens da Nação, mas também a elevação da qualidade de vida".[17]

Trata-se de um balanço entre "preço e qualidade"[18] em que a sustentabilidade, embora não consista no objetivo originário das contratações públicas,[19] garante que o desenvolvimento econômico seja aliado à preservação do meio ambiente e ao bem-estar social.[20] Como consequência, segundo Maria Cristina Cesar de Oliveira e Octávio Cascaes Dourado Junior, "a mais vantajosa será a proposta que preencha, em última instância, as condições de economicidade, responsabilidade ecológica e justiça social, necessárias à completa satisfação dos interesses públicos".[21]

Contemporaneamente à alteração legislativa, um novo padrão de consumo vinha sendo introduzido. Entre outras medidas para promover a sustentabilidade, a Instrução Normativa nº 1/2010 da Secretaria

---

[16] JUSTEN FILHO, Marçal. *Curso de direito administrativo*. 15. ed. rev. e atual. Rio de Janeiro: Forense, 2024, p. 249. Fernando Quadros da Silva refere a um binômio "proposta mais vantajosa-sustentabilidade" estabelecido pelo legislador, conforme SILVA, Fernando Quadros da. Contratações públicas: a prova da sustentabilidade em juízo. *Interesse Público*, ano 18, n. 98, p. 111-121, jul./ago. 2016, p. 112.

[17] JUSTEN FILHO, Marçal. *Comentários à lei de licitações e contratos administrativos*. 17. ed. rev., atual. e ampl. São Paulo: Revista dos Tribunais, 2016, p. 101.

[18] SILVA, Maria Beatriz Oliveira da; KESSLER, Márcia Samuel. A (in)eficácia das licitações públicas sustentáveis na administração pública federal brasileira em face aos princípios da isonomia e da economicidade. *Revista de Direito Ambiental*, vol. 84, p. 153-169, out./dez. 2016. Versão eletrônica. Nesse sentido, Marçal Justen Filho pontua que "a proteção do meio ambiente não justifica contratações economicamente ineficientes" (JUSTEN FILHO, Marçal. *Comentários à lei de licitações e contratos administrativos*. 17. ed. rev., atual. e ampl. São Paulo: Revista dos Tribunais, 2016, p. 103).

[19] Como sugere Joel de Menezes Niebuhr, "o desenvolvimento nacional sustentável também é uma finalidade da licitação, mas de caráter secundário, que se acopla à finalidade primária" (NIEBUHR, Joel de Menezes. Licitação, sustentabilidade e políticas públicas. *Interesse Público*, ano 15, n. 81, set./out. 2013. Versão eletrônica). No mesmo sentido, ver WONTROBA, Bruno Gressler; ANTONIETTO, Letícia Alle. Contratações sustentáveis (sustentabilidade ambiental e social). *In*: NIEBUHR, Karlin Olbertz; POMBO, Rodrigo Goulart de Freitas (org.). *Novas questões em licitações e contratos*. São Paulo: Lumen Juris, 2023, p. 377.

[20] JUSTEN FILHO, Marçal. Desenvolvimento nacional sustentado – contratações administrativas e o regime introduzido pela Lei nº 12.349/10. *Informativo Justen, Pereira, Oliveira e Talamini*, n. 50, abr. 2011. Recurso eletrônico. Disponível em: https://edisciplinas.usp.br/pluginfile.php/1788209/mod_resource/content/1/mar%C3%A7al%20justen%20filho%20-%20desenvolvimento%20nacional%20sustentado%20%20.......pdf. Acesso em: 26 fev. 2025.

[21] OLIVEIRA, Maria Cristina Cesar de; DOURADO JUNIOR, Octavio Cascaes. Dimensões Socioambientais do Direito Admnistrativo. *Revista do Tribunal Regional Federal 1ª Região*, vol. 1, p. 38-47, 2012, p. 44.

Logística e Tecnologia de Informação do Ministério do Planejamento, Orçamento e Gestão já propunha fixar "os critérios de sustentabilidade ambiental na aquisição de bens, contratação de serviços ou obras pela administração pública federal direta, autárquica e fundacional".[22]

1.3 Contratações públicas sustentáveis a partir da Lei nº 14.133

O legislador brasileiro renovou seu compromisso com a sustentabilidade nas licitações públicas ao incluí-la como um dos princípios norteadores da aplicação da Lei nº 14.133.[23] A mudança aprofundou o escopo da sustentabilidade nas contratações públicas: está "em todo o universo da contratação, desde sua formalização até sua extinção".[24]

Reiterando a previsão instituída pela Lei nº 12.349, o artigo 11, inciso IV, da Lei nº 14.133[25] fixou o "desenvolvimento nacional sustentável" como um dos objetivos do processo licitatório. No inciso I do mesmo dispositivo,[26] o legislador relacionou expressamente a aferição da proposta mais vantajosa com o ciclo da vida do objeto. Ou seja, as diferentes fases pelas quais passa um objeto, desde a sua criação até a

---

[22] Instrução Normativa nº 1/2010 da Secretaria Logística e Tecnologia de Informação do Ministério do Planejamento, Orçamento e Gestão, artigo 1º: "Art. 1º Nos termos do art. 3º da Lei nº 8.666, de 21 de junho de 1993, as especificações para a aquisição de bens, contratação de serviços e obras por parte dos órgãos e entidades da administração pública federal direta, autárquica e fundacional deverão conter critérios de sustentabilidade ambiental, considerando os processos de extração ou fabricação, utilização e descarte dos produtos e matérias-primas".

[23] Lei nº 14.133, art. 5º: "Na aplicação desta Lei, serão observados os princípios da legalidade, da impessoalidade, da moralidade, da publicidade, da eficiência, do interesse público, da probidade administrativa, da igualdade, do planejamento, da transparência, da eficácia, da segregação de funções, da motivação, da vinculação ao edital, do julgamento objetivo, da segurança jurídica, da razoabilidade, da competitividade, da proporcionalidade, da celeridade, da economicidade e do desenvolvimento nacional sustentável, assim como as disposições do Decreto-Lei nº 4.657, de 4 de setembro de 1942 (Lei de Introdução às Normas do Direito Brasileiro)".

[24] AMADEI, Vicente de Abreu. Licitação, contrato administrativo e sustentabilidade. In: CUNHA FILHO, Alexandre Jorge Carneiro da; ARRUDA, Carmen Silvia de; PICCELLI, Roberto Ricomini (coord.). Lei de licitações e contratos – Comentada, vol. 1 (artigo 1º ao 39). São Paulo: Quartier Latin, 2022, p. 85.

[25] Lei nº 14.133, artigo 11, *caput* e inciso IV: "Art. 11. O processo licitatório tem por objetivos: [...] IV – incentivar a inovação e o desenvolvimento nacional sustentável".

[26] Lei nº 14.133, artigo 11, *caput* e inciso I: "Art. 11. O processo licitatório tem por objetivos: I – assegurar a seleção da proposta apta a gerar o resultado de contratação mais vantajoso para a Administração Pública, inclusive no que se refere ao ciclo de vida do objeto".

sua destruição, devem ser sopesadas pelo órgão público contratante.[27] Para Juarez Freitas, a proposta mais vantajosa e alinhada com o preceito legal é aquela que "resiste ao crivo de indicadores multifacetados de custos e benefícios diretos e indiretos, exorcizando os perigos de irreversíveis perdas trágicas patrocinadas pelo desequilíbrio ecossistêmico".[28]

Ainda, a possibilidade de fixação de remuneração variável do contratado estipulada pelo artigo 144, *caput*, da Lei nº 14.133 prevê a aferição do desempenho do contratado "com base em metas, padrões de qualidade, critérios de sustentabilidade ambiental e prazos de entrega definidos no edital de licitação e no contrato".[29] A adoção de critérios de sustentabilidade ambiental requer um embasamento técnico, a fim de justificar um benefício efetivo.[30]

Marçal Justen Filho menciona outros dispositivos que contêm medidas concretas para a promoção do desenvolvimento nacional sustentável por meio do processo licitatório, como o artigo 4º da Lei nº 14.133, que confere preferência à contratação de microempresas e empresas de pequeno porte; o seu artigo 26, para a adoção de soluções concretas de preferência; e o seu artigo 75, ao autorizar a contratação direta para a realização de políticas sociais.[31] Bruno Wontroba e Letícia Antonietto citam ainda outros dispositivos voltados à efetivação da sustentabilidade na licitação pública.[32] A despeito do espaço para aperfeiçoamento no tratamento da matéria, as inovações da Lei nº 14.133 inauguraram um regime favorável à contratação pública sustentável.

---

[27] JUSTEN FILHO, Marçal. *Comentários à Lei de Licitações e Contratações Administrativas*. 2. ed. São Paulo: Revista dos Tribunais, 2023, p. 260.

[28] FREITAS, Juarez. Nova Lei de Licitações e o ciclo de vida do objeto. *Revista de Direito Administrativo*, vol. 281, n. 2, p. 91-106, maio/ago. 2022, p. 104.

[29] Lei nº 14.133, artigo 144, *caput*: "Art. 144. Na contratação de obras, fornecimentos e serviços, inclusive de engenharia, poderá ser estabelecida remuneração variável vinculada ao desempenho do contratado, com base em metas, padrões de qualidade, critérios de sustentabilidade ambiental e prazos de entrega definidos no edital de licitação e no contrato".

[30] SCHWIND, Rafael Wallbach. Remuneração variável e contratos de eficiência no Regime Diferenciado de Contratações Públicas (RDC). *Revista Brasileira de Direito Público*, ano 10, n. 36, jan./mar. 2012. Versão eletrônica. Os comentários, feitos no âmbito da Lei nº 12.462, podem ser replicados à Lei nº 14.133, haja vista que a redação do artigo 144 desta última corresponde àquela do artigo 10 da primeira.

[31] JUSTEN FILHO, Marçal. *Comentários à Lei de Licitações e Contratações Administrativas*. 2. ed. São Paulo: Revista dos Tribunais, 2023, p. 150.

[32] Para uma ampla análise da sustentabilidade nos diversos dispositivos da Lei nº 14.133, ver WONTROBA, Bruno Gressler; ANTONIETTO, Letícia Alle. Contratações sustentáveis (sustentabilidade ambiental e social). *In*: NIEBUHR, Karlin Olbertz; POMBO, Rodrigo Goulart de Freitas (org.). *Novas questões em licitações e contratos*. São Paulo: Lumen Juris, 2023.

Acompanhando os esforços legislativos e para auxiliar os gestores públicos na implementação das contratações públicas sustentáveis, a Consultoria-Geral da União edita anualmente o Guia Nacional de Contratações Sustentáveis. Na edição de setembro de 2023, o documento explica e detalha o regime da Lei nº 8.666 e da Lei nº 14.133 sob a ótica da sustentabilidade. Reforça a postura pela qual "a contratação sustentável não pode mais ser considerada como exceção no cotidiano da Administração Pública".[33]

2 Sustentabilidade nos contratos administrativos internacionais

2.1 Esforços internacionais para a promoção das contratações públicas sustentáveis

A sustentabilidade tornou-se um pilar essencial nas políticas de contratações públicas ao redor do mundo. Um dos principais marcos deste movimento é a *EU Green Public Procurement*, uma iniciativa da União Europeia que visa a incentivar a opção por produtos, serviços e obras que causem menos impacto ao meio ambiente ao longo de seu ciclo de vida e contribuir para a "ecologização" do orçamento nacional.[34] A iniciativa é uma peça-chave na estratégia da União Europeia para alcançar os objetivos do Pacto Ecológico Europeu, que busca transformar a Europa no primeiro continente neutro em carbono até 2050.[35]

Além disso, o *Sustainable Procurement Pledge* é outra iniciativa que reforça o compromisso global com as práticas sustentáveis nas

---

[33] CGU/AGU. *Guia Nacional de Contratações Sustentáveis*. 6. ed. Brasília: AGU, 2023, p. 19. Disponível em: https://www.gov.br/agu/pt-br/composicao/cgu/cgu/guias/guia-de-contratacoes-sustentaveis-set-2023.pdf. Acesso em: 26 fev. 2025.

[34] MORAIS, Roberta Jardim de; MATTEI, Juliana Flávia. Títulos e fundos ESG: uma visão atualizada dos instrumentos econômicos da política nacional do meio ambiente no contexto financeiro. *In*: MILARÉ, Edis (coord.). *Quarenta anos da lei da política nacional do meio ambiente*. Belo Horizonte, São Paulo: D'Plácido, 2021, p. 1109-1110.

[35] Firmado em dezembro de 2019, o Pacto Ecológico Europeu se propõe a tornar a União Europeia "uma sociedade equitativa e próspera, dotada de uma economia moderna, eficiente na utilização dos recursos e competitiva, que, em 2050, tenha zero emissão líquida de gases de efeito estufa e em que o crescimento econômico esteja dissociado da utilização dos recursos" (União Europeia. Comunicação da Comissão ao Parlamento Europeu, ao Conselho Europeu, ao Conselho, ao Comitê Econômico e Social Europeu e ao Comitê Das Regiões, de 12 de dezembro de 2019 (Pacto Ecológico Europeu). Versão em português. Disponível em: https://eur-lex.europa.eu/resource.html?uri=cellar:b828d165-1c22-11ea-8c1f-01aa75ed71a1.0008.02/DOC_1&format=PDF. Acesso em: 26 fev. 2025).

contratações públicas. Promove a transparência e a responsabilidade na aquisição de produtos e serviços verdes, estimulando mercados que respeitem os critérios de sustentabilidade e inovação ambiental.

No Brasil, têm-se empregado esforços similares. Como ressaltado pelo Supremo Tribunal Federal, em sessão plenária no julgamento da Medida Cautelar em Ação Direta de Inconstitucionalidade nº 3.540, além de sua faceta constitucional, a promoção do desenvolvimento sustentável está ancorada nos compromissos internacionais firmados pelo Estado brasileiro.[36] A aderência do Brasil à Agenda 2030 e a promoção dos Objetivos de Desenvolvimento Sustentável (ODS) são exemplificativas desse compromisso.[37] E mais: o compromisso se estende também às contratações públicas, em que o ordenamento brasileiro já prevê normas protetivas à sustentabilidade e contempla aderir a outras que as reforçariam.

2.2 Sustentabilidade no GPA/WTO e a potencial acessão do Brasil

O Brasil tem acompanhado desde 2017 os trabalhos desenvolvidos em relação ao Acordo sobre Contratações Públicas da Organização Mundial do Comércio ("GPA/WTO") e candidatou-se em maio de 2020 para o procedimento de acesso ao GPA/WTO.[38] A perspectiva com a acessão brasileira era aumentar a concorrência interna e a economicidade nas compras governamentais para a Administração Pública e permitir que empresas brasileiras acessassem mercado de 1,7 trilhão de dólares.[39]

---

[36] "O princípio do desenvolvimento sustentável, além de impregnado de caráter eminentemente constitucional, encontra suporte legitimador em compromissos internacionais assumidos pelo Estado brasileiro e representa fator de obtenção do justo equilíbrio entre as exigências da economia e as da ecologia, subordinada, no entanto, a invocação desse postulado, quando ocorrente situação de conflito entre valores constitucionais relevantes, a uma condição inafastável, cuja observância não comprometa nem esvazie o conteúdo essencial de um dos mais significativos direitos fundamentais: o direito à preservação do meio ambiente, que traduz bem de uso comum da generalidade das pessoas, a ser resguardado em favor das presentes e futuras gerações" (STF. Medida Cautelar em ADI nº 3.540, Pleno. Rel. Min. Celso de Mello. Julg. em 1 de setembro de 2005).

[37] Sobre a promoção dos ODS no Brasil, ver: https://brasil.un.org/pt-br/sdgs. Acesso em: 26 fev. 2025. Em particular, o ODS nº 12 trata expressamente do consumo e da produção responsáveis.

[38] Disponível em: https://www.wto.org/english/tratop_e/gproc_e/gpa_accession_e.htm. Acesso em: 26 fev. 2025.

[39] Conforme ficha informativa elaborada pelo Ministério do Desenvolvimento, Indústria, Comércio e Serviços sobre o GPA/WTO, disponível em: https://www.gov.br/mdic/pt-br/

O processo de acessão foi retardado com o cancelamento das ofertas brasileiras em 2023, mas permanece aberto para potencial retomada.

Junto ao desenvolvimento econômico, a acessão ao GPA/WTO traria consigo regras cujo escopo é voltado à sustentabilidade.[40] A título exemplificativo, o artigo X(6)[41] expressamente incorpora "a preservação dos recursos naturais ou a proteção do meio ambiente" como especificações técnicas a serem estipuladas pela entidade licitante, o que leva em consideração o processo e o método de produção do bem ou prestação do serviço. De forma semelhante, o artigo X(9)[42] prevê a possibilidade de estipulação de características ambientais como critério de avaliação no edital da licitação. Embora consista apenas em uma faculdade da entidade licitante, a linguagem utilizada nos dispositivos sinaliza favoravelmente ao emprego desses critérios no processo licitatório.

À época das alterações ao GPA/WTO em 2012, o Comitê do GPA/WTO também instituiu um programa de trabalho para o desenvolvimento das contratações públicas sustentáveis. A finalidade do programa compreendia examinar: (*i*) os objetivos das contratações públicas sustentáveis; (*ii*) a maneira como seriam integradas nas políticas nacionais de licitações públicas; (*iii*) como poderiam ser incorporadas de forma compatível com o princípio do "melhor custo-benefício"; e (*iv*) como poderiam ser praticadas de maneira condizente com as obrigações internacionais assumidas pelos Estados-membro.[43]

O programa de trabalho segue em andamento. Um dos mais notáveis resultados obtidos pelo programa decorre da realização do *Committee's Symposium on Sustainable Procurement* em 2017, que contou com a contribuição de especialistas, vinculados ou não a entidades

---

assuntos/comercio-exterior/publicacoes-secex/outras-publicacoes/ficha-informativa-gpa. pdf. Acesso em: 26 fev. 2025.

[40] Para uma análise mais aprofundada sobre os temas de sustentabilidade no GPA/WTO, ver ANDERSON, Robert; SALGUEIRO, Antonella; SCHOONER, Steven; STEINER, Marc. Deploying the WTO Agreement on Government Procurement (GPA) to Enhance Sustainability and Accelerate Climate Change Mitigation. *Public Procurement Law Review*, n. 32, p. 223-248, 2023.

[41] GPA/WTO, artigo X(6): "For greater certainty, a Party, including its procuring entities, may, in accordance with this Article, prepare, adopt or apply technical specifications to promote the conservation of natural resources or protect the environment".

[42] GPA/WTO, artigo X(9): "The evaluation criteria set out in the notice of intended procurement or tender documentation may include, among others, price and other cost factors, quality, technical merit, environmental characteristics and terms of delivery".

[43] Decision of the Committee on Government Procurement on a Work Programme on Sustainable Procurement. Disponível em: https://www.wto.org/english/tratop_e/gproc_e/annexe_e.pdf. Acesso em: 26 fev. 2025.

governamentais, e representantes de organizações internacionais. O Secretariado do GPA/WTO elaborou um relatório com as principais conclusões extraídas da ocasião.[44] Nele, expressou-se a preocupação com a promoção da sustentabilidade em todas as suas dimensões (ambiental, econômica e social), e firmou-se um compromisso para que os Estados-membros implementassem os objetivos já contidos no GPA/WTO, inclusive aventada a possibilidade de nova alteração em seu texto para refletir mais claramente a observância ao caráter social da sustentabilidade.

A acessão do Brasil ao GPA/WTO ainda é um capítulo em aberto. A terceira e última oferta realizada data de junho de 2022, sobre a qual as informações divulgadas são escassas. Ao início do ano de 2023, as perspectivas ainda favoráveis esmoreceram paulatinamente.[45] Após um impasse nas negociações, o Brasil anunciou em maio de 2023 a retirada da oferta para aceder ao GPA/WTO.[46] Embora não haja notícia de novos esforços para dar continuidade ao processo de acessão, é facultado ao Brasil retomá-lo.[47] Se vier a lograr sucesso nas negociações para a sua acessão, o regime licitatório brasileiro encontraria novo fundamento para a sustentabilidade nas contratações públicas.

---

[44] GPA/WTO Secretariat. Key take-aways from the Committee's Symposium on Sustainable Procurement. Disponível em: https://www.oneplanetnetwork.org/sites/default/files/from-crm/key_takeaways_from_the_wto_committee_forum_on_sustainable_procurement.pdf. Acesso em: 26 fev. 2025.

[45] Sobre a evolução das negociações envolvendo a acessão do Brasil ao GPA/WTO, ver PEREIRA, Cesar; SCHWIND, Rafael Wallbach. The GPA/WTO and Latin America: lessons from Brazil's accession process. *Public Procurement Law Review*, Aprovado para publicação em 2023. Disponível em: https://papers.ssrn.com/sol3/papers.cfm?abstract_id=4433660. Acesso em: 26 fev. 2025.

[46] Veja a nota à imprensa nº 220 do Ministério de Relações Exteriores, de 30 de maio de 2023, disponível em: https://www.gov.br/mre/pt-br/canais_atendimento/imprensa/notas-a-imprensa/retirada-da-oferta-do-brasil-para-acessao-ao-acordo-de-contratacoes-governamentais-da-omc. Acesso em: 26 fev. 2025.

[47] Com o processo de acessão iniciado, o Brasil conserva sua condição de candidato, conforme lista divulgada em: https://www.wto.org/english/tratop_e/gproc_e/gpa_accession_e.htm. Acesso em: 26 fev. 2025.

2.3 Contratos administrativos de compra internacional de mercadorias

2.3.1 Aplicação da CISG aos contratos administrativos de compra internacional de mercadorias

O ordenamento jurídico brasileiro já dispõe de normas que corroboram a promoção do desenvolvimento sustentável no âmbito dos contratos administrativos de compra internacional de mercadorias: a Convenção de Viena sobre os Contratos de Compra e Venda Internacional de Mercadorias (CISG).

A CISG compõe o ordenamento jurídico brasileiro desde 2014.[48] Embora o seu escopo de aplicação seja os "contratos de compra e venda de mercadorias entre partes que tenham seus estabelecimentos em Estados distintos",[49] a aplicação da CISG aos contratos administrativos de compra internacional de mercadoria é amplamente reconhecida.[50]

Por decorrência, a Administração Pública de um Estado-membro da Convenção de Viena pode ignorar a CISG em suas compras internacionais. A eventual exclusão da aplicação da CISG é possível, mas requer clareza. A falta de uma exclusão ou derrogação nos termos do artigo 6º da CISG[51] implicará a manutenção da aplicação das disposições da CISG que não tenham sido derrogadas por cláusulas contratuais ou pela incorporação de regras domésticas de compras governamentais no contrato.[52]

---

[48] A CISG foi promulgada no Brasil por meio do Decreto nº 8.327, em outubro de 2014.

[49] CISG, artigo 1º(1): "(1) Esta Convenção aplica-se aos contratos de compra e venda de mercadorias entre partes que tenham seus estabelecimentos em Estados distintos: (a) quando tais Estados forem Estados Contratantes; ou (b) quando as regras de direito internacional privado levarem à aplicação da Lei de um Estado Contratante".

[50] Sobre o tema, ver PEREIRA, Cesar. Application of the CISG to International Government Contracts for the Procurement of Goods. *Revija Kopaoničke Škole Prirodnog Prava*, n. 2, p. 157-183, 2023; WILLEMS, Daan. Application of the CISG to Contracts with Public Authorities. *In*: HEIDERHOFF, Bettina.; QUEIROLO, Ilaria (ed.). *EU and Private Law*: Trending Topics in Contracts, Successions, and Civil Liability. Napoli: Editoriale Scientifica, 2023. Atualmente, o Conselho Consultivo da Convenção de Viena está redigindo uma opinião sobre o tema, da qual o autor atua como relator.

[51] CISG, artigo 6º: "As partes podem excluir a aplicação desta Convenção, derrogar qualquer de suas disposições ou modificar-lhes os efeitos, observando-se o disposto no Artigo 12".

[52] CISG Advisory Council Opinion 16, Exclusion of the CISG under Article 6, Rapporteur Lisa Spagnolo. Disponível em: https://cisgac.com/opinions/cisgac-opinion-no-16/. Acesso em: 26 fev. 2025. Sobre a exclusão ou derrogação de dispositivos da Convenção de Viena nos contratos administrativos, ver PEREIRA, Cesar. Application of the CISG to International Government Contracts for the Procurement of Goods. *Revija Kopaoničke Škole Prirodnog Prava*, n. 2, p. 157-183, 2023.

2.3.2 Sustentabilidade nos contratos regidos pela CISG

Os trabalhos preparatórios da CISG refletem as discussões pautadas à época de sua ocorrência, na década de 1970. As questões relacionadas à sustentabilidade nos contratos internacionais de compra e venda de mercadoria dificilmente poderiam ter sido antecipadas pelos redatores da CISG. Os desafios para a preservação ambiental e os estritos padrões éticos de produção de bens ou prestação de serviços são próprios da contemporaneidade. Contudo, isso tampouco tornou a CISG alheia ao desenvolvimento sustentável.

Em seu Preâmbulo, a CISG faz menção à "instauração de uma nova ordem econômica internacional".[53] Para Ingeborg Schwenzer e Edgardo Muñoz, a referência conduz ao reforço e à proteção dos direitos humanos, indissociáveis do desenvolvimento do comércio internacional.[54] Os autores sugerem que as regras e os princípios criados pelos redatores acolhem os novos desafios, eis que flexíveis.

Logo, a abstração com que os redatores originais trataram alguns dos dispositivos da CISG pode hoje proporcionar a versatilidade necessária para interpretá-la à luz das perspectivas recentes acerca da sustentabilidade. Ingeborg Schwenzer e Edgardo Muñoz sugerem que o artigo 7º da CISG se tornaria dispositivo central para a interpretação da CISG alinhada à noção atual de "sustentabilidade".[55] Acrescenta-se que a observação dos autores, feita no contexto dos contratos em cadeia global de fornecimento, se aplica em geral aos contratos regidos pela CISG.

Dois critérios interpretativos estabelecidos no artigo 7(1)[56] podem criar uma ponte entre a CISG e sustentabilidade: a observância de seu caráter internacional e da boa-fé no comércio internacional. Também a utilização dos princípios gerais como critério de preenchimento das lacunas da Convenção de Viena, nos termos do artigo 7(2),[57] tem papel

---

[53] CISG, Preâmbulo: "Tendo em conta os objetivos gerais inscritos nas resoluções relativas à instauração de uma nova ordem econômica internacional adotadas pela Assembléia Geral das Nações Unidas em sua sexta sessão extraordinária; [...]".

[54] SCHWENZER, Ingeborg; MUÑOZ, Edgardo. Sustainability in Global Supply Chains Under the CISG. *European Journal of Law Reform*, n. 23, p. 300-338, 2021, p. 309.

[55] SCHWENZER, Ingeborg; MUÑOZ, Edgardo. Sustainability in Global Supply Chains Under the CISG. *European Journal of Law Reform*, n. 23, p. 300-338, 2021, p. 310.

[56] CISG, artigo 7(1): "(1) Na interpretação desta Convenção ter-se-ão em conta seu caráter internacional e a necessidade de promover a uniformidade de sua aplicação, bem como de assegurar o respeito à boa fé no comércio internacional".

[57] CISG, artigo 7(2): "(2) As questões referentes às matérias reguladas por esta Convenção que não forem por ela expressamente resolvidas serão dirimidas segundo os princípios

destacado na resolução dos desafios relacionados à sustentabilidade nos contratos de compra e venda internacional de mercadoria.[58]

Por outro lado, as partes podem também incorporar padrões éticos e de sustentabilidade em seu contrato, explícita ou implicitamente.

A incorporação expressa de padrões éticos de sustentabilidade se sujeita às regras de formação dos contratos regidos pela Convenção de Viena, em seus artigos 14 a 24. Em se tratando da incorporação de um código de conduta, deve ser oportunamente disponibilizado à outra parte a fim de que tenha uma oportunidade razoável de tomar ciência de seus termos, em atendimento à Opinião nº 13 do Conselho Consultivo da Convenção de Viena.[59]

Todavia, é possível a incorporação implícita de padrões éticos de sustentabilidade no contrato quando se tratar de prática entre as partes ou de uso do comércio internacional, em conformidade com o artigo 9º da CISG.[60]

Ingeborg Schwenzer e Edgardo Muñoz argumentam, a partir da decisão da Suprema Corte austríaca no "caso Propano",[61] que um código de conduta que tenha feito parte de uma relação contratual anterior poderia acarretar a sua incorporação em uma outra, posterior, a título de prática estabelecida entre as partes.[62] Ainda sob o artigo 9º(1), as partes podem também eleger usos de comércio internacional para

---

gerais que a inspiram ou, à falta destes, de acordo com a lei aplicável segundo as regras de direito internacional privado".

[58] Por todos, ver SCHWENZER, Ingeborg; MUÑOZ, Edgardo. Sustainability in Global Supply Chains Under the CISG, *European Journal of Law Reform*, n. 23, p. 300-338, 2021, p. 309. O papel atribuído ao artigo 7º da CISG, todavia, não é pacífico. Ben Köhler propõe que o dispositivo não se presta a criar o vínculo da Convenção de Viena com a sustentabilidade. Ver KÖHLER, Ben. The CISG in the age of sustainable supply chains. *In*: GULATI, Rishi; JOHN, Thomas; KÖHLER, Ben (ed.). *The Elgar companion to UNCITRAL*. Cheltenham: Edward Elgar Publishing, 2023, p. 342-346.

[59] CISG Advisory Council Opinion 13, Inclusion of Standard Terms under the CISG, Rapporteur Professor Sieg Eiselen. Disponível em: https://cisgac.com/opinions/cisgac-opinion-no-13/. Acesso em: 26 fev. 2025.

[60] CISG, artigo 9º: "(1) As partes se vincularão pelos usos e costumes em que tiverem consentido e pelas práticas que tiverem estabelecido entre si. (2) Salvo acordo em contrário, presume-se que as partes consideraram tacitamente aplicáveis ao contrato, ou à sua formação, todo e qualquer uso ou costume geralmente reconhecido e regularmente observado no comércio internacional, em contratos de mesmo tipo no mesmo ramo de comércio, de que tinham ou devessem ter conhecimento".

[61] "Propane case", CISG-online 224, Oberster Gerichtshof, Case 10 Ob 518/95. Julg. em 6 de fevereiro de 1996.

[62] SCHWENZER, Ingeborg; MUÑOZ, Edgardo. Sustainability in Global Supply Chains Under the CISG. *European Journal of Law Reform*, n. 23, p. 300-338, 2021, p. 317.

reger o contrato, frequentemente contidos em trabalhos de câmaras, instituições ou outras organizações de comércio.

Segundo o artigo 9º(2), aplica-se ao contrato usos e costumes "geralmente reconhecidos e regularmente observados no comércio internacional, em contratos de mesmo tipo no mesmo ramo de comércio", de que as partes contratantes tinham ou deveriam ter conhecimento. Consequentemente, as iniciativas privadas que prevejam padrões éticos "mínimos" de sustentabilidade podem vir a ser considerados mandatórios se aplicados regularmente em um determinado setor.[63] De maneira semelhante, porém sob a perspectiva do caráter internacional da CISG previsto no artigo 7º(1), Petra Butler argumenta que o viés internacional da CISG requer que a mercadoria atenda a certos padrões éticos "mínimos" de sustentabilidade, como "ausência de trabalho infantil e método de produção sustentável".[64]

3 Conclusão

A integração da sustentabilidade nas licitações públicas e nos contratos administrativos revela-se essencial para a promoção de um desenvolvimento nacional alinhado às exigências contemporâneas de preservação ambiental, justiça social e eficiência econômica. O Brasil tem dado passos importantes na incorporação desses valores em sua legislação, especialmente com as evoluções trazidas pela Lei nº 12.349 e pela Lei nº 14.133. As normas internacionais, como o GPA/WTO e a CISG, também têm potencial para ampliar e fortalecer esses propósitos, conferindo um caráter global às práticas sustentáveis no setor público. Ainda assim, não se pode desconsiderar que o fundamento para a contratação pública sustentável é, antes, constitucional e é inerente à atividade da Administração Pública.

A efetividade dessa integração depende não apenas da existência de normas robustas, mas também da implementação de medidas coerentes. O desafio que se apresenta é assegurar que as práticas sustentáveis não sejam tratadas como uma exceção, mas como a regra nos processos de contratação pública, fomentando um mercado responsável.

---

[63] SCHWENZER, Ingeborg; MUÑOZ, Edgardo. Sustainability in Global Supply Chains Under the CISG. *European Journal of Law Reform*, n. 23, p. 300-338, 2021, p. 318.

[64] BUTLER, Petra. Article 7. *In*: KRÖLL, Stepfan; MISTELIS, Loukas; PERALES VISCASILLAS, Pilar (ed.). *UN-Convention on the International Sales of Goods (CISG)*. C.H. Beck, Hart, Nomos, 2011, p. 302.

A sustentabilidade nas contratações públicas é uma exigência constitucional e legal. É um imperativo para a Administração Pública. Por meio dela, o Brasil consolida-se como um Estado alinhado com a promoção de práticas sustentáveis, tanto no âmbito interno quanto no cenário internacional.

Referências

AMADEI, Vicente de Abreu. Licitação, contrato administrativo e sustentabilidade. *In*: CUNHA FILHO, Alexandre Jorge Carneiro da; ARRUDA, Carmen Silvia de; PICCELLI, Roberto Ricomini (coord.). *Lei de licitações e contratos* – Comentada, vol. 1 (artigo 1º ao 39). São Paulo: Quartier Latin, 2022.

ANDERSON, Robert; SALGUEIRO, Antonella; SCHOONER, Steven; STEINER, Marc. Deploying the WTO Agreement on Government Procurement (GPA) to Enhance Sustainability and Accelerate Climate Change Mitigation. *Public Procurement Law Review*, n. 32, p. 223-248, 2023.

BARBIER, Edward. The Concept of Sustainable Economic Development. *Environmental Conservation*, vol. 14, n. 2, p. 101-110, 1987.

BUTLER, Petra. Article 7. *In*: KRÖLL, Stepfan; MISTELIS, Loukas; PERALES VISCASILLAS, Pilar (ed.). *UN-Convention on the International Sales of Goods (CISG)*. C.H. Beck, Hart, Nomos, 2011.

CGU/AGU. *Guia Nacional de Contratações Sustentáveis*. 6. ed. Brasília: AGU, 2023. Disponível em: https://www.gov.br/agu/pt-br/composicao/cgu/cgu/guias/guia-de-contratacoes-sustentaveis-set-2023.pdf. Acesso em: 17 dez. 2024.

FREITAS, Juarez. Nova Lei de Licitações e o ciclo de vida do objeto. *Revista de Direito Administrativo*, vol. 281, n. 2, p. 91-106, maio/ago. 2022.

JUSTEN FILHO, Marçal. *Comentários à Lei de Licitações e Contratações Administrativas*. 2. ed. São Paulo: Revista dos Tribunais, 2023.

JUSTEN FILHO, Marçal. *Comentários à Lei de licitações e contratos administrativos*. 17. ed. rev., atual. e ampl. São Paulo: Revista dos Tribunais, 2016.

JUSTEN FILHO, Marçal. *Curso de direito administrativo*. 15. ed. rev. e atual. Rio de Janeiro: Forense, 2024.

JUSTEN FILHO, Marçal. Desenvolvimento nacional sustentado – contratações administrativas e o regime introduzido pela Lei nº 12.349/10. *Informativo Justen, Pereira, Oliveira e Talamini*, n. 50, abril 2011. Recurso eletrônico. Disponível em: https://edisciplinas.usp.br/pluginfile.php/1788209/mod_resource/content/1/mar%C3%A7al%20justen%20filho%20-%20desenvolvimento%20nacional%20sustentado%20%20.......pdf. Acesso em: 17 dez. 2024.

KÖHLER, Ben. The CISG in the age of sustainable supply chains. *In*: GULATI, Rishi; JOHN, Thomas; KÖHLER, Ben (ed.). *The Elgar companion to UNCITRAL*. Cheltenham: Edward Elgar Publishing, 2023.

MORAIS, Roberta Jardim de; MATTEI, Juliana Flávia. Títulos e fundos ESG: uma visão atualizada dos instrumentos econômicos da política nacional do meio ambiente no contexto financeiro. *In*: MILARÉ, Edis (coord.). *Quarenta anos da lei da política nacional do meio ambiente*. Belo Horizonte, São Paulo: D'Plácido, 2021.

NIEBUHR, Joel de Menezes. Licitação, sustentabilidade e políticas públicas. *Interesse Público*, ano 15, n. 81, set./out. 2013. Versão eletrônica.

NONATO, Raquel Sobral. Compras Públicas Sustentáveis no Brasil: histórico e uma proposta de taxonomia. *Revista Brasileira de Políticas Públicas e Internacionais*, vol. 7, n. 1, p. 117-140, ago. 2022.

OLIVEIRA, Maria Cristina Cesar de; DOURADO JUNIOR, Octavio Cascaes. Dimensões Socioambientais do Direito Admnistrativo. *Revista do Tribunal Regional Federal 1ª Região*, vol. 1, p. 38-47, 2012.

PEREIRA, Cesar. Application of the CISG to International Government Contracts for the Procurement of Goods. *Revija Kopaoničke Škole Prirodnog Prava*, n. 2, p. 157-183, 2023.

PEREIRA, Cesar; SCHWIND, Rafael Wallbach. The GPA/WTO and Latin America: lessons from Brazil's accession process. *Public Procurement Law Review*, Aprovado para publicação em 2023. Disponível em: https://papers.ssrn.com/sol3/papers.cfm?abstract_id=4433660. Acesso em: 26 de February de 2025.

RIBEIRO, Cássio Garcia; INÁCIO JÚNIOR, Edmundo. O Mercado de Compras Governamentais Brasileiro (2006-2017): mensuração e análise, *Publicação do Instituto de Pesquisa Econômica Aplicada*, maio 2019. Disponível em: https://portalantigo.ipea.gov.br/portal/images/stories/PDFs/TDs/td_2476.pdf. Acesso em: 26 de February de 2025.

SCHWENZER, Ingeborg; MUÑOZ, Edgardo. Sustainability in Global Supply Chains Under the CISG. *European Journal of Law Reform*, n. 23, p. 300-338, 2021.

SCHWIND, Rafael Wallbach. Remuneração variável e contratos de eficiência no Regime Diferenciado de Contratações Públicas (RDC). *Revista Brasileira de Direito Público*, ano 10, n. 36, jan./mar. 2012.

SILVA, Fernando Quadros da. Contratações públicas: a prova da sustentabilidade em juízo, *Interesse Público*, ano 18, n. 98, p. 111-121, jul./ago. 2016.

SILVA, Maria Beatriz Oliveira da; KESSLER, Márcia Samuel. A (in)eficácia das licitações públicas sustentáveis na administração pública federal brasileira em face aos princípios da isonomia e da economicidade. *Revista de Direito Ambiental*, vol. 84, p. 153-169, out./dez. 2016. Versão eletrônica.

WILLEMS, Daan. Application of the CISG to Contracts with Public Authorities. *In*: HEIDERHOFF, Bettina.; QUEIROLO, Ilaria. (ed.). *EU and Private Law*: Trending Topics in Contracts, Successions, and Civil Liability. Napoli: Editoriale Scientifica, 2023.

WONTROBA, Bruno Gressler; ANTONIETTO, Letícia Alle. Contratações sustentáveis (sustentabilidade ambiental e social). *In*: NIEBUHR, Karlin Olbertz; POMBO, Rodrigo Goulart de Freitas (org.). *Novas questões em licitações e contratos*. São Paulo: Lumen Juris, 2023.

Informação bibliográfica deste livro, conforme a NBR 6023:2018 da Associação Brasileira de Normas Técnicas (ABNT):

PEREIRA, Cesar. Contratações administrativas e sustentabilidade. *In:* IDAPAR, Instituto de Direito Administrativo do Pará (org.); OLIVEIRA, Maria Cristina Cesar de; DOURADO JUNIOR, Octavio Cascaes; MORAES, Marcio Augusto Moura de (coord.). *Sustentabilidade no Direito Administrativo*. Belo Horizonte: Fórum, 2025. p. 73-90. ISBN 978-65-5518-953-7.

GOVERNANÇA: INSTRUMENTO DE PROMOÇÃO AO BEM-ESTAR SOCIAL E DE CONSECUÇÃO DO DESENVOLVIMENTO SUSTENTÁVEL

**RENATA FABRIS PINTO GURJÃO,
EURICO SOARES MONTENEGRO NETO**

1 Introdução

A ausência de fronteiras econômicas e imigratórias entre os países, acentuada com a queda do muro de Berlim no ano de 1989, está caracterizada pelo aprofundamento e dinamismo com que ocorrem as relações econômicas, sociais, culturais e políticas entre os povos do mundo, o que o coloca em um processo de transformação estrutural multidimensional.[1]

Tal multidimensionalidade é definida[2] como sendo de natureza tecnológica, econômica, cultural e institucional, oferecendo oportunidades, mas, também, acarreta problemas, como a crise das instituições políticas, às quais cabem gerenciar essa transição de uma sociedade

---

[1] CASTELLS, Manuel. A crise da democracia, governança global e a emergência da sociedade civil global. *In*: GUTERRES, Antônio *et al*. *Por uma governança global democrática*. São Paulo: IFHC, 2005, p. 95.

[2] CASTELLS, Manuel. A crise da democracia, governança global e a emergência da sociedade civil global. *In*: GUTERRES, Antônio *et al*. *Por uma governança global democrática*. São Paulo: IFHC, 2005, p. 95.

"pesada" e "sólida" para uma sociedade "leve" e "líquida",[3] infinitamente mais fluída, dinâmica, onde a tecnologia se expande exponencialmente e o Estado não tem mais condições de dar respostas rápidas e eficientes para cada novidade que os algoritmos oferecem.[4]

Isto é, ainda que haja vontade política suficiente para abordar as questões a serem resolvidas, os instrumentos de governança de que dispõem as instituições públicas são insuficientes ou inadequados frente às transformações tecnológicas, o que, por sua vez, só aumenta as demandas sociais que estão para além dos Estados-Nação.[5]

Nesse sentido, a partir da identificação de uma sociedade civil global e do crescimento gradativo de demandas que compreendem problemas de dimensão ambiental, social e econômica, de ordem transnacional, observa-se que o Estado, em seu modelo atual, é incapaz de dar respostas consistentes e gerar resultados rápidos e eficientes à sociedade, notadamente em razão da complexidade desta.[6]

Diante dessas questões, o presente artigo é desenvolvido com o objetivo geral de evidenciar a crise de representatividade política dos Estados-Nação ante aos efeitos da globalização e suas repercussões e, dessa forma, analisar os conceitos de governança corporativa oriundos da iniciativa privada, os quais são adaptados para a Administração Pública, tendo, a partir deste estudo, o objetivo específico de verificar a aplicabilidade e eficiência deste instrumento por meio de seus princípios e critérios, como mecanismo de promoção de políticas públicas em resposta às demandas sociais de um mundo globalizado, que enfrenta problemas de combate à concentração de riquezas, de redução das desigualdades sociais, promoção de acesso à moradia, alimentação, educação, saúde, entre outros direitos classificados como sociais pela Constituição Federal.[7]

---

[3] BAUMAN, Zygmunt; BORDONI, Carlo. *Estado de Crise*. São Paulo: Zahar, 2016, p. 162-163.
[4] SUZIN, Jaine Cristina; DANIELI, Jardel Anibal Casanova; CRUZ, Paulo Márcio. Direito Transnacional como instrumento para a tutela do direito ao esquecimento. *In*: CRUZ, Paulo Márcio; DANELI, Jardel Anibal Casanova (org.). *Estado e direito em trânsito*: sustentabilidade e transnacionalidade como vetores na nova ordem social. São Paulo: Íthala, 2021, p. 18.
[5] CRUZ, Paulo Márcio; BODNAR, Zenildo. A transnacionalidade e a emergência do Estado de Direito transnacionais. *In*: CRUZ, Paulo Márcio; STELZER, Joana (org.). *Direito e transnacionalidade*. Curitiba: Juruá, 2010, p. 57-58.
[6] GARCIA, Heloise Siqueira; SANTOS, Kassy Gerei dos; GARCIA, Denise Schmitt Siqueira. Governança Transnacional. *In*: GARCIA, Heloise Siqueira; CRUZ, Paulo Marcio (org.). *Interfaces entre Direito e Transnacionalidade*. Itajaí: UNIVALI; AICTS, 2020, p. 10.
[7] GARCIA, Denise Schmitt Siqueira; GARCIA, Heloise Siqueira. Dimensão social do princípio da sustentabilidade: uma análise do mínimo existencial ecológico. *In*: SOUZA, Maria Claudia

Assim sendo, o presente trabalho se propôs a analisar os elementos estruturais da governança e seus critérios, para, em seguida, estudar os princípios fundamentais do Setor Público (a transparência, a integridade e a *accountability*), e, diante da conjugação desses instrumentos, o surgimento de um ambiente seguro e confiável ao usuário da informação[8] e à sociedade, apto ao desenvolvimento social.

Com relação à metodologia adotada, ressalta-se que a opção da autora foi pela utilização do método indutivo, tendo sido acionadas as técnicas do referente, da categoria, dos conceitos operacionais e da pesquisa bibliográfica.

2 Quando as instituições falham, o que pode ser feito?

A crise de legitimidade política está evidenciada pelo afastamento crescente entre os cidadãos e seus representantes, gerando uma ameaça à sociedade, abrindo caminho para medidas populistas e/ou políticas de regimes autoritários.[9] Assim, deve-se ter em mente que as formas tradicionais da democracia representativa estão claramente afetadas por um distanciamento crescente dos cidadãos, manifestado, principalmente, por intermédio da escassa participação eleitoral.[10]

Contudo, ao mesmo tempo em que parte da população vive em desalento e abatimento, levando a sociedade a uma apatia perante o Estado Democrático de Direito, outra parte busca o acesso à informação e à transparência dos atos e gastos, o que acaba por induzir ao surgimento de movimentos antipolíticos ou apolíticos fomentados pela (des)

---

da Silva Antunes; GARCIA, Heloise Siqueira (org.) *Lineamentos sobre sustentabilidade segundo Gabriel Real Ferrer*. Itajaí: UNIVALI, 2014, p. 44-45.

[8] Em diversos dispositivos, as normas brasileiras de contabilidade aplicadas ao Setor Público, editadas pelo Conselho Federal de Contabilidade (CFC), ressaltam a importância da informação contábil em razão das novas exigências sociais por um novo padrão de informações que permita a compreensão da sociedade, em especial, em relação aos demonstrativos que compõem as prestações de contas dos gestores públicos, para, assim, adequada interpretação dos fenômenos patrimoniais, acompanhamento do processo orçamentário e análise dos resultados econômicos pelos usuários e por toda a sociedade. Em: CONSELHO FEDERAL DE CONTABILIDADE. *Orientações Estratégicas para a Contabilidade Aplicada ao Setor Público no Brasil*. Brasília, DF: CFC, 2007.

[9] CASTELLS, Manuel. A crise da democracia, governança global e a emergência da sociedade civil global. *In*: GUTERRES, Antônio *et al*. *Por uma governança global democrática*. São Paulo: IFHC, 2005, p. 95.

[10] BERGALLI, Roberto; RESTA, Eligio. *Soberanía*: un principio que se derrumba. Barcelona: Ediciones Paidós, 1996.

crença social de que não existem alternativas a uma mudança do cenário social, cultural e econômico do país, os quais estão tentando preencher o vácuo de representação e de legítima formulação de políticas.[11]

Um mundo novo está tomando forma, onde as relações se tornaram fluídas, desconexas, complexas e mutáveis através dos avanços tecnológicos que possibilitaram a comunicação global.[12] Um novo mundo que surgiu da coincidência histórica de três processos independentes: a revolução da tecnologia da informação; a crise econômica tanto do capitalismo como do socialismo de Estado; e o florescimento de novos movimentos sociais e culturais.[13]

Ademais, a Administração Pública, por mais forte, eficaz e bem dirigida que seja, sozinha, não é mais capaz de controlar a velocidade com que caminha a economia, a ciência, os meios de informação, a tecnologia[14] e, consequentemente, dar respostas às complexas demandas que surgem de uma sociedade assimétrica.[15]

À vista disso, são "necessárias alianças ou coincidências com outros poderes e com sua gente, e isso lhe dá força e legitimidade", para, então, "situar um Poder Público verdadeiramente democrático numa dinâmica de futuro, de forma inexorável"; nesse sentido, "é preciso contar com a rapidez de adaptação das sociedades às mudanças tecnológicas e organizativas, ao acesso às informações em tempo real e aos novos produtos tecnológicos", assim como à participação nos novos espaços de criação de riqueza e bem-estar.[16]

Em outras palavras, a transição de uma sociedade civil reativa para uma reforma proativa das instituições de governança esbarra em enormes obstáculos, sendo necessário buscar novos caminhos para a reconstrução da formulação democrática de políticas, nas novas

---

[11] GURJÃO, Renata Fabris Pinto; BERNARDO, Cleice de Pontes. Além dos números: desafios do acesso à informação e a importância do controle social nas licitações públicas (no prelo).

[12] ALAKRA NETO, Amadeu; LIMA, Fábio Lindoso. O Direito Transnacional e a sua base no pensamento sustentável. *In*: CRUZ, Paulo Márcio; DANELI, Jardel Anibal Casanova (org.). *Estado e direito em trânsito*: sustentabilidade e transnacionalidade como vetores na nova ordem social. São Paulo: Íthala, 2021, p. 82.

[13] FERRER, Gabriel Real; CRUZ, Paulo Márcio. Os novos cenários transnacionais e a democracia assimétrica. *RECHTD*, [s.l.], v. 2, n. 2, p. 96-111, jul./dez. 2010. Disponível em: https://doi.org/10.4013/442.

[14] MOLAS, Isidre. *Por un nuevo pacto social*. Barcelona: Ediciones Mediterrânea, 2004.

[15] FERRER, Gabriel Real; CRUZ, Paulo Márcio. Os novos cenários transnacionais e a democracia assimétrica. *RECHTD*, [s.l.], v. 2, n. 2, p. 96-111, jul./dez. 2010. Disponível em: https://doi.org/10.4013/442.

[16] FERRER, Gabriel Real; CRUZ, Paulo Márcio. Os novos cenários transnacionais e a democracia assimétrica. *RECHTD*, [s.l.], v. 2, n. 2, p. 106, jul./dez. 2010. DOI: https://doi.org/10.4013/442.

circunstâncias de globalização, transformação cultural e mudança do paradigma tecnológico, tendo em vista a incapacidade cada vez mais acentuada do sistema político, ancorado no Estado-Nação, de representar os cidadãos na prática efetiva da governança global.[17]

Nesse cenário, onde se verifica o definhamento do Estado constitucional, no qual as barreiras de governo e controle dão espaço à incerteza e à fluidez, a sensação da ausência de governo, governabilidade e governança faz com que se tenha a impressão de desordem e de ausência de intervenção estatal nas demandas sociais.[18] Desse modo:

> O mais fundamental dos problemas que enfrentamos talvez seja a crise das instituições políticas às quais cabe gerenciar a transição. Sabemos quais são os problemas, entendemos as questões e, em muitos países, existe vontade política suficiente para abordar as questões a serem resolvidas. No entanto, os instrumentos de governança de que dispõem as instituições políticas e institucionais são insuficientes ou inadequados.[19]

Para isso, os modelos de Governo e do Direito devem ser adequados a fim de legitimar, resguardar e garantir o Estado, a sociedade e as suas demandas assimétricas[20] e complexas originárias deste novo mundo.

3 As boas práticas de governança corporativa como instrumento de gerenciamento das instituições políticas

As discussões acerca da governança corporativa tiveram início nos Estados Unidos, países da Europa e alguns outros países, enquanto no Brasil a onda chegou na década de 1990, quando investidores

---

[17] CASTELLS, Manuel. A crise da democracia, governança global e a emergência da sociedade civil global. *In*: GUTERRES, Antônio *et al*. *Por uma governança global democrática*. São Paulo: IFHC, 2005, p. 96-99.

[18] ALAKRA NETO, Amadeu; LIMA, Fábio Lindoso. O Direito Transnacional e a sua base no pensamento sustentável. *In*: CRUZ, Paulo Márcio; DANELI, Jardel Anibal Casanova (org.). *Estado e direito em trânsito*: sustentabilidade e transnacionalidade como vetores na nova ordem social. São Paulo: Íthala, 2021, p. 76.

[19] CASTELLS, Manuel. A crise da democracia, governança global e a emergência da sociedade civil global. *In*: GUTERRES, Antônio *et al*. *Por uma governança global democrática*. São Paulo: IFHC, 2005, p. 95.

[20] FERRER, Gabriel Real; CRUZ, Paulo Márcio. Os novos cenários transnacionais e a democracia assimétrica. *RECHTD*, [s.l.], v. 2, n. 2, p. 96-111, jul./dez. 2010. DOI: https://doi.org/10.4013/442.

institucionais decidiram exigir a adoção de práticas que propiciassem maior segurança aos seus investimentos.[21]

O tema "governança" e as práticas de governança têm sido foco de várias pesquisas nas últimas décadas. Nos meios acadêmicos, a governança ganhou protagonismo a partir dos anos 1980, quando o Banco Mundial e o Fundo Monetário Internacional (FMI) passaram a utilizar a expressão "boa governança" para designar um conjunto de princípios que deviam guiar o trabalho e as ações dos países aos quais eram destinados financiamentos.[22]

A governança corporativa surgiu, então, como uma reação dos investidores ao grande poder dos executivos, os quais ignoravam "os colaboradores da instituição, sócios, acionistas minoritários e a sociedade, tendo como principal objetivo agradar a um controlador majoritário, em detrimento dos demais *stakeholders*".[23] Desse modo:

> [...] a preocupação quanto à necessidade de aprimorar a governança corporativa nas empresas surgiu com os diversos registros de expropriação da riqueza dos acionistas por parte dos gestores. Portanto, a governança corporativa é o sistema que assegura aos sócios, cotistas, o governo estratégico da empresa e a efetiva monitoração da diretoria executiva.[24]

Em um patamar mais amplo, a governança corporativa passa a ser um veículo para incorporar preocupações sociais e ambientais no processo de tomada de decisão nos negócios, beneficiando não somente investidores, mas também empregados, consumidores e comunidades. Diante disso, a governança corporativa está cada vez mais relacionada

---

[21] BENEDICTO, Samuel Carvalho de *et al*. Governança corporativa: uma análise da aplicabilidade dos seus conceitos na Administração Pública. *Organizações Rurais & Agroindustriais*, [s.l.], v. 15, n. 2, p. 286-300, 2013. Disponível em: https://www.redalyc.org/articulo.oa?id=87828781010. Acesso em: 5 ago. 2023.

[22] GARCIA, Heloise Siqueira; SANTOS, Kassy Gerei dos; GARCIA, Denise Schmitt Siqueira. Governança Transnacional. *In*: GARCIA, Heloise Siqueira; CRUZ, Paulo Marcio (org.). *Interfaces entre Direito e Transnacionalidade*. Itajaí: UNIVALI; AICTS, 2020, p. 20.

[23] BENEDICTO, Samuel Carvalho de *et al*. Governança corporativa: uma análise da aplicabilidade dos seus conceitos na Administração Pública. *Organizações Rurais & Agroindustriais*, [s.l.], v. 15, n. 2, p. 286-300, 2013, p. 288. Disponível em: https://www.redalyc.org/articulo.oa?id=87828781010. Acesso em: 5 ago. 2023.

[24] BENEDICTO, Samuel Carvalho de *et al*. Governança corporativa: uma análise da aplicabilidade dos seus conceitos na Administração Pública. *Organizações Rurais & Agroindustriais*, [s.l.], v. 15, n. 2, p. 286-300, 2013, p. 288. Disponível em: https://www.redalyc.org/articulo.oa?id=87828781010. Acesso em: 5 ago. 2023.

com práticas de negócios e políticas públicas consonantes com peculiaridades de valores de *stakeholders* locais.[25]

Em resumo, "a boa governança corporativa garante equidade aos sócios, transparência e responsabilidade pelos resultados"; e as empresas que optam por estas boas práticas adotam como linhas gerenciais, além da transparência, a prestação de contas, a equidade e a responsabilidade corporativa.[26] Nessa perspectiva:

> As boas práticas de Governança Corporativa convertem princípios em recomendações objetivas, alinhando interesses com a finalidade de preservar e otimizar o valor da organização, facilitando seu acesso a recursos e contribuindo para sua longevidade.[27]

Nesse passo, destaca-se a importância das contribuições e estímulos por parte de organismos multilaterais e instituições privadas, com destaque para o Banco Mundial, a Organização para a Cooperação e Desenvolvimento Econômico (OCDE), a *International Federation of Accountants* (IFAC), o Movimento Brasil Competitivo (MBC) e o Instituto Brasileiro de Governança Corporativa (IBGC), os quais, por meio de suas medidas e ações, fomentaram e continuam fomentando a aplicação da governança corporativa no setor público, em níveis mundiais e nacional.[28]

O Banco Mundial, por exemplo, objetivando promover a "boa governança" e fortalecer a sociedade civil, desloca-se das reformas macroeconômicas *stricto sensu* para promover reformas do Estado e da Administração Pública, cujo intuito é fomentar a igualdade e a eficiência na implementação de serviços.[29]

---

[25] BENEDICTO, Samuel Carvalho de *et al*. Governança corporativa: uma análise da aplicabilidade dos seus conceitos na Administração Pública. *Organizações Rurais & Agroindustriais*, [s.l.], v. 15, n. 2, p. 286-300, 2013, p. 288. Disponível em: https://www.redalyc.org/articulo.oa?id=87828781010. Acesso em: 5 ago. 2023.

[26] BENEDICTO, Samuel Carvalho de *et al*. Governança corporativa: uma análise da aplicabilidade dos seus conceitos na Administração Pública. *Organizações Rurais & Agroindustriais*, [s.l.], v. 15, n. 2, p. 286-300, 2013, p. 288. Disponível em: https://www.redalyc.org/articulo.oa?id=87828781010. Acesso em: 5 ago. 2023.

[27] INSTITUTO BRASILEIRO DE GOVERNANÇA CORPORATIVA. Governança Corporativa. *IBGC*, 2010. Disponível em: https://www.ibgc.org.br/conhecimento/governanca-corporativa. Acesso em: 5 ago. 2023.

[28] MATIAS-PEREIRA, José. A Governança Corporativa aplicada no Setor Público brasileiro. *APGS*, Viçosa, v. 2, n. 1, p. 109-134, jan./mar. 2010. DOI: https://doi.org/10.21118/apgs.v2i1.4015.

[29] WORLD BANK. *Governance and development*. Washington, D.C.: The World Bank, 1992.

Assim, diversos fenômenos foram responsáveis, nas últimas três décadas, pelas transformações ocorridas no mundo contemporâneo: a crise *Welfare State* nos países desenvolvidos[30] e a crise do desenvolvimentismo nos países periféricos; o esgotamento do modelo econômico, evidenciado pela incapacidade fiscal e intervenção; a fragilidade do modelo político, gerador de insuficiência de governabilidade; a deficiência do modelo administrativo, resultando em distorções burocráticas; a adoção da nova gestão pública nas suas dimensões econômico-financeira, administrativa-institucional, sociopolítica e ambiental, razões pelas quais se exige um novo modelo de Estado, que reconheça os limites de sua atuação, uma vez que este ainda é engessado por ações burocráticas, que se mostram incapazes de atender as demandas sociais desse novo mundo e que, portanto, "revelam a existência de indícios de que é preciso dar continuidade aos esforços de redefinição e implementação de políticas inovadoras, a fim de fortalecer a gestão do setor público".[31]

Logo, o debate sobre boa governança ganha profundidade no estudo "*Governance and development*", divulgado em 1992 pelo Banco Mundial, o qual definiu-o como "a maneira pela qual o poder é exercido na administração dos recursos econômicos e sociais do país, com vistas ao desenvolvimento".[32] Para tal organismo, a "boa governança" deveria ter as seguintes características: reforma da administração pública; quadro legal (*framework*); participação e *accountability*; e informação e transparência.[33]

Tais critérios também são elencados no relatório "Governança para o desenvolvimento humano sustentável", do Programa das Nações Unidas para o Desenvolvimento (PNUD) de 1997, que acrescentou o

---

[30] CRUZ, Paulo Márcio; OLIVIERO, Maurizio. Reflexões sobre a crise financeira internacional e o estado de bem-estar. *Revista de Direitos Fundamentais e Democracia*, Curitiba, v. 13, n. 13, p. 325-339, jan./jun. 2013. Disponível em: https://revistaeletronicardfd.unibrasil.com.br/index.php/ Ryff/article/view/370. Acesso em: 5 ago. 2023.

[31] MATIAS-PEREIRA, José. A Governança Corporativa aplicada no Setor Público brasileiro. *APGS*, Viçosa, v. 2, n. 1, p. 109-134, jan./mar. 2010, p. 111-112. DOI: https://doi.org/10.21118/apgs.v2i1.4015.

[32] WORLD BANK. *Governance and development*. Washington, D.C.: The World Bank, 1992, p. 1, tradução nossa.

[33] WORLD BANK. *Governance and development*. Washington, D.C.: The World Bank, 1992, p. 1-50, tradução nossa.

item "visão estratégica",[34] com o qual se espera que os indivíduos e as pessoas, público e privadas, possam administrar os problemas comuns.[35] Ficam assim evidentes alguns aspectos fundamentais na governança, sendo o primeiro deles sua natureza instrumental, ou seja, ela é o meio e o processo capaz de produzir resultados eficazes, concretizando-se pela participação ampliada, por meio da sociedade, partidos políticos, instituições políticas e organizações não governamentais nos processos de tomada de decisão que buscam consenso nas relações e ações.[36]

Contudo, governança não é o mesmo que governo, é justamente a falta de capacidade deste em governar, razão pela qual se utiliza dos critérios e princípios da governança corporativa para instrumentalizar a boa administração, oferecendo soluções às demandas mundiais multidimensionais.[37] Nesse intento, "governança vai além das atividades gerenciais e administrativas do Estado, sua finalidade é articular e cooperar entre atores sociais e políticos, produzindo arranjos institucionais"[38] para regular assuntos públicos, tendo em vista os novos problemas de dimensões transnacionais; sendo fruto de um ordenamento jurídico de governança transnacional que vise assegurar o desenvolvimento sustentável e o interesse geral, universalizando direitos fundamentais, tendo em vista que, neste cenário globalizado e transnacional, o Estado, enquanto fenômeno social, desencadeia novos questionamentos e reflexões:

---

[34] GARCIA, Heloise Siqueira; SANTOS, Kassy Gerei dos; GARCIA, Denise Schmitt Siqueira. Governança Transnacional. *In*: GARCIA, Heloise Siqueira; CRUZ, Paulo Marcio (org.). *Interfaces entre Direito e Transnacionalidade*. Itajaí: UNIVALI; AICTS, 2020, p. 11.

[35] COMISSÃO SOBRE GOVERNANÇA GLOBAL. *Nossa Comunidade Global*: o Relatório da Comissão sobre a Governança global. Rio de Janeiro: Editora FGV, 1996.

[36] GONÇALVES, Alcindo. A legitimidade na governança global. *In*: CONGRESSO DO CONPEDI – CONSELHO NACIONAL DE PESQUISA E PÓS-GRADUAÇÃO EM DIREITO, 15, Manaus, 2006. *Anais* [...]. Manaus, 2006. Disponível em: https://www.unisantos.br/upload/menu3niveis._1323730898299_alcindo_goncalves_a_legitimidade_da_governanca_global.pdf. Acesso em: 5 ago. 2023.

[37] PEREIRA, Luiz Carlos Bresser. *A reforma do Estado dos anos 90*: lógica e mecanismos de controle. Brasília, DF: MARE, 1997.

[38] ASSIS, Vinicius de; GARCIA, Heloise Siqueira. Governança como instrumento de contenção das demandas de uma sociedade global com problemas transnacionais. *In*: VEIGA, Fábio da Silva; PIERDONÁ, Zélia Luíza (coord.). *Retos del horizonte jurídico Iberoamericano: vol. II*. Salamanca: Instituto Iberoamericano de Estudos Jurídicos e Universidad de Salamanca, 2023. p. 367-378. p. 374.

No sentido de instrumentalizar o atendimento de assuntos públicos, a governança deve ser compreendida como um sistema democrático de leis e instituições sociais, dependentes de consenso democrático na sua regulação, com instrumentos normativos asseguradores de concórdia, paz e progresso. Portanto, afastou-se de ser apenas um atributo de governo, para, de modo profundo, um instrumento do incremento das entidades e organizações nacionais, regionais e globais.[39]

Nesse sentido, faz-se importante a compreensão e prática da governança como instrumento de sua contenção, na busca alternativa de soluções fora dos planos do Estado, para dirimir problemas multidimensionais geradores de conflitos entre governos e povos, cujas tratativas dependem de soluções diferenciadas,[40] em respeito aos interesses sociais difusos e primazia ao bem-estar social.

4 Índices verificadores de implementação da governança apontam para o desenvolvimento sustentável: uma análise da perspectiva da Associação dos Membros dos Tribunais de Contas (ATRICON)

Diante da complexidade das demandas transnacionais, que se avolumam continuamente, o Estado não consegue mais dar respostas consistentes à sociedade, assim, os problemas mundiais aumentam em proporções preocupantes e as tratativas para as suas soluções são diferenciadas. Nesse contexto, medidas e ações das instituições privadas, com destaque para o Banco Mundial, para fomentar a aplicação da governança corporativa no setor público, nos níveis mundial e nacional, são as maneiras pelas quais o poder público exercerá a administração dos recursos econômicos e sociais do país com maior celeridade e eficiência, promovendo o desenvolvimento do Estado-Nação.[41]

---

[39] ASSIS, Vinicius de; GARCIA, Heloise Siqueira. Governança como instrumento de contenção das demandas de uma sociedade global com problemas transnacionais. *In*: VEIGA, Fábio da Silva; PIERDONÁ, Zélia Luíza (coord.). *Retos del horizonte jurídico Iberoamericano: vol. II*. Salamanca: Instituto Iberoamericano de Estudos Jurídicos e Universidad de Salamanca, 2023. p. 375.

[40] GARCIA, Heloise Siqueira; SANTOS, Kassy Gerei dos; GARCIA, Denise Schmitt Siqueira. Governança Transnacional. *In*: GARCIA, Heloise Siqueira; CRUZ, Paulo Marcio (org.). *Interfaces entre Direito e Transnacionalidade*. Itajaí: UNIVALI; AICTS, 2020, p. 14.

[41] GARCIA, Heloise Siqueira; SANTOS, Kassy Gerei dos; GARCIA, Denise Schmitt Siqueira. Governança Transnacional. *In*: GARCIA, Heloise Siqueira; CRUZ, Paulo Marcio (org.). *Interfaces entre Direito e Transnacionalidade*. Itajaí: UNIVALI; AICTS, 2020, p. 14.

Por isso, a governança foi vista como sendo tão fundamental para o desenvolvimento, que a Declaração do Milênio das Nações Unidas de 2000, que introduziu os oito Objetivos de Desenvolvimento do Milênio (ODM), a serem alcançadas até 2015, incluiu uma meta separada relacionada à governança, intitulada "Parceria Global sobre Desenvolvimento".[42]

Após o lançamento dos ODM em 2000, várias outras iniciativas globais destacaram a importância da boa governança não apenas para o desenvolvimento, mas também para o desenvolvimento sustentável, incluindo o documento final da Conferência Rio+20 de 2012, conhecido como "O futuro que queremos".[43]

Portanto, não parece haver dúvidas de que a governança tem realmente fortalecido a implementação de metas de desenvolvimento sustentável em suas cinco dimensões: ambiental, social, econômica, tecnológica e ética;[44] e os ODS reconhecem isso e exigem que os países construam instituições eficazes e responsáveis.

Assim sendo, tornar a agenda de governança mais factível significa que os países devem se concentrar em fazer uma série de mudanças bem definidas e gerenciáveis que motivem os políticos e melhorar a capacidade administrativa; essas mudanças devem ser direcionadas para alcançar todas as metas de desenvolvimento. Para tanto, visando uma "governança suficientemente boa",[45] os países não precisam necessariamente atingir os padrões mais altos de governança para alcançar o desenvolvimento; em vez disso, podem se concentrar em fazer melhorias graduais que tenham um impacto positivo na vida das pessoas.

Há uma quantidade significativa de literatura sobre associações com importantes dimensões de governança e desenvolvimento que

---

[42] KHATIB, Ahmed Sameer El. Governança no setor público: indicadores de governança do banco mundial e sua relação com os Objetivos de Desenvolvimento do Milênio. *RTTC*, Curitiba, ano 4, n. 1, p. 131-155, nov. 2019. Disponível em: https://www.al.sp.gov.br/repositorio/bibliotecaDigital/ 24228_arquivo.pdf. Acesso em: 5 ago. 2023.

[43] KHATIB, Ahmed Sameer El. Governança no setor público: indicadores de governança do banco mundial e sua relação com os Objetivos de Desenvolvimento do Milênio. *RTTC*, Curitiba, ano 4, n. 1, p. 131-155, nov. 2019, p. 132. Disponível em: https://www.al.sp.gov.br/repositorio/bibliotecaDigital/ 24228_arquivo.pdf. Acesso em: 5 ago. 2023.

[44] GARCIA, Denise Schmitt Siqueira. Sustentabilidade e ética: um debate urgente e necessário. *Revista Direitos Culturais*, Santo Ângelo, v. 15, n. 35, p. 51-75, 2019. DOI: http://dx.doi.org/10.20912/rdc.v 15i35.3153.

[45] GRINDLE, Merilee. Good enough governance: poverty reduction and reform in developing countries. *Governance*, [s.l.], v. 17, n. 4, p. 525-48, 2004. Disponível em: https://courses.washington.edu/ pbaf531/Grindle_GoodEnoughGov.pdf. Acesso em: 5 ago. 2023.

podem tornar a agenda dos critérios de governança pelos Estados-Nações em suas ações de políticas públicas voltadas ao desenvolvimento sustentável mais concreta, avaliando a aplicabilidade desses critérios, como, exemplo, os indicadores de governança do Banco Mundial (WGI) que podem ser utilizados para medir o desempenho dos governos em relação aos Objetivos de Desenvolvimento do Milênio:

> O WGI baseia-se nas opiniões dos formuladores de políticas, empresários e representantes da sociedade civil relatados em 32 fontes de dados para construir indicadores para seis propriedades funcionais de governança: 1) Voz e Responsabilidade (VA), 2) Estabilidade Política (PS), 3) Eficácia do governo (GE), 4) Qualidade regulatória (RQ), 5) Estado de Direito (RL) e 6) Controle de Corrupção (CC).[46]

No Brasil, algumas associações de Direito privado sem fins lucrativos têm contribuído para o aperfeiçoamento da boa administração por meio de atividades de caráter técnico, pedagógico, científico e cultural, como a Associação dos Membros dos Tribunais de Contas (ATRICON), que tem entre as suas atribuições defender o Estado Democrático de Direito e estimular o exercício da cidadania e o controle social da gestão pública, sintonizado com as demandas da sociedade.[47]

Entre algumas das ações da ATRICON, cita-se a Resolução nº 01, de 2 de junho de 2023,[48] que aprova as diretrizes de controle externo relacionadas à temática da transparência dos Tribunais de Contas e

---

[46] KHATIB, Ahmed Sameer El. Governança no setor público: indicadores de governança do banco mundial e sua relação com os Objetivos de Desenvolvimento do Milênio. *RTTC*, Curitiba, ano 4, n. 1, p. 131-155, nov. 2019, p. 134. Disponível em: https://www.al.sp.gov.br/repositorio/bibliotecaDigital/ 24228_arquivo.pdf. Acesso em: 5 ago. 2023.

[47] Art. 1º. A Associação dos Membros dos Tribunais de Contas do Brasil (ATRICON) é pessoa jurídica de direito privado, sem fins lucrativos, constituída sob a forma de associação civil, de caráter nacional e por tempo indeterminado, com sede e foro em Brasília, Distrito Federal, com endereço no Setor de Grandes Áreas Norte (SGAN), Quadra 601, Bloco H, Edifício Íon, Sala 74 - Térreo, CEP: 70830-018. Em: ASSOCIAÇÃO DOS MEMBROS DOS TRIBUNAIS DE CONTAS. *Estatuto da Associação dos Membros Dos Tribunais de Contas do Brasil – Gestão 2022/2023*. Brasília, DF: Atricon, 2023a. Disponível em: https://atricon.org.br/wp-content/uploads/2021/12/Estatuto-ATRICON-2022-2023.pdf. Acesso em: 5 ago. 2023.

[48] ASSOCIAÇÃO DOS MEMBROS DOS TRIBUNAIS DE CONTAS. *Resolução nº 01, de 02 de junho de 2023*. Aprova as Diretrizes de Controle Externo relacionadas à temática "Transparência dos Tribunais de Contas e dos jurisdicionados". Brasília, DF: Atricon, 2023b. Disponível em: https://atricon.org.br/wp-content/uploads/2023/04/Resolucao-no-01-de-02-de-junho-de-2023-Diretrizes-de-Transparencia-dos-TCs-e-dos-jurisdicionados-Assinado.pdf. Acesso em: 5 ago. 2023.

dos jurisdicionados, um dos critérios de governança instituído pelo Banco Mundial:

[...] Inúmeras foram as iniciativas das Cortes de Contas voltadas a essa finalidade ao longo dos anos.
8. A fim de apoiar os Tribunais no exercício de suas competências constitucionais – e em conformidade com os incisos II e III do artigo 5º do seu Estatuto –, a Atricon tem coordenado ações sistêmicas voltadas ao aprimoramento e à uniformização dos entendimentos e procedimentos de controle e fiscalização em todo o País, resguardando as características das respectivas áreas de jurisdição. Para tanto, expede resoluções com diretrizes voltadas ao fortalecimento do Sistema Nacional dos Tribunais de Contas, bem como orienta e acompanha a sua implementação.
9. Relativamente à temática transparência pública, várias foram as iniciativas da Atricon direcionadas ao cumprimento dessas missões estatutárias, materializadas, originalmente, nas Cartas de Palmas e de Campo Grande, decorrentes do Seminário de Transparência Pública e do ENTC, ambos realizados em 2012. 10. Desde então, foram expedidas diversas Resoluções com diretrizes sobre o tema, com destaque para as de nºs 01/2013, 05/2016, 09/2018 e 01/2022. Todas elas, em linhas gerais, constituem referenciais para que os TCs, de modo uniforme, implementem ações internas visando a atender a legislação de transparência e fiscalizar o seu cumprimento pelos entes jurisdicionados.
11. Merece destaque o fato de que, em 2015, a Estratégia Nacional de Combate à Corrupção e à Lavagem de Dinheiro (Enccla) estabeleceu metodologia de avaliação que visou aferir o grau de adesão dos portais dos Poderes Executivo, Legislativo e Judiciário, bem como do Ministério Público e dos TCs, em todas as suas esferas governamentais, à LRF à LAI.
12. Tal metodologia impulsionou o avanço da transparência nacional com medidas preventivas e corretivas, induzindo novas articulações entre Governo Federal, TCs e o MP para aprimorar mecanismos de averiguação do cumprimento legal. Além disso, aumentou a percepção dos entes públicos, sobretudo nos Municípios, a respeito da importância do cumprimento à legislação e da abertura de dados para o exercício do controle social. Tal iniciativa consiste na concretização do direito à transparência, contribuindo para a prevenção da corrupção e para o fortalecimento da participação democrática no País [...]

Objetivos
Objetivos 19. Estabelecer requisitos mínimos a serem observados pelos Poderes Executivo, Legislativo e Judiciário, pelo Ministério Público, pela Defensoria Pública e pelos TCs, bem como pelas entidades que compõem a administração indireta, em todas as suas esferas governamentais, para o cumprimento do princípio da transparência pública, por meio da elaboração e alimentação dos respectivos sítios e/ou portais de

transparência em meio eletrônico e adoção de outras medidas que concorram para o seu pleno alcance.

20. Disponibilizar referencial para que os TCs, de modo uniforme, aprimorem seus regulamentos, procedimentos e critérios de avaliação relativos à transparência da gestão pública, contemplando tanto aspectos da gestão fiscal quanto aqueles relativos ao acesso às informações de interesse público geradas ou custodiadas pelos seus jurisdicionados e pelas próprias Cortes de Contas.

21. Incrementar os processos de transparência e de acesso às informações públicas, por meio da melhoria da qualidade das informações disponibilizadas e do estímulo à interoperabilidade de dados e sistemas governamentais.

22. Estimular a participação social na prática de uso, de reuso e de agregação de valor aos dados governamentais, a produção de conhecimento em proveito da sociedade e do poder público, o conhecimento e o acesso às informações de controle externo. 23. Melhorar a gestão e a governança da informação e, sobretudo, enfatizar os princípios da transparência, da *accountability* e do desempenho no âmbito das próprias Cortes de Contas.

A implementação de diretrizes que concretizam a governança por meio de seus princípios de transparência, *accountability*, participação popular, controle social e acesso à informação, permitem à *ATRICON*, por seus Tribunais de Contas, uma análise de dados governamentais, como aspectos da gestão fiscal e orçamentária.

O Estatuto da Associação dos Membros dos Tribunais de Contas do Brasil, estabelecido para o biênio 2022-2023, demonstra, especialmente no art. 4º, inciso VI,[49] a ideia do transnacionalismo ao transcender as atribuições da Associação e ao atentar-se à dimensão internacional, estabelecendo, assim, relacionamento institucional com organismos internacionais, especialmente os de auditoria e controle externo e suas entidades representativas, visando sobretudo à cooperação, à atuação conjunta e ao intercâmbio de conhecimentos e práticas.

Essa interdisciplinaridade demonstra claramente o exaurimento do Estado, colocando as vertentes do Direito em vias de transnacionalização com o fim de articularem-se em múltiplos níveis: governos, administrações locais, instituições intergovernamentais, cortes ultraestatais e

---

[49] ASSOCIAÇÃO DOS MEMBROS DOS TRIBUNAIS DE CONTAS. *Estatuto da Associação dos Membros dos Tribunais de Contas do Brasil – Gestão 2022/2023*. Brasília, DF: Atricon, 2023a, p. 4. Disponível em: https://atricon.org.br/wp-content/uploads/2021/12/Estatuto-ATRICON-2022-2023.pdf. Acesso em: 5 ago. 2023.

nacionais, *networks*, organismos híbridos (público-privado), organizações não governamentais (ONGs) e dos próprios indivíduos.[50]

Com isso, o problema de governar o mundo se funde em contextos que perpassam por alianças militares, como: a Organização do Tratado do Atlântico Norte (OTAN); instituições intergovernamentais, como a Organização das Nações Unidas (ONU), a Organização das Nações Unidas para a Educação, a Ciência e a Cultura (UNESCO), o Fundo das Nações Unidas para a Infância (Unicef), a Organização Mundial da Saúde (OMS) e afins; organismos regionais, como o Conselho Europeu; agremiações pós-imperialistas, como a *Commonwealth* e a Comunidade dos Países de Língua Portuguesa; ordenamentos quase políticos, como a União Europeia, o Mercosul e a União de Nações Sul-Americanas (UNASUL); *summit*, como G-20, G-8, e BRICS; entre outras ONGs.[51]

Ademais, além das atividades inerentes ao controle, também é objeto de atuação da ATRICON estimular a promoção de políticas públicas por meio de seus jurisdicionados, em alinhamento com a agenda da ODS 2030.[52]

Nesse caminho, conforme noticiado em seu sítio oficial,[53] a ATRICON irá promover, no dia 10 de agosto de 2023, o lançamento da recomendação aos Legislativos Estaduais e Municipais da inclusão da primeira infância no ciclo orçamentário. O evento na Câmara dos Deputados marcará a apresentação da Nota Recomendatória Atricon-IRB-Abracom-CNPTC-FPPI-UVB nº 01/2023,[54] que visa a priorização

---

[50] PAFFARINI, Jacopo; ROSENFIELD, Luis; STAFFEN, Márcio Ricardo (org.). *Transnacionalismo, globalização e direitos humanos*. Itajaí: UNIVALI, 2015.

[51] PAFFARINI, Jacopo; ROSENFIELD, Luis; STAFFEN, Márcio Ricardo (org.). *Transnacionalismo, globalização e direitos humanos*. Itajaí: UNIVALI, 2015.

[52] ORGANIZAÇÃO DAS NAÇÕES UNIDAS. Objetivos de Desenvolvimento Sustentável. *Unicef*, 2023. Disponível em: https://www.unicef.org/brazil/objetivos-de-desenvolvimento-sustentavel. Acesso em: 5 ago. 2023.

[53] APPEL, Vinicius. ATRICON promove lançamento de recomendação para a inclusão da primeira infância no ciclo orçamentário. *ATRICON*, 01 ago. 2023. Disponível em: https://atricon.org.br/atricon-promove-lancamento-de-recomendacao-para-a-inclusao-da-primeira-infancia-no-ciclo-orcamentario/. Acesso em: 5 ago. 2023.

[54] ASSOCIAÇÃO DOS MEMBROS DOS TRIBUNAIS DE CONTAS *et al*. *Nota Recomendatória Atricon-IRB-Abracom-CNPTC-FPPI-UVB nº 01/2023*. Recomendação aos Legislativos Estaduais, Distrital e Municipais acerca da inclusão da priorização da primeira infância nos Projetos de Plano Plurianual (PPA), de Lei de Diretrizes Orçamentárias (LDO) e de Lei Orçamentária Anual (LOA) e da observância necessária da transparência. Brasília, DF: ATRICON; IRB; Abracom; CNPTC; FPPI; UVB, 2023. Disponível em: https://atricon.org.br/wp-content/uploads/2023/07/Nota-Recomendatoria-Atricon-IRB-Abracom-CNPTC-FPPI-UVB-n%C2%B0-01-2023-1a-Infancia-no-Planejamento-Orcamentario.pdf. Acesso em: 5 ago. 2023.

da primeira infância durante o processo de discussão e aprovação do Plano Plurianual (PPA), da Lei de Diretrizes Orçamentárias (LDO) e da Lei Orçamentária Anual (LOA).

Voltado aos legisladores dos Municípios, dos Estados e do Distrito Federal, a Nota Recomendatória é assinada pela ATRICON em conjunto com o Instituto Rui Barbosa (IRB), a Associação Brasileira dos Tribunais de Contas dos Municípios (Abracom), o Conselho Nacional de Presidentes dos Tribunais de Contas (CNPTC), a Frente Parlamentar Mista da Primeira Infância (FPPI) e a União dos Vereadores do Brasil (UVB). A recomendação se enquadra na prioridade absoluta assegurada à criança pela Constituição e pelo Estatuto da Criança e do Adolescente (ECA).[55]

A propósito da matéria, o Unicef acompanha o uso de ferramentas que permitem fazer o monitoramento e priorização da primeira infância no PPA, na LDO e na LOA e editou o documento "Medição do Gasto Social com a Primeira Infância em 2021". Nessa agenda, a Unicef defende que "o desenvolvimento sustentável não vai acontecer se as crianças não tiverem oportunidades justas".[56]

---

[55] ASSOCIAÇÃO DOS MEMBROS DOS TRIBUNAIS DE CONTAS *et al*. *Nota Recomendatória Atricon-IRB-Abracom-CNPTC-FPPI-UVB nº 01/2023*. Recomendação aos Legislativos Estaduais, Distrital e Municipais acerca da inclusão da priorização da primeira infância nos Projetos de Plano Plurianual (PPA), de Lei de Diretrizes Orçamentárias (LDO) e de Lei Orçamentária Anual (LOA) e da observância necessária da transparência. Brasília, DF: ATRICON; IRB; Abracom; CNPTC; FPPI; UVB, 2023. Disponível em: https://atricon.org.br/wp-content/uploads/2023/07/Nota-Recomendatoria-Atricon-IRB-Abracom-CNPTC-FPPI-UVB-n%C2%B0-01-2023-1a-Infancia-no-Planejamento-Orcamentario.pdf. Acesso em: 5 ago. 2023.

[56] "Os 193 Estados membros da ONU, incluindo o Brasil, comprometeram-se a adotar a chamada Agenda Pós-2015, considerada uma das mais ambiciosas da história da diplomacia internacional. A partir dela, as nações trabalharão para cumprir os Objetivos de Desenvolvimento Sustentável (ODS). Estão baseados nos compromissos para as crianças e os adolescentes nas áreas de pobreza, nutrição, saúde, educação, água e saneamento e igualdade de gênero contidos nos precursores dos ODS, os Objetivos de Desenvolvimento do Milênio. Os ODS também incluem novos objetivos e metas relacionados à proteção da criança e do adolescente, à educação infantil e à redução das desigualdades. Essa nova agenda apresenta uma oportunidade histórica para melhorar os direitos e o bem-estar de cada criança e cada adolescente, especialmente os mais desfavorecidos, e garantir um planeta saudável para as meninas e os meninos de hoje e para as futuras gerações. Vamos trabalhar em parceria com governos, sociedade civil, empresas, universidades e outras agências das Nações Unidas – e especialmente com as crianças, os adolescentes e os jovens – para fortalecer o que funciona, inovar para melhorar soluções e resultados, medir o progresso e compartilhar lições aprendidas. Não pode haver desenvolvimento sustentável, prosperidade ou paz sem equidade – oportunidades justas para cada criança e cada adolescente. Se as crianças e os adolescentes mais desfavorecidos não compartilham desse progresso, ele não será sustentável. A nova agenda tem o potencial de definir o desenvolvimento global em um caminho mais equitativo. Ela dá a oportunidade de se oferecer a todas as crianças e

Seguindo a mesma perspectiva, o presidente da Atricon, Cesar Miola, durante a participação no painel "Enfrentamento e Prevenção da Violência a partir da Justiça Restaurativa e do Pacto Nacional pela Primeira Infância" destacou o trabalho de estímulo à fiscalização e orientação desenvolvido pela Unicef/ONU em relação às políticas públicas direcionadas à população infantil, em especial as diversas legislações que precisam ser cumpridas pelo Poder Público. Sobre o Marco Legal da Primeira Infância, Cezar Miola pontuou que "não basta haver a mera formalização dessa exigência em cada Estado, Município e no Distrito Federal. Os planos precisam ser de qualidade, condição prévia essencial para a avaliação dos controles externo, interno e social".[57]

5 Considerações finais

A crise de representatividade das instituições políticas, a ausência de fronteiras econômicas e imigratórias entre os países, acentuada pelo dinamismo com que ocorrem as relações econômicas, sociais, culturais e políticas entre os povos do mundo, o que o coloca em um processo de transformação estrutural multidimensional, e a consequente falha do Poder Público em oferecer respostas rápidas e eficientes às demandas sociais desse novo mundo foram alguns dos problemas verificados que impulsionam a uma verdadeira reforma do atual modelo de gestão da coisa pública, adotando, para esse fim, parâmetros de instituições privadas.

Nesse cenário, surge a governança corporativa como instrumento de efetivação de boas práticas de gestão nas instituições privadas, como o Banco Mundial e o FMI, com a adoção de critérios e princípios de transparência, *accountability*, equidade e responsabilidade corporativa, os quais sugerem a adaptação destes ao Poder Público.

Assim, este trabalho teve como objetivo analisar, à luz de diversos autores, os conceitos de governança corporativa, bem como a sua

---

todos os adolescentes as ferramentas, as habilidades e os serviços de que necessitam para sobreviver, prosperar e percorrer a maior parte de sua vida". Em: ORGANIZAÇÃO DAS NAÇÕES UNIDAS. Objetivos de Desenvolvimento Sustentável. *Unicef*, 2023, p. 1. Disponível em: https://www.unicef.org/brazil/objetivos-de-desenvolvimento-sustentavel. Acesso em: 5 ago. 2023.

[57] OLIVEIRA, Priscila. Seminário Pacto Nacional pela Primeira Infância: presidente da Atricon apresenta ações da entidade e dos TCs. *ATRICON*, 01 ago. 2023. Disponível em: https://atricon.org.br/seminario-pacto-nacional-pela-primeira-infancia-presidente-da-atricon-apresenta-acoes-desenvolvidas-pela-entidade-e-tcs/. Acesso em: 5 ago. 2023.

instrumentalização no Setor Público por meio dos princípios e critérios estabelecidos como essenciais para uma boa administração pelo Banco Mundial e Fundo Monetário Internacional, diante do contexto atual que demanda eficiência, responsabilidade, ética, transparência, participação popular, controle social, lisura nas ações e prestação de contas à sociedade.

Desse modo, foi observado como instituições privadas, como o exemplo demonstrado da ATRICON, podem contribuir para o aperfeiçoamento da governança pública no Brasil, inclusive, com a promoção de políticas públicas para o desenvolvimento social em articulação com a agenda da ODS 2030.

Por fim, ressalta-se a existência de várias iniciativas isoladas, mas não desarticuladas, as quais apontam para a aplicação dos princípios da governança, como o caso do papel fiscalizador desempenhado pelo Ministério Público, com fundamento no Decreto Presidencial nº 6.021, de 22 de janeiro de 2007, que criou a Comissão Interministerial de Governança Corporativa e de Administração de Participações Societárias da União (CGPAR) e apontou a adoção do "*Guidelines on Corporate Governance of State-Owned Enterprises*" pelo Conselho Ministerial em 2005, o modelo de participação popular via Conselhos, entre outras medidas.[58]

Nesse contexto, por meio de índices verificadores, constatou-se como a governança pode contribuir para o desenvolvimento sustentável, criando um ambiente político e econômico estável, confiável e seguro, essencial para o investimento e o crescimento do Estado-Nação, além de promover políticas públicas para assegurar a proteção do meio ambiente, da equidade e da justiça social, essenciais para o bem-estar social.

Referências

ALAKRA NETO, Amadeu; LIMA, Fábio Lindoso. O Direito Transnacional e a sua base no pensamento sustentável. *In*: CRUZ, Paulo Márcio; DANELI, Jardel Anibal Casanova (org.). *Estado e direito em trânsito*: sustentabilidade e transnacionalidade como vetores na nova ordem social. São Paulo: Íthala, 2021. p. 67-86.

---

[58] BENEDICTO, Samuel Carvalho de *et al*. Governança corporativa: uma análise da aplicabilidade dos seus conceitos na Administração Pública. *Organizações Rurais & Agroindustriais*, [s.l.], v. 15, n. 2, p. 286-300, 2013. Disponível em: https://www.redalyc.org/articulo.oa?id=87828781010. Acesso em: 5 ago. 2023.

APPEL, Vinicius. *Atricon promove lançamento de recomendação para a inclusão da Primeira Infância no ciclo orçamentário*. ATRICON. 01 ago. 2023. Disponível em: https://atricon.org.br/atricon-promove-lancamento-de-recomendacao-para-a-inclusao-da-primeira-infancia-no-ciclo-orcamentario/. Acesso em: 5 ago. 2023.

ASSOCIAÇÃO DOS MEMBROS DOS TRIBUNAIS DE CONTAS. *Estatuto da Associação dos Membros Dos Tribunais de Contas do Brasil – Gestão 2022/2023*. Brasília, DF: Atricon, 2023a. Disponível em: https://atricon.org.br/wp-content/uploads/2021/12/Estatuto-ATRICON-2022-2023.pdf. Acesso em: 5 ago. 2023.

ASSOCIAÇÃO DOS MEMBROS DOS TRIBUNAIS DE CONTAS. *Resolução nº 01, de 2 de junho de 2023*. Aprova as Diretrizes de Controle Externo relacionadas à temática Transparência dos Tribunais de Contas e dos jurisdicionados. Brasília, DF: Atricon, 2023b. Disponível em: https://atricon.org.br/wp-content/uploads/2023/04/Resolucao-no-01-de-02-de-junho-de-2023-Diretrizes-de-Transparencia-dos-TCs-e-dos-jurisdicionados-Assinado.pdf. Acesso em: 5 ago. 2023.

ASSOCIAÇÃO DOS MEMBROS DOS TRIBUNAIS DE CONTAS et al. *Nota Recomendatória Atricon-IRB-Abracom-CNPTC-FPPI-UVB nº 01/2023*. Recomendação aos Legislativos Estaduais, Distrital e Municipais acerca da inclusão da priorização da primeira infância nos Projetos de Plano Plurianual (PPA), de Lei de Diretrizes Orçamentárias (LDO) e de Lei Orçamentária Anual (LOA) e da observância necessária da transparência. Brasília, DF: Atricon; IRB; Abracom; CNPTC; FPPI; UVB, 2023. Disponível em: https://atricon.org.br/wp-content/uploads/2023/07/Nota-Recomendatoria-Atricon-IRB-Abracom-CNPTC-FPPI-UV+B-n%C2%B0-01-2023-1a-Infancia-no-Planejamento-Orcamentario.pdf. Acesso em: 5 ago. 2023.

ASSIS, Vinicius de; GARCIA, Heloise Siqueira. Governança como instrumento de contenção das demandas de uma sociedade global com problemas transnacionais. *In*: VEIGA, Fábio da Silva; PIERDONÁ, Zélia Luíza (coord.). *Retos del horizonte jurídico Iberoamericano*: vol. II. Salamanca: Instituto Iberoamericano de Estudos Jurídicos e Universidade de Salamanca, 2023. p. 367-378.

BAUMAN, Zygmunt; BORDONI, Carlo. *Estado de Crise*. São Paulo: Zahar, 2016.

BENEDICTO, Samuel Carvalho de et al. Governança corporativa: uma análise da aplicabilidade dos seus conceitos na Administração Pública. *Organizações Rurais & Agroindustriais*, [s.l.], v. 15, n. 2, p. 286-300, 2013. Disponível em: https://www.redalyc.org/articulo.oa?id=87828781010. Acesso em: 5 ago. 2023.

BERGALLI, Roberto; RESTA, Eligio. *Soberanía*: un principio que se derrumba. Barcelona: Ediciones Paidós, 1996.

CASTELLS, Manuel. A crise da democracia, governança global e a emergência da sociedade civil global. *In*: GUTERRES, Antônio et al. *Por uma governança global democrática*. São Paulo: IFHC, 2005. p. 95-128.

COMISSÃO SOBRE GOVERNANÇA GLOBAL. *Nossa Comunidade Global*: o Relatório da Comissão sobre a Governança global. Rio de Janeiro: Editora FGV, 1996.

CONSELHO FEDERAL DE CONTABILIDADE. Orientações Estratégicas para a Contabilidade Aplicada ao Setor Público no Brasil. Brasília, DF: CFC, 2007.

CRUZ, Paulo Márcio; BODNAR, Zenildo. A transnacionalidade e a emergência do Estado de Direito Transnacionais. *In*: CRUZ, Paulo Márcio; STELZER, Joana (org.). *Direito e transnacionalidade*. Curitiba: Juruá, 2010. p. 55-72.

CRUZ, Paulo Márcio; OLIVIERO, Maurizio. Reflexões sobre a crise financeira internacional e o estado de bem-estar. *Revista de Direitos Fundamentais e Democracia*, Curitiba, v. 13, n. 13, p. 325–339, jan./jun. 2013. Disponível em: https://revistaeletronicardfd.unibrasil.com.br/index.php/rdfd/article/view/370. Acesso em: 5 ago. 2023.

FERRER, Gabriel Real; CRUZ, Paulo Márcio. Os novos cenários transnacionais e a democracia assimétrica. *RECHTD*, [s.l.], v. 2, n. 2, p. 96-111, jul./dez. 2010. DOI: https://doi.org/10.4013/442.

GARCIA, Denise Schmitt Siqueira. Sustentabilidade e ética: um debate urgente e necessário. *Revista Direitos Culturais*, Santo Ângelo, v. 15, n. 35, p. 51-75, 2019. DOI: http://dx.doi.org/10.20912/rdc.v15i35.3153.

GARCIA, Heloise Siqueira; SANTOS, Kassy Gerei dos; GARCIA, Denise Schmitt Siqueira. Governança Transnacional. *In*: GARCIA, Heloise Siqueira; CRUZ, Paulo Marcio (org.). *Interfaces entre Direito e Transnacionalidade*. Itajaí: UNIVALI; AICTS, 2020. p. 10-28.

GARCIA, Denise Schmitt Siqueira; GARCIA, Heloise Siqueira. Dimensão social do princípio da sustentabilidade: uma análise do mínimo existencial ecológico. *In*: SOUZA, Maria Claudia da Silva Antunes; GARCIA, Heloise Siqueira (org.) *Lineamentos sobre sustentabilidade segundo Gabriel Real Ferrer*. Itajaí: UNIVALI, 2014. p. 37-54.

GONÇALVES, Alcindo. A legitimidade na governança global. *In*: CONGRESSO DO CONPEDI – CONSELHO NACIONAL DE PESQUISA E PÓS-GRADUAÇÃO EM DIREITO, 15, Manaus, 2006. *Anais [...]*. Manaus, 2006. Disponível em: https://www.unisantos.br/upload/menu3niveis_1323730898299_alcindo_goncalves_a_legitimidade_da_governanca_global.pdf. Acesso em: 5 ago. 2023.

GRINDLE, Merilee. Good enough governance: poverty reduction and reform in developing countries. *Governance*, [s.l.], v.17, n. 4, p. 525-48, 2004. Disponível em: https://courses.washington.edu/pbaf531/Grindle_GoodEnoughGov.pdf. Acesso em: 05 ago. 2023.

GURJÃO, Renata Fabris Pinto; BERNARDO, Cleice de Pontes. Além dos números: desafios do acesso à informação e a importância do controle social nas licitações públicas (no prelo).

INSTITUTO BRASILEIRO DE GOVERNANÇA CORPORATIVA. Governança Corporativa. *IBGC*, 2010. Disponível em: https://www.ibgc.org.br/conhecimento /governanca-corporativa. Acesso em: 5 ago. 2023.

KHATIB, Ahmed Sameer El. Governança no setor público: indicadores de governança do banco mundial e sua relação com os Objetivos de Desenvolvimento do Milênio. *RTTC*, Curitiba, ano 4, n. 1, p. 131-155, nov. 2019. Disponível em: https://www.al.sp.gov.br/repositorio/bibliotecaDigital/24228_arquivo.pdf. Acesso em: 5 ago. 2023.

MATIAS-PEREIRA, José. A governança corporativa aplicada no Setor Público brasileiro. *APGS*, Viçosa, v.2, n.1, p. 109-134, jan./mar. 2010. DOI: https://doi.org/10.21118/apgs.v2i1.4015.

MOLAS, Isidre. *Por un nuevo pacto social*. Barcelona: Ediciones Mediterrânea, 2004.

OLIVEIRA, Priscila. Seminário Pacto Nacional pela Primeira Infância: presidente da Atricon apresenta ações da entidade e dos TCs. *ATRICON*, 01 ago. 2023. Disponível em: https://atricon.org.br/seminario-pacto-nacional-pela-primeira-infancia-presidente-da-atricon-apresenta-acoes-desenvolvidas-pela-entidade-e-tcs/. Acesso em: 5 ago. 2023.

ORGANIZAÇÃO DAS NAÇÕES UNIDAS. Objetivos de Desenvolvimento Sustentável. *Unicef*, 2023. Disponível em: https://www.unicef.org/brazil/objetivos-de-desenvolvimento-sustentavel. Acesso em: 5 ago. 2023.

PAFFARINI, Jacopo; ROSENFIELD, Luis; STAFFEN, Márcio Ricardo (org.). *Transnacionalismo, globalização e direitos humanos*. Itajaí: UNIVALI, 2015.

PEREIRA, Luiz Carlos Bresser. *A reforma do Estado dos anos 90*: lógica e mecanismos de controle. Brasília, DF: MARE, 1997.

SUZIN, Jaine Cristina; DANIELI, Jardel Anibal Casanova; CRUZ, Paulo Márcio. Direito Transnacional como instrumento para a tutela do direito ao esquecimento. *In*: CRUZ, Paulo Márcio; DANELI, Jardel Anibal Casanova (org.). *Estado e direito em trânsito*: sustentabilidade e transnacionalidade como vetores na nova ordem social. São Paulo: Íthala, 2021. p. 17-34.

WORLD BANK. *Governance and development*. Washington, D.C.: The World Bank, 1992.

Informação bibliográfica deste livro, conforme a NBR 6023:2018 da Associação Brasileira de Normas Técnicas (ABNT):

GURJÃO, Renata Fabris Pinto; MONTENEGRO NETO, Eurico Soares. Governança: instrumento de promoção ao bem-estar social e de consecução do desenvolvimento sustentável. *In:* IDAPAR, Instituto de Direito Administrativo do Pará (org.); OLIVEIRA, Maria Cristina Cesar de; DOURADO JUNIOR, Octavio Cascaes; MORAES, Marcio Augusto Moura de (coord.). *Sustentabilidade no Direito Administrativo*. Belo Horizonte: Fórum, 2025. p. 91-111. ISBN 978-65-5518-953-7.

A GOVERNANÇA COMO CRITÉRIO DE SUSTENTABILIDADE DAS POLÍTICAS PÚBLICAS NO BRASIL

ARIANNE BRITO CAL ATHIAS

Introdução

A busca pela sustentabilidade tornou-se uma questão central no cenário global, influenciando diversos setores da sociedade, inclusive as políticas públicas. No contexto brasileiro, a integração da sustentabilidade como critério de governança nas políticas públicas desempenha uma função fundamental na promoção do desenvolvimento sustentável e na mitigação dos desafios ambientais, sociais e econômicos enfrentados pelo país.

Ao longo das últimas décadas, o Brasil tem demonstrado um crescente reconhecimento da importância da sustentabilidade na formulação e implementação de políticas públicas. Desde a Rio-92, quando o país desempenhou um papel de liderança nas discussões sobre desenvolvimento sustentável, até os dias atuais, em que se compromete com os Objetivos de Desenvolvimento Sustentável (ODS) da ONU, o Brasil tem avançado na integração da sustentabilidade em sua agenda política.

Nesse contexto, o presente artigo visa explorar a interseção entre sustentabilidade e governança nas políticas públicas no Brasil.

Para tanto, serão analisados a importância da governança e dos critérios ESG para a sustentabilidade, assim como a adoção de práticas inovadoras de gestão e governança sustentáveis que vêm sendo adotadas pelo Brasil. Além do que, serão discutidos o processo de governança e o planejamento para as políticas públicas do desenvolvimento sustentável por meio da Agenda 21 Brasileira.

Dessa forma, este artigo pretende demonstrar a importância da governança como critério de sustentabilidade das políticas públicas, destacando sua relevância para a construção de um futuro mais justo, próspero e sustentável para a presente e as futuras gerações.

1 A importância da governança e os critérios ESG para a sustentabilidade ambiental

Falar em governança atualmente no Brasil é discutir um sistema de práticas, princípios e mecanismos que permitem a administração de uma organização ou instituição, pública ou privada, e a sua interação com a sociedade.[1]

No âmbito da União, a política de governança da administração pública federal direta, autárquica e fundacional, encontra amparo no Decreto nº 9.203, de 22 de novembro de 2017, com as alterações trazidas pelo Decreto nº 9.901/2019, cujo art. 2º conceitua governança pública como: o "conjunto de mecanismos de liderança, estratégia e controle postos em prática para avaliar, direcionar e monitorar a gestão, com vistas à condução de políticas públicas e a prestação de serviços de interesse da sociedade".

O art. 3º do mencionado decreto identifica os princípios da governança pública que devem ser utilizados como fundamentos para a prática de todos os atos exarados nas organizações, dentre os quais citam-se os seguintes:

- Capacidade de resposta: identifica-se na capacidade que a Administração tem para manifestar-se de forma clara, eficiente e eficaz diante das demandas apresentadas pelos interessados;

- Integridade: demonstra-se que a atuação da Administração deve ser focada na priorização do interesse público, pautando-se em valores morais e conduta ética;

---

[1] 10 Passos para a Boa Governança. Tribunal de Contas da União. 2ª edição. Disponível em: https://portal.tcu.gov.br/data/files/D5/F2/B0/6B/478F771072725D77E18818A8/10_passos_para_boa_governanca_v4.pdf.

- Confiabilidade: deve ser identificada na capacidade da Administração de minimizar incertezas, garantindo um grau de segurança, confiança e credibilidade ao cidadão;
- Melhoria regulatória: são medidas sistemáticas que devem ser adotadas para ampliar a qualidade da regulação com base em evidências e apoiadas em opiniões dos cidadãos e partes interessadas;
- Prestação de contas e responsabilidade *(accountability)*: é mecanismo para a prestação de contas, o controle social e a responsabilização pelo desempenho e resultados das ações na gestão pública;
- Transparência: é identificada na garantia de acesso às informações legítimas e fidedignas, além da necessidade de que essas informações sejam, de fato, compreendidas por todos os cidadãos.

No contexto da sustentabilidade, a governança, refere-se ao conjunto de processos, políticas e práticas que orientam a tomada de decisões e a implementação de ações relacionadas à gestão ambiental. Uma boa governança é essencial para garantir que os princípios da sustentabilidade sejam efetivamente incorporados às estratégias de longo prazo de organizações e governos.

Não se pode negar que a governança e os critérios ESG (*Environmental, Social, and Governance*) estão intimamente ligados. ESG é uma sigla em inglês, utilizada para identificar a governança ambiental, social e corporativa, que desempenham papéis fundamentais na promoção da sustentabilidade ambiental. O *E* e o *S* dizem respeito às questões ambientais e sociais, o *G*, de governança, trata da estrutura e dos processos pelos quais uma organização ou governo exerce a tomada de decisão, gerencia seus recursos e presta contas à sociedade e às partes interessadas.

O termo ESG foi usado pela primeira vez em 2004, em um informativo do Pacto Global em parceria com o Banco Mundial. Mas foi apenas em 2020 que o conceito se popularizou, após a União Europeia – UE publicar a Diretiva de *Due Diligence* de Sustentabilidade Corporativa (CS3D), incentivando os 27 (vinte e sete) países da UE a criar uma legislação específica que obrigasse as empresas a implementar *due diligence* em todas as suas operações diretas com a abrangência em toda a sua cadeia global de atividades, a fim de prevenir, mitigar e remediar impactos negativos sobre os direitos humanos e o meio ambiente.

Juntos, eles criam um quadro estruturado que permite às empresas e governos equilibrarem crescimento econômico, inclusão social e proteção ambiental, promovendo uma gestão mais responsável e transparente dos recursos naturais.

O fato é que a governança se mostra essencial para garantir que as iniciativas ambientais e sociais (E e S) sejam implementadas de maneira eficaz. Sem uma boa governança, as políticas ambientais podem falhar em atingir seus objetivos, e as iniciativas sociais podem ser mal direcionadas ou até mesmo acabar com a credibilidade da instituição.

Com isso, é possível identificar a importância da governança para os critérios ESG, tais como:

1. *Gestão de riscos ambientais*: organizações que adotam o ESG são mais capacitadas para identificar e mitigar riscos ambientais em suas operações. Esses riscos podem incluir desastres naturais, mudanças climáticas e esgotamento de recursos, que, se não geridos adequadamente, podem comprometer a viabilidade de longo prazo de uma organização.

2. *Atração de investimentos*: investidores estão cada vez mais focados em organizações que adotam práticas ESG robustas. Uma governança transparente e eficiente é vista como um fator-chave na avaliação de riscos e na geração de valor sustentável a longo prazo.

3. *Redução de impactos ambientais*: ao incorporar os critérios ambientais do ESG, empresas e governos são incentivados a adotar práticas que minimizem seus impactos negativos sobre o meio ambiente, como a redução de emissões de gases de efeito estufa, o uso eficiente de recursos naturais e a gestão responsável de resíduos.

4. *Economia de baixo carbono*: os critérios ambientais impulsionam a transição para uma economia de baixo carbono, com foco em energias renováveis, eficiência energética e tecnologias limpas. Organizações que adotam o ESG tendem a investir em inovações que contribuem para a mitigação das mudanças climáticas, posicionando-se como líderes em sustentabilidade.

5. *Conservação da biodiversidade*: a adoção de práticas ESG estimula empresas a proteger ecossistemas e promover o uso sustentável dos recursos naturais. Isso inclui a conservação de áreas de floresta, a proteção de habitats marinhos e a promoção de práticas agrícolas sustentáveis, essenciais para a preservação da biodiversidade.

6. *Alinhamento com os Objetivos de Sustentabilidade*: a governança eficaz permite que as empresas e governos alinhem suas operações aos Objetivos de Desenvolvimento Sustentável (ODS) da ONU e a outras agendas globais de sustentabilidade.

Dessa forma, a governança desempenha um papel fundamental na promoção da sustentabilidade ao estabelecer mecanismos que orientam a tomada de decisões de maneira transparente, inclusiva e responsável. Ela contribui para a sustentabilidade ao coordenar a ação de diferentes setores — governos, empresas, organizações da sociedade civil e cidadãos —, garantindo que todos os interesses sejam considerados no desenvolvimento de políticas e práticas voltadas para o uso sustentável dos recursos naturais, o bem-estar social e o crescimento econômico.

Ao promover a integração de diferentes atores e níveis de governo, a governança assegura que as iniciativas de sustentabilidade não sejam fragmentadas, mas sim parte de uma abordagem coerente e articulada. Isso inclui a criação de estruturas de governança que incentivam a cooperação e o diálogo entre os envolvidos, além de proporcionar monitoramento contínuo e ajustes nas políticas conforme necessário. A existência de sistemas de governança eficientes é essencial para garantir que essas ações sejam mantidas a longo prazo, mesmo diante de mudanças políticas ou econômicas.

No setor público, especialmente, a governança é essencial para garantir que as políticas públicas ambientais e sociais sejam implementadas de forma justa, eficaz e transparente. Governos que adotam princípios de boa governança são mais propensos a construir confiança com a população, atrair investimentos externos e promover o desenvolvimento sustentável. Isso inclui a implementação de leis e regulamentos que favoreçam a transparência, o combate à corrupção e a participação da sociedade na formulação e acompanhamento das políticas públicas.

Portanto, a governança e os critérios ESG são pilares essenciais para a sustentabilidade ambiental. Uma governança robusta garante a transparência, a responsabilidade e a inclusão das partes interessadas, enquanto os critérios ESG orientam a adoção de práticas responsáveis que minimizam os impactos ambientais. Juntos, esses elementos criam uma estrutura sólida capaz de promover um desenvolvimento econômico que seja socialmente justo e ambientalmente sustentável, garantindo que as práticas ambientais e sociais sejam desenvolvidas e executadas de maneira responsável, transparente e orientada ao bem comum.

2 Políticas públicas de boa governança para a promoção do desenvolvimento sustentável

O advento da Agenda dos Objetivos de Desenvolvimento Sustentável (ODS) se mostra como diretrizes contidas numa agenda mundial, adotada durante a Cúpula das Nações Unidas sobre o Desenvolvimento Sustentável em setembro de 2015, composta por 17 objetivos e 169 metas, prevendo, dentre eles, a garantia da sustentabilidade ambiental do desenvolvimento.[2]

Não há como negar que as políticas públicas de boa governança são essenciais para a promoção do desenvolvimento sustentável, pois garantem que as ações governamentais sejam orientadas por princípios de transparência, responsabilidade, participação e eficiência. A boa governança possibilita a implementação de políticas integradas que buscam o equilíbrio entre crescimento econômico, inclusão social e preservação ambiental, aspectos centrais para a sustentabilidade.

Uma das principais características das políticas públicas de boa governança é a *transparência e o acesso à informação*. Governos que adotam práticas de governança aberta tornam o processo de tomada de decisões acessível à população, divulgando informações sobre a execução de programas e o uso de recursos. Isso promove maior confiança entre os cidadãos e facilita o controle social, que é fundamental para assegurar que as políticas públicas estejam alinhadas aos objetivos do desenvolvimento sustentável.

Além disso, a *participação cidadã* é outro pilar das políticas públicas de boa governança. A inclusão de diferentes setores da sociedade — como organizações não governamentais, o setor privado e a academia — no processo de formulação e implementação das políticas garante que as diversas perspectivas e necessidades sejam consideradas. Isso resulta em soluções mais equitativas e efetivas, promovendo o bem-estar social e respeitando os limites ambientais.

A *coordenação intersetorial* também é um componente essencial para políticas de desenvolvimento sustentável. A boa governança permite que diferentes áreas de governo — como meio ambiente, economia, saúde e educação — trabalhem de forma conjunta e coerente. Por

---

[2] CADER, Renato; VILLAC, Teresa. Governança e Sustentabilidade: Por que esse tema importa no Brasil. *Revista EMERJ*, Rio de Janeiro, v. 25, 2023. Disponível em: https://www.emerj.tjrj.jus.br/revistaemerj_online/edicoes/revista_v25_n1/revista_v25_n1_184.pdf, p. 191.

exemplo, políticas públicas que incentivam a transição para energias renováveis ou que promovem práticas agrícolas sustentáveis necessitam de uma governança que integre múltiplos setores e atores, articulando os interesses econômicos e ambientais de maneira balanceada.

Outro aspecto fundamental na discussão é a *responsabilização e a prestação de contas*. Políticas públicas bem governadas são acompanhadas de mecanismos de monitoramento e avaliação que permitem a correção de rumos e garantem que os objetivos traçados sejam atingidos. Isso é particularmente importante para assegurar que os recursos públicos sejam utilizados de maneira eficiente e que os programas voltados ao desenvolvimento sustentável tenham continuidade e adaptação ao longo do tempo.

Observa-se que essa responsabilização dos gestores públicos é um componente central da boa governança. Governos comprometidos com o desenvolvimento sustentável devem implementar mecanismos de controle e fiscalização, garantindo que os recursos públicos sejam utilizados de forma eficiente e ética. A corrupção, além de prejudicar a confiança pública, desvia recursos essenciais para o investimento em áreas críticas, como saúde, educação e preservação ambiental.

A boa governança também está relacionada à capacidade dos governos de administrar os recursos públicos de forma eficiente, assegurando que os projetos de desenvolvimento sustentável sejam implementados de maneira eficaz. Isso envolve a otimização dos recursos naturais, a promoção de tecnologias limpas e a melhoria da infraestrutura para garantir que o desenvolvimento econômico ocorra sem comprometer o meio ambiente ou o bem-estar das gerações futuras.

As políticas públicas de boa governança que promovem o desenvolvimento sustentável devem ser, ainda, *inclusivas e equitativas*. O desenvolvimento sustentável não pode ser alcançado sem a redução das desigualdades. Nesse sentido, políticas voltadas à promoção de justiça social e econômica, como programas de distribuição de renda e acesso universal à educação e saúde, devem ser implementadas com governança que assegure a igualdade de oportunidades e a eliminação da pobreza.

Mas tudo isso não adianta sem um *planejamento de longo prazo e com sustentabilidade*. Governos que praticam a boa governança adotam uma visão de longo prazo, priorizando políticas que considerem os impactos futuros das ações atuais. Isso inclui a implementação de estratégias de desenvolvimento sustentável que contemplem a preservação dos recursos naturais e o combate às mudanças climáticas, assegurando que o crescimento econômico não seja prejudicial ao meio ambiente ou às gerações futuras.

Em suma, a boa governança cria as bases para que políticas públicas eficazes e justas sejam postas em prática, garantindo que o desenvolvimento sustentável seja uma realidade concreta, que atenda às necessidades atuais sem comprometer o futuro das próximas gerações.

Com isso, é possível verificar, no Brasil, exemplos de políticas públicas de boa governança para o desenvolvimento sustentável que já foram ou estão sendo implementadas:

- *Legislação ambiental rigorosa*: o Governo Federal defende a criação de leis que protejam os recursos naturais e impeçam a degradação ambiental como um exemplo de como a boa governança pode ser implementada no campo do desenvolvimento sustentável. Leis que regulam o desmatamento, a poluição e o uso da água, quando bem fiscalizadas, promovem um equilíbrio entre o desenvolvimento econômico e a proteção ambiental.

Por outro lado, é possível discutir se tais legislações, que possuem um condão apenas repressivo, conseguem, de fato, ter eficácia na solução da questão. Pergunta-se se não seria importante discutir o caráter preventivo da legislação e não apenas o repressivo. Muitas vezes, a aplicação de penalidades se torna inócua face à impossibilidade de se identificar o verdadeiro causador do dano.

Fato é que a boa governança não se caracteriza apenas no comportamento repressivo, mas no seu caráter preventivo e educativo de que a medida possa ser efetivamente aplicada.

- *Políticas de inclusão social*: programas governamentais que promovem a inclusão de grupos vulneráveis, como políticas de moradia digna, distribuição de renda e acesso à educação e saúde, são fundamentais para garantir que o desenvolvimento seja equitativo e sustentável. Isso também fortalece a coesão social e a participação dos cidadãos nos processos democráticos.

- *Parcerias Público-Privadas sustentáveis*: governos que buscam a boa governança podem promover parcerias com o setor privado para o desenvolvimento de projetos de infraestrutura e inovação tecnológica que tenham como foco a sustentabilidade. Essas parcerias ajudam a otimizar recursos e alavancar tecnologias para reduzir emissões de carbono, melhorar o saneamento e promover energias renováveis.

Assim, não resta dúvida de que a boa governança é essencial para a promoção do desenvolvimento sustentável, pois garante que as políticas públicas sejam formuladas e implementadas de maneira inclusiva, transparente e responsável. Ao integrar os princípios de participação cidadã, transparência, *accountability* e justiça social, os governos podem assegurar que o desenvolvimento econômico não ocorra em detrimento do meio ambiente ou da equidade social, sendo a boa governança um dos alicerces para a construção de sociedades mais sustentáveis, resilientes e justas para as futuras gerações.

3 Adoção de práticas inovadoras de gestão e governança sustentáveis

A adoção de práticas inovadoras de gestão e governança para a sustentabilidade é essencial para enfrentar os desafios globais, como as mudanças climáticas, a escassez de recursos e as desigualdades sociais. Essas práticas visam transformar a maneira como governos, empresas e a sociedade civil atuam, promovendo um modelo de desenvolvimento que equilibre crescimento econômico, inclusão social e preservação ambiental.

Uma das principais inovações na gestão e governança para a sustentabilidade é o uso de *tecnologias digitais*. Ferramentas como *big data*, inteligência artificial e internet das coisas (IoT) permitem um monitoramento mais preciso e em tempo real dos recursos naturais e das emissões de poluentes. Governos e empresas podem utilizar esses dados para tomar decisões mais informadas e implementar políticas e práticas mais eficientes na gestão de água, energia e resíduos.

Além disso, tecnologias digitais facilitam a transparência e a participação cidadã, com plataformas de governança aberta que permitem que a população acompanhe e participe ativamente dos processos decisórios.

Outra prática inovadora é o *fortalecimento de Parcerias Público-Privadas* (PPPs) e a *cooperação multissetorial* na governança sustentável, mostrando-se como uma estratégia essencial para promover o desenvolvimento equilibrado e enfrentar os desafios ambientais e sociais globais.

As PPPs surgem como um mecanismo poderoso para unir os recursos e competências do setor privado com os objetivos de interesse público, possibilitando a implementação de projetos que impulsionam a sustentabilidade de forma inovadora e eficiente.

Em um contexto de governança sustentável, as PPPs desempenham um papel crucial ao alavancar investimentos privados para financiar projetos que, de outra forma, dependeriam exclusivamente de recursos públicos, muitas vezes limitados. Projetos de infraestrutura verde, energia renovável, mobilidade urbana sustentável, saneamento básico e gestão de resíduos são exemplos em que as PPPs têm contribuído significativamente para a promoção de práticas que reduzem o impacto ambiental e melhoram a qualidade de vida das populações.

Uma das principais vantagens das PPPs é a capacidade de compartilhar riscos e benefícios entre o setor público e privado. Essa distribuição de responsabilidades permite que os projetos de sustentabilidade avancem com maior segurança, atraindo capital privado para iniciativas que são muitas vezes vistas como arriscadas ou de retorno financeiro a longo prazo. Ao mesmo tempo, o governo pode garantir que esses projetos estejam alinhados com as metas ambientais e sociais, inserindo cláusulas de sustentabilidade e monitoramento nos contratos.

O fortalecimento das PPPs também fomenta a inovação tecnológica e a eficiência operacional. O setor privado, impulsionado pela competitividade, tende a investir em novas tecnologias que otimizam a gestão de recursos naturais, reduzem emissões de carbono e promovem o reaproveitamento de materiais. Essas inovações são particularmente relevantes em setores como energia limpa, construção sustentável e transporte, onde o avanço tecnológico é essencial para reduzir os impactos ambientais. Por meio das PPPs, essas soluções inovadoras podem ser escaladas e aplicadas em projetos de grande porte, com o apoio governamental.

Além disso, as PPPs favorecem o desenvolvimento de modelos de negócios sustentáveis. Empresas parceiras em projetos de PPP têm um incentivo maior para adotar práticas de responsabilidade socioambiental, dado que sua atuação está diretamente ligada à prestação de serviços públicos. Ao integrar metas de sustentabilidade nos contratos, os governos podem assegurar que as empresas adotem padrões elevados de desempenho ambiental e social, promovendo o cumprimento dos Objetivos de Desenvolvimento Sustentável (ODS) e outros compromissos internacionais.

Outro aspecto relevante das PPPs na governança sustentável é a criação de sinergias entre diferentes setores. Essas parcerias reúnem o *know-how* técnico e gerencial do setor privado com a capacidade regulatória e fiscalizatória do governo, criando um ambiente propício para a execução de projetos complexos e inovadores. Essa cooperação multissetorial é essencial para enfrentar problemas sistêmicos, como a crise climática e a escassez de recursos, que exigem soluções conjuntas e integradas.

Assim, o fortalecimento das PPPs pode incentivar uma governança mais participativa e inclusiva, ao engajar múltiplos atores, incluindo a sociedade civil e comunidades locais, no processo de tomada de decisões. Ao envolver a população no planejamento e monitoramento dos projetos, as PPPs garantem que as soluções sejam adequadas às necessidades locais e promovam o desenvolvimento sustentável de forma justa e equitativa.

Além disso, a *economia circular* também surge como uma abordagem inovadora de gestão sustentável. Ao contrário do modelo linear tradicional de produção — que se baseia em "extrair, produzir e descartar" —, a economia circular propõe a redução de resíduos e o reaproveitamento contínuo de materiais.

Empresas e governos estão cada vez mais adotando esse conceito em suas práticas, promovendo a reciclagem, o *design* sustentável de produtos e a eficiência no uso de recursos naturais. A implementação de políticas públicas que incentivem a economia circular contribui para a sustentabilidade a longo prazo, reduzindo a pressão sobre o meio ambiente e promovendo o desenvolvimento de cadeias produtivas mais resilientes.

Na área de governança, há uma crescente ênfase em *modelos colaborativos e participativos*. Em vez de uma governança tradicional, centralizada e hierárquica, novos modelos propõem a cocriação de políticas e soluções, envolvendo todos os atores afetados: governos, empresas, comunidades locais e ONGs.

A governança participativa e descentralizada permite que as decisões sejam tomadas mais próximas dos problemas reais e das comunidades, o que aumenta a efetividade das ações e a sua aceitação social.

Por fim, a *educação e capacitação para a sustentabilidade* são práticas inovadoras que visam preparar tanto gestores públicos quanto privados para lidarem com os desafios ambientais e sociais do século XXI. Programas de treinamento e certificações em gestão sustentável estão se tornando comuns, integrando temas como responsabilidade social corporativa, economia verde e governança climática nos currículos de universidades e instituições de ensino.

Ao preparar lideranças conscientes e capacitadas, essas práticas contribuem para a implementação de soluções inovadoras que se alinhem aos objetivos de desenvolvimento sustentável.

Em suma, a adoção de práticas inovadoras de gestão e governança é fundamental para garantir a transição para um modelo sustentável de desenvolvimento. Por meio de tecnologias avançadas, parcerias multissetoriais, novos modelos de negócios e uma governança mais participativa, governos e empresas podem enfrentar os desafios contemporâneos e construir um futuro mais equilibrado e sustentável.

4 Agenda 21 Brasileira e o processo de governança e planejamento para o desenvolvimento sustentável

A Agenda 21 Brasileira é um plano estratégico de ação que se inspira na Agenda 21 Global, um documento elaborado durante a Conferência das Nações Unidas sobre Meio Ambiente e Desenvolvimento (Rio-92), realizada no Rio de Janeiro em 1992 e, concluída, em 2002 às vésperas da Conferência de Johanesburgo, concebida como um marco de políticas e estratégias para promover o desenvolvimento sustentável, integrando preocupações ambientais, sociais e econômicas, contendo instrumentos de implementação e arranjos de governança que foram construídos ao longo do processo entre os segmentos de governo, setor privado e terceiro setor para apoiar os processos de mudança sustentáveis.[3]

A elaboração da Agenda 21 Brasileira foi um processo participativo, envolvendo uma ampla gama de atores sociais, incluindo governos, setor privado, ONGs e a sociedade civil. Este processo participativo é crucial, pois garante que as políticas e ações propostas reflitam as necessidades e aspirações da população, ao mesmo tempo em que promove a conscientização e o engajamento social em torno da sustentabilidade.

O processo de planejamento da Agenda 21 envolveu a articulação de políticas públicas em níveis federal, estadual e municipal, estabelecendo metas concretas para setores como saúde, educação, energia, agricultura, indústria e urbanização, todos vistos sob a perspectiva da sustentabilidade.

---

[3] MOURA, Alexandrina Sobreira de; BEZERRA, Maria do Carmo. Governança e Sustentabilidade das Políticas Públicas no Brasil. Disponível em: https://repositorio.ipea. gov.br/bitstream/11058/9267/1/Governan%C3%A7a%20e%20sustentabilidde.pdf, p. 103.

Um dos seus diferenciais foi o incentivo à criação de Agendas 21 Locais, que promoviam o envolvimento de comunidades e governos municipais no planejamento de soluções sustentáveis específicas para suas realidades. Essa abordagem descentralizada permitiu que as políticas fossem mais eficazes, considerando as particularidades ambientais, sociais e econômicas de cada região do Brasil.

No aspecto da governança para o desenvolvimento sustentável, a Agenda 21 Brasileira trouxe mecanismos para integrar a participação popular na tomada de decisões e promover a transparência no processo de implementação das políticas públicas. A governança colaborativa, estimulada pela Agenda 21, fortaleceu o diálogo entre o governo e a sociedade civil, permitindo uma cocriação de estratégias sustentáveis que refletiam as necessidades locais. Esse processo de engajamento foi fundamental para promover maior legitimidade e eficácia nas ações voltadas para o desenvolvimento sustentável.

Outro aspecto importante da governança na Agenda 21 Brasileira é o monitoramento e a avaliação das metas estabelecidas. A estrutura de governança envolvia a criação de mecanismos de acompanhamento contínuo, garantindo que as políticas fossem ajustadas de acordo com os desafios e avanços observados. Esses sistemas de avaliação e controle são essenciais para assegurar que as ações implementadas realmente contribuam para o desenvolvimento sustentável e para que sejam feitas correções de rumo quando necessário.

A Agenda 21 Brasileira tem como objetivo principal orientar o país na transição para um modelo de desenvolvimento sustentável, promovendo o crescimento econômico que respeite os limites ecológicos e que seja inclusivo, combatendo a desigualdade social e promovendo a justiça ambiental. Ela busca integrar as diversas dimensões do desenvolvimento — econômica, social, ambiental e institucional — em uma estratégia coerente e participativa.

Para que esses objetivos tornem-se realidade, necessária se faz a implementação e ampliação dos instrumentos de negociação entre as instituições públicas e privadas, sem deixar de lado os mecanismos efetivos de mercado, instrumentos econômicos de gestão, ou as conhecidas estruturas regulatórias de comando e controle.

A Agenda 21 Brasileira se estrutura em torno de quatro eixos temáticos principais:

1. *Gestão de recursos naturais e energia*: este eixo trata do uso sustentável dos recursos naturais, incluindo a água, o solo, a biodiversidade

e as fontes de energia, visando promover a conservação ambiental e o uso racional dos recursos, minimizando os impactos negativos das atividades humanas sobre os ecossistemas.

2. *Agricultura sustentável*: focado na promoção de práticas agrícolas que sejam ecologicamente corretas, economicamente viáveis e socialmente justas. Isso inclui a promoção da agricultura orgânica, o manejo sustentável dos solos e a diversificação das culturas.

3. *Infraestrutura e integração regional*: este eixo aborda o desenvolvimento da infraestrutura necessária para apoiar o desenvolvimento sustentável, como transporte, saneamento e habitação, sempre considerando a minimização dos impactos ambientais. Também inclui a integração das políticas de desenvolvimento regional, visando reduzir as disparidades entre as diferentes regiões do país.

4. *Redução das desigualdades sociais e erradicação da pobreza*: o foco aqui é combater a pobreza e a desigualdade social por meio da inclusão social, acesso à educação, saúde e trabalho digno, sempre de forma que esses objetivos sejam alcançados de maneira sustentável e integrada.

Observa-se que uma das maiores dificuldades é a implantação da agenda, que exige um planejamento detalhado e coordenado em todos os níveis de governo, desde o federal até o municipal. Isso inclui a elaboração de planos de ação locais, conhecidos como Agendas 21 Locais, que são adaptados às realidades específicas de cada região. Esses planos locais são fundamentais para garantir que o desenvolvimento sustentável seja promovido de forma contextualizada, respeitando as particularidades ecológicas, econômicas e culturais de cada área.

O planejamento para o desenvolvimento sustentável também envolve a criação de mecanismos de monitoramento e avaliação que permitem acompanhar o progresso das ações e ajustar as estratégias conforme necessário. A transparência e a prestação de contas são elementos essenciais desse processo, garantindo que a sociedade esteja informada e engajada no processo de construção de um futuro sustentável.

Além disso, a Agenda 21 Brasileira engloba diferentes dimensões do desenvolvimento sustentável:

1. Dimensão social: focada na redução das desigualdades sociais e na melhoria da qualidade de vida da população. Isso inclui o combate à pobreza, o fortalecimento da cidadania e o acesso universal a serviços básicos, como saúde, educação e saneamento.

2. Dimensão econômica: promove um modelo de desenvolvimento que seja inclusivo e sustentável, com ênfase em atividades econômicas

que respeitem o meio ambiente e gerem empregos dignos. O fomento à economia verde, agricultura sustentável e energias renováveis são pontos centrais.

3. Dimensão ambiental: enfatiza a conservação dos recursos naturais, a proteção dos biomas brasileiros (como a Amazônia e o Cerrado) e o combate à degradação ambiental. Políticas de preservação da biodiversidade e a mitigação das mudanças climáticas também são abordadas nesse eixo.

4. Dimensão institucional: esta dimensão, especificamente, trata do fortalecimento das instituições democráticas e dos mecanismos de governança. A ideia é garantir a participação ativa da sociedade civil e a transparência na gestão pública, além de promover parcerias entre os setores público e privado.

A partir da dimensão institucional é que se verifica a importância da utilização dos mecanismos de governança, contidos na Agenda 21 Brasileira, para o desenvolvimento sustentável, com o uso do planejamento participativo, nos quais diferentes atores contribuem com ideias, propostas e soluções para promover o desenvolvimento sustentável em âmbito local, regional e nacional. Essa abordagem colaborativa e inclusiva é fundamental para garantir que as políticas e ações adotadas estejam alinhadas com as necessidades e realidades da população brasileira.

Embora a Agenda 21 Brasileira tenha representado um avanço significativo no planejamento do desenvolvimento sustentável no Brasil, a implementação de suas diretrizes enfrenta desafios. A falta de continuidade em políticas públicas, mudanças nas prioridades governamentais, dificuldades de financiamento e resistências políticas são alguns dos obstáculos que têm limitado o impacto do plano.

Ainda assim, a Agenda 21 continua sendo uma referência importante para a formulação de políticas ambientais e sociais no Brasil, promovendo uma visão integrada do desenvolvimento sustentável, que considera não apenas o crescimento econômico, mas também a inclusão social e a conservação ambiental, com um olhar atento às demandas e realidades locais.

Por fim, a Agenda 21 Brasileira continua a ser vista como um instrumento essencial para a governança e o planejamento de um modelo de desenvolvimento sustentável no país. Ao integrar participação social, descentralização e uma visão de longo prazo, ela cria as bases para um Brasil mais inclusivo, ambientalmente responsável e economicamente equilibrado. Contudo, para que seu potencial seja plenamente realizado, é necessário um compromisso contínuo dos governos e da sociedade em implementar suas ações e monitorar seus resultados.

Embora os desafios sejam significativos, a Agenda 21 Brasileira representa um compromisso fundamental com a sustentabilidade, funcionando como um guia para políticas e ações que busquem harmonizar o desenvolvimento econômico com a preservação ambiental e a justiça social. Ela continua sendo uma referência importante para as políticas públicas de desenvolvimento sustentável no Brasil, incentivando a criação de um futuro mais equilibrado e inclusivo para todos.

Conclusões

Diante do que foi exposto ao longo do presente ensaio, observa-se que governança, como critério de sustentabilidade das políticas públicas no Brasil, é um elemento-chave para garantir que as ações governamentais sejam eficazes, inclusivas e duradouras.

Ao integrar transparência, participação cidadã e responsabilidade, a boa governança assegura que as políticas públicas sejam implementadas com eficiência, respeitando os princípios do desenvolvimento sustentável. Isso significa que, além de atenderem às demandas atuais, essas políticas também devem proteger os recursos e garantir oportunidades para as futuras gerações.

No Brasil, onde as desigualdades sociais e os desafios ambientais são profundos, a governança sustentável se torna essencial para articular os interesses de diferentes setores da sociedade, promovendo um diálogo inclusivo e equilibrado. A coordenação entre governo, setor privado e sociedade civil permite que as políticas públicas sejam mais adaptáveis e resilientes, especialmente em áreas críticas como meio ambiente, educação, saúde e infraestrutura.

Portanto, para que o Brasil avance de maneira sustentável, é indispensável que a governança seja um eixo central na formulação, implementação e monitoramento das políticas públicas. Somente com uma governança eficiente e participativa será possível atingir o equilíbrio necessário entre desenvolvimento econômico, justiça social e preservação ambiental, criando uma base sólida para o progresso sustentável do país.

Referências

ANTUNES DE SOUZA, Maria Claudia da Silva (coord.). *Governança e sustentabilidade*: desafios e perspectivas. São Paulo: Lumen Juris, 2020.

CADER, Renato; VILLAC, Teresa. *Governança e sustentabilidade*: um elo necessário no Brasil. Belo Horizonte: Fórum, 2022.

CADER, Renato; VILLAC, Teresa. Governança e Sustentabilidade: Por que esse tema importa no Brasil. *Revista EMERJ*, Rio de Janeiro, v. 25, 2023. Disponível em: https://www.emerj.tjrj.jus.br/revistaemerj_online/edicoes/revista_v25_n1/revista_v25_n1_184.pdf.

GONZALEZ, Roberto Sousa. *A importância da governança sustentável*. Disponível em: https://www.revistari.com.br/224/1383.

JACOBI, Pedro. *Governança socioambiental e sustentabilidade*: novos desafios democráticos. São Paulo: Annablume, 2006.

ACSELRAD, Henri (org.). *Sustentabilidade e governança*: perspectivas e desafios. Rio de Janeiro: Garamond, 2009.

FARAH, Marta Ferreira Santos; COSTA, Valeriano Mendes Ferreira. *Governança e gestão em políticas públicas*: arranjos institucionais de políticas públicas no Brasil. São Paulo: Fundação Getúlio Vargas, 2009.

MOURA, Alexandrina Sobreira de; BEZERRA, Maria do Carmo. *Governança e sustentabilidade das políticas públicas no Brasil*. Disponível em: https://repositorio.ipea.gov.br/bitstream/11058/9267/1/Governan%C3%A7a%20e%20sustentabilidde.pdf.

VEIGA, José Eli da. *Desenvolvimento sustentável*: o desafio do século XXI. Rio de Janeiro: Garamond, 2005.

Informação bibliográfica deste livro, conforme a NBR 6023:2018 da Associação Brasileira de Normas Técnicas (ABNT):

ATHIAS, Arianne Brito Cal. A governança como critério de sustentabilidade das políticas públicas no Brasil. *In*: IDAPAR, Instituto de Direito Administrativo do Pará (org.); OLIVEIRA, Maria Cristina Cesar de; DOURADO JUNIOR, Octavio Cascaes; MORAES, Marcio Augusto Moura de (coord.). *Sustentabilidade no Direito Administrativo*. Belo Horizonte: Fórum, 2025. p. 113-129. ISBN 978-65-5518-953-7.

CARTAS DA CIDADE: UMA ANÁLISE DO NEOLIBERALISMO NA COP 30

FERNANDO LOURENÇO MATOS LIMA,
DANIELLA MARIA DOS SANTOS DIAS

Introdução

"O sol na casa 10, vocês vão virar a queridinha do mundo! Mercúrio na casa 9, o mundo vai estar falando da cultura de vocês!"[1] profetiza a astróloga Mônica Buonfiglio, ao analisar o mapa astral de Belém, segundo Luciana Carvalho (2024). A previsão destaca o potencial de Belém para atrair investimentos e se tornar um centro global, especialmente com a realização da Conferência das Partes (COP) 30 em 2025.

A COP, órgão supremo da Convenção-Quadro das Nações Unidas sobre Mudanças Climáticas, reúne países para discutir medidas contra o aquecimento global e a redução de emissões de gases de efeito estufa. A escolha de Belém como sede da COP 30 coloca a cidade no centro do debate sobre políticas urbanas sustentáveis. Este evento oferece uma oportunidade para Belém se tornar um modelo de desenvolvimento urbano sustentável e inclusivo, mas também traz riscos de projetos insustentáveis e a financeirização da cidade, como alerta Raquel Rolnik (2024).

---

[1] Disponível em: https://www.oliberal.com/astral/belem-vai-virar-queridinha-do-mundo-diz-astrologa-apos-fazer-mapa-astral-da-capital-paraense-1.819601. Acesso em: 5 jun. 2024.

Megaeventos como a COP 30 atraem atenção global e demandam grandes investimentos, que podem fomentar o desenvolvimento urbano, impulsionar a economia local e aumentar a visibilidade internacional de Belém. Contudo, é crucial considerar como o neoliberalismo, que promove a redução do papel do Estado e defende privatizações, pode influenciar políticas públicas, priorizando o capital em detrimento das necessidades sociais.

Portanto, este capítulo pretende analisar como as políticas públicas em infraestrutura, habitação, serviços públicos, desigualdade socioespacial e ambiental, implementadas pelo governo do Estado do Pará e pelo município de Belém nos anos de 2022 e 2023, são influenciadas pela racionalidade neoliberal, e como essas influências podem impactar a preparação e realização da COP 30. A pergunta que o capítulo pretende responder é: como a racionalidade neoliberal pode impactar as políticas públicas em Belém, e de que maneira esses impactos podem influenciar a preparação e realização da COP 30?

Para alcançar o objetivo deste estudo, será utilizado o método indutivo, analisando dados específicos das contas do governo do Pará e do município de Belém dos anos de 2022 e 2023 para formular conclusões gerais sobre os impactos dos megaeventos e das políticas neoliberais nas políticas urbanas. A pesquisa se baseará em técnicas bibliográficas e documentais, analisando matérias de jornais sobre Belém e a COP 30, bem como artigos acadêmicos sobre neoliberalismo e megaeventos. A triangulação de dados permitirá confrontar valores alocados, conteúdo dos documentos e premissas teóricas, possibilitando uma análise crítica das políticas públicas, suas contradições e seus possíveis impactos no contexto da COP 30.

O estudo é dividido de forma a abordar, em um primeiro momento, o referencial teórico do neoliberalismo segundo Dardot e Laval (2016), em um segundo momento as contas do Estado e do Município em infraestrutura, habitação, serviços públicos, desigualdade socioespacial e ambiental. Em seguida, o capítulo faz uma análise crítica da situação para a COP 30, permitindo uma avaliação das políticas urbanas.

A sombra do neoliberalismo

Primeiramente vamos definir o neoliberalismo na concepção de Dardot e Laval, preparando o terreno teórico para a análise subsequente. O neoliberalismo, segundo Dardot e Laval (2016), é uma racionalidade que molda políticas públicas, relações sociais e subjetividades (p.17). Sua origem está na crise do liberalismo clássico no século XX, destacando-se durante a Grande Depressão e a ascensão de regimes totalitários (p. 38-39). Ao contrário do liberalismo clássico, que via o Estado como "vigia noturno", o neoliberalismo promove desregulamentação, privatização e competitividade (p. 193, 276).

Podemos destacar quatro características que definem o neoliberalismo: a primazia da economia, onde o mercado opera como "autorregulador" mediante intervenção estatal que cria as condições de competição e reprime ameaças à "ordem" neoliberal (p. 14-15, 112); o Estado, que transforma cidadãos em "capital humano" (p. 18, 97-98, 303); a erosão da democracia, que subordina a política à economia e limita a participação popular (p. 385-386); e a produção de subjetividades, idealizando o "homem econômico" como competitivo e individualista (p. 15, 325-326, 332).

A racionalidade neoliberal engloba práticas e discursos que moldam não só a economia, mas também o papel do Estado e a subjetividade individual (DARDOT; LAVAL, 2016, p. 16-17). Diferente do liberalismo clássico minimalista, o Estado neoliberal é ativo e gerencial, focado em manter um mercado competitivo (DARDOT; LAVAL, 2016, p. 18). A nova gestão pública do neoliberalismo aplica princípios empresariais, priorizando eficiência e mercantilização, resultando em precarização do trabalho e mercantilização de serviços essenciais, aprofundando desigualdades sociais (p. 297, 310-312).

A ascensão do neoliberalismo está ligada à crise da democracia liberal e ao avanço de tendências autoritárias. A desilusão com a política tradicional e a promessa de "ordem" e "eficiência" justificam a supressão de direitos e liberdades em nome da competitividade (p. 383-386). No contexto da COP 30 em Belém, essa tendência pode favorecer políticas de mercado, priorizando interesses privados sobre as necessidades da população. O neoliberalismo, assim, molda todos os aspectos da vida, desde hábitos de consumo até escolhas existenciais.

As cartas revelam: análise das contas públicas

"Marte na casa 4, investimentos em infraestrutura, tecnologia, engenharia. Júpiter na casa 2, entrando dinheiro para Belém. Isso é muito bom para o governo!" Relatou a astróloga, segundo Carvalho (2024). A previsão sugere investimentos significativos para a COP 30. No entanto, precisamos entender como as políticas públicas atuais impactam áreas cruciais como infraestrutura, habitação, serviços públicos, desigualdade socioespacial e meio ambiente.

A análise inicial das contas de infraestrutura do Pará demonstra aumento nos investimentos, com o ativo não circulante[2] crescendo de R$19,6 bilhões em 2021 para R$28 bilhões em 2023 (TCE-PA, 2024, p. 137). Contudo, a concentração de recursos na Região Metropolitana de Belém (RMB) preocupa sobre a desigualdade de infraestrutura (TCE-PA, 2023, p. 70). A alocação para desenvolvimento urbano e saneamento diminuiu de R$2,1 bilhões em 2022 (TCE-PA, 2023, p. 69) para R$917 milhões em 2023 (TCE-PA, 2024, p. 71).

O TCE-PA recomendou a implementação de sistema informatizado para controle de obras públicas e transferências voluntárias, crucial para melhorar a gestão e transparência dos recursos públicos (TCE-PA, 2023, p. 267 e TCE-PA, 2024, p. 257).

Em Belém, foram destinados R$213 milhões em 2022 (BELÉM, 2021) e R$372 milhões em 2023 (BELÉM, 2022) para "Infraestrutura Urbana", focando no Programa de Saneamento da Bacia da Estrada Nova — PROMABEN para mitigar alagamentos. Principais projetos do Estado e Município incluem a macrodrenagem do Tucunduba (R$841 milhões), da Bacia Hidrográfica do Igarapé Mata Fome (R$400 milhões), a duplicação da Avenida Bernardo Sayão (R$246 milhões), a revitalização da Avenida Júlio César (R$136,5 milhões) e Canal da Doca (R$310 milhões), urbanização da Avenida Tamandaré (R$154 milhões) e a pavimentação da Rua da Marinha (PASSOS; CARNEIRO, 2024).

Na habitação, a gestão e alocação de recursos apresentam problemas. Em 2023, R$47,8 milhões foram destinados à oferta de unidades habitacionais, mas sem execução física reportada, levantando dúvidas sobre a eficácia dos gastos (TCE-PA, 2024, p. 88). A falta de resultados na ação "Oferta de Unidade Habitacional" reforça a necessidade de priorizar investimentos em habitação social.

O Plano Plurianual de Belém (PMB, 2021, p. 56) conclui que a interrupção das obras do Programa de Aceleração do Crescimento (PAC) e do Minha Casa Minha Vida (MCMV) agravou o déficit habitacional. Em 2020, foram destinados R$100 mil ao programa "Cheque Moradia

---

[2] Ativos não circulantes são aqueles que a empresa ou governo não espera converter em dinheiro no curto prazo, ou seja, dentro do ciclo operacional de um ano. Eles incluem ativos que são utilizados para a operação de longo prazo e não estão destinados à venda imediata.

Municipal" (PMB, 2021, p.56), reajustado para R$500 mil em 2022 e 2023 (BELÉM, 2021 e 2022). Foram destinados R$58,5 milhões em 2022 para a Secretaria Municipal de Habitação – SEHAB (BELÉM, 2021). Em 2023, a LOA (BELÉM, 2022) alocou R$53,8 milhões para a SEHAB e R$178,7 milhões para habitação (BELÉM, 2022), o que em 2022 foi de R$82,7 milhões (BELÉM, 2021).

O Plano Plurianual (PPA) de Belém (2021, p. 58) preconiza a aceleração de projetos como o "Terra da Gente" para fomentar a justiça social e espacial, possibilitando a apropriação dos espaços urbanos pela população. O documento também destaca a importância de ampliar os investimentos em programas habitacionais para combater o déficit habitacional e fortalecer a SEHAB com mais recursos e uma gestão eficiente. A elaboração de um plano estratégico com metas claras e objetivas é considerada fundamental para a redução do déficit habitacional na cidade.

Sobre as contas de serviços públicos do Pará, percebe-se que as maiores alocações são nas áreas de educação, saúde e segurança, mas há discrepâncias na execução e falta de detalhamento dos gastos (TCE-PA, 2023, p. 267). Grandes somas foram executadas, como R$5,4 bilhões para educação (TCE-PA, 2023, p. 124), R$4,9 bilhões para saúde (TCE-PA, 2023, p. 125) e R$5,8 bilhões para segurança pública em 2022 (TCE-PA, 2023, p. 125), e R$6,8 bilhões, R$5,4 bilhões e R$4,7 bilhões, respectivamente, em 2023 (TCE-PA, 2024, p. 121-123). Belém ampliou a atenção básica em saúde, com meta de alcançar 100% de cobertura da ESF (PMB, 2021, p.40), destinando R$1,159 bilhão em 2022 e R$1,324 bilhão em 2023. Na educação, foram investidos R$686 milhões em 2022 e R$784 milhões em 2023, com foco na alfabetização e na expansão da educação infantil. A segurança pública recebeu R$125 milhões em 2022 e R$135 milhões em 2023, destacando a qualificação da Guarda Municipal.

Analisando os gastos no combate à desigualdade socioespacial, percebe-se que, no Pará, a RMB concentrou 51,04% dos recursos para Programas Temáticos do Executivo e 71,82% dos recursos de Gestão, Manutenção e Serviços ao Estado em 2022 (TCE-PA, 2023, p. 71). Em 2023, compromissos regionais foram reprogramados para 2024 (TCE-PA, 2024, p. 92). O TCE-PA concluiu, em 2022, que a concentração de investimentos na RMB pode intensificar a desigualdade no acesso a serviços públicos em outras regiões, em desacordo com a Constituição Estadual (TCE-PA, 2023, p. 276). A recomendação 19 de 2022 inclui reavaliar políticas públicas e fiscais para assegurar uma distribuição mais equitativa dos recursos, implementar estruturas de governança para os ODS (TCE-PA, 2023, p. 268) e desenvolver estratégias eficazes contra a pobreza. Melhorar a transparência e o detalhamento dos gastos, além de implementar mecanismos robustos de monitoramento e avaliação das metas sociais, é crucial.

Em Belém, programas como "Donas de Si" (PMB, 2021, p.74) e "Bora Belém: Renda Cidadã" (PMB, 2021, p.85) capacitam mulheres vulneráveis e combatem a pobreza extrema. Em 2022, o "Donas de Si" recebeu R$660 mil e o "Bora Belém" R$13 e R$18,8 milhões (BELÉM, 2021). Em 2023, os valores foram R$800 mil para "Donas de Si" e R$26 milhões para "Bora Belém" (BELÉM, 2022).

Sobre o meio ambiente, percebemos algumas situações alarmantes. No Pará, a alocação de recursos para a área ambiental foi baixa, com R$65 milhões em 2022 (0,28% dos recursos para programas temáticos) (TCE-PA, 2023, p. 69) e R$87,9 milhões em 2023 (0,65% da dotação inicial da LOA) (TCE-PA, 2024, p. 71). Apesar de um aumento, o investimento continua insuficiente.

O TCE-PA recomendou que a Secretaria de Estado de Meio Ambiente considere as mudanças climáticas na gestão de recursos hídricos, especialmente na emissão de outorgas de recursos hídricos, devido às especificidades regionais. Além disso, recomendou-se concluir o Plano Estadual de Saneamento Básico (PESB), em elaboração desde 2012 (TCE-PA, 2024, p. 247), e atualizar o Plano Estadual de Gestão Integrada de Resíduos Sólidos (PEGIRS) (TCE-PA, 2024, p. 260). Participações em consórcios públicos, como o Consórcio Amazônia Legal, aumentaram os investimentos de R$582 (TCE-PA, 2023, p. 284) para R$611 mil (TCE-PA, 2024, p. 274).

Em Belém, as contas apontam desafios no saneamento básico, com 29% da população sem acesso à água potável e 84% sem rede de esgoto em 2022 (PMB, 2021, p.49). A destinação para o saneamento cresceu de R$514,7 milhões em 2022 (BELÉM, 2021) para R$627,8 milhões em 2023 (BELÉM, 2022), o que representa uma melhora na alocação de recursos para uma área tão problemática.

A gestão de resíduos sólidos em Belém prevê R$89 milhões em 2022 (BELÉM, 2021) e R$86 milhões para 2023 (BELÉM, 2022). No entanto, esses valores indicam uma redução nos investimentos para expansão, operacionalização e manutenção do sistema de coleta, transporte, tratamento e destinação final.

Sobre a arborização urbana, em 2022, foram destinados R$1,7 milhão e R$5 milhões (BELÉM, 2021), e em 2023, R$1,6 milhão e R$6,6 milhões (BELÉM, 2022) para a produção de mudas nos corredores arborizados. A criação de unidades de conservação conta com R$900 mil (BELÉM, 2021) alocados em 2022 e R$450 mil em 2023 (BELÉM, 2022), indicando uma redução significativa.

O PPA de 2021 (p. 146) carece de ações específicas para mitigar as mudanças climáticas, limitando-se ao Objetivo 2101, que estabelece e operacionaliza o Fórum Municipal de Mudanças Climáticas. Contudo, o documento evidencia a necessidade urgente de uma Política de Mudanças Climáticas com ações claras e mensuráveis para assegurar a sustentabilidade ambiental.

A análise das contas de infraestrutura, habitação, serviços públicos, desigualdade socioespacial e meio ambiente do Estado do Pará e do município de Belém nos anos de 2022 e 2023 revela que, embora haja esforços em várias frentes, as políticas públicas ainda enfrentam desafios significativos de transparência, eficiência e equidade na alocação de recursos.

Desvendando o futuro: neoliberalismo e a preparação de Belém para a COP 30

"O Júpiter é dinheiro! Júpiter na casa 2 vai trazer muito dinheiro em 2025 para vocês!" A previsão da astróloga, segundo Luciana Carvalho (2024), destaca como os recursos para a COP 30 oferecem uma oportunidade para o desenvolvimento urbano sustentável e pode impulsionar a economia local, gerar empregos e promover a visibilidade global da cidade. No entanto, os recursos de megaeventos são complexos, pois promessas de benefícios duradouros nem sempre se concretizam (MÜLLER et al., 2022; LAUERMANN, 2019).

Nesta seção, analisaremos infraestrutura, habitação, serviços públicos, desigualdade socioespacial e meio ambiente, avaliando a influência do neoliberalismo, uma racionalidade caracterizada pela concorrência como norma de conduta e a empresa como modelo de subjetivação (DARDOT; LAVAL, 2016, p.16), vez que organiza ações de governantes e governados, promovendo competição e usa o Estado para fortalecer uma ordem social baseada no mercado.

Antes de analisarmos, é crucial diferenciar a COP 30 em Belém de eventos como a Copa do Mundo e as Olimpíadas, que demandam grandes obras de infraestrutura. A COP 30, focada no debate climático global, não requer a mesma escala de preparação. Contudo, em curto período, discutir sustentabilidade em uma cidade sem saneamento básico prejudica a imagem e eficácia do evento. Assim, assegurar que Belém tenha infraestrutura urbana adequada é essencial para sua credibilidade como anfitriã do evento climático.

Sobre os dados de infraestrutura, constatamos queda nos investimentos em desenvolvimento urbano e saneamento, enquanto investimentos em infraestrutura crescem. Isso reflete a lógica neoliberal de priorização do mercado e de retornos rápidos em detrimento de políticas sociais (THEODORE; PECK; BRENNER, 2009). A transformação do antigo prédio da Receita Federal em hotel de luxo (Diário do Pará, 2024) exemplifica essa preferência, reforçando a "governamentalidade empresarial", que subordina a ação do Estado ao capital (DARDOT; LAVAL, 2016, p. 332).

Priorizam-se grandes projetos, como macrodrenagens, em detrimento de um plano mais equitativo para saneamento, negligenciando a universalização de serviços em áreas fora da RMB. Arantes, Vainer e Maricato (2002) destacam que projetos grandiosos, como a macrodrenagem do Tucunduba e a duplicação da Av. Bernardo Sayão, exemplificam a lógica do espetáculo, buscando investimentos e uma imagem de "modernidade", mesmo que os benefícios sejam questionáveis para a população. A falta de transparência nos gastos públicos e a ausência de um sistema informatizado para controle das obras, como recomenda o TCE-PA, impedem um controle social adequado (BYERS; HAYDAY; PAPPOUS, 2019; SOUZA, 2017).

A análise das contas de habitação evidencia a falta de especificidade e priorização, sem um plano claro para enfrentar o déficit habitacional apontado no PPA. A paralisação das obras do PAC e MCMV, recursos insuficientes à SEHAB e lentidão na regularização fundiária refletem essa ineficácia. Projetos como a duplicação da Avenida Bernardo Sayão e a urbanização da Avenida Tamandaré se mostram como promotores de uma gentrificação, especialmente com a COP 30 e a especulação imobiliária no entorno. Embora "Terra da Gente" vise à regularização fundiária, sem proteção social adequada, pode resultar na expulsão de comunidades de baixa renda, como visto no Rio de Janeiro (BONAMICHI, 2016, p. 222).

Os recursos limitados para programas como o "Cheque Moradia Municipal" e a redução de verbas para a SEHAB refletem a lógica neoliberal, que prioriza o crescimento econômico sobre questões sociais, resultando em políticas inadequadas para moradia digna. Vainer (2013, p. 89-93) discute como a "cidade neoliberal" privilegia o capital, causando gentrificação e a exclusão dos mais pobres.

Em relação aos serviços públicos, é crucial questionar se os investimentos são norteados por uma visão estratégica de longo prazo, visando o bem-estar da população, ou se são pautados por uma ótica imediatista e financeiramente vantajosa. A priorização da atenção básica e da educação infantil, embora importante, negligencia áreas como pesquisa científica e saúde mental. A meta de 100% de cobertura da ESF reflete a "governamentalidade empresarial" de Dardot & Laval (2016), que aplica a lógica de mercado à gestão pública.

Em relação à desigualdade socioespacial, o TCE-PA alerta sobre o risco de maior desigualdade no acesso a serviços públicos em outras regiões do Pará. A concentração de recursos na RMB favorece centros urbanos em detrimento de periferias e comunidades tradicionais. Esse padrão comum em megaeventos (SOUZA, 2017, p. 260), como observado no Rio de Janeiro durante os Jogos Olímpicos, reforça a desigualdade socioespacial (SILVA, 2016, p. 52).

Os programas "Donas de Si" e "Bora Belém: Renda Cidadã" buscam incluir economicamente populações vulneráveis. "Donas de Si" capacita mulheres microempreendedoras, enquanto "Bora Belém" oferece benefício financeiro para famílias em extrema pobreza. Contudo, essas iniciativas podem ser vistas como medidas assistencialistas que, ao invés de enfrentar causas estruturais da pobreza, adaptam indivíduos à lógica do mercado e da "empresa de si" (DARDOT; LAVAL, 2016, p. 336). A ênfase na capacitação e inclusão produtiva reforça a responsabilização individual, uma característica central do neoliberalismo.

Sobre o meio ambiente, observa-se baixa alocação de recursos. O aumento percentual é insuficiente, representando pequena parcela do orçamento, sugerindo que sustentabilidade não é prioridade.

A experiência do campo de golfe olímpico em área protegida (MATOS, 2018, p. 158) exemplifica os riscos de negligenciar a sustentabilidade pela "espetacularização urbana" (MATOS, 2018). Em Belém, além da redução nos investimentos em unidades de conservação, o governo planeja construir uma via expressa atravessando o Parque Estadual do Utinga (G1 Pará, 2023), refletindo a lógica da "destruição criadora"³ inerente ao capitalismo, como descrito por Schumpeter e analisado por Dardot e Laval (2016, p. 154).

O saneamento básico em Belém é crítico; apesar da melhora na alocação de capital, a maioria da população ainda carece de acesso a água potável e esgoto. A redução nos investimentos em resíduos sólidos agrava a questão ambiental. O atraso do PESB desde 2012 reflete a falta de prioridade política no planejamento da universalização. No Rio, as promessas de universalização do saneamento para a Olimpíada não se concretizaram, especialmente nas favelas (MATOS, 2018, p. 131).

A combinação de uma ausência de plano de mudanças climáticas municipais, pouca interação com a população sobre o assunto e obras executadas sem precisão clara de ação evidencia que o tema climático deve ser integrado à discussão imediatamente na cidade.

Esta seção evidencia a priorização de investimentos em infraestrutura que beneficiam o mercado em detrimento do desenvolvimento urbano e do saneamento básico. A lógica neoliberal se manifesta na transformação de prédios públicos em empreendimentos privados e na priorização de grandes obras com pouco impacto na qualidade de vida da população mais vulnerável. A falta de transparência e detalhamento dos gastos demanda um controle social mais rigoroso. No âmbito ambiental, a escassa alocação de recursos e a ausência de políticas climáticas efetivas exigem um maior compromisso com a sustentabilidade da cidade.

Considerações finais

O objetivo do capítulo foi analisar como as políticas públicas implementadas pelo governo do Pará e pelo município de Belém são influenciadas pela racionalidade neoliberal e como isso pode impactar a preparação e realização da COP 30. O capítulo buscou entender como essa racionalidade neoliberal pode afetar as políticas públicas e a preparação da COP 30.

---

3   A "destruição criadora", em sua concepção original por Schumpeter, refere-se à dinâmica inerente ao capitalismo em que a inovação e o empreendedorismo, embora impulsionem o crescimento econômico, também causam a obsolescência e o desaparecimento de estruturas e práticas antigas. No entanto, Dardot e Laval (2016, p. 154) argumentam que o neoliberalismo se apropria dessa ideia para justificar a destruição de direitos e a precarização da vida em nome do progresso e da competitividade.

A análise das contas revelou que políticas neoliberais priorizam grandes projetos de infraestrutura, reduzindo investimentos em habitação social e saneamento. Observou-se queda significativa nos investimentos em desenvolvimento urbano, contrastando com o aumento em infraestrutura. Percebemos que a racionalidade neoliberal impacta negativamente infraestrutura, habitação, serviços públicos e meio ambiente em Belém, priorizando interesses privados e negligenciando populações vulneráveis, afetando a preparação da COP 30.

Os resultados indicam que, para que a COP 30 promova um desenvolvimento urbano sustentável e inclusivo, é crucial reavaliar as prioridades de investimento e melhorar a transparência na gestão pública, com um foco renovado nas necessidades sociais e ambientais.

Para garantir que a COP 30 seja um evento que promova um desenvolvimento urbano justo e sustentável, é essencial que as políticas públicas de Belém sejam reorientadas para priorizar as necessidades sociais e ambientais da população ao invés do capital. Afinal, como os astros indicam (CARVALHO, 2024), com Mercúrio na casa 9, Vênus na casa 11. Todo mundo apaixonado por Belém!

Referências

ARANTES, Otília Beatriz Fiori; VAINER, Carlos B.; MARICATO, Ermínia. *A cidade do pensamento único*: desmanchando consensos. 3. ed. Petrópolis: Vozes, 2002.

BELÉM (Município). *Lei nº 9.723, de 23 de dezembro de 2021*. Estima a Receita e fixa a Despesa do Município de Belém para o exercício de 2022. Diário Oficial do Município de Belém, Belém, 31 jan. 2022. Disponível em: https://www.belem.pa.gov.br. Acesso em: 19 jul. 2024.

BELÉM (Município). *Lei nº 9.878, de 28 de dezembro de 2022*. Estima a Receita e fixa a Despesa do Município de Belém para o exercício de 2023. Disponível em: https://www.belem.pa.gov.br. Acesso em: 19 jul. 2024.

BONAMICHI, Nayana Corrêa. *Favela Olímpica e Pós-Olímpica:* Dinâmicas espaciais, demográficas e econômicas em três favelas do Rio de Janeiro no período 2008-2019. 2021. 236 f. Tese (Doutorado em Arquitetura e Urbanismo) – Faculdade de Arquitetura e Urbanismo, Universidade de São Paulo, São Paulo, 2021.

BYERS, Terri; HAYDAY, Emily; PAPPOUS, Athanasios (Sakis). A new conceptualization of mega sports event legacy delivery: wicked problems and critical realist solution. *Sport Management Review*, [s.l.], v. 22, n. 4, p. 361-378, 2019. Disponível em: https://doi.org/10.1016/j.smr.2019.04.001. Acesso em: 20 jul. 2024.

CARVALHO, Luciana. Belém vai virar queridinha do mundo, diz astróloga após fazer mapa astral da capital paraense. *O Liberal*, Belém, 28 maio 2024. Disponível em: https://www.oliberal.com/astral/belem-vai-virar-queridinha-do-mundo-diz-astrologa-apos-fazer-mapa-astral-da-capital-paraense-1.819601. Acesso em: 23 jul. 2024.

DARDOT, Pierre; LAVAL, Christian. *A nova razão do mundo*: ensaios sobre a sociedade neoliberal. São Paulo: Boitempo, 2016.

DIAS, Daniella Maria dos Santos. *A expansão urbana na Amazônia* – "Desafios Urbanos e Ambientais em Belém: Confrontando as desigualdades socioespaciais e danos ambientais na metrópole da Amazônia Oriental. Palestra realizada em: 08 mar. 2024. *In*: CONGRESSO: "O MINISTÉRIO PÚBLICO E A COP 30: PERSPECTIVAS E DESAFIOS", 2024. Disponível em: https://www.youtube.com/live/YrNOBNuF37k?si=ïqG1eh0O0YIe YYLz. Acesso em: 21 jul. 2024.

DIÁRIO DO PARÁ. Como será o hotel de luxo no antigo prédio da Receita em Belém. *Diário do Pará*, Belém, 23 jun. 2024. Disponível em: https://diariodopara.dol.com.br/para/como-sera-o-hotel-de-luxo-no-antigo-predio-da-receita-em-belem-135418/. Acesso em: 23 jul. 2024.

FOUCAULT, Michel. *Nascimento da Biopolítica*. São Paulo: Martins Fontes, 2018.

G1. *Lula decide lançar Belém como candidata do Brasil a sede da COP 30 em 2025*. G1, 11 jan. 2023. Disponível em: https://g1.globo.com/politica/noticia/2023/01/11/lula-decide-lancar-belem-como-candidata-do-brasil-a-sede-da-cop-30-em-2025.ghtml. Acesso em: 06 jul. 2024.

G1 PARÁ. *Governo do PA quer construir via expressa, com ciclovia, em área de proteção ambiental em Belém*. G1, Belém, 27 jul. 2023. Disponível em: https://g1.globo.com/pa/para/noticia/2023/07/27/governo-do-pa-anuncia-construcao-de-via-expressa-com-ciclovia-dentro-de-area-de-protecao-ambiental-em-belem.ghtml. Acesso em: 23 jul. 2024.

LAUERMANN, John. The urban politics of mega-events: grand promises meet local resistance. *Environment and Society: Advances in Research*, v. 10, p. 48-62, 2019. Disponível em: https://doi.org/10.3167/ares.2019.100104. Acesso em: 20 jul. 2024.

MARICATO, Ermínia. É a questão urbana, estúpido! *In*: VAINER, Carlos. *Cidades rebeldes*: Passe Livre e as manifestações que tomaram as ruas do Brasil. São Paulo: Boitempo; Carta Maior, 2013. p. 44-63.

MÜLLER, Andressa Petry; NASCIMENTO, Alison Maurício Costa do; PINTO, Nelson Guilherme Machado. Discussão sobre o legado dos megaeventos esportivos. *Brazilian Journal of Development*, Curitiba, v. 8, n. 6, p. 43474-43488, jun. 2022. DOI: 10.34117/bjdv8n6-064.

PASSOS, Marcus; CARNEIRO, Taymã. *500 dias para a COP na Amazônia*: como estão as obras que somam mais de R$ 4 bilhões em Belém. G1, 28 jun. 2024. Disponível em: https://g1.globo.com/pa/para/noticia/2024/06/28/500-dias-para-a-cop-na-amazonia-como-estao-as-obras-que-somam-mais-de-r-4-bilhoes-em-belem.ghtml. Acesso em: 21 jul. 2024.

Prefeitura Municipal de Belém. *Plano Plurianual 2022-2025*. Belém: Prefeitura Municipal de Belém, 2021. Disponível em: https://portaltransparencia.belem.pa.gov.br/planejamento-e-gestao-fiscal/plano-plurianual-ppa/. Acesso em: 18 jul. 2024.

ROLNIK, Raquel. *Megaeventos como estratégia para o desenvolvimento urbano*: balanço crítico e expectativas da COP30 no Brasil. Palestra realizada em: 6 maio 2024. In: V DIÁLOGOS URBANOS – DIURB'24, 2024, Belém. Disponível em: https://www.youtube.com/live/wrQWfP03hPo?si=rxWY2leSVLmJCRyH. Acesso em: 10 jul. 2024.

SILVA, Gabriela Costa da. *O legado da Copa do Mundo de 2014 a partir de diferentes olhares: a questão das remoções na cidade de Porto Alegre/RS*. 2016. 236 f. Dissertação (Mestrado em Arquitetura e Urbanismo) – Faculdade de Arquitetura e Urbanismo, Universidade Federal de Pelotas, Pelotas, 2016.

SOUZA, Angela Maria Gordilho. Urbanismo neoliberal, gestão corporativa e o direito à cidade: impactos e tensões recentes nas cidades brasileiras. *Cadernos Metrópole*, São Paulo, v. 20, n. 41, p. 245-265, jan./abr. 2018. DOI: http://dx.doi.org/10.1590/2236-9996.2018-4112. Acesso em: 20 jul. 2024.

Tribunal de Contas do Estado do Pará. *Relatório de Análise das Contas do Governador do Estado do Pará*: exercício 2023. Belém: TCE-PA, 2024. 283 p. Disponível em: https://www.tcepa.tc.br. Acesso em: 21 jul. 2024.

Tribunal de Contas do Estado do Pará. *Relatório de Análise das Contas do Governador do Estado do Pará*: exercício 2022. Belém: TCE-PA, 2023. 283 p. Disponível em: https://www.tcepa.tc.br. Acesso em: 21 jul. 2024.

VAINER, Carlos B. Pátria, empresa e mercadoria: notas sobre a estratégia discursiva do Planejamento Estratégico Urbano. *In*: ARANTES, Otília; VAINER, Carlos; MARICATO, Ermínia. *A cidade do pensamento único*: desmanchando consensos. Petrópolis: Vozes, 2000. p. 75-103.

VAINER, Carlos. Quando a cidade vai às ruas. *In*: VAINER, Carlos; ARANTES, Paulo Eduardo; MARICATO, Ermínia (org.). *Cidades rebeldes*: Passe Livre e as manifestações que tomaram as ruas do Brasil. São Paulo: Boitempo; Carta Maior, 2013. p. 49-58.

Informação bibliográfica deste livro, conforme a NBR 6023:2018 da Associação Brasileira de Normas Técnicas (ABNT):

LIMA, Fernando Lourenço Matos; DIAS, Daniella Maria dos Santos. Cartas da Cidade: uma análise do neoliberalismo na COP 30. *In*: IDAPAR, Instituto de Direito Administrativo do Pará (org.); OLIVEIRA, Maria Cristina Cesar de; DOURADO JUNIOR, Octavio Cascaes; MORAES, Marcio Augusto Moura de (coord.). *Sustentabilidade no Direito Administrativo*. Belo Horizonte: Fórum, 2025. p. 131-143. ISBN 978-65-5518-953-7.

O DIÁLOGO INTERSETORIAL PARA A CONCRETIZAÇÃO DO SOCIALMENTE JUSTO: UMA VISÃO DE COMPETÊNCIAS E DE PODERES COMPARTILHADA ENTRE ESTADO, MERCADO E SOCIEDADE CIVIL NO PROGRAMA ESCREVENDO E REESCREVENDO A NOSSA HISTÓRIA (PERNOH)

**SANDOVAL ALVES DA SILVA,
PEDRO SIMÕES DA SILVA**

1 Introdução

O presente artigo trata da correlação entre importantes pensadores da filosofia política moderna, apresentando os principais pensamentos do período em que a política passava por uma constante mudança no que diz respeito à concepção de Estado e à divisão das funções do Estado (separação de poderes). Examina-se aqui como essas concepções podem inserir-se no Direito Administrativo com a divisão de competências entre os setores da economia – o Estado (primeiro setor), o mercado (segundo setor) e as organizações não governamentais (ONG) (terceiro setor) –, adaptando as teorias do diálogo à cooperação intersetorial para atender o pilar do socialmente justo, que deve caracterizar as práticas ambientais, sociais e de governança das organizações – em inglês, *Environmental, Social and Governance* (ESG) (SILVA, 2016).

O problema a ser enfrentado é a constatação de que as competências separadas de forma rígida levam o Estado e os setores da economia a ficarem inertes diante da inatividade do setor ou da função que incumbe a cada um. Recorrendo-se ao método hipotético-dedutivo, sustenta-se a hipótese de que os setores, as entidades, as instituições ou órgãos, em sua atuação contínua, devem atuar de forma complementar, caso a instituição ou o setor que tem a competência se mantenha inerte diante de conflitos, problemas e insatisfações sociais (CPIS). Defende-se, portanto, uma forma de gestão que represente a autonomia coletiva para questões contínuas, dinâmicas, graduais, progressivas, plurilaterais, complexas, ambíguas, voláteis e incertas (SILVA, 2023).

O desafio atual está ligado a alguns pilares que fazem o ser humano lançar um olhar para si, para o meio em que vive e para os relacionamentos entre as pessoas, com o propósito de conceber a vida com a virtude da coragem para ter consciência, competência, comportamento e responsabilidade, e agir com dignidade, com base na verdade, na justiça e na autonomia individual e relacional, para conviver em comunhão com os demais seres vivos com amor e sabedoria, a fim de construir, individual e coletivamente, o bem comum.[1]

Preocupada com o crescimento econômico e as mazelas da humanidade, em 2016, a Organização das Nações Unidas (ONU) propôs aos líderes mundiais 17 Objetivos de Desenvolvimento Sustentável (ODS)[2]

---

[1] O bem comum é algo substancial ou material, não é um ideal comum no mundo social e político, porque cada indivíduo ou grupo pode ter legitimamente uma ideia de bem como fim último de sua vida (LOPES, 2006, p. 142).

[2] 1. Erradicação da pobreza: acabar com a pobreza em todas as suas formas, em todos os lugares; 2. Fome zero e agricultura sustentável: acabar com a fome, alcançar a segurança alimentar e a melhoria da nutrição e promover a agricultura sustentável; 3. Saúde e bem-estar: assegurar uma vida saudável e promover o bem-estar para todos, em todas as idades; 4. Educação de qualidade: assegurar a educação inclusiva, equitativa e de qualidade, e promover oportunidades de aprendizagem ao longo da vida para todos; 5. Igualdade de gênero: alcançar a igualdade de gênero e empoderar todas as mulheres e meninas; 6. Água limpa e saneamento: garantir disponibilidade e manejo sustentável da água e saneamento para todos; 7. Energia limpa e acessível: garantir o acesso à energia barata, confiável, sustentável e renovável para todos; 8. Trabalho decente e crescimento econômico: promover o crescimento econômico sustentado, inclusivo e sustentável, emprego pleno e produtivo, e trabalho decente para todos; 9. Indústria, inovação e infraestrutura: construir uma infraestrutura resiliente, promover a industrialização inclusiva e sustentável, e fomentar a inovação; 10. Redução das desigualdades: reduzir as desigualdades dentro dos países e entre eles; 11. Cidades e comunidades sustentáveis: tornar as cidades e os assentamentos humanos inclusivos, seguros, resilientes e sustentáveis; 12. Consumo e produção responsáveis: assegurar padrões

para que, coletivamente, a humanidade pudesse dissociar o crescimento econômico da pobreza, da desigualdade e das mudanças climáticas, com metas para serem alcançadas até 2030.

Com base nos objetivos estratégicos, observa-se uma movimentação em todos os setores da economia denominados ESG, que representam os pilares da sustentabilidade, para que as atividades econômicas sejam ecologicamente equilibradas, economicamente viáveis, socialmente justas e culturalmente aceitáveis. Diante desse cenário, este artigo aborda a concepção do que é socialmente justo por meio das teorias do diálogo, passando pelas teorias das divisões de funções estatais, do mercado e de ONGs.

Para isso, apresentam-se variadas formas de pensamento, como o Iluminismo, que marcaram a transição da Idade Média para a Idade Moderna, com a retomada de filósofos clássicos como Platão e Protágoras por Nicolau Maquiavel, Charles Louis de Secondat (Montesquieu) e Jean-Jacques Rousseau, para mostrar a área da política e os séculos posteriores em relação à lógica dos pensamentos políticos. Posteriormente, abordam-se novamente esses pensadores pela ótica dos federalistas estadunidenses, para mostrar a divisão das funções estatais com base na divisão de trabalho. Também são apresentados muitos teóricos da teoria do diálogo, culminando na teoria do diálogo intersetorial desenvolvida por Sandoval Alves da Silva, aplicada como razão teórica e prática em procedimento ministerial do Ministério Público do Trabalho (MPT).[3]

---

de produção e de consumo sustentáveis; 13. Ação contra a mudança global do clima: tomar medidas urgentes para combater a mudança climática e seus impactos; 14. Vida na água: garantir a conservação e o uso sustentável dos oceanos, dos mares e dos recursos marinhos para o desenvolvimento sustentável; 15. Vida terrestre: proteger e recuperar os ecossistemas terrestres, promover seu uso sustentável, gerir de forma sustentável as florestas, combater a desertificação, deter e reverter a degradação da Terra e deter a perda da biodiversidade; 16. Paz, justiça e instituições eficazes: promover sociedades pacíficas e inclusivas para o desenvolvimento sustentável, proporcionar o acesso à justiça para todos e construir instituições eficazes, responsáveis e inclusivas em todos os níveis; 17. Parcerias e meios de implementação: fortalecer os meios de implementação e revitalizar a parceria global para o desenvolvimento sustentável.

[3] O Programa Escrevendo e Reescrevendo Nossa História (Pernoh), originalmente um projeto de extensão, foi tombado como procedimento de promoção de política pública (Promo), no MPT, sob a PA-PROMO nº 000592.2017.08.000/0, por meio do 13º Ofício da Procuradoria Regional do Trabalho da 8ª Região (PRT/8) (BRASIL, 2017, p. 57). O Pernoh é conduzido por procuradores do MPT da 8ª Região e desenvolvido, por meio de projetos de extensão, com o apoio de entidades, como o Tribunal de Justiça do Pará (TJPA), a Superintendência do Sistema Penitenciário do Estado do Pará (Susipe), a Fundação Carlos Gomes (FCG), a Fundação ParáPaz e a UFPA, entre outras (SILVA; SIQUEIRA, 2020, p. 42).

2 O Estado e a cooperação na divisão das funções estatais

No decorrer de sua carreira política, Maquiavel acompanhou diversas fases do Estado e assistiu a uma grande quantidade de conquistas e derrotas de diversos governos; por isso, decidiu estudar um conceito extremamente polêmico de sua época: o Estado (SADEK, 2006, p. 14-15).

Maquiavel apresenta o Estado em sua forma real ou como ele de fato é, com todas as características negativas ou positivas reais e desprovido de utopias ou filosofias imaginárias. Dessa forma, Maquiavel mostrou-se crítico a Platão, rejeitando sua República ideal. De fato, em *A República*, o pensador grego postula um Estado ideal, com o rei virtuoso ou rei filósofo – alma de ouro –, acima dos guerreiros – alma de prata – e dos trabalhadores – alma de cobre.

Como método de análise do Estado, Maquiavel adota o que denomina *verità effettuale* ou verdade efetiva das coisas, regra metodológica que defendia o abandono do reino do "dever ser" e a sua substituição pelo reino do "ser", sendo o primeiro um Estado utópico e ideal, enquanto o segundo consiste no Estado real, que corresponde à concepção do pensador. A substituição do "dever ser" pelo "ser" demonstra o problema central de análise política de Maquiavel: como intervir no constante ciclo de estabilidade e caos (SADEK, 2006, p. 16).

A desordem proveniente da imutável natureza humana evidencia que o conflito e a anarquia são desdobramentos necessários das paixões e dos instintos malévolos da humanidade, de forma que o poder político possui uma origem mundana, já que nasce da própria "malignidade" intrínseca à natureza humana. De forma oposta, quando a sociedade encontra o seu ponto de equilíbrio, o poder político cumpriu a sua função regeneradora e "educadora", ela está preparada para a República, um governo que o filósofo florentino chama "liberdade". O povo é virtuoso, as instituições são estáveis e atendem as relações sociais. O conflito é considerado sinal de uma cidadania ativa e, portanto, é desejável (SADEK, 2006, p. 16-19).

A busca das condições para um regime estável leva aos mecanismos de moderação, presentes em dois aspectos da obra de Montesquieu: a tipologia dos governos, ou a teoria dos princípios e da natureza dos regimes, e a teoria dos três poderes, ou a teoria da separação dos poderes (divisão das funções estatais), assunto que é apreciado na sociologia, na geografia e principalmente na ciência política (ALBUQUERQUE, 2006, p. 89-90) e jurídica.

A separação das funções estatais tem como fundamento a garantia da liberdade do indivíduo por meio do combate aos abusos estatais e a otimização do desempenho por meio da técnica da divisão de trabalho das funções estatais (GRAU, 2003, p. 226).

Essa divisão, à luz da garantia da liberdade, era discutida antes mesmo de Montesquieu por Aristóteles, que fez uma distinção orgânica entre a assembleia geral, o corpo de magistrado e o corpo judiciário, bem como por Locke, que defendia a separação entre poder legislativo, de um lado, e os poderes executivo e federativo, de outro, uma vez que a concentração dessas funções em uma só pessoa põe à prova a fraqueza humana. Essa posição vai ao encontro do pensamento de Montesquieu, para quem a divisão de poderes seria uma forma de preservar a liberdade contra os excessos, abusos, arbitrariedades e inconveniências do uso do poder estatal, verificados nas monarquias europeias, em especial, na francesa (SILVA, 2016, p. 98).

A otimização do desempenho das funções estatais pela divisão do trabalho tem origem nos convencionalistas da Filadélfia, que, preocupados com a mutabilidade das leis e das instituições, bem como com o perigo evidente das maiorias episódicas, desenvolveram a tese da "soberania compartilhada", que afasta uma divisão de funções exclusiva e defende um governo misto de soberania compartilhada, em que as funções de cada instituição completam-se com a colaboração dos outros (LOPES, 2006, p. 16-17).

A premissa, portanto, é a combinação dos dois fundamentos – a liberdade do indivíduo de Montesquieu e a divisão de trabalho das funções estatais dos federalistas –, para fundamentar a concepção da divisão dos poderes ou das funções exercidas pelo Estado, caracterizada por uma espécie de cooperação, equilíbrio e harmonia das obrigações constitucionais e infraconstitucionais estatais com terceiros ou entre as instituições e órgãos governamentais (BONAVIDES, 2005, p. 147), bem como entre órgãos e entidades estatais e instituições privadas sociais ou do mercado.

É o caso do Ministério Público: preordenado, visa a colaborar e a assegurar a harmonia e o equilíbrio dinâmico entre as instituições e órgãos estatais, o mercado e as ONGs na concretização de princípios constitucionais e de políticas públicas destinadas a garantir a efetividade dos direitos humanos, especialmente os sociais, culturais e econômicos. De fato, o diálogo promovido pelo Ministério Público com a administração pública e as instituições privadas ou do mercado para prover bens e serviços insere-se numa rede de implicações e limitações recíprocas, que prevê a possibilidade de um poder constituído ter capacidade para exercer competências que tipicamente caberiam a outro (SILVA, 2016, p. 99).

Para garantir a concretização dos direitos sociais, a divisão de funções estatais entre os poderes – com base na divisão do trabalho, na cooperação e na interação dos poderes constituídos, instituições privadas ou do mercado e das ONGs – mostra-se mais gradual, visto que a proteção insuficiente de um poder e o excesso de atividade ofensiva aos direitos humanos conferem ao outro a possibilidade de cumprimento das normas que consagram tais direitos, o que inclui o Ministério Público (SILVA, 2016, p. 99).

3 As teorias do diálogo aplicadas à cooperação intersetorial

As teorias do diálogo resultam da tentativa de superação da ideia de que o mercado é justo por si só e da dificuldade de aplicação das teorias das divisões estatais para concretizar e efetivar os direitos fundamentais. Inicialmente, foi proposto o diálogo entre Corte e Parlamento, com uma gradação que vai desde a Corte mais modesta, com virtudes passivas, até as mais atuantes, com virtudes ativas e ultra-atuantes. Após essa dicotomia entre Corte e Parlamento, aparecem as teorias que envolvem o Poder Executivo, a moderação popular pela Corte e pelo Ministério Público[4] etc.

A teoria do diálogo intersetorial representa um passo além das teorias dialógicas estatais, pois aborda os três setores da economia, o que é objeto do presente artigo. Entretanto, há várias previsões normativas permitindo o diálogo entre setores ou entre instituições públicas e privadas, como a cooperação jurídica internacional (CPC, art. 27, em especial o inciso VI), o auxílio direto internacional (CPC, art. 28), a cooperação, o auxílio direto e o ato concertado nacional (CPC, art. 67 a 69), convênios, acordos, ajustes e outros instrumentos congêneres (Lei nº 14.133/2021, art. 184), a parceria público-privada (PPP) (Lei nº

---

[4] Para aprofundar as teorias do diálogo, recomendam-se como leituras iniciais as obras de Brandão (2012), Mendes (2011) e Silva (2016), e as referências lá constantes.

11.079/2004), por meio do Ministério Público (Lei Complementar nº 75/1993, Lei nº 8.625/1993, Lei nº 7.347/1985) etc.

Essa perspectiva de diálogo intersetorial tem como fundamento atender às necessidades humanas e aos desejos racionalmente defensáveis. Um dos critérios gerais de identificação dos setores da economia que podem atender às necessidades humanas é ditado gradualmente pelo artigo 6º,[5] *caput*, combinado com o artigo 7º, IV,[6] da Constituição da República Federativa do Brasil (CRFB). Daí se extraem algumas conclusões iniciais: os direitos à educação, à saúde, à alimentação, à moradia, ao lazer e à previdência social podem ser atendidos tanto pelo Estado (primeiro setor) quanto pelo mercado (segundo setor), enquanto os direitos ao trabalho, à segurança, à proteção à maternidade e à infância[7] e à assistência aos desamparados ficariam prioritariamente a cargo do Estado, restando ao mercado os direitos ao vestuário, à higiene e ao transporte. Às ONGs (terceiro setor) incumbem atividades estatais ou do mercado, mas sem fins lucrativos, razão pela qual uma teoria do diálogo aplicada às relações intersetoriais mostra-se apropriada.

As instituições empresariais (segundo setor) desempenham um papel crucial na promoção do acesso à justiça. Em razão de sua posição privilegiada em termos de recursos e influência, têm a responsabilidade social de contribuir proativamente para a mitigação das desigualdades sociais. Elas assumem responsabilidades por descumprimentos, aplicando cominações em políticas públicas que visam reduzir conflitos sociais, atendendo às necessidades humanas básicas da coletividade, por meio de um diálogo intersetorial conduzido pelo MPT (SILVA, 2023, p. 7), concorrendo para a formação de bens comuns a serem partilhados entre os vulneráveis.

---

[5] "Art. 6º São direitos sociais a *educação*, a *saúde*, a *alimentação*, o *trabalho*, a *moradia*, o *lazer*, a *segurança*, a *previdência social*, a *proteção à maternidade e* à infância, a *assistência aos desamparados*, na forma desta Constituição" (grifo nosso).

[6] "Art. 7º São direitos dos trabalhadores urbanos e rurais [...]: [...] IV - salário mínimo, fixado em lei, nacionalmente unificado, capaz de atender a suas necessidades vitais básicas e às de sua família com *moradia, alimentação, educação, saúde, lazer, vestuário, higiene, transporte* e *previdência social* [...]" (grifo nosso).

[7] Em relação à proteção da infância, o artigo 227 da CF define como dever da família, da sociedade e do Estado "assegurar à criança, ao adolescente e ao jovem, com absoluta prioridade, o direito à vida, à saúde, à alimentação, à educação, ao lazer, à profissionalização, à cultura, à dignidade, ao respeito, à liberdade e à convivência familiar e comunitária, além de colocá-los a salvo de toda forma de negligência, discriminação, exploração, violência, crueldade e opressão". Eis mais um parâmetro para identificar os sujeitos que devem atender tais direitos sociais.

A formação, a apropriação e a partilha do bem comum ou coletivo têm suas raízes em uma ética de diálogo e relacionamento horizontal entre pessoas e instituições. Esse diálogo abrange as necessidades humanas, a igualdade, a liberdade e uma concepção de justiça que envolve a estrutura do Estado e suas relações com a sociedade (SILVA, 2016, p. 23).

O artigo 170 da CRFB fundamenta a ordem econômica no Brasil, priorizando a valorização do trabalho e a livre-iniciativa para garantir uma existência digna. Seus princípios incluem soberania nacional, propriedade privada, função social da propriedade, livre concorrência, defesa do consumidor, preservação do meio ambiente, redução das desigualdades e apoio a pequenas empresas. A função social da empresa, ligada a esses princípios, visa beneficiar tanto os envolvidos diretos quanto a sociedade em geral (BRASIL, 1988).

A função social busca reinserir a solidariedade social na atividade econômica, estabelecendo padrões mínimos de distribuição de riqueza e redução das desigualdades, promovendo a concretização e realização dos direitos humanos. Com isso, surge a possibilidade de cooperação público-privada para cumprir a função social da empresa por meio de políticas públicas, diminuindo a separação entre público e privado, compartilhando responsabilidades (LEAL; BONNA, 2017, p. 565).

Em uma analogia com o Direito Ambiental, destaca-se o princípio do poluidor pagador, segundo o qual o poluidor tem a obrigação de custear a reparação do dano causado ao meio ambiente. Há aí uma alusão ao "infrator-pagador": quem viola algum direito tem o dever de repará-lo, seja pela economia pública, seja pela função social da empresa. A Lei nº 7.347/1985 prevê a reparação do bem lesado numa perspectiva de infrator-pagador.[8]

Nesse contexto, o MPT, por meio da condução do diálogo intersetorial, propicia o desenvolvimento da função social das empresas, viabilizando que elas cumpram obrigações de fazer, não fazer ou dar, beneficiando diretamente projetos sociais, concretizando, assim, os direitos sociais e humanos. Geralmente, essas obrigações são advindas do dano moral ou coletivo e das multas aplicadas em processos ministeriais e judiciais (SILVA, 2016, p. 110).

Os recursos acordados podem ser destinados a: a) fundos especiais, nos termos do artigo 13 da Lei nº 7.347/85 e dos artigos 71 a 74 da Lei nº 4.320/64 e b) projetos sociais por meio de cominações e diálogo

---

[8] Aula ministrada pelo professor Sandoval Alves da Silva no PPGD da UFPA.

intersetorial, nos termos do §6º do artigo 5º da Lei nº 7.347/85 e da liminar concedida na ADPF nº 944, devendo, nesta última hipótese, observar os procedimentos e medidas, inclusive de transparência na prestação de contas, regulados na Resolução Conjunta nº 10 do CNJ e do CNMP, visto que se aplica aos acordos em ações ou inquéritos civis públicos, incluindo-se os relacionados a direitos trabalhistas.

A função social da empresa ganha, então, destaque não apenas no âmbito econômico, mas também nos âmbitos político (diálogo intersetorial) e social (justiça distributiva) por permitir integrar o mercado aos demais setores da economia para atender às necessidades humanas básicas das pessoas em estado de vulnerabilidade. Assim, o patrimônio da empresa deve ser comprometido não apenas com os interesses dos sócios, mas também com os interesses da coletividade (*stakeholders*), de modo que a função social da empresa é um corolário da justiça social (SILVA, 2016, p. 110).

Um exemplo significativo da intersetorialidade entre os domínios estatal e privado são as oportunidades para a materialização e a concretização de políticas públicas por meio do Pernoh (BRASIL, 2017), em parceria com várias entidades dos setores público e privado. Esse programa tem como objetivo concretizar iniciativas de políticas públicas para os participantes, visando assegurar a cidadania e a dignidade do público-alvo por meio do diálogo constitucional entre as instituições dos setores estatal, econômico e não governamental (SILVA, 2023, p. 10-15).

4 O diálogo intersetorial para concretizar o socialmente justo: Programa Escrevendo e Reescrevendo Nossa História (Pernoh)

O Programa Escrevendo e Reescrevendo a Nossa História (Pernoh) é uma iniciativa que busca garantir a cidadania e a dignidade de seu público-alvo por meio do diálogo intra e intersetorial entre instituições estatais (primeiro setor), do mercado (segundo setor) e de ONGs (terceiro setor) (SILVA; SIQUEIRA, 2020, p. 42).

O Pernoh busca viabilizar o acesso a direitos sociais, como saúde, esporte, lazer, profissionalização, aos entrantes no mercado ilícito de trabalho, aos egressos e internos cumprindo medidas socioeducativas em meio fechado, aos socioeducandos que cumprem medida em meio aberto, aos egressos e internos cumprindo medidas prisionais em meio fechado e aos que cumprem medida em meio aberto, e suas respectivas famílias, bem como a grupos sociais vulneráveis e a quem se encontra em situação de vulnerabilidade social em áreas vermelhas ou em qualquer outro lugar (BRASIL, 2017).

Assim, a palavra "escrevendo" no título do programa representa a ideia de prevenção, visto que o programa busca evitar o ingresso de pessoas no mercado ilícito de trabalho, garantindo-lhes uma vaga no mercado lícito de trabalho por meio da oferta de cursos e oportunidades, de forma a registrar ou a escrever a história de todos os participantes já no mercado lícito de trabalho. Por outro lado, o nome "reescrevendo" ou "ressignificando" representa a possibilidade que todos os integrantes do programa têm de escrever uma nova história – diferente da anterior, no mercado ilícito de trabalho; agora eles "reescrevem" ou "ressignificam" sua história no mercado lícito de trabalho (BRASIL, 2017, p. 2017 *et seq.*).

O termo "nossa história" representa o fundamento de uma sociedade solidária com corresponsabilidade nas ações relacionais e comunitárias de forma a computar a atuação responsável cooperada e integrada de cada membro da sociedade na vida do próximo. Essa perspectiva tem inspiração na concepção de uma teia de aranha: cada elo conectado à teia vibra por todos os que estão a ela ligados até que se concretize uma ação de cooperação ou dialógica intersetorialmente para que o estado de vulnerabilidade seja convertido em estado de autonomia de agência (individual) e autonomia crítica (coletiva ou política) nas relações humanas no meio em que se vive (BRASIL, 2017).

O Pernoh é uma experiência que se vale do diálogo intersetorial entre o primeiro (Estado), o segundo (mercado) e o terceiro (ONGs) setores. No primeiro momento, trabalha com a responsabilidade civil das empresas no exercício da função social e na promoção de políticas públicas para a concretização dos direitos fundamentais. Trata-se de um instrumento ou de uma garantia de promoção da justiça distributiva, com a inclusão social de pessoas em situação de vulnerabilidade e a participação de todos. Para isso, são usadas as cominações negociadas com o MPT de forma a garantir oportunidades de exercício da função social. Ressalte-se que o Pernoh ainda conta com empresas voluntárias.

Ademais, reconhece-se que, em síntese, o trabalho possui três funções: a) uma função econômica, pois o trabalho permite alcançar o que se necessita, não apenas para viver, mas para viver melhor; b) uma função social, porque o trabalho cria relações fraternais e promove a solidariedade entre os que trabalham, permitindo que uns prestem serviços a outros; c) uma função psicológica, por meio da qual o trabalho cumpre as exigências de autorrealização do homem e de sua personalidade (ELDERS, 2009, p. 3).

Como fundamento desse processo dialógico intersetorial adotado no Pernoh, a ordem constitucional brasileira assegurou em vários dispositivos os direitos sociais do trabalhador: a) a dignidade da pessoa humana e os valores sociais do trabalho e da livre-iniciativa, fundamentos da República Federativa do Brasil, que constitui um Estado Democrático de Direito (art. 1º, III e IV); b) a constituição de uma sociedade livre, justa e solidária, a erradicação da pobreza e da marginalização e a redução das desigualdades sociais e regionais, bem como a promoção do bem de todos, sem preconceitos de origem, raça, sexo, cor, idade e quaisquer outras formas de discriminação, como objetivos fundamentais da República Federativa do Brasil (art. 3º, I, III e IV); c) as garantias processuais de igualdade de todos perante a lei (art. 5º, *caput*), de acesso à justiça jurisdicional (art. 5º,V), com a prestação pelo Estado de assistência jurídica integral e gratuita aos que comprovarem insuficiência de recursos (art. 5º, LXXIV, e art. 134) e com as garantias da ampla defesa (art. 5º, LV) e do devido processo (art. 5º, LIV); d) os direitos sociais – a educação, a saúde, a alimentação, o trabalho, a moradia, o transporte, o lazer, a segurança, a previdência social, a proteção à maternidade e à infância, a assistência aos desamparados (art. 6º); e) vários direitos sociais do trabalhador, entre os quais o direito de ação, quanto aos créditos resultantes das relações de trabalho (art. 7º, XXIX), a livre associação sindical (art. 8º), o direito de greve (art. 9º); f) a defesa institucional da ordem jurídica, do regime democrático e dos direitos sociais e individuais indisponíveis pelo Ministério Público (art. 127 e art. 129), por meio do procedimento promocional de políticas públicas (Promo), inquérito civil, ação civil pública etc.; g) a orientação jurídica, a promoção dos direitos humanos e a defesa, em todos os graus, judicial e extrajudicial, dos direitos individuais e coletivos, de forma integral e gratuita, aos necessitados pela Defensoria Pública (art. 5º, LXXIV, e art. 134); h) a ordem econômica fundada na valorização do trabalho humano, na livre-iniciativa, na existência digna, conforme os ditames da justiça social e dos princípios da função social da propriedade, da redução das desigualdades regionais e sociais, da busca do pleno empego etc. (art. 170, *caput* e incisos II, VII e VIII), entre outras disposições constitucionais. (BRASIL, 2017, p. 9-10).

Em suma, o Pernoh atende a alguns ODS, em especial, a erradicação da pobreza (ODS 1), a fome zero e a agricultura sustentável (ODS 2), o trabalho decente e o crescimento econômico (ODS 8), a redução das desigualdades (ODS 10), a paz, a justiça e instituições eficazes (ODS 16) e as parcerias e os meios de implementação (ODS 17).

5 Conclusão

Com base nas razões teóricas e práticas apresentadas, constata-se que o Estado pode presidir o diálogo intersetorial por meio de qualquer um de seus poderes, como é o caso do Pernoh em que dialogam o MPT e o TJE/PA, por exemplo.

O diálogo intersetorial é uma versão teórica inovadora porque tira o foco da tutela jurídica dos vulneráveis e da responsabilidade social, assumidas exclusivamente por um dos Poderes ou pelo Ministério Público, para concentrar-se nas teorias do diálogo constitucional, permitindo a interação e a cooperação entre todos para a concretização e a efetivação dos direitos fundamentais. Aqui foi apresentado um caso dirigido pelo MPT.

O Pernoh mostra-se como razão prática da forma de gestão do CPIS de modo a permitir a corresponsabilidade ou o diálogo intersetorial entre todos os agentes públicos e privados e entre todos os setores da economia envolvendo Estado, mercado e ONGs com a finalidade precípua de garantir os direitos fundamentais de forma contínua, progressiva, dinâmica, gradual em relações humanas, com autonomia relacional ou coletiva, que se mostra cada vez mais plurilateral, complexa, incerta, ambígua e volátil.

Em suma, a independência máxima no estado de natureza é insuficiente para caracterizar o conceito de liberdade. Deve-se, antes, levar em consideração a interdependência nas relações humanas entre o servir e o atendimento das necessidades humanas e dos desejos racionalmente defensáveis, que fazem da espécie humana um animal político, coletivo ou relacional, para buscar uma vida digna por meio do diálogo intersetorial para atender o pilar do socialmente justo na temática do ESG e dos ODS.

Referências

ALBUQUERQUE, José Augusto Guilhon. Montesquieu: sociedade e poder. *In*: WEFFORT, Francisco C. (org.). *Os clássicos da política*. 14. ed. São Paulo: Ática, 2011. v. 1, cap. 5, p. 111-185.

BONAVIDES, Paulo. *Ciência política*. 11. ed. São Paulo: Malheiros, 2005.

BRANDÃO, Rodrigo. *Supremacia judicial* versus *diálogos constitucionais*: a quem cabe a última palavra sobre o sentido da Constituição? Rio de Janeiro: Lumen Juris, 2012.

BRASIL. Procuradoria Regional do Trabalho da 8ª Região. *Procedimento Promocional (PROMO) nº 000592.2017.08.000/0-023*. Requerente: Projeto "Escrevendo e Reescrevendo a Nossa História". 13º Ofício Geral da Procuradoria Regional do Trabalho da 8ª Região/PA. Procurador Titular: Sandoval Alves da Silva. Autuado em: 11 abr. 2017.

ELDERS, Leo J. O pensamento de Santo Tomás de Aquino sobre o trabalho. *Aquinate*, [s. l.], v. 5, n. 9, p. 2-12, 2009. Disponível em: http://www.aquinate.com.br/wp-content/uploads/2016/11/Artigo-1-Elders.pdf. Acesso em: 19 maio 2024.

LEAL, Pastora do Socorro Teixeira; BONNA, Alexandre Pereira. Responsabilidade civil sem dano-prejuízo? *Revista Eletrônica Direito e Política*, Itajaí, v. 12, n. 2, p. 560-575, 2º quadrimestre 2017. DOI: https://doi.org/10.14210/rdp.v12n2.p560-575. Disponível em: https://periodicos.univali.br/index.php/rdp/article/view/11009/6211. Acesso em: 19 maio 2024.

LOPES, José Reinaldo de Lima. *Direitos sociais*: teoria e prática. São Paulo: Método, 2006.

MENDES, Conrado Hübner. Direitos fundamentais, separação de poderes e deliberação. São Paulo: Saraiva, 2011.

PRINCÍPIOS: Revista de Filosofia, Natal, v. 15, n. 24, p. 59-79, jul./dez. 2008. Disponível em: https://periodicos.ufrn.br/principios/article/view/425. Acesso em: 19 maio 2024.

SADEK, Maria Tereza. Nicolau Maquiavel: o cidadão sem *fortuna*, o intelectual de *virtù*. *In*: WEFFORT, Francisco C. (org.). *Os clássicos da política*. 14. ed. São Paulo: Ática, 2011. v. 1, cap. 2, p. 11-50.

SILVA, Sandoval Alves da. O Ministério Público e a concretização dos direitos humanos. Salvador: Juspodivm, 2016.

SILVA, Sandoval Alves da. *Capacitação de acesso à justiça no Projeto Escrevendo e Reescrevendo a Nossa História (Pernoh) – Ano 5*. Projeto de extensão apresentado à Pró-Reitoria de Extensão da Universidade Federal do Pará. Belém: UFPA, 2023.

SILVA, Sandoval Alves da; SIQUEIRA, João Renato Rodrigues. Acesso à justiça no Projeto "Escrevendo e Reescrevendo Nossa História" (Pernoh). *Revista InterAção*, [s.l.], v. 10, n. 2, p. 41-51, jul./dez. 2019. DOI: https://doi.org/10.5902/2357797543963. Disponível em: https://periodicos.ufsm.br/interacao/article/view/43963/pdf. Acesso em: 20 mar. 2020.

Informação bibliográfica deste livro, conforme a NBR 6023:2018 da Associação Brasileira de Normas Técnicas (ABNT):

SILVA, Sandoval Alves da; SILVA, Pedro Simões da. O diálogo intersetorial para a concretização do socialmente justo: uma visão de competências e de poderes compartilhada entre Estado, mercado e sociedade civil no Programa Escrevendo e Reescrevendo a Nossa História (Pernoh). In: IDAPAR, Instituto de Direito Administrativo do Pará (org.); OLIVEIRA, Maria Cristina Cesar de; DOURADO JUNIOR, Octavio Cascaes; MORAES, Marcio Augusto Moura de (coord.). *Sustentabilidade no Direito Administrativo*. Belo Horizonte: Fórum, 2025. p. 145-158. ISBN 978-65-5518-953-7.

A INSTITUIÇÃO DE UM REGIME DE PREVIDÊNCIA COMPLEMENTAR E O DESAFIO PARA UMA PREVIDÊNCIA SOCIAL SUSTENTÁVEL

SÉRGIO OLIVA REIS

1 Apresentação da questão

Desde há muito, questão de grande relevo para todos os servidores públicos, principalmente aqueles que ocupam um cargo de provimento efetivo, sempre foi saber a partir de quando poderão se aposentar e quanto receberão de benefício.

Entretanto, com o passar do tempo, mais importância do que saber quando vai ocorrer a aposentadoria, ou quanto será o valor a receber, é saber se conseguirão se aposentar, ou mesmo se conseguirão receber alguma coisa a título de benefício, dada a combalida situação dos fundos previdenciários.

Certo ainda que nem mesmo a vinculação desses fundos a Entes da Federação possui o condão de garantir fiança ao regime, dada a necessidade de investimentos do Estado em diversos segmentos da economia e da sociedade.

É nesse contexto que a Previdência Complementar vem alçando cada vez mais espaço no Direito brasileiro, funcionando como instrumento de estabilização dos Regimes Próprios, de modo a conferir um mínimo de previsibilidade e segurança, para não dizer governança e equilíbrio, seja para os participantes, seja para o próprio Governo.

O objetivo do presente estudo é avaliar como a introdução desses conceitos nos Regimes Próprios contribui para a sustentabilidade da Previdência Social como um todo no país, e como a instituição dessa política pública contribui para equalizar as finanças dos entes públicos.

2 Do modelo previdenciário brasileiro

No Brasil, grassam dois sistemas previdenciários.

O primeiro, de caráter público e cogente, tem como finalidade garantir aos trabalhadores, independentemente do sexo, a manutenção de condições mínimas de subsistência nas situações de não trabalho.

Neste ramo, há dois regimes que funcionam em paralelo, a saber: i) os Regimes Próprios de Previdência Social, praticados por entes públicos para albergar servidores que ocupam cargos de provimento efetivo;[1] e ii) o Regime Geral de Previdência Social, destinado aos trabalhadores do setor privado, e aos servidores/agentes públicos que não ocupam cargos de provimento efetivo.

O segundo sistema, de natureza contratual, e, por conseguinte, facultativo, tem por escopo conferir ao participante um patamar além do que é garantido pela previdência pública. Este sistema, denominado de Previdência Complementar, pode ser dividido em: i) previdência complementar aberta, disponibilizado, em regra, por entidades dos segmentos financeiro ou securitário, não possui restrições quanto aos participantes, podendo dele fazer parte quaisquer pessoas que queiram celebrar esse tipo de contrato; e ii) previdência complementar fechada, disponibilizado por fundações ou fundos de pensão, tem como destinatários pessoas vinculadas a determinada categoria profissional ou econômica.

A realidade da previdência complementar, que desde 1977 está presente no RGPS, está conquistando cada vez mais espaço nos RPPS, mormente porquanto os parâmetros aplicados no modelo previdenciário dos servidores públicos estão, a cada dia que passa, demonstrando-se

---

[1] A partir da decisão no RE 1426306/TO que fixou a tese do Tema de Repercussão Geral nº 1254, apenas os servidores efetivos, assim entendidos aqueles cuja investidura foi precedida de concurso público na forma da lei são segurados dos RPPS, ressalvado o direito adquirido daqueles servidores que, quando do julgamento, já haviam preenchido os requisitos de inativação.

insustentáveis, na medida em que a utilização de recursos do Tesouro para financiar esse pagamento, além de prática, hoje, ilegal, desde há muito vem sendo combatida pela doutrina e pela jurisprudência.

3 Do histórico do tratamento dos regimes fechados de previdência complementar destinados aos servidores públicos no Direito brasileiro

O primeiro diploma que versou sobre a previdência complementar no Brasil foi a Lei nº 6.435, de 15 de julho de 1977, que dispunha sobre as entidades de previdência privada em território pátrio, consoante expressamente previa a sua ementa.

No que pese a única disposição nela constante acerca da possibilidade de órgãos públicos funcionarem como patrocinadores de entidades fechadas de previdência privada encontrar-se timidamente referida no §1º do art. 35,[2] o certo é que no texto foram consignadas as primeiras noções de atuária e equilíbrio financeiro aos regimes de previdência complementar, além de conceitos de responsabilização dos gestores para esse segmento da previdência. Em seu bojo também ficou estabelecida a necessidade de que entes da Administração celebrassem convênio de adesão se o plano contemplasse múltiplos patrocinadores.[3]

Essa norma foi expressamente revogada pela Lei Complementar nº 109, de 29 de maio de 2001, que, também segundo sua ementa, dispõe sobre o regime de previdência complementar no Brasil. Juntamente com essa novel regulamentação, foi publicada a Lei Complementar nº 108, da mesma data, que tem por objetivo, dentre outras providências, regular a relação entre a União, os Estados, o Distrito Federal e os Municípios, suas autarquias, fundações, sociedades de economia mista

---

[2] Art. 35. Para os fins deste capítulo, compete ao Ministério da Previdência e Assistência Social:
(...)
§1º No caso de entidades fechadas patrocinadas por empresas ou outras instituições da administração federal, a estas caberão as atribuições de fiscalização e controle previstos nas alíneas c e d, do inciso II deste artigo.

[3] Art. 34. (...)
§2º No caso de várias patrocinadoras, será exigida a celebração de convênio de adesão entre estas e a entidade de previdência, no qual se estabeleçam, pormenorizadamente, as condições de solidariedade das partes, inclusive quanto ao fluxo de novas entradas anuais de patrocinadoras.

e outras entidades públicas e suas respectivas entidades fechadas de previdência complementar.

Referida norma foi um marco no direito pátrio, vez que inaugurou a efetiva possibilidade de que entidades da Administração passassem a ser patrocinadoras de regimes de previdência complementar.

Essas inovações legislativas vieram na esteira da alteração do cenário constitucional decorrente da Emenda nº 20, de 15 de dezembro de 1998, que incluiu no §15, art. 40, na Lei Maior, disposição expressa acerca da instituição de regime de previdência complementar aos servidores públicos, regendo ainda a norma que, a partir da dita implementação, o Regime Próprio de Previdência Social (RPPS) respectivo poderia limitar os benefícios de inativação dos novos servidores ao teto do Regime Geral de Previdência Social (RGPS).

Posteriormente, a redação do mencionado dispositivo foi alterada pela Emenda Constitucional nº 41, de 30 de dezembro de 2003, a fim de definir que a instituição do regime de previdência complementar, necessariamente, ocorrerá por intermédio de lei de iniciativa do Poder Executivo, e o plano de benefícios será de contribuição definida,[4] gerido por entidade fechada.

A União, assim, editou a Lei nº 12.618, de 30 de abril de 2012, que institui o regime de previdência complementar dos servidores efetivos da União, inclusive membros de órgãos e poderes. Nesse diploma foram criadas as 3 entidades que administrarão os planos de benefícios dos servidores, uma para cada poder (FUNPRESP-EXE, FUNPRESP-LEG e FUNPRESP-JUD), constituídas sob a forma de fundação e com personalidade jurídica de direito privado.[5]

No mesmo documento veio a lume a vantagem denominada Benefício Especial (BE), destinada aos servidores efetivos que já estavam em exercício quando da edição da lei e que manifestassem intenção em

---

[4] Art. 40. (...)
§15. O regime de previdência complementar de que trata o §14 será instituído por lei de iniciativa do respectivo Poder Executivo, observado o disposto no art. 202 e seus parágrafos, no que couber, por intermédio de entidades fechadas de previdência complementar, de natureza pública, que oferecerão aos respectivos participantes planos de benefícios somente na modalidade de contribuição definida (Redação dada pela EC nº 41/2003).

[5] Art. 4º. (...)
§1º. A Funpresp-Exe, a Funpresp-Leg e a Funpresp-Jud serão estruturadas na forma de fundação, de natureza pública, com personalidade jurídica de direito privado, gozarão de autonomia administrativa, financeira e gerencial e terão sede e foro no Distrito Federal.

migrar para o regime de previdência complementar, aos quais também seria praticado um benefício de aposentadoria limitado ao teto do RGPS.

No âmbito do Estado do Pará, foi publicada a Lei Complementar nº 111, de 28 de dezembro de 2016, que, na forma de seu preâmbulo, tinha por escopo, além de dar outras providências, instituir o regime de previdência complementar no âmbito deste ente federado, fixar o limite máximo para a concessão de aposentadorias e pensões de que trata o art. 40 da Constituição Federal e autorizar a criação de entidade fechada de previdência complementar na forma de fundação, a FUNPRESP/PA.

Apesar de formalmente criada, a previdência complementar dos servidores estaduais no Pará não chegou a ser implementada em virtude da omissão do Poder Público quanto à disponibilização do plano de benefícios respectivo.

Sobreveio, então, em âmbito federal, a Emenda Constitucional nº 103, de 12 de novembro de 2019, trazendo novas nuances para esse cenário da previdência complementar aos servidores, donde se pode destacar, dentre outras questões:

i) o plano de benefícios poderá ser efetivado por entidade fechada ou aberta de previdência complementar, integrante ou não da Administração;[6] e

ii) a instituição de um regime de previdência complementar pelos Entes Federados, que antes era facultativa, passou a ser obrigatória, com prazo de implementação de 2 anos contados da publicação da emenda.

No Estado do Pará, foi promulgada a Emenda Constitucional nº 77, de 23 de dezembro de 2019, seguida pelas Leis Complementares nºs 125 (de 30 de dezembro de 2019), 128 e 129 (ambas de 13 de janeiro de 2020).

Esses diplomas vieram adequar o sistema previdenciário estadual aos novos parâmetros estabelecidos pela reforma da Constituição da República e abrir espaço para que um regime de previdência complementar vigesse no Estado.

---

[6] Art. 40. (...)
§15. O regime de previdência complementar de que trata o §14 oferecerá plano de benefícios somente na modalidade contribuição definida, observará o disposto no art. 202 e será efetivado por intermédio de entidade fechada de previdência complementar ou de entidade aberta de previdência complementar (Redação dada pela EC nº 103/2019).

4 Da evolução dos déficits atuarial e previdenciário dos regimes próprios no Brasil

Não é de hoje que os Regimes Próprios de Previdência Social no Brasil apresentam *déficit* previdenciário e atuarial, situação constatada não apenas no sistema dos servidores federais, mas também, e principalmente, nos modelos adotados pelos Estados e Municípios, além do Distrito Federal.

À guisa de ilustração, veja-se o cenário apresentado pela Secretaria dos Regimes Próprios de Previdência Social, do Ministério da Fazenda, já em 2015:

Dados dos Regimes Próprios em 2015

	ATIVOS	APOSENTADOS	PENSIONISTAS	TOTAL	RELAÇÃO ATIVOS / APOSENTADOS	RELAÇÃO ATIVOS / APOS. + PENS.
UNIÃO	1.216.769	572.286	409.953	2.199.008	2,1	1,2
ESTADOS/DF	2.668.253	1.552.047	506.603	4.726.903	1,7	1,3
MUNICÍPIOS	2.423.871	477.604	134.849	3.036.324	5,1	4,0
TOTAL	6.308.893	2.601.937	1.051.405	9.962.235	2,4	1,7

Fonte: SRPPS/SPREV/MF - Dados consolidados para Anuário Estatístico da Previdência Social - 2015
Observação: Incluídos servidores civis e militares.

Refletindo dados anteriores à reforma da previdência levada a efeito pela Emenda Constitucional nº 103, o Parecer Prévio das Contas do Governo sobre o RPPS federal do exercício de 2019, elaborado pelo Tribunal de Contas da União, contemplava o seguinte quadro:

Receitas

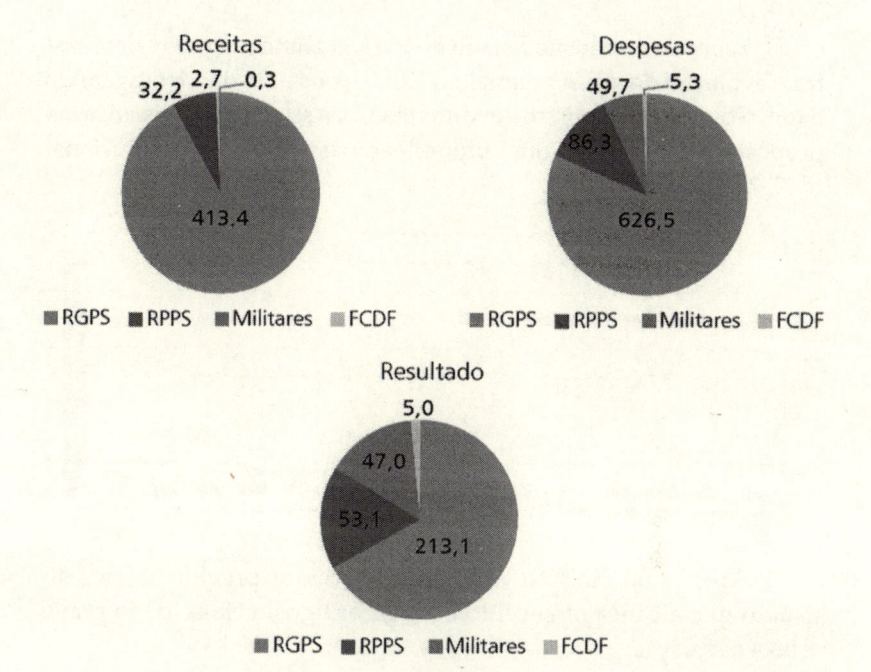

- RGPS: 413,4
- RPPS: 32,2
- Militares: 2,7
- FCDF: 0,3

Despesas

- RGPS: 626,5
- RPPS: 86,3
- Militares: 49,7
- FCDF: 5,3

Resultado

- RGPS: 213,1
- RPPS: 53,1
- Militares: 47,0
- FCDF: 5,0

Nos Estados, a situação não era diferente.

Em 2019, a revista VEJA publicou, com dados do Anuário Estatístico da Previdência Social de 2017, um diagnóstico sombrio dos RPPS naquele ano, que pode ser bem exemplificado pelo quadro:

O TAMANHO DO PROBLEMA
Os dez maiores rombos da Previdência e seu peso nas contas dos estados

	Déficit previdenciário (em bilhões de reais por ano)	Ralo da Previdência (em % da receita do estado)
1º SÃO PAULO	19,2	32,5%
2º MINAS GERAIS	16,4	35,9%
3º RIO DE JANEIRO	12,9	28,4%
4º RIO GRANDE DO SUL	11,1	63,3%
5º PARANÁ	4,8	23,2%
6º BAHIA	4,5	21,2%
7º SANTA CATARINA	3,8	26,6%
8º PERNAMBUCO	2,5	31,6%
9º GOIÁS	2,5	21,3%
10º DISTRITO FEDERAL	2,3	24,3%

Fonte: Anuário Estatístico da Previdência Social, 2017

Especificamente no Estado do Pará, o gráfico seguinte demonstra a evolução do *déficit* atuarial do RPPS, constante da Mensagem do Exmº. Governador do Estado encaminhada à Assembleia Legislativa, na proposta que culminou com a promulgação da Emenda Constitucional nº 77/2019:

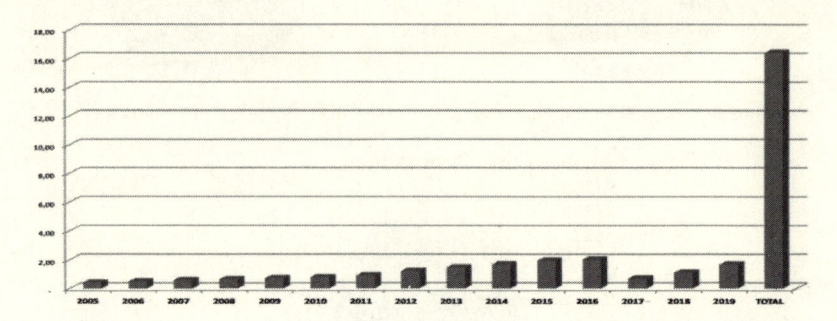

Apenas no FINANPREV, um dos fundos previdenciários do Estado que alcança os servidores mais antigos, veja-se quão grave estava a situação:

ANOS	DÉFICITS ATUARIAIS POR ANO - FINANPREV		TOTAL
	CIVIL	MILITAR	
2016	81.189.948.902,53	29.301.315.820,05	110.491.264.722,58
2017	133.427.493.775,61	37.349.140.713,31	170.776.634.488,92
2018	127.721.848.421,83	40.457.023.043,13	168.178.871.464,96
2019	138.885.482.643,78	47.702.460.468,58	186.587.943.112,36

No Estado do Rio Grande do Sul, também em um cenário pré-reforma de 2019, o grau de comprometimento do RPPS daquele Estado pode ser exemplificado pelo quadro a seguir:

RELAÇÃO ENTRE ATIVOS E INATIVOS
Impacto dos regimes próprios de previdência é bem maior no RS

ATIVO / INATIVO

RIO GRANDE DO SUL
1 / 2

SERVIDORES DA UNIÃO
1,2 / 1

SERVIDORES DE ESTADOS E DF (MÉDIA)
1,4 / 1

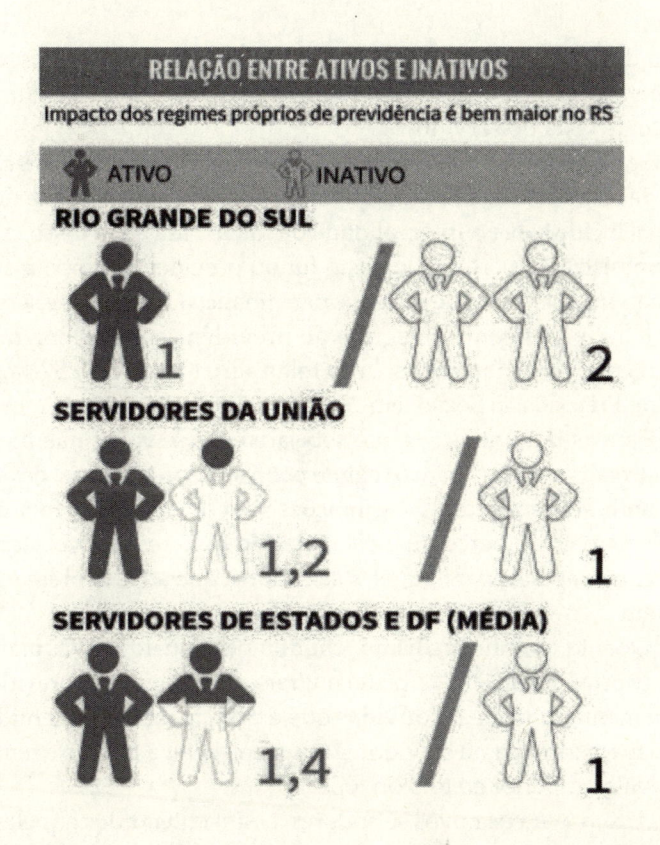

Assim, as mudanças que foram implementadas pela Emenda Constitucional nº 103, no sentido de conferir obrigatoriedade à instituição do regime de previdência complementar eram, de fato, necessárias.

5 Das alterações decorrentes da implementação de um regime de previdência complementar pelos entes federados

A previdência complementar, por princípio e em princípio, pode ser um dos mecanismos adotados pelo Estado para incrementar sua economia, dado que, além de incentivar a formação de um capital não especulativo de médio/longo prazo, empresta noções de atuária e fomenta o incremento da poupança interna.

Inobstante a instituição de um regime de previdência complementar para os entes federados, a partir da EC nº 103/2019 seja obrigatória, não há dúvidas que esse tipo de política pública impõe uma série de vantagens, seja sob a ótica da Administração, como também analisando o ponto de vista do servidor.

Sob o ponto de vista do Poder Público, antes da implementação do plano de benefícios de previdência complementar, a cota previdenciária patronal incide sobre a integralidade da folha. Para além disso, é ônus da Administração verter valores ao fundo previdenciário para suprir eventuais insuficiências de recursos para financiar benefícios e serviços.

Uma vez vigente o regime de previdência complementar, o Governo paga contribuições sobre a folha até o teto do RGPS – Regime Geral de Previdência Social, em 2024 no valor de R$-7.786,02.

Para as remunerações que sobejarem desse valor, não há mais cota patronal a recolher para o regime público de previdência, devendo, no entanto, ser recolhidas contribuições para o regime de previdência complementar, no percentual estabelecido pelo respectivo plano de benefícios, e apenas para aqueles servidores que a ele expressamente aderirem.

Quanto ao funcionalismo, em que pese qualquer ocupante de cargo de provimento efetivo possa migrar para o regime de previdência complementar, indene de dúvidas que o principal alvo das entidades fechadas é a camada de servidores que percebem, a título de remuneração, valor superior ao teto do RGPS.

Assim, para os novos servidores, assim entendidos aqueles que ingressaram em cargo de provimento efetivo após a instituição do plano de benefícios, o benefício a ser pago pelo RPPS será limitado ao teto do RGPS.

Para perceber além disso na inatividade, o servidor terá de aderir ao plano de benefícios instituído pela entidade fechada de previdência complementar respectiva, o que gerará direito ao recebimento de um benefício de previdência complementar a depender das condições do plano, diretamente relacionado ao tempo de contribuição e ao montante contribuído.

Em relação aos servidores antigos, na mesma linha de raciocínio, àqueles que já estavam no exercício de cargo efetivo quando da instituição do plano de benefícios é facultada a migração. Aos que migrarem, o benefício oficial será pago também até o teto do RGPS, acrescido, para os que aderirem ao plano de benefícios, de um outro pagamento correspondente ao acumulado de contribuições realizadas sobre o valor que exceder a esse patamar.

Entretanto, esta gama de servidores terá direito a um pagamento com a finalidade de compensar o período em que ficaram vinculados a RPPS, denominado Benefício Especial.

6 Considerações finais

O cenário pré-reforma de 2019 dos Regimes Próprios de Previdência demonstrava quão grave era a situação dos fundos previdenciários, trazendo a todo o sistema uma aura de incertezas que em muito comprometia a sua fiabilidade.

Nesse contexto, a implementação de um regime de previdência complementar pela Administração, modelo existente desde 1977, mas que se tornou obrigatório, sob o prisma do Poder Público, a partir da EC nº 103/2019, emergiu como uma das soluções viáveis.

Nesta senda, a previdência complementar desempenha um papel crucial na promoção da estabilidade financeira e na redução da carga sobre os sistemas previdenciários tradicionais. Ao incentivar a poupança e o planejamento para a aposentadoria, os governos buscam garantir que os cidadãos possam desfrutar de uma vida digna e sustentável na inatividade.

Mais que isso, tais disposições emergem como a salvaguarda de um equilíbrio fiscal do governo, de modo a compatibilizar e otimizar a aplicação dos recursos, finitos por natureza, com as necessidades infinitas da sociedade.

Referências

BIANCO, Dânae Dal et al. *Previdência de servidores públicos.* São Paulo: Atlas, 2009.

BRASIL. Advocacia-Geral da União. *Parecer 00100/2019/DECOR/CGU/AGU.* Disponível em: https://www.planalto.gov.br/ccivil_03/AGU/Pareceres/2019-2022/PRC-JL-03-2020.htm.

BRASIL. [Constituição (1988)]. *Constituição da República Federativa do Brasil de 1988.* Brasília-DF. Disponível em: https://www.planalto.gov.br/ccivil_03/constituicao/constituicao.htm.

BRASIL. [Constituição (1988)]. *Emenda Constitucional nº 20, de 15 de dezembro de 1998.* Brasília-DF. Disponível em: https://www.planalto.gov.br/ccivil_03/constituicao/emendas/emc/emc20.htm.

BRASIL. [Constituição (1988)]. *Emenda Constitucional nº 41, de 30 de dezembro de 2003.* Brasília-DF. Disponível em: https://www.planalto.gov.br/ccivil_03/constituicao/emendas/emc/emc41.htm.

BRASIL. [Constituição (1988)]. *Emenda Constitucional nº 103, de 12 de novembro de 2019.* Brasília-DF. Disponível em: https://www.planalto.gov.br/ccivil_03/constituicao/emendas/emc/emc103.htm.

BRASIL. *Lei nº 6.435, de 15 de julho de 1977.* Dispõe sobre as Entidades de Previdência Privada. Brasília-DF. Disponível em: https://www.planalto.gov.br/ccivil_03/leis/l6435.htm.

BRASIL. *Lei nº 12.618, de 30 de abril de 2012.* Institui o regime de previdência complementar para os servidores públicos federais titulares de cargo efetivo, inclusive os membros dos órgãos que menciona; fixa o limite máximo para a concessão de aposentadorias e pensões pelo regime de previdência de que trata o art. 40 da Constituição Federal; autoriza a criação de 3 (três) entidades fechadas de previdência complementar, denominadas Fundação de Previdência Complementar do Servidor Público Federal do Poder Executivo (Funpresp-Exe), Fundação de Previdência Complementar do Servidor Público Federal do Poder Legislativo (Funpresp-Leg) e Fundação de Previdência Complementar do Servidor Público Federal do Poder Judiciário (Funpresp-Jud); altera dispositivos da Lei nº 10.887, de 18 de junho de 2004; e dá outras providências. Brasília-DF. Disponível em: https://www.planalto.gov.br/ccivil_03/_ato2011-2014/2012/lei/l12618.htm.

BRASIL. *Lei nº 14.463, de 26 de outubro de 2022.* Dispõe sobre a reabertura do prazo para opção pelo regime de previdência complementar e altera a Lei nº 12.618, de 30 de abril de 2012, e a Lei nº 9.250, de 26 de dezembro de 1995, para adequá-las à Emenda Constitucional nº 103, de 12 de novembro de 2019, e estabelecer a natureza jurídica do benefício especial. Brasília-DF. Disponível em: https://www.planalto.gov.br/ccivil_03/_Ato2019-2022/2022/Lei/L14463.htm#art2.

BRASIL. *Lei Complementar nº 108, de 29 de maio de 2001.* Dispõe sobre a relação entre a União, os Estados, o Distrito Federal e os Municípios, suas autarquias, fundações, sociedades de economia mista e outras entidades públicas e suas respectivas entidades fechadas de previdência complementar, e dá outras providências. Brasília-DF. Disponível em: https://www.planalto.gov.br/ccivil_03/leis/lcp/lcp108.htm.

BRASIL. *Lei Complementar nº 109, de 29 de maio de 2001.* Dispõe sobre o Regime de Previdência Complementar e dá outras providências. Brasília-DF. Disponível em: https://www.planalto.gov.br/ccivil_03/leis/lcp/lcp109.htm.

BRASIL. Presidência da República. *Mensagem nº 55/201.* Presidente Jair Bolsonaro, Brasília, fevereiro/2019. Disponível em: https://www.camara.leg.br/proposicoesWeb/prop_mostrarintegra?codteor=1712467&filename=Tramitacao-PEC%206/2019.

BRASIL. Ministério da Fazenda. Secretaria da Receita Federal. Coordenação Geral de Tributação. *Solução de Consulta nº 42/2019 – COSIT.* Disponível em: http://normas.receita.fazenda.gov.br/sijut2consulta/link.action?visao=anotado&idAto=98794. Acesso em 05/01/2024.

BRASIL. Tribunal de Contas da União. *Acórdão nº 2.611/2022 – Plenário*. Representantes: Advocacia-Geral da União e Fórum Nacional Permanente das Carreiras Típicas de Estado (FONACATE). Relator: Min. Benjamin Zymler. Disponível em: https://pesquisa.apps.tcu.gov.br/documento/acordao-completo/*/NUMACORDAO%253A2611%2520ANOACORDAO%253A2022%2520COLEGIADO%253A%2522Plen%25C3%25A1rio%2522/DTRELEVANCIA%2520desc%252C%2520NUMACORDAOINT%2520desc/0. Acesso em: 5 jan. 2024.

BRASIL. Tribunal de Contas da União. *Parecer Prévio e Síntese do Relatório sobre as Contas do Presidente da República – Exercício de 2019*. Relator Min. Bruno Dantas, Brasília, jun. 2020. Disponível em: https://sites.tcu.gov.br/contas-do-governo-2019/resultado-previdenciario.htm.

BUCCI, Maria Paula Dallari. Políticas Públicas e Direito Administrativo. *Revista de Informação Legislativa*, Brasília, n. 133, p. 89/98, jan./mar 1997.

CARVALHO FILHO, José dos Santos. *Manual de direito administrativo*. 17. ed. Rio de Janeiro: Lumen Juris, 2007.

CUNHA, Lucas. Fora da Previdência, Estados e Municípios podem falir. *Veja Negócios*, 28.jun.2019, disponível em https://veja.abril.com.br/economia/fora-da-reforma-da-previdencia-estados-e-municipios-podem-falir. Acesso em: 29 set. 2024.

DELGADO, Maurício Godinho; PORTO, Lorena Vasconcelos (org.). *Welfare State – os grandes desafios do Estado de Bem-Estar Social*. São Paulo: LTR, 2019.

FIPE. Fundação Instituto de Pesquisas Econômicas. *Temas de Economia Aplicada*. São Paulo, fevereiro/2020. Disponível em: https://downloads.fipe.org.br/publicacoes/bif/bif473-32-35.pdf. Acesso em: 5 jan. 2024.

KERTZMAN, Ivan e CYRINO, Sinésio (org.). *Leituras Complementares de Previdenciário*. Salvador: Juspodivm, 2007.

MARTINEZ, Wladimir Novaes. *Curso de Direito Previdenciário*. 7. ed. São Paulo: LTR, 2017.

MORAES, Alexandre de. *Constituição do Brasil Interpretada e Legislação Constitucional*. 8. ed. São Paulo: Atlas, 2011.

MORAIS, Océlio de Jesus C. (org.). *Sistemas de Seguridade do Mundo*. São Paulo: LTR, 2019.

Informação bibliográfica deste livro, conforme a NBR 6023:2018 da Associação Brasileira de Normas Técnicas (ABNT):

REIS, Sérgio Oliva. A instituição de um regime de previdência complementar e o desafio para uma previdência social sustentável. *In:* IDAPAR, Instituto de Direito Administrativo do Pará (org.); OLIVEIRA, Maria Cristina Cesar de; DOURADO JUNIOR, Octavio Cascaes; MORAES, Marcio Augusto Moura de (coord.). *Sustentabilidade no Direito Administrativo*. Belo Horizonte: Fórum, 2025. p. 159-171. ISBN 978-65-5518-953-7.

O DESENVOLVIMENTO DA EDUCAÇÃO AMBIENTAL PELA ADMINISTRAÇÃO PÚBLICA COMO DEVER CONSTITUCIONAL: ASPECTOS LEGAIS E PRÁTICOS

ANA MARIA BARATA,
JOÃO ROGÉRIO RODRIGUES

Introdução

Este estudo tem como diretriz promover o debate sobre a necessidade de implantar e efetivar a educação ambiental em todos os graus de ensino brasileiro. Inicialmente, será promovida abordagem dos aspectos formais da questão ambiental, contextualizando-a quanto às premissas constitucionais, legais e institucionais, apontando aspectos no plano rural, econômico e outras condutas pontuais sobre queimadas e densidade florestal, entre outras.

No desenvolvimento educativo ambiental, privilegia as informações no plano teórico de conhecimento dos problemas ambientais, seus reflexos e consequências que o mundo apresenta pelo desequilíbrio ambiental, com suporte em informações contidas em pesquisas, passando à conscientização e a mudanças culturais com o trato do meio ambiente, cuja intenção é a de que advenham fatores para modificar a situação agonizante em que se encontra o planeta Terra.

Além desse ambiente teórico de conhecimento de ordem ambiental, a finalidade principal do ensaio sob relato é propor técnicas pedagógicas e métodos no desenvolvimento da educação ambiental, ao lado do ensino formal, na suposição de que tais propostas metodológicas concorram para atingir efeitos concretos eficientes e suficientes no âmbito educativo de formação da educação ambiental, cujo ensino-aprendizado seja desenvolvido de modo didático, sistemático, compreensivo e prazeroso.

As proposições metodológicas objetivam ofertar, estabelecer, construir de modo simplificado comandos práticos e didáticos de desenvolvimento de estratégias na condução da educação ambiental no ensino fundamental e médio, adequando-se conforme os níveis e graus de ensino, esperando que o conteúdo proposto seja útil e traga bons resultados.

Nesta contextura, a dinâmica do arcabouço jurídico brasileiro, no tocante à questão ambiental, é suscetível de ser analisada com ênfase na promoção da cidadania e na garantia de meio ambiente saudável para a sociedade.

1 O contexto da educação ambiental no âmbito rural

Em 1981, entrou em vigor a Lei nº 6.938/81, dispondo sobre a Política Nacional do Meio Ambiente, que objetiva preservar, aperfeiçoar e recuperar a qualidade ambiental, criando órgãos ambientais, expondo suas competências, destacando grande progresso legislativo.

A Constituição Federal hodierna é precursora, entre as Constituições Brasileiras, ao incorporar a questão ambiental, adicionando os ditames na Conferência de Estocolmo, de 1972, com a devida atenção às repercussões mundiais, visto que o problema ambiental é, indubitavelmente, sem fronteiras.

A conscientização é instrumento basilar para a origem da educação ambiental, que deve ser desenvolvida em cada pessoa, por meio da compreensão e do significado do meio ambiente. Essa dinâmica acontece quando se desenvolvem atos tangíveis que se destinam a uma edificação social disposta a reeducar o ser humano com reflexos coletivos.

A percepção ambiental é, hoje, tema recorrente que colabora para a consciência e a prática de ações individuais e coletivas. Sendo assim, o estudo da percepção ambiental é de elevada importância para que sejam mais bem compreendidas as inter-relações do ser humano com o ambiente, suas expectativas, satisfações e insatisfações, expectativas, julgamentos e condutas (PACHECO; SILVA, 2007).

Atentando-se para a particularidade da educação ambiental no meio rural, resta evidente que está inclinada à realidade dos sujeitos do campo, esclarecendo as suas peculiaridades, conforme o cotidiano. Sabe-se que esta preocupação é recente no Brasil, visto que os moldes do desenvolvimento econômico no país incentivaram, desordenadamente e por séculos, o latifúndio, o agronegócio e a monocultura, em prejuízo do campesinato ou da agricultura familiar, fazendo com que a educação ambiental no meio rural fosse manipulada segundo os interesses da classe dominante, deixando de se debater matérias como manejo sustentável, biodiversidade, sustentabilidade etc., temas que, hoje em dia, se observam, com maior frequência, nas escolas do ambiente campesino.

A proposta de educação ambiental torna-se indispensável a todos, desde a fase infante até o período adulto. Sem dúvida, isso inclui as populações menos privilegiadas, como os trabalhadores das áreas rurais, também destinatários dessa educação, pois há a necessidade de desenvolver atividades educativas nessa camada social para que ela obtenha conhecimento qualificado, capaz de compreender a responsabilidade de cada qual, com a proteção do meio ambiente, incluso aquele do trabalho.

Resta claro que o arcabouço jurídico em relevo ensina que a educação ambiental deve ser ministrada transversal e interdisciplinarmente em todos os níveis de ensino, seja na educação formal, como também na de teor não formal, destinando-se à formação, conscientização e sensibilização da sociedade como um todo, visando ao bom exercício da cidadania ambiental. Assim, passa a ser exigível o exercício educacional, também, no plano comunitário, ainda que não escolar, em benefício de todos, o que inclui atividades educativas desenvolvidas por pessoas públicas ou privadas, a exemplo das agências reguladoras (BRITO *et al.*, 2017).

Sob este prisma, a educação ambiental no meio rural baseia-se nas referências dos sujeitos em relação às práticas sociais de produção, que compõem a diversidade do seu meio, sendo, por isso, diversa da educação urbana, porém, uma não está desassociada da outra, porquanto a educação ambiental dos seres humanos do campo deve se destinar ao seu esclarecimento acerca dos problemas oriundos da própria estrutura econômica e social que o capital criou no ambiente de ruralidade: desigualdade social, expropriação, êxodo rural, pobreza, degradação ambiental e perda da qualidade de vida, sem se esquecer, no entanto, de que esta estrutura de conhecimento deve se iniciar em todos os graus de ensino. Bem assim, comportamentos como manejo sustentável e preservação de fauna e flora devem estar inclusos nesta política educacional.

Impõe-se demonstrar que o conhecimento da proteção das florestas se mostra essencial, pois elas exprimem diversas funções. As florestas são responsáveis pelo sequestro e armazenamento de estoques de carbono (CO e CO_2) laçados por distintas fontes que usam energia fóssil e no domínio do efeito estufa. Por isso a importância das funções do meio ambiente amazônico, por prover vários serviços ambientais às populações, bem como seus valores científicos, culturais, estéticos, dentre outros universalmente reconhecidos, fonte de alimentos, de artigos farmacológicos e químicos e de dados para o acréscimo da biotecnologia.

Outro ponto em destaque é a utilização do fogo, para diversos fins, em boa parte, ilegal, o que se caracteriza entre os distúrbios causadores da deterioração das áreas rurais, com influxos negativos na composição e dinâmica da floresta, pois os incêndios florestais são causadores de poluição na atmosfera, emitindo, assim, gases de efeito estufa, liberando toneladas de carbono no ambiente.

Ainda nesse panorama, faz-se necessário ressaltar os efeitos do corte seletivo das florestas, o que majora a vulnerabilidade da floresta ao fogo. Nesta linha de ideias, tem-se que, quando o fogo adentra a floresta, destrói árvores, aumenta a carga de combustível e seca a mata, elevando o risco de futuras queimadas e da completa degradação florestal.

Nesse decurso de desmatamento na Amazônia, as queimadas têm relação direta com a expansão da pecuária e o aumento populacional, bem assim com as dinâmicas econômicas e territoriais que se manifestam nesta região. A análise relativa aos pequenos fazendeiros *versus* grandes latifundiários modifica-se, continuamente, em razão das influências econômicas e demográficas. Esta asserção é importante quando se vislumbra encontrar as razões das causas do desmatamento.

A força do corte de espécies de baixa densidade, comercialmente valiosas, é, reiteradamente, ignorada. O corte seletivo retrata uma perda de quase duas vezes o volume de árvores que estão sendo removidas. Com a extinção de várias árvores menores, a consequência sobre os seres humanos e animais é ainda maior. Nas cercanias de Paragominas, no Pará, para cada árvore retirada, 27 outras foram mortas ou severamente prejudicadas (VERÍSSIMO *et al.*, 1992).

Estes fatos são importantes para o conhecimento de que ações de elucidação de manejo florestal se exprimem como de sobeja importância, expondo a ideia de que a cultura da educação ambiental não há de ser ensinada apenas nas universidades, pois, ao revés, esta preocupação deve iniciar-se desde o ensino fundamental, para que as crianças se desenvolvam como guardiãs do meio ambiente sustentável, e a fim de que a sociedade desenvolva a cultura do esclarecimento sobre a proteção do meio ambiente.

A educação ambiental possui caráter emancipatório, no âmbito do qual as alterações da atividade humana ligadas ao devido uso do meio ambiente provoquem mudanças individuais e coletivas, locais e globais, estruturais e conjunturais, econômicas e culturais, de modo específico, nas áreas rurais, pois é nesse ambiente onde a necessidade também se impõe para uma política de esclarecimento, que urge se efetivar, já que é no ambiente rural que se encontra o *locus* de atividade que, por vezes, agride o meio ambiente, tornando a sua população vulnerável a esta realidade.

Sob o prisma econômico, percebe-se a dicotomia da contínua procura do crescimento econômico em relação à necessidade da preservação do ecossistema, promovente de vitalidade social, em consonância com as exigências universais da qualidade ambiental.

Desse modo, a educação ambiental deve passar por todas as camadas sociais, de modo multidisciplinar, privilegiando o plano teórico em todas as vertentes, desenvolvido, pedagógica e metodologicamente, como aprendizado constante.

2 Normativo constitucional e legal da educação ambiental

A Constituição Federal adotou o compromisso ambiental no Capítulo VI, do Meio Ambiente, compondo diversas regras de proteção e, como tal, não deixaria de fora a educação ambiental, expressando essa garantia no art. 225, inciso VI.

> Art. 225. Todos têm direito ao meio ambiente ecologicamente equilibrado, bem de uso comum do povo e essencial à sadia qualidade de vida, impondo-se ao Poder Público e à coletividade o dever de defendê-lo e preservá-lo para as presentes e futuras gerações.

VI - promover a educação ambiental em todos os níveis de ensino e a conscientização pública para a preservação do meio ambiente;

A Constituição do Estado do Pará no art. 255, IV, também prevê a educação ambiental. Como visto, é dever do poder público em todos os níveis de ensino — federal, estadual, distrital e municipal — promover a educação ambiental integrada, por meio da conscientização e atuação, visando a preservar o meio ambiente.

A educação ambiental efetiva-se por diversos meios e metodologias que se mostrem eficientes e eficazes na sua condução, tanto de conhecimento teórico quanto prático, efetivando a conscientização e a necessidade de as instituições de ensino promoverem abordagens da maneira mais ampla possível.

Sob tal aspecto, a educação ambiental deve envolver os diversos setores que compõem o meio ambiente, e, com suporte nessa posição, extrair os modais mais importantes no desenvolvimento da disciplina.

Gustavo Barbosa divide, assim, o meio ambiente:

> a) [...] natural ou físico: constituído pelo solo, água, ar atmosférico, flora e fauna; b) meio ambiente cultural: valores históricos, ou seja, o patrimônio histórico, artístico, paisagístico e turístico, existentes em determinado país; c) meio ambiente artificial: espaço urbano construído pelo ser humano, englobando o conjunto de edificações e espaços urbanos públicos; d) meio ambiente do trabalho: local de realização da atividade laboral. (BARBOSA, 2011)

A Carta Nacional objetiva que a educação ambiental esteja orientada para o conhecimento e desenvolvimento do meio ambiente equilibrado para a boa qualidade de vida, bem como para o dever de todos em defender e preservar o meio ambiente, para as atuais e futuras gerações. Para esse fim, o Estado-Administração deve instituir e estruturar com eficácia e eficiência os meios de desenvolver a educação ambiental, envolvendo procedimentos técnico-pedagógicos, metodológicos, tecnológicos, teóricos, práticos e construtivos, atendendo à finalidade que a Carta Magna pretendeu.

A implementação da educação ambiental é competência concorrente da União, Estados, Distrito Federal e Municípios, consoante dispõe o art. 24, incisos VI e VII, da Carta Federal. No âmbito infraconstitucional, há a Lei Federal nº 9.795, de 27 de abril de 1999. O Estado do Pará, conta com a Lei Estadual nº 9.981, de 6 de julho de 2023, e a

Lei do Município de Belém nº 8.767, de 21 de julho de 2010, que tratam da política de educação ambiental nos vários níveis, além dos códigos ambientais.

Assim, os entes políticos devem criar legislação local para estruturar o sistema de ensino, de modo dinâmico, participativo, propositivo e construtivo. O ensino a ser desenvolvido também deverá ter um compromisso transformador com a multiplicação do conhecimento apreendido de modo participativo, envolvendo componentes familiares e a comunidade, tornando o aluno um protagonista importante nesse sistema de ensino especial.

A educação ambiental envolve a participação geral no sistema educativo em todos os graus, com parcerias de órgãos ambientais, instituições educativas, notadamente o envolvimento com as universidades — o que se mostra essencial —, instituições públicas e privadas, entidades de classe, ONGs, lideranças comunitárias, imprensa, terceiro setor, meios de propagação coletiva, empresas e trabalhadores, demandando, juntos, políticas de fomento, conclamando a sociedade para o envolvimento desse processo educacional, para dele extrair preciosas lições. As legislações mencionadas contemplam boas condições para a elaboração de um programa efetivo e eficaz de educação socioambiental.

Constata-se que a educação ambiental tem previsão desde a CRFB de 1988, de sorte que causa espanto o fato de só recentemente os governos a implementarem, de modo integral e autônomo, com atraso considerável, mesmo a ocorrência de desastres ambientais experimentados em todo o mundo. Sabe-se que escolas inserem a temática ambiental de modo periférico, porém, agora, devem abarcar a disciplina no currículo escolar de maneira autônoma, obrigatória e permanente em todos os graus do ensino.

A Lei nº 9.795/99, que institui a Política Nacional de Educação Ambiental (PNEA), assevera que a educação ambiental é arquitetada como uma conjunção de providências por via das quais as pessoas e a coletividade estabelecem valores sociais, protegendo o meio ambiente, que é patrimônio de todos.

A despeito dos primados de construção da educação ambiental por esse normativo, vê-se que há um retrocesso em relação aos comandos constitucionais do art. 225, inciso VI, que ordena a efetivação da educação ambiental. A lei da PNEA, entretanto, no art. 10, §1º, estabelece que a educação ambiental "*não deve* ser implantada como disciplina específica no currículo de ensino". Tal significa dizer que a educação ambiental é suscetível de não cobrir uma disciplina especifica de modo autônomo, correndo o risco de o tema ser abordado com vagueza e transversalmente, apenas inserindo a matéria de forma superficial. Não é este — decerto — o modelo constitucional, sendo passível de importar em interpretações que dificultem a eficácia desse ensino, instando, nesse particular, demandar judicialmente o controle de constitucionalidade.

Ademais, sendo o ensino ambiental obrigatório, importa em aplicação do art. 208, §2º, da CF/88, que dispõe: "[...] o não oferecimento do ensino obrigatório pelo Poder Público ou sua oferta irregular, importa responsabilidade da autoridade competente". Portanto, a Constituição Federal oferta mecanismos de proteção e de efetividade da educação ambiental, bastando aplicá-la como um direito fundamental.

A Lei nº 9.795/99 sofreu alterações pela Lei nº 14.926, de 17 de julho de 2024, estabelecendo a necessidade de estímulos à participação das escolas nas ações de prevenção, mitigação e de adaptação às mudanças do clima e das perdas da biodiversidade, de forma a demonstrar os riscos e vulnerabilidades sujeitas a desastres socioambientais.

Como demonstrado neste trabalho, a nova lei no inciso II-A, do art. 5º, trouxe também a preocupação com o desenvolvimento de instrumentos e metodologias para assegurar a efetividade das ações educadoras de prevenção relacionadas às mudanças climáticas, as quais estão propostas neste ensaio.

Na inclusão dessas temáticas, a lei contemplou a preocupação de que esses temas estivessem organizados em projetos institucionais e pedagógicos da educação básica e da educação superior, com supervisão das autoridades competentes.

Como se observa, o ensino ambiental precisa ser implementado como disciplina autônoma e obrigatória, programada tecnicamente por meio de instrumentos metodológicos, pedagógicos e práticos para a eficaz compreensão, conscientização e atuação no processo ensino-aprendizagem.

3 Proposição do ensino prático na educação ambiental

A promoção do ensino ambiental, além da ação e competência do poder público, é também dever de todos, portanto, para a eficácia desse ensino, deve o Estado estabelecer seus modelos pedagógicos e metodológicos para sua efetivação, e, para isso, é fundamental que conte com a participação da sociedade, compondo protocolos e convênios com universidades, notadamente as federais, que detêm qualificado conhecimento ambiental teórico, técnico e jurídico, objetivando a formação de professores, para ajudar a formular o conteúdo programático, promovendo pesquisas, debates e técnicas pedagógicas de ensino e metodologias eficazes para tratar de assunto tão relevante, de modo a estruturar conhecimentos teóricos e práticos em linguagem simples, conforme seja o grau de ensino a ser alcançado.

A participação da ciência advinda das instituições científicas no acervo de formação teórica e capacitação de recursos humanos e especialização dos docentes é medida fundamental na preparação técnico-pedagógico e habilidades para a efetivação de ensino inclusivo nas escolas em cada área de composição do programa, adaptada linguística e pedagogicamente conforme o nível de ensino a ser desenvolvido.

A doutrina oferta importante significado sobre o tema:

> A Educação Ambiental destina-se a reforçar a tomada de consciência da problemática ambiental a nível global e do perigo que ameaça o planeta movido pelo espírito competitivo, e da necessidade de êxito individual, consolidado pelo egoísmo humano que não prospecta a solidariedade. (VERCIANO, 2022).

O autor ainda esclarece:

> Ocorre que, a formação dos atores envolvidos no processo de ensino-aprendizagem carece de diretrizes que tenham como premissa a inserção da alfabetização ecológica nos Planos Nacionais Curriculares (PCNs) numa perspectiva da chamada Pedagogia da Terra ou Eco Pedagogia. (VERCIANO, 2022).

Ainda nesse plano, na configuração como disciplina autônoma, é determinante eleger e efetivar o planejamento pedagógico e metodológico, com inserção na realidade da região, demandando estratégias técnicas de como desenvolver a educação ambiental, e, para tal, a unidade de ensino precisa contar com profissionais especializados, sistematizando o conhecimento científico com desenvolvimento prático, de modo a estabelecer currículo especial, com metodologias adequadas, de acordo com os graus de ensino.

A educação ambiental deve ser desenvolvida com plena participação dos estudantes como agentes ativos em horizontalidade, de modo que sejam atores pensantes e criadores, sendo os docentes coadjuvantes, facilitadores, mediadores e orientadores.

A experiência da *metodologia construtivista* é a mais adequada para desenvolver o aprendizado por meio de experiências, pesquisas, envolvendo os alunos de modo participativo, porquanto a matéria importa muitas condutas dinâmicas, envolvendo-os na realidade de sua comunidade, e, por certo, garante material de sobra para aglutinar o ensino-aprendizagem.

Por óbvio, as linguagens e métodos dependerão do grau de ensino a ser trabalhado, avançando o nível de dificuldade, tanto maiores sejam os degraus de ensino, do fundamental ao médio, adaptando as metodologias para proporcionar a eficácia do aprendizado.

Além da transmissão de conhecimentos, a participação efetiva – e correta sob o prisma metodológico — deve ensejar situações e vivências práticas, estudo de casos, pois o Brasil tem farto laboratório temático de estudos e de mudanças climáticas para o desenvolvimento do ensino. Para além disso, a conscientização de novo ideal no trato ambiental é um dever que deve envolver as práticas de ensino.

O ensino deve envolver o conhecimento didático-formal e instrumental de práticas educativas nos aspectos ambientais, notadamente nos graus fundamental e médio, que se encontram em aperfeiçoamento e formação humana. Isto há que envolver o conhecimento e a conscientização de procedimentos ambientais e culturais de povos que dão sustentação saudável ao meio ambiente, mormente a cultura indígena e seu compromisso natural de preservação ambiental.

É necessário, conforme expressado no inciso IV do 13-A, da Lei nº 9.795/99, desenvolver a política dos 5 Rs da sustentabilidade: repensar, reduzir, reutilizar, recusar e reciclar para alcançar os benefícios ao meio ambiente sustentável e com isso explicitar o modo como serão desenvolvidas essas práticas na rotina dos alunos. Impõe-se, ainda, demonstrar que a preservação ambiental com sustentabilidade se revela como novos contornos geradores da economia, com a floresta em pé, assim como o desenvolvimento do ecoturismo sustentável e uso racional dos recursos naturais.

Impende, também, que se promova desenvolvimento integrado de práticas educativas, tais como: programação de plantação de mudas de árvores no ambiente da escola e bairros,[1] criação de jogos tecnoló-

---

[1] Com apoio técnico de órgãos ambientais.

gicos que envolvam o tema ambiental, teatro, música, elaboração de textos, revistas, cartilhas, manuais, troca de experiências, palestras envolvendo professores e alunos, fazendo destes os protagonistas. O mundo tecnológico e a pesquisa científica contam com farto material na área ambiental, que deve ser selecionado e aproveitado para ser mais um elemento de informação e formação como meio metodológico.

Além dessas práticas, apontam-se outras providências metodológicas: fomentar concursos e maratonas, promover o vínculo entre preservação ambiental e saúde, bem como seus contornos biológicos na prevenção de doenças decorrentes da má utilização do meio ambiente, incentivar as escolas a promoverem documentários com a participação de professores e alunos, entrevistas com administrados e governantes sobre como a questão ambiental está e deve ser tratada, promover rodas de conversas com troca de experiências, inclusive entre escolas, e a participação em intercâmbios. O emprego das redes sociais é ferramenta útil e eficaz na promoção e divulgação dessa temática. É preciso recorrer a premiações para as melhores práticas de educação ambiental, realizar passeios em reservas ambientais etc.

O debate sobre resíduos sólidos (lixo) é outro ponto fundamental de abordagem, promovendo grupos ou núcleos de pesquisa interdisciplinar de educação ambiental, como o previsto no art. 22 da Lei nº 8.767/2010 do Município de Belém. O envolvimento dos municípios brasileiros tem importância ímpar ao se cuidar desse assunto, pois estes constituem a real dimensão territorial e social da Federação, em que Estado e União devem participar ativamente dessa integração, pois é pelo coletivo que se efetivarão mudanças.

Impõe-se convocar os meios de comunicação — que receberam concessão — para atuar na promoção de campanhas permanentes, convidar empresas de publicidade para a realização de campanhas de preservação ambiental, envolvendo escola e aluno como elementos multiplicadores do aprendizado nas comunidades domiciliares.

É preciso que o destinatário dessa educação tenha o conhecimento de que o desiquilíbrio ambiental agrava a condição da vida, em sistêmicos e entrelaçados prejuízos importantes, pois, com a degradação das florestas, perde-se o armazenamento de carbono que as árvores guardam e, depois de feita a limpeza, jogam ar limpo na atmosfera. Também, a devastação agrava a dificuldade da manutenção de rios, promovendo secas ou acarretando enchentes, pois o comportamento ambiental correto também configura um meio de contenção e armazenamento de água.

Sem a proteção ambiental, ainda, se perde a fauna e prejudica a reprodução das espécies, que, também, são meios de reprodução de nova vegetação, pela semeadura natural de sementes, de tal modo que a cobertura florestal é essencial para o equilíbrio ecológico.

Vários segmentos da educação e de áreas diversas do conhecimento precisam estar compromissados para efetivar a educação ambiental inclusiva, propondo-se a atuar em todos os segmentos da educação ambiental, e formatar os objetivos expressos na CRFB para uma sociedade proativa.

Conclusões

A educação ambiental é parte integrativa governamental em todos os graus da educação, notadamente nos âmbitos fundamental e médio. Esse dever administrativo está contido no ideário da Constituição Federal de 1988, porém, só recentemente, essa preocupação se efetiva diante das graves crises ambientais previstas pelos cientistas e — o mais grave — sem a certeza de recuperação do que já foi degradado.

Neste estudo, foram apontadas propostas, expressadas nos aspectos teóricos, práticos, metodológicos e pedagógicos. De tal modo, espera-se que, com o apoio de profissionais capacitados e habilitados na formação, treinamento e capacitação de professores, é possível garantir o desenvolvimento desse especial e importante ensino, sem descurar de dados científicos, para que o Estado-Administração efetive o intento constitucional.

A realidade ainda está distante do ideal, todavia, os entes federativos – Estados, Distrito Federal e Municípios — devem efetivamente promover o desenvolvimento da educação ambiental autônoma em seu universo escolar, devendo essa disciplina compor não facultativamente — mas como obrigação — o catálogo escolar.

Também, ainda, se expressam como incipientes pelos entes públicos as dinâmicas de esclarecimento das comunidades, no tocante à preservação do ecossistema. Com os desastres ambientais que a Terra experimenta, fruto de alertas dos cientistas, a expectativa e o desejo é que ainda haja tempo suficiente para mudanças climáticas positivas.

Referências

BELÉM (PA). Lei municipal nº 8.767, de 21 de julho de 2010. Dispõe sobre a Educação Ambiental. Institui a Política Municipal de Educação Ambiental. Cria o Programa Municipal de Educação Ambiental. Complementa a Lei Federal nº 9.795/99 e a Constituição Estadual, art. 255, no âmbito do Município de Belém, e dá outras providências. Acesso em: 20 ago. 2024.

BRASIL. [Constituição (1988)]. Constituição da República Federativa do Brasil: promulgada em 5 de outubro de 1988.

BRASIL. Lei nº 6.938, de 31 de agosto de 1981. Dispõe sobre a Política Nacional do Meio Ambiente, seus fins e mecanismos de formulação e aplicação, e dá outras providências. DOU de 2.9.1981.

BRASIL. Lei nº 9.795, de 27 de abril de 1999. Dispõe sobre a educação ambiental, institui a Política Nacional de Educação Ambiental e dá outras providências. DOU de 28.4.1999. Acesso em: 20 ago. 2024.

BRASIL. Lei nº 14.926, de 17 de julho de 2024. Altera a Lei nº 9.795, de 27 de abril de 1999, para assegurar atenção às mudanças do clima, à proteção da biodiversidade e aos riscos e vulnerabilidades a desastres socioambientais no âmbito da Política Nacional de Educação Ambiental. DOU de 18.7.2024. Acesso em: 20 ago. 2024.

BRITO, Fernando de Azevedo Alves; BRITO, Alvares de Azevedo Alves. *Recursos hídricos e a educação ambiental*: evidenciando liames, tecendo considerações.

DECLARAÇÃO DE TBILISI. Portal da Educação Ambiental. São Paulo, 2023. Disponível em: https://smastr16.blob.core.windows.net/portaleducacaoambiental/sites/201/2022/02/declaracao-tblisi-1977.pdf. Acesso em: 16 mar. 2023.

FIGUEIREDO, Guilherme José Purvin de (coord.). *Direito Ambiental, recursos hídricos e saneamento*: estudos em comemoração aos 20 anos da política nacional de recursos hídricos e 10 anos da política nacional de saneamento. São Paulo: Letras Jurídicas, 2017.

PACHECO, Éser; SILVA, Hilton P. *Compromissos Epistemológicos do Conceito de Percepção Ambiental*. Rio de Janeiro: Departamento de Antropologia, Museu Nacional e Programa EICOS/UFRJ, 2007.

PARÁ. Lei Estadual nº 9.981, de 6 de julho de 2023. Institui a Política de Educação para o Meio Ambiente e Clima. DOE nº 35.463, de 7 de julho de 2023. Acesso em: 20 ago. 2024.

VERCIANO, Maralice Cunha. R. *Themis*, Fortaleza, v. 20, n. 2, p. 81-112, jul./dez. 2022.

VERÍSSIMO, A.; BARRETO, P.; MATTOS, M.; TARIFA, R.; UHL, C. Logging impacts and prospects for sustainable forest management in an old Amazonian Frontier: the case of Paragominas. *Forest Ecology and Management*, 55: p. 169-199, 1992.

Informação bibliográfica deste livro, conforme a NBR 6023:2018 da Associação Brasileira de Normas Técnicas (ABNT):

BARATA, Ana Maria; RODRIGUES, João Rogério. O desenvolvimento da educação ambiental pela administração pública como dever constitucional: aspectos legais e práticos. *In:* IDAPAR, Instituto de Direito Administrativo do Pará (org.); OLIVEIRA, Maria Cristina Cesar de; DOURADO JUNIOR, Octavio Cascaes; MORAES, Marcio Augusto Moura de (coord.). *Sustentabilidade no Direito Administrativo.* Belo Horizonte: Fórum, 2025. p. 173-186. ISBN 978-65-5518-953-7.

O PAPEL DA ADVOCACIA PÚBLICA CONSULTIVA NA FORMULAÇÃO DE POLÍTICAS PÚBLICAS SUSTENTÁVEIS

MÔNICA MARTINS TOSCANO SIMÕES

1 Palavras introdutórias

A sustentabilidade está, mais do que nunca, na ordem do dia. Fortemente impulsionada com viés ambiental pelo Relatório Brundtland, de 1987, elaborado pela Comissão Mundial sobre o Meio Ambiente e o Desenvolvimento, a sustentabilidade teve seu espectro substancialmente alargado ao longo dos anos, de tal modo que é, hoje, conceito multidimensional. Para além disso, a sustentabilidade passou a ser considerada princípio do ordenamento constitucional brasileiro.

Nesse contexto, a formulação das políticas públicas não poderia passar ao largo da sustentabilidade: é dever constitucional da Administração Pública formular políticas públicas sustentáveis.

No exercício da consultoria jurídica das respectivas unidades federadas,[1] à advocacia pública cumpre auxiliar na formulação das políticas públicas, viabilizando-as juridicamente, com integral observância da sustentabilidade multidimensional.

---

[1] Constituição Federal: "Art. 132. Os Procuradores dos Estados e do Distrito Federal, organizados em carreira, na qual o ingresso dependerá de concurso público de provas e títulos, com a participação da Ordem dos Advogados do Brasil em todas as suas fases, exercerão a representação judicial e a consultoria jurídica das respectivas unidades federadas." (Redação dada pela Emenda Constitucional nº 19, de 1998).

2 A advocacia pública consultiva e a formulação das políticas públicas

A advocacia pública consultiva tem ampliado exponencialmente suas frentes de atuação e vem ocupando papel de grande relevo no apoio à formulação de políticas públicas. Cada vez mais, a conformação jurídica dos meios de que se vale a Administração para a realização sistemática e abrangente dos fins constitucionais — as políticas públicas — tem recebido o auxílio da advocacia pública consultiva.

O processo de formulação de políticas públicas compreende, amplamente considerado, desde a escolha dos fins a priorizar[2] até a concepção da modelagem jurídica que melhor permita o alcance das finalidades públicas, devendo a atuação consultiva fazer-se presente em diversos momentos dessa cadeia processual.

Esse auxílio se mostra ainda mais imprescindível pelo fato de que as políticas públicas envolvem espaços de competência discricionária — campo fértil para toda sorte de desvios de finalidade — e é preciso orientar o gestor quanto ao seu legítimo exercício.[3] À advocacia pública consultiva se impõe suscitar razões de mérito a serem consideradas pelo gestor, em favor da tomada da chamada *solução ótima*.[4]

2.1 A escolha da política pública

A escolha da política pública a implementar se insere, em princípio, no âmbito da competência discricionária do gestor.

Contudo, partindo da famosa advertência de Caio Tácito — "a regra de competência não é um cheque em branco concedido ao

---

[2] É bem verdade que a Administração está obrigada a assegurar o exercício dos direitos fundamentais, mas é-lhe dado eleger prioridades de atuação.

[3] Atento a essa realidade, Horácio Augusto Mendes de Sousa aponta, dentre os parâmetros para a atuação da advocacia pública sustentável, em prol da efetividade do princípio constitucional da sustentabilidade, "(i) a efetiva participação da advocacia pública na formulação e implementação de políticas públicas sustentáveis, desde o seu nascedouro, o que se justifica não somente pela substancial e indispensável juridicidade das políticas públicas estatais, mas também pela expressiva possibilidade de pronta resolução dos problemas jurídicos supervenientes, tornando a aludida processualidade administrativa mais participativa, célere e eficiente (CR/88, art. 5º, LXXVIII c/c art. 37, *caput*)". In: *A advocacia pública sustentável como pressuposto da efetivação do princípio da sustentabilidade na Administração Pública*. INTERESSE PÚBLICO. Belo Horizonte: Fórum, 2013. Disponível em: https://www.forumconhecimento.com.br/v2/revista/P172. Acesso em: 21 ago. 2024.

[4] Se até mesmo aos recorrentes é dado suscitar razões de mérito (art. 56 da Lei nº 9.784/99), quanto mais à consultoria jurídica da Administração, encarregada do controle de legitimidade da atuação administrativa.

administrador"⁵ —, o legítimo exercício da competência discricionária depende de um processo racional de escolha.

Nesse sentido, cumpre ao gestor considerar que não lhe é dado expandir as políticas públicas para além dos direitos fundamentais enquanto estes não tiverem ao menos o seu núcleo essencial atendido, de modo a restar garantido o chamado direito ao mínimo existencial. Afinal, a discricionariedade administrativa não pode ignorar as prioridades preestabelecidas na Constituição.

Segundo pensamento desenvolvido por Juarez Freitas, é possível afirmar que a formulação de políticas públicas deve partir não de qualquer escolha, mas da melhor escolha, fruto do exercício legítimo da competência discricionária que assegure o direito fundamental à boa administração, donde o grau de liberdade na formulação de políticas públicas talvez não seja tão amplo quanto se imagina.

Lembra-se, por muito oportuno, que a discricionariedade pode, por circunstâncias do caso concreto, ficar substancialmente diminuída — não restam tantas opções válidas quanto inicialmente se supunha — ou pode mesmo desaparecer — quando remanesce uma só solução capaz de atender satisfatoriamente o interesse público, ocorrendo a chamada redução da discricionariedade a zero.⁶

Tal como alerta Celso Antônio Bandeira de Mello, com habitual precisão: "A 'admissão' de discricionariedade no plano da norma é *condição necessária*, mas não *suficiente* para que ocorra *in concreto*. Sua previsão na 'estática' do Direito não lhe assegura presença na 'dinâmica do Direito'".⁷

A advocacia pública consultiva tem muito a auxiliar o gestor nesse processo racional de escolha da política pública, seja identificando o leque de opções válidas para que, dentre elas, o gestor eleja, de forma motivada, a política pública que, na oportunidade, melhor satisfaz o

---

⁵ A administração e o controle de legalidade. *Revista de Direito Administrativo*, 37, p. 1-11. https://doi.org/10.12660/rda.v37.1954.13995.
⁶ Sobre a redução da discricionariedade a zero, anota Thiago Marrara: "Em virtude dos princípios de direito administrativo, dos interesses públicos primários e dos direitos fundamentais — temas fortemente constitucionalizados no Brasil atual —, a discricionariedade da administração pública muitas vezes será reduzida a zero. Isso significa que, a despeito de se garantir uma margem de escolha na lei, a situação concreta e seu contexto reduzirão a escolha a uma única decisão juridicamente aceitável" (A boa-fé do administrado e do administrador como fator limitativo da discricionariedade administrativa. *RDA — Revista de Direito Administrativo*, Rio de Janeiro, v. 259, p. 207-247, jan./abr. 2012).
⁷ *Discricionariedade e Controle Judicial*. São Paulo. 2. ed. 2ª tiragem. São Paulo: Malheiros, 1996, p. 37.

fim público, seja identificando se houve ou não esvaziamento da discricionariedade no caso concreto.

Nesse particular, vale transcrever a precisa lição de Rafael Martins Costa Moreira:

> Ademais, a vontade que anima o administrador nas escolhas públicas não se confunde com seu desejo pessoal e privado; antes, é imperativo coincidir com a finalidade pública e as prioridades estabelecidas pela Constituição Federal e pelo sistema jurídico. Diversamente do que se verifica no campo do Direito Privado, no Direito Público a vontade particular do agente é irrelevante. O que se busca é o atendimento da finalidade legal, uma vontade objetivada ou funcional, que é diversa da volição privada.[8]

É preciso reconhecer que há empenho exorbitante de recursos públicos em projetos cujos objetivos almejados nem de perto se comparam com os valores que o Estado Social deve priorizar. O consultor jurídico deve alertar a Administração acerca de eventuais omissões ou equívocos em suas políticas públicas e seus possíveis desdobramentos na esfera judicial.

2.2 A modelagem da política pública

Eleita pelo gestor a política pública a desenvolver, cabe à advocacia pública consultiva avançar sobre sua modelagem jurídica, de modo a viabilizar a execução da política pública, com estrita observância da juridicidade que submete o agir estatal.

Portanto, para além de orientar o processo racional de escolha da política pública, cumpre à advocacia pública consultiva definir as bases e contornos jurídicos da política pública.

As políticas públicas são, por definição, interdisciplinares, envolvendo visões de várias ciências — como a Ciência Política, a Economia, a Ciência da Administração Pública —, as quais precisam dialogar entre si.[9] Fabrício Motta e Antônio Flávio de Oliveira observam que os juristas

---

[8] *Direito Administrativo e Sustentabilidade*. 1. ed. Belo Horizonte: Fórum, 2017. Disponível em: https://www.forumconhecimento.com.br/livro/L1464. Acesso em: 12 ago. 2024.

[9] BUCCI, Maria Paula Dallari. Notas para uma metodologia jurídica de análise das políticas públicas. *In*: FORTINI, Cristiana; ESTEVES, Júlio César dos Santos; DIAS, Maria Tereza Fonseca. Políticas públicas: possibilidades e limites. Belo Horizonte: Fórum, 2008.

têm se mostrado mais abertos à conexão com outras ciências diante de fenômenos complexos, como as políticas públicas.[10]

Quer-se com isso dizer que o enquadramento jurídico-positivo da política pública, conquanto necessário, não é suficiente. Com efeito, a advocacia pública consultiva precisa assenhorear-se do contexto multidisciplinar em que inserida a política pública, inclusive dos elementos técnicos que a permeiam, para que possa traçar a melhor modelagem jurídica. Não se trata, por óbvio, de substituir as análises dos órgãos técnicos — o que extravasaria a competência própria da advocacia pública —, mas de conhecer os aspectos técnicos capazes de influenciar na modelagem jurídica.

Também aqui é possível, em razão de aspectos técnicos que permeiam o caso concreto, a ampla diminuição — não são tantas as modelagens capazes de gerar a eficiente execução da política pública quanto se imaginava inicialmente — ou mesmo o completo esvaziamento da discricionariedade administrativa — apenas uma modelagem jurídica é apta a satisfazer o fim público.

A modelagem jurídica deve resguardar a sustentabilidade multidimensional, hoje reconhecida como elemento conformador da discricionariedade administrativa.

Como já pontuado, a ideia de sustentabilidade tem hoje, para muito além da concepção ambiental de sua origem, feição multidimensional, abrangente do desenvolvimento não apenas ambiental, como social, econômico, ético e jurídico-político, com olhos voltados ao presente e ao futuro, como tem defendido entusiasticamente o Prof. Juarez Freitas.[11] Nessa esteira, as políticas públicas sustentáveis devem encampar abordagem sistêmica e inclusiva do bem-estar humano.[12]

---

[10] *Sustentabilidade econômica e políticas públicas*. Revista do Ministério Público de Contas do Estado do Paraná, [S.l.], v. 7, n. 12, 2020. Disponível em: https://revista.mpc.pr.gov.br/index.php/RMPCPR/article/view/22. Acesso em: 22 ago. 2024.

[11] *Sustentabilidade*. 4. ed. Belo Horizonte: Fórum, 2019. Disponível em: https://www.forumconhecimento.com.br/livro/L1311. Acesso em: 21 ago. 2024.

[12] Veja-se a definição de sustentabilidade dada pela Resolução nº 826, de 8 de abril de 2024, que institui a Política de Sustentabilidade do Supremo Tribunal Federal, no âmbito do Programa STF +Sustentável:
"Art. 2º A PS-STF trata da sustentabilidade em suas dimensões social e ambiental, conforme as definições a seguir:
....
XIV - sustentabilidade: consiste na harmonização dos pilares social, ambiental, econômico, cultural, ético, político-institucional, da diversidade, da equidade, da saúde e segurança ocupacional, da qualidade de vida no trabalho, norteando o cumprimento da missão do STF."

Portanto, ao auxiliar a formulação de políticas públicas, a advocacia pública consultiva deve zelar pela sua sustentabilidade multidimensional, investigando se os contornos da política pública são, em si mesmos, capazes de garantir a sustentabilidade em seus diversos desdobramentos: 1) sustentabilidade ambiental (suas ações são capazes de promover meio ambiente saudável e equilibrado?); 2) sustentabilidade social (suas ações são capazes de gerar redução das desigualdades sociais e inclusão social, promovendo acessibilidade, solidariedade, equidade, diversidade, dignidade?); 3) sustentabilidade econômica (existe disponibilidade orçamentária e financeira para implementar suas ações?); sustentabilidade ética (suas ações observam "consensos éticos indisputáveis" ou abrem espaço para a corrupção?); 4) sustentabilidade jurídico-política (suas ações abrem margem a vícios políticos, como, p. ex., o patrimonialismo e o tráfico de influências?).[13]

Ademais, é preciso atentar aos parâmetros de aplicação das normas de Direito Público fornecidos pela LINDB, pois, como pontua Carlos Ari Sundfeld, "o foco das novas regras é impedir arbitrariedades do estado em situações como a construção de políticas públicas".[14]

A advocacia pública consultiva deve, então, alertar o gestor para seu dever de evitar decisões com base em valores jurídicos abstratos sem que sejam consideradas as consequências práticas de suas decisões, bem como de demonstrar, na motivação, a necessidade e a adequação da medida imposta, inclusive em face das possíveis alternativas,[15] conforme o art. 20 da LINDB. Deveras, uma boa avaliação de consequências práticas, em meio a possíveis alternativas, é medida que, resguardando a legitimidade da competência discricionária, colabora decisivamente para a sustentabilidade multidimensional da política pública.

É válido registrar que o olhar atento à sustentabilidade multidimensional deve se fazer presente não apenas quando da formulação inicial da política pública, mas, também, quando de suas reavaliações

---

[13] Para aprofundamento da natureza multidimensional da sustentabilidade, consulte-se obra de Juarez Freitas (*Sustentabilidade*. 4. ed. Belo Horizonte: Fórum, 2019. Disponível em: https://www.forumconhecimento.com.br/livro/L1311. Acesso em: 21 ago. 2024).

[14] Ob. cit., p. 43.

[15] "Art. 20. Nas esferas administrativa, controladora e judicial, não se decidirá com base em valores jurídicos abstratos sem que sejam consideradas as consequências práticas da decisão. (Incluído pela Lei nº 13.655, de 2018)
Parágrafo único. A motivação demonstrará a necessidade e a adequação da medida imposta ou da invalidação de ato, contrato, ajuste, processo ou norma administrativa, inclusive em face das possíveis alternativas." (Incluído pela Lei nº 13.655, de 2018)

periódicas. Quanto mais complexa a área de atuação, mais imprescindíveis são essas reavaliações, as quais podem exigir a revisão das bases e contornos técnicos e jurídicos para a preservação da sustentabilidade da política pública.

Também aqui deve a advocacia pública consultiva orientar o gestor quanto ao legítimo exercício da discricionariedade. No caso, p. ex., das políticas públicas voltadas ao atendimento de portadores de Transtorno do Espectro Autista (TEA),[16] pretendendo a Administração atualizar a linha de cuidado às pessoas com TEA, teria o gestor liberdade para escolher qualquer uma das linhas de cuidado atualmente existentes? Parece induvidoso que a sustentabilidade multidimensional exige que o gestor prestigie a linha que tem obtido, mediante comprovação científica, melhores resultados, pois, quanto mais adequadamente tratados, mais os indivíduos portadores poderão obter engajamento social e econômico.

Da mesma forma, seria adequado retirar da Caderneta da Criança o protocolo M-CHAT[17] — instrumento que busca auxiliar os profissionais da saúde no rastreio de sinais e detecção precoce do Transtorno do Espectro Autista? Parece induvidoso que essa retirada atentaria contra a sustentabilidade multidimensional da política pública, pois, quanto mais precocemente diagnosticado o TEA, mais chances terão os indivíduos portadores de se integrarem social e economicamente.

O advogado público não pode, é bem verdade, definir a melhor linha de cuidado às pessoas com TEA, mas deve, a partir de elementos técnicos constantes do processo, alertar o gestor para seu dever de prestigiar os melhores resultados, cientificamente comprovados. Outrossim, é perfeitamente possível ao advogado público cogitar dos reflexos negativos da retirada do protocolo M-CHAT da Caderneta da Criança, o que também deve pontuar ao gestor.

Ademais, deve o advogado público sinalizar ao gestor que a audiência pública prevista no art. 29 da LINDB[18] é importante aliada

---

[16] A população autista cresce em ritmo acelerado no mundo todo. Segundo dados do CDC (Centro de Controle e Prevenção de Doenças), do governo norte-americano, enquanto há 20 anos uma a cada 150 crianças era autista, o número hoje é de 1 a cada 36 crianças.

[17] O Modified Checklist for Autism in Toddlers (M-CHAT) é instrumento de triagem recomendado pela Sociedade Brasileira de Pediatria desde 2017.

[18] Art. 29. Em qualquer órgão ou Poder, a edição de atos normativos por autoridade administrativa, salvo os de mera organização interna, poderá ser precedida de consulta pública para manifestação de interessados, preferencialmente por meio eletrônico, a qual será considerada na decisão. (Incluído pela Lei nº 13.655, de 2018)

da sustentabilidade multidimensional das políticas públicas, especialmente em temas de complexidade técnica — caso das políticas públicas voltadas ao TEA, nas quais tudo recomenda que a Administração busque ouvir cientistas, entidades ligadas à proteção dos direitos dos portadores de TEA, etc. Viabiliza-se, assim, a participação social na construção das políticas públicas.

Resta ainda atentar que a modelagem jurídica deve preocupar-se com a continuidade da política pública. Para serem sustentáveis, as políticas públicas devem moldar-se para uma execução contínua e duradoura, capaz de garantir o bem-estar das gerações presentes e futuras. Deveras, soluções exclusivamente de curto prazo não são compatíveis com a sustentabilidade.

Nesse passo, é preciso considerar soluções capazes de satisfazer não apenas as necessidades imediatas, como as de longo prazo, gerando benefícios duradouros. Muito pertinentes, a propósito, as seguintes palavras de Rafael Martins Costa Moreira:

> A sustentabilidade, porque exige preocupação com o longo prazo, para ser incorporada na cultura das pessoas, empresas e governos, tem de superar o "viés dos vieses": a preferência excessiva pelo presente (present-biased preferences), intimamente relacionado com o imediatismo, a ditadura do hiperconsumismo e da produtividade a qualquer custo.[19]

Quer-se com isso dizer que as políticas públicas não podem ser pensadas apenas em vista do mandato do gestor atual, de modo a gerar-lhe benefícios eleitoreiros. Suas soluções devem ser pensadas para se prolongarem no tempo e serem, assim, capazes de assegurar o bem-estar das gerações futuras.

Não obstante, a descontinuidade das políticas públicas tem gerado graves problemas, deixando desassistidas sobretudo as parcelas mais vulneráveis da população.

Obviamente uma política pública pode ser descontinuada, mas isso só deve ser admitido, motivadamente, em determinadas situações: se não mais subsistir o interesse público (caso, p. ex., de políticas

---

§1º A convocação conterá a minuta do ato normativo e fixará o prazo e demais condições da consulta pública, observadas as normas legais e regulamentares específicas, se houver. (Incluído pela Lei nº 13.655, de 2018)
§2º (VETADO). (Incluído pela Lei nº 13.655, de 2018)

[19] *Direito Administrativo e Sustentabilidade*. 1. ed. Belo Horizonte: Fórum, 2017. Disponível em: https://www.forumconhecimento.com.br/livro/L1464. Acesso em: 12 ago. 2024.

públicas implementadas para o atendimento de necessidades derivadas da pandemia de covid-19); se, persistente o interesse público, outra via se mostrar mais adequada à sua satisfação ou se apresentarem limitações extraordinárias de natureza orçamentária e financeira, etc.

O que não se pode tolerar é a descontinuidade da política pública, pura e simplesmente, por razões de natureza político-partidária, a configurar notório desvio de finalidade. Como bem observa Maria Paula Dallari Bucci em obra dedicada às políticas públicas, "os objetivos de interesse público não podem ser sacrificados pela alternância no poder, essencial à democracia".[20]

O natural rearranjo da organização administrativa a cada mudança de gestão deve observar a continuidade das políticas públicas bem-sucedidas, em benefício da população — verdadeira destinatária, afinal, das políticas públicas.

3 A judicialização das políticas públicas

Como se sabe, a judicialização das políticas públicas é uma realidade e esse cenário só reforça a necessidade do apoio da consultoria jurídica na formulação de políticas públicas.

Ao julgar o Tema 698-RG, o STF definiu que ao Judiciário é dado, diante de ausência ou deficiência grave do serviço, intervir em políticas públicas voltadas à realização de direitos fundamentais, apontando as finalidades a serem alcançadas e determinando à Administração Pública que apresente um plano e/ou os meios adequados para alcançar o resultado.

Vale destacar o seguinte trecho do Voto-Vista do Ministro Luís Roberto Barroso, proponente da tese afinal aprovada, quando do julgamento do RE 684612/RJ:

> 14. Portanto, nessa seara, o Judiciário certamente não pode *ser menos do que deve ser*, deixando de tutelar direitos fundamentais que seriam promovidos com a sua atuação. Mas também não deve querer *ser mais do que pode ser*, presumindo demais de si mesmo e, a pretexto de promover os direitos fundamentais de uns, acabar causando grave lesão a direitos da mesma natureza de outros tantos.

---

[20] *Direito Administrativo e Políticas Públicas*. São Paulo: Saraiva, 2002, p. 271.

Sob influxo dessa ideia, o STF, conquanto admitindo que a judicialização das políticas públicas acaba sendo circunstância inevitável da vida brasileira, buscou demarcar parâmetros, fazendo uso de um "modelo "fraco" de intervenção judicial em políticas públicas, no qual, apesar de indicar o resultado a ser produzido, o Judiciário não fixa analiticamente todos os atos que devem ser praticados pelo Poder Público, preservando, assim, o espaço de discricionariedade do mérito administrativo".[21]

É bem verdade que, em muitos casos, o Judiciário atua com excesso, desbordando desses limites e causando, assim, enormes embaraços à Administração, inclusive com comprometimento da execução global das políticas públicas. Mas também não se pode deixar de reconhecer que a Administração, amplamente considerada, tem feito mau uso de sua competência discricionária, tanto na escolha quanto na definição da modelagem jurídica das políticas públicas. Ao deixar de viabilizar o núcleo essencial dos direitos fundamentais (priorizando políticas públicas secundárias (ausência do serviço) ou arquitetando políticas públicas insustentáveis (deficiência grave do serviço)), a Administração abre margem à judicialização das políticas públicas.

Por outro lado, se bem exercida a competência discricionária — e sendo, nessa medida, sustentáveis as políticas públicas —, tende a diminuir a judicialização das políticas públicas. Nesse cenário, nada justificaria a ingerência dos órgãos de controle, que devem respeitar a decisão do administrador, ainda que suas conclusões ou preferências pudessem ser distintas caso estivessem os controladores no lugar do gestor.[22]

Como adverte Ana Paula de Barcellos, "o Judiciário não é nem será o protagonista de um Estado sustentável e equitativo de direitos: os protagonistas serão, de fato, o Legislativo e o Executivo, por seus múltiplos órgãos e entidades, na rotina democrática do dia a dia". A

---

[21] Interessante registrar, ademais, o quanto pontuado pelo STF ao julgar a ADI nº 4.645: "A intervenção judicial nas escolhas dos demais Poderes demanda, para sua plena justificação, mais do que meras imputações retóricas e fundamentos vagos, sob pena de o Poder Judiciário, a pretexto de tutelar a ordem constitucional, reduzir excessivamente os espaços de discricionariedade, inovação e experimentalismo próprios do legislador e administrador".

[22] Esse o teor do Enunciado 16 do Instituto Brasileiro de Direito Administrativo (IBDA), relativo à interpretação da LINDB: "16. Diante da indeterminação ou amplitude dos conceitos empregados pela lei, se, no caso concreto, a decisão do administrador mostrar-se razoável e conforme o direito, o controlador e o juiz devem respeitá-la, ainda que suas conclusões ou preferências pudessem ser distintas caso estivessem no lugar do gestor".

atuação firme e cuidadosa da advocacia pública consultiva no processo de formulação de políticas públicas pode contribuir decisivamente para que a Administração exerça o protagonismo que lhe pertence.[23]

4 Conclusão

A advocacia pública consultiva não pode perder de vista seu papel decisivo no controle de legitimidade das políticas públicas. Quanto mais atuante esse controle, especialmente no sentido de alertar a Administração para os limites que legitimam o uso da competência discricionária, aumentam as chances de políticas públicas sustentáveis e diminuem as chances de judicialização.

Referências

BARCELLOS, Ana Paula de. *Direitos Fundamentais e Direito à Justificativa*. 2. ed. Belo Horizonte: Fórum, 2017. Disponível em: https://www.forumconhecimento.com.br/livro/L1491. Acesso em: 25 jun. 2024.

BUCCI, Maria Paula Dallari. *Direito Administrativo e Políticas Públicas*. São Paulo: Saraiva, 2002.

FREITAS, Juarez. *Estudos de Direito Administrativo*. São Paulo: Malheiros, 1995.

FREITAS, Juarez. *Sustentabilidade*. 4. ed. Belo Horizonte: Fórum, 2019. Disponível em: https://www.forumconhecimento.com.br/livro/L1311. Acesso em: 21 ago. 2024.

FORTINI, Cristiana; ESTEVES, Júlio César dos Santos; DIAS, Maria Tereza Fonseca. *Políticas públicas: possibilidades e limites*. Belo Horizonte: Fórum, 2008.

MARRARA, Thiago. A boa-fé do administrado e do administrador como fator limitativo da discricionariedade administrativa. *Revista de Direito Administrativo*, Rio de Janeiro, v. 259, p. 207-247, jan./abr. 2012.

MELLO, Celso Antônio Bandeira de. *Discricionariedade e Controle Judicial*. São Paulo. 2. ed. São Paulo: Malheiros, 1996.

MOTTA, Fabrício; OLIVEIRA, Antônio Flávio de. *Sustentabilidade econômica e políticas públicas*. Revista do Ministério Público de Contas do Estado do Paraná, [S. l.], v. 7, n. 12, 2020. Disponível em: https://revista.mpc.pr.gov.br/index.php/RMPCPR/article/view/22. Acesso em: 22 ago. 2024.

---

[23] *Direitos Fundamentais e Direito à Justificativa*. 2. ed. Belo Horizonte: Fórum, 2017. Disponível em: https://www.forumconhecimento.com.br/livro/L1491. Acesso em: 25 jun. 2024.

MOREIRA, Rafael Martins Costa. *Direito Administrativo e Sustentabilidade*. 1. ed. Belo Horizonte: Fórum, 2017. Disponível em: https://www.forumconhecimento.com.br/livro/L1464. Acesso em: 12 ago. 2024.

SOUSA, Horácio Augusto Mendes de. A advocacia pública sustentável como pressuposto da efetivação do princípio da sustentabilidade na Administração Pública. *Interesse Público*, Belo Horizonte, 2013. Disponível em: https://www.forumconhecimento.com.br/v2/revista/P172. Acesso em: 21 ago. 2024.

SUNDFELD, Carlos Ari. *Direito Administrativo* — O novo olhar da LINDB. 2. reimpressão. Belo Horizonte: Fórum, 2022.

TÀCITO, Caio. A administração e o controle de legalidade. *Revista de Direito Administrativo*, 37, p. 1-11. https://doi.org/10.12660/rda.v37.1954.13995.

Informação bibliográfica deste livro, conforme a NBR 6023:2018 da Associação Brasileira de Normas Técnicas (ABNT):

SIMÕES, Mônica Martins Toscano. O papel da Advocacia Pública consultiva na formulação de políticas públicas sustentáveis. *In*: IDAPAR, Instituto de Direito Administrativo do Pará (org.); OLIVEIRA, Maria Cristina Cesar de; DOURADO JUNIOR, Octavio Cascaes; MORAES, Marcio Augusto Moura de (coord.). *Sustentabilidade no Direito Administrativo*. Belo Horizonte: Fórum, 2025. p. 187-198. ISBN 978-65-5518-953-7.

ÚTEIS, CONTÍNUOS OU CORRIDOS: SEGURANÇA JURÍDICA NA FORMA DE CONTAGEM DE PRAZOS ADMINISTRATIVOS NO ESTADO DO PARÁ E SUA INFLUÊNCIA PARA A JUSTIÇA E FORMAÇÃO DE INSTITUIÇÕES FORTES (META 16 – ODS)

**JOÃO PAULO MENDES NETO,
CARLOS ALBERTO SCHENATO JUNIOR**

1 Introdução

O Estado Social brasileiro tem como grande marco a Constituição Federal de 1988 (CF/88), esta que se debruçou profundamente sobre as perspectivas de realização social com o objetivo de concretização dos direitos sociais, com fundamento máximo na dignidade da pessoa humana (SILVA, 2008, p. 124).

É a partir da Constituição Federal de 1988 que o Brasil inseriu a valorização do ser humano enquanto fundamento dos preceitos jurídicos, sociais, econômicos e políticos, ou seja, o fundamento do Estado Democrático de Direito na cidadania e dignidade da pessoa humana, para além de outros (ALMEIDA; BEVILACQUA, 2018, p. 29).

Neste contexto, tanto os direitos humanos quanto a democracia são pilares centrais do Estado Democrático de Direito, sendo constituídos como elementos que estruturam e legitimam este Estado (BINENBOJM, 2010, p. 234).

Pode-se dizer que a CF/88 consagrou, dentro de uma perspectiva mundial, uma das mais extensas listas de direitos, expressa ou implicitamente dispostos, figurando como um diploma dirigente e compromissório com tais garantias típicas de um Estado Social (BITTENCOURT NETO, 2017, p. 290).

A ordem jurídica objeto da promessa constitucional de 1988 direciona-se para a concretização de um Estado Social, garantidor e financiador de direitos fundamentais individuais, sociais e difusos, atento às necessidades do povo e, para além da segurança jurídica, preocupado com os ideais de igualdade e justiça, sendo a tributação a ferramenta essencial para a empreitada desse Estado.

Assim, quaisquer alterações legislativas que atinjam os direitos sociais precisam resguardar a observância aos princípios constitucionais e, segundo alguns autores, ao núcleo essencial destes direitos, o que representa uma verdadeira proibição ao retrocesso, ou seja, uma vez obtidos os direitos sociais e econômicos em determinado grau, se tornam uma garantia institucional e direito subjetivo (CANOTILHO, 1999, p. 326).

A noção de desenvolvimento, ainda no início do século XX, compreendido como um processo de sucessivas mudanças endógenas na vida econômica, alterando um equilíbrio existente anteriormente (SCHUMPETER, 1997, p.95-96 *apud* BERCOVICI, 2004, p. 149- 150), rompeu com a visão estática defendida pelos autores neoclássicos que compunham a Escola Marginalista (BERCOVICI, 2004, p. 149).

O Estado, dentro do contexto desenvolvimentista, se apresenta como principal promotor para alcançar a realização do bem-estar, denominação sinônima do Estado Social ou Estado-Providência (Estado do Bem-Estar Social), utilizando-se de sua função coordenadora que, explicitando os objetivos e prioridades, estabelece a política necessária para superar o "subdesenvolvimento" (FURTADO, 1962, p. 73).

Cumpre dizer que inexiste um padrão de desenvolvimento ou modernização, eis que cada Estado e economia enfrentam problemas específicos de sua comunidade, sendo impossível estabelecer que as sociedades devam passar por critérios prefixados ou fases de desenvolvimento a seguir um ou outro molde preestabelecido (FURTADO, 1992, p. 38).

Nesse sentido, a adoção de políticas de desenvolvimento na realidade latino-americana não pode ser limitada à reprodução de estruturas externas, sob pena de desconsiderar os parâmetros não econômicos, quais sejam, as estruturas sociais necessárias aptas a compreender o funcionamento daquelas variáveis econômicas (BERCOVICI, 2004, p. 154).

As decisões políticas desempenham papel fundamental no processo de desenvolvimento, sendo o planejamento do futuro, a partir do estabelecimento de políticas públicas a médio e longo prazo, uma marca do Estado Social, ocasião em que se deixou de governar apenas fatos conjunturais e se passou a governar por meio de políticas públicas (*government by policies*), diferentemente do Estado Liberal (*government by law*) (BERCOVICI, 2004, p. 162-166).

Com sua característica dirigente, a Constituição Federal de 1988 encampou debates acerca da política pública envolvendo a necessidade de concretização destes direitos sociais por meio da atividade positiva do Estado configurada em programas de ação governamental, compreendida com a finalidade de coordenar os recursos estatais com a atividade privada, a atingir os objetivos socialmente relevantes (CRETELLA, 1996, p. 241).

Atualmente, pode-se dizer existente uma "revolução neoconservadora", que se iniciou ainda na década de 1970, buscando guiar, por meio da economia de mercado, as decisões jurídicas e políticas de modo a relativizar a autoridade governamental e que, a despeito de tais "tentativas de desmantelamento", o Estado Social permanece (CRETELLA, 2004, p. 177).

Nesse sentido, os Objetivos de Desenvolvimento Sustentável são interconectados e a realização de cada um deles depende do progresso nos outros. A Meta 16, em particular, é vital para criar as condições necessárias para que todos os outros objetivos possam ser alcançados. Promover sociedades pacíficas, justas e inclusivas é essencial para um futuro sustentável e próspero para todos.

A Meta 16 é crucial porque a paz, a justiça e instituições fortes são pré-requisitos para o desenvolvimento sustentável. Sem um ambiente pacífico e justo, onde as instituições funcionam de maneira transparente e responsável, é difícil alcançar progresso em outras áreas dos ODS.

A violência, a corrupção e a falta de acesso à justiça são barreiras significativas para o desenvolvimento humano e econômico, razão pela qual se estabeleceu entre as submetas da Meta 16 a necessidade de desenvolver instituições eficazes, responsáveis e transparentes em todos os níveis, a fim de criar um ambiente onde todos possam prosperar, com direitos protegidos e oportunidades iguais.

Logo, o Direito Administrativo exerce papel central nesse contexto, bem como a segurança jurídica nos procedimentos administrativos se mostra essencial para a observância de um desenvolvimento sustentável a partir do alcance da Meta 16 dos objetivos supracitados, em alinhamento à Agenda 2030.

2 Federalismo, legalidade e o princípio da segurança jurídica para o Objetivo de Desenvolvimento Sustentável nº 16 da ONU

O Objetivo de Desenvolvimento Sustentável (ODS) nº 16 da Organização das Nações Unidas (ONU) visa promover sociedades pacíficas e inclusivas, fornecer acesso à justiça para todos e construir instituições eficazes, responsáveis e inclusivas em todos os níveis.

Enquanto submeta de fortalecer as instituições, uma vez que estas são fundamentais para a implementação dos demais objetivos e para o desenvolvimento sustentável como um todo, a promoção da transparência, *accountability* (responsabilização) e a participação pública figuram como essenciais para assegurar a segurança jurídica, boa governança, o combate à corrupção e a garantia dos direitos fundamentais.

Segundo Fukuyama (2013), instituições sólidas são cruciais para o desenvolvimento econômico e social. Elas fornecem o arcabouço necessário para a implementação de políticas públicas eficientes e para a criação de um ambiente onde os cidadãos podem prosperar. Além disso, Rothstein e Teorell (2008) argumentam que a qualidade das instituições de um país é diretamente proporcional ao nível de confiança que os cidadãos têm no governo.

De acordo com Kaufmann *et al.* (2010), a falta de transparência e *accountability* pode levar a um aumento da corrupção e à diminuição da eficácia das políticas públicas. Por outro lado, instituições transparentes e responsáveis tendem a ser mais eficientes e a gozar de maior legitimidade junto ao público.

A preservação do equilíbrio constitucional, especialmente o federalismo e a distribuição de competências legislativas, encontra coluna de sustentação na denominada "consagração da fórmula Estado de Direito", que destaca a imprescindibilidade do Direito em ser respeitoso quanto aos limites da hermenêutica sobre as normas constitucionais que tratam das inúmeras competências legislativas, a fim de garantir a teleologia do constituinte sobre a divisão "dos centros de poder entre os entes federativos e suas respectivas autonomias" (BRASIL, 2018), essenciais para a convivência harmoniosa entre a União, Estados, Distrito Federal e Municípios (MIRANDA, 1990). Para Lucio Levi (*in:* BOBBIO *et al.*, 2007),

> a federação constitui, portanto, a realização mais alta dos princípios do constitucionalismo. Com efeito, a ideia do Estado de direito, o Estado que submete todos os poderes à lei constitucional, parece que pode encontrar sua plena realização somente quando, na fase de uma distribuição substancial das competências, o Executivo e o Judiciário assumem as características e as funções que têm no Estado Federal.

De início, cumpre destacar que o inciso I do artigo 22 da Constituição Federal de 1988 preceitua:

Art. 22. Compete privativamente à União legislar sobre:
I - direito civil, comercial, penal, processual, eleitoral, agrário, marítimo, aeronáutico, espacial e do trabalho;

Observa-se que a expressão "direito processual" está relacionada ao direito processual judicial e não a todo e qualquer processo. Tanto é verdade que o art. 24, I, da Carta Magna preceitua que a competência para legislar em matéria de Direito Tributário pode ser tanto concorrente quanto suplementar. A União, os Estados e o Distrito Federal podem legislar concorrentemente. Senão vejamos:

Art. 24. Compete à União, aos Estados e ao Distrito Federal legislar concorrentemente sobre:
I - direito tributário, financeiro, penitenciário, econômico e urbanístico; (Vide Lei nº 13.874, de 2019)

Concerne à União prever as normas gerais e aos Estados e Distrito Federal legislarem sobre as normas específicas. Se a interpretação fosse contrária, todas as leis federais e estaduais que versam sobre o processo administrativo seriam inconstitucionais, pois não há nenhuma lei nacional, nem previsão na Carta Magna que assegurou a competência legislativa plena aos demais entes.

No caso de a União não exercer a sua competência legislativa sobre as normas gerais e não existindo nenhuma lei federal que verse sobre o mesmo assunto, é permitido aos Estados e DF exercerem a competência legislativa plena. Nesse sentido, Humberto Ávila destaca:

> A uniformidade federativa traduz a necessidade de submissão dos entes federados a regras gerais comuns, de modo que a relação entre os próprios entes federados e entre estes e os contribuintes seja estável e previsível. Se as referidas regras gerais anularem o poder de os entes regularem de modo específico e diferenciado questões locais e de seu interesse [...]

O conceito de legalidade pode ser compreendido tanto em seu sentido amplo quanto em seu sentido estrito, diferenciando-se significativamente quando de uma leitura do texto normativo, como a Constituição Federal. Para tanto, basta verificar que o sentido de legalidade no art. 5º, inciso II, dispondo que ninguém será obrigado a fazer ou deixar de fazer algo senão em virtude de lei, é aplicável de modo distinto ao art. 37, *caput*, da Carta Magna, que vincula a Administração Pública a fazer tão apenas o que a lei permite.

Eisenmann (1959, p. 54) já ensinava que a Administração Pública se vincula à lei em pelo menos quatro teses diferentes: uma noção mínima de não contrariedade ou de conformidade; uma noção máxima de que a atividade da Administração deve total obediência à lei, não tendo liberdade alguma; uma noção intermediária de que há apenas uma habilitação legal e em razão dela uma definição de competência; e outra noção intermediária de que não apenas se faz necessária uma habilitação legal a definir a competência, mas também uma disposição a predeterminar o conteúdo dos atos administrativos a serem realizados sem exauriência, sob pena de incorrer na posição teórica da noção máxima.

Cumpre trazer o entendimento de Carlos Ari Sundfeld (2012, p. 158-160), de que a reserva de lei pode se dividir em duas: uma imposição genérica de dependência legal e uma imposição específica da mesma dependência. Na primeira, compreende-se que a Administração Pública não pode agir sem qualquer embasamento legal, editando atos normativos e outras disposições totalmente autônomas em relação à lei, enquanto na segunda apenas a lei poderá decidir sobre determinada matéria, vinculando de forma intensa a Administração Pública ao que dispõe o legislador.

Humberto Ávila, ao tratar de segurança jurídica no âmbito tributário, tece comentários pontuais sobre a necessidade de proteção da cognoscibilidade e calculabilidade do Direito, havendo quatro fatores a serem observados: uma base de confiança no precedente tido como em desconformidade com o Direito vigente; que o conhecimento do cidadão, neste caso contribuinte, sobre a decisão que orientou sua prática tenha sido em razão de uma relação de confiança; que esta confiança tenha sido efetivamente exercida, ou seja, que o contribuinte ou administrado tenha realmente se conduzido do modo em que orientava-se o precedente; e que esta confiança tenha sido frustrada em função de uma mudança de precedente que prejudique aqueles que tomavam suas decisões com base no primeiro (ÁVILA, 2012, p. 484-502).

O quarto critério, de explicação mais simples, é compreendido como temporal, ou seja, de que o precedente deve ser necessariamente uma decisão anterior ao caso concreto, fato inegável pela própria concepção de precedentes, que necessitam de decisões anteriores para a formação de uma base ou de influência sobre posteriores decisões.

Por fim, no quinto critério, encontramos a prova ou comprovação do precedente, caracterizado como um critério de certa dificuldade, já que não são facilmente encontradas decisões administrativas capazes de funcionar como precedentes como se encontram decisões judiciais, em grandes repositórios na rede mundial de computadores, dificultando-se a completude do princípio da publicidade e da posterior avença com base em decisões administrativas anteriores (SASTRE, 2013, p. 271).

3 Prazos administrativos no Estado do Pará e a Lei Geral de Processos Administrativos – LEPA

A forma de contagem de prazos no processo administrativo estadual foi e continua sendo objeto de debates e insegurança jurídica, em diversas searas do Direito, razão pela qual destacam-se no presente artigo as disposições relativas ao Direito Ambienta, Penal e Tributário, como exemplos dessas questões.

A Lei nº 9.575, de 11 de maio de 2022, dispõe sobre o processo administrativo ambiental para apuração das condutas e atividades lesivas ao meio ambiente, as sanções cabíveis, além de tratar da conciliação ambiental, no âmbito da Administração Pública do Estado do Pará. Para além de tais disposições, altera e revoga dispositivos da Lei Estadual nº 5.752, de 26 de julho de 1993, e da Lei Estadual nº 5.887, de 9 de maio de 1995.

Entre as suas disposições, a Lei nº 9.575 estabelece expressamente a forma de contagem de prazos processuais em âmbito administrativo, conforme se extrai do texto do art. 33, o que vem ao encontro da uniformização da forma de contagem de prazos e homenageia o princípio da segurança jurídica, tanto aos administrados quanto para a Administração Pública.

> Art. 33 Os prazos processuais contam-se em dias úteis e começam a correr a partir da data da notificação, excluindo-se da contagem o dia do começo e incluindo-se o do vencimento.

Antes de tal disposição, deve-se ressaltar que a forma de contagem de prazos, se contínuos ou em dias úteis, era controversa, mormente quando da publicação da Lei Geral de Processos Administrativos (LEPA),[1] que, com a publicação da Lei nº 9.575, tem aplicação subsidiária[2] quando da omissão desta em aspectos procedimentais.

A referida LEPA instituiu, em seu artigo 83 (Capítulo XVIII – Dos Prazos), a forma de contagem de prazos no âmbito dos processos administrativos estaduais em dias úteis.

> Art. 83. Os prazos contam-se em dias úteis e começam a correr a partir da data da cientificação oficial, excluindo-se da contagem o dia do começo e incluindo-se o do vencimento.
> §1º Considera-se prorrogado o prazo até o primeiro dia útil seguinte se o vencimento cair em dia em que não houver expediente ou este for encerrado antes da hora normal ou, ainda, houver indisponibilidade da comunicação eletrônica, neste caso conforme regulamento.
> §2º Os prazos fixados em meses ou anos contam-se de data a data, considerando-se como termo final, caso no mês do vencimento não haja o dia equivalente àquele do início do prazo, o último dia do mês.
> §3º De comum acordo, a Administração e os interessados poderão fixar prazos diferenciados para a prática de atos processuais, em casos excepcionais, devidamente justificados, quando a complexidade da matéria e do procedimento assim o exigir.

---

[1] Regula o processo administrativo no âmbito da Administração Pública do Estado do Pará, instituindo normas básicas sobre o processo administrativo aplicável à Administração Pública Direta e Indireta, incluindo os Poderes Legislativo e Judiciário, Ministério Público, Defensoria Pública e Tribunais de Contas quando do desempenho de suas funções administrativas.

[2] Art. 56. Aos casos omissos, aplicam-se, subsidiariamente, a Lei Federal nº 9.605, de 12 de fevereiro de 1998, o Decreto Federal nº 6.514, de 22 de julho de 2008, a Lei Estadual nº 5.887, de 9 de maio de 1995, e a Lei Estadual nº 8.972, de 13 de janeiro de 2020.

Desde a vigência da LEPA, o Estado do Pará, por meio da Procuradoria Consultiva da Procuradoria-Geral do Estado do Pará (PCON-PGE-PA), vem se manifestando no sentido de reafirmar a aplicação do modo de contagem de prazos aos processos administrativos aos quais as suas legislações específicas não determinaram a matéria, a exemplo do processo disciplinar e do Parecer nº 000639/2020-PGE.

À ausência de norma específica na Lei Estadual nº 5.810/94 (Regime Jurídico Único dos Servidores) sobre a forma de contagem dos prazos processuais (diga-se de passagem, igual à lei do Processo Administrativo Fiscal), se contínuos ou em dias úteis, aplicava-se a regra geral do direito de petição do servidor público estadual, expresso no parágrafo único do art. 109 da própria Lei.

Em relação ao referido parecer, por ocasião da insegurança jurídica na aplicação da LEPA ao processo administrativo disciplinar estadual, a Presidência da Secretaria de Fazenda do Estado (SEFA) consultou a Procuradoria-Geral do Estado, conforme excerto do parecer:

> após tecer considerações acerca da contagem de prazos processuais na Lei nº 8.112/90, na Lei Estadual nº 5.810/94, em diversas leis estatutárias estaduais, no CPC e, por fim, na recente Lei Estadual nº 8.972/2020 (Lei Estadual de Processo Administrativo - LEPA), o consulente formulou a seguinte questão: "na contagem dos prazos dos procedimentos disciplinares da Secretaria da Fazenda, deve-se aplicar a regra do art. 109, § único da Lei Estadual nº 5.810/94, ou, deve-se obedecer o art. 83, caput e §§ seguintes c.c art. 139 da LEPA?

Em solução ao questionamento apresentado, a Procuradoria do Estado adotou o posicionamento de que "a contagem de prazo em dias úteis aplicável pela LEPA aos procedimentos sancionatórios alcança os procedimentos administrativos de natureza disciplinar", ainda que considerando a aplicação subsidiária do Código de Processo Penal, que determina a contagem de prazos em dias contínuos, tendo em vista a prevalência da norma básica estadual e o Código de Processo Civil.

Para Carvalho Filho (2001, p. 321):

> Deflui que, em relação a tais diplomas normativos, a Lei 9.784 tem caráter geral, terá aplicação subsidiária, vale dizer, será aplicável naquilo em que não houver contrariedade a alguma das normas especiais. Incide,

por conseguinte, o conhecido postulado segundo o qual a lei especial prevalece sobre a lei geral.[3]

Dentre os esclarecimentos necessários, fez-se menção à aplicação imediata das normas processuais aos processos em curso, respeitados os atos processuais já praticados e as situações jurídicas consolidadas sob a vigência da norma revogada, consoante os artigos 14 e 1.046 do CPC/15.

O próprio CPC/15, em seu artigo 15, estabeleceu que, na ausência de normas que regulem processos administrativos, as suas disposições serão aplicadas supletiva e subsidiariamente. Vejamos:

> Art. 15. Na ausência de normas que regulem processos eleitorais, trabalhistas ou administrativos, as disposições deste Código lhes serão aplicadas supletiva e subsidiariamente.

Ainda dispôs no mesmo sentido ao determinar que para os prazos processuais estabelecidos por lei computar-se-ão tão apenas os dias úteis, nos termos do seu artigo 219:

> Art. 219. Na contagem de prazo em dias, estabelecido por lei ou pelo juiz, computar-se-ão somente os dias úteis.
> Parágrafo único. O disposto neste artigo aplica-se somente aos prazos processuais.

Em outras palavras, "dias úteis" é mera qualificação da unidade de tempo "dias", e a contagem baseada exclusivamente nesta unidade será contínua – pois contínua é a contagem em sequência da mesma unidade de referência adotada pelo legislador. Portanto, um prazo legal

---

[3] No mesmo sentido, Maria Sylvia Zanella Di Pietro (2011, p. 192) destaca: "Quer dizer: a Lei não revoga nem altera qualquer lei disciplinadora de procedimentos administrativos específicos, como os referentes à licitação, ao processo administrativo tributário, aos processos disciplinares, aos processos administrativos de discriminação de terras devolutas, aos procedimentos para tombamento e tantos previstos em leis esparsas. Em caso de conflito entre norma contida em uma dessas leis e a Lei nº 9.784/99 resolver-se-á em favor daquelas (desde que válidas perante o ordenamento jurídico-constitucional) e não desta. Por outro lado, quando houver qualquer omissão da lei específica sobre determinado aspecto, como instrução, direito de defesa e contraditório, recursos, anulação, revogação, convalidação, impedimento, suspeição, deverá ser aplicada a Lei nº 9.784/99. E inaceitável qualquer justificativa para afastar essa aplicação. Especialmente, é inaceitável o argumento de que este ou aquele procedimento está disciplinado por lei específica. Esse tipo de argumento constitui burla à intenção do legislador, expressa no art. 69 da Lei".

de 30 dias úteis é contínuo, tal qual um prazo de 30 dias corridos. A quebra da continuidade só existiria caso o prazo adotasse mais de uma unidade de tempo (ex.: prazo de 1 dia e 12 horas).

Observando essa distinção entre continuidade e unidade de tempo, o CPC de 1939 em seu art. 26 faz constar expressamente que: "Os prazos serão contínuos e peremptórios, correndo em dias feriados e nas férias".

Ou seja, qualificou os prazos como contínuos (em dias) e estabeleceu que a contagem seria em dias corridos (levando em conta os dias úteis e não úteis). Tal estrutura semântico-normativa evidencia a não equivalência do termo "contínuo" com a contagem do prazo em dias corridos, sendo, portanto, conceitos autônomos.

Além do mais, especificamente quanto ao art. 219, com a vigência do CPC/2015 a comunidade jurídica pleiteou a aplicação do artigo 219 (prazo em dias úteis) no Sistema dos Juizados, vindo a ser promulgada a Lei nº 13.728, de 31 de outubro de 2018, incluindo o artigo 12-A na Lei nº 9.099/95, com texto idêntico ao CPC: "Art. 12-A. Na contagem de prazo em dias, estabelecido por lei ou pelo juiz, para a prática de qualquer ato processual, inclusive para a interposição de recursos, computar-se-ão somente os dias úteis".

Contudo, antes mesmo da vigência da Lei nº 13.728, o FONAJEF editou o enunciado nº 175, cujo teor é: "Por falta de previsão legal específica nas leis que tratam dos juizados especiais, aplica-se, nestes, a previsão da contagem dos prazos em dias úteis (CPC/2015. Art. 219) (Aprovado no XIII FONAJEF)".

A justificativa do enunciado é irrepreensível: como não há qualquer previsão específica nas leis que tratam dos Juizados a respeito da forma de contagem de prazo, é inevitável a aplicação da regra consagrada no Código de Processo Civil. A uniformização dos prazos e da contagem se mostra essencial para a segurança jurídica dos atos processuais a serem realizados, principalmente na seara cível, ambiental e tributária.

Nesse sentido, importante ressaltar o primeiro precedente judicial[4] pela aplicação subsidiária da LEPA ao processo administrativo fiscal, ocasião em que, à época da pandemia da covid-19, entre a data de 17.03.2021 e 31.05.2021 ocorreu a suspensão dos prazos administrativos

---

[4] Cf. BRASIL. Tribunal de Justiça do Estado do Pará. Sentença prolatada nos autos do Processo n. 0854228-60.2021.8.14.0301. Data de publicação do ato: 29/11/2022.

promovida pelas Instruções Normativas nºs 003/2021 e 005/2021 da Secretaria da Fazenda do Estado do Pará – SEFA.

Protocolado o recurso voluntário, no sistema da Secretaria de Fazenda do Estado do Pará – SEFA-PA tramitou o processo administrativo e o recurso enquanto intempestivo, tornando imediatamente exigível o crédito tributário e obstando a emissão de certidão positiva com efeitos de negativa pelo contribuinte e ensejando a expedição de certidão de dívida ativa e ajuizamento de execução fiscal.

Para tanto, a SEFA considerou a contagem do prazo de 30 dias para a interposição do recurso voluntário em dias corridos, deixando de contar tão somente os dias expressamente delimitados nas supracitadas INs, mas incluindo os finais de semana e feriados nacionais e estaduais.

O contribuinte em questão, ao se insurgir em sede de Exceção de Pré-Executividade, afirmou que a interpretação administrativa violou a LEPA, que vigorava desde 12 de abril de 2020 e estabeleceria, desde então, que a contagem de prazo nos processos administrativos no âmbito do Estado do Pará deve ser feita exclusivamente em dias úteis, o que implicaria o prazo final para protocolo dos recursos voluntários em data muito posterior àquela realizada pelo contribuinte.

Em seus argumentos, reforçou a aplicação subsidiária da LEPA ao processo administrativo fiscal, bem como de que a estrutura normativa do CPC/39 (forma de contagem de prazos) teria sido parcialmente apropriada pelo CTN (1966), que se submete à aplicação subsidiária do Código de Processo Civil vigente à época.

Ao contrário do CPC/39, o CTN não previu que a contagem dos prazos se daria de forma corrida (como o fez o CPC de 1939), contudo, em virtude da previsão contida no CPC/39 e da aplicação subsidiária deste à indigitada legislação, historicamente adotou-se a contagem de prazos em dias corridos tal qual previsto no art. 26 do CPC de 1939 (contando sábados, domingos e feriados).

Ou seja, a forma de contagem em dias corridos jamais teria sido derivada da previsão legal contida nessas legislações acerca do caráter contínuo do prazo, e sim em razão da aplicação subsidiária do CPC. O atual CPC não abandona o princípio da continuidade e, ao estabelecer a contagem em dias úteis, determina uma unidade de tempo não prevista no art. 210 do CTN. Aliás, o comando normativo é omisso quanto à unidade de tempo (dias corridos ou úteis), apenas estabelece, a toda evidência, o princípio da continuidade.

A Procuradoria Estadual no processo administrativo tributário originário da CDA exequenda, quais sejam: (1) o uso do costume deveria prevalecer sobre a aplicação subsidiária da Lei Estadual nº 8.972/20; (2) a Lei do PAF não foi revogada pela LEPA, mas que esta seria aplicada subsidiariamente àquela; e (3) pelo princípio da isonomia, como os prazos estariam sendo aplicados em dias contínuos para os demais contribuintes, não poderia ser contado em dias úteis apenas para este.

Em que pese os argumentos levantados pela Procuradoria do Estado, houve trânsito em julgado da sentença quanto ao dispositivo pela aplicação do prazo em dias úteis no processo administrativo fiscal.

Deve-se reforçar, ainda, que a LEPA estabeleceu, para além das disposições em tela, a responsabilidade dos agentes públicos faltosos que, injustificadamente, não aplicarem as determinações legais, consoante o artigo 142:

> Art. 142. O descumprimento injustificado, pela Administração, das disposições desta Lei, gera responsabilidade imputável aos agentes públicos faltosos, inclusive disciplinar, não implicando, necessariamente, na invalidação do procedimento.

A responsabilidade e a *accountability* são pilares fundamentais para o fortalecimento das instituições e a promoção de um Estado de Direito efetivo. Instituições transparentes e responsáveis são essenciais para garantir a confiança pública e a boa governança, elementos indispensáveis para o desenvolvimento sustentável, razão pela qual a busca pela uniformização dos entendimentos da Administração Pública pela aplicação de precedentes, sejam eles administrativos ou judiciais, bem como a estrita observância às regras de responsabilidade fortalecem as instituições em consonância com o ODS nº 16 da ONU.

4 Conclusão

O fortalecimento das instituições é uma meta essencial do ODS nº 16 da ONU e um componente crítico para o desenvolvimento sustentável. Instituições transparentes, responsáveis e inclusivas são necessárias para garantir a boa governança, combater a corrupção e assegurar a justiça para todos.

No contexto brasileiro, a Constituição Federal de 1988 (CF/88) estabeleceu um marco significativo ao incorporar a valorização do ser humano como fundamento dos preceitos jurídicos, sociais, econômicos e políticos. A CF/88 consagrou uma extensa lista de direitos, expressa ou implicitamente dispostos, comprometendo-se com garantias típicas de um Estado Social.

A segurança jurídica, aliada ao federalismo e ao princípio da legalidade, desempenha um papel fundamental na criação de um ambiente propício ao desenvolvimento sustentável. A CF/88 estabelece a distribuição de competências legislativas entre os diferentes entes federativos, essencial para a convivência harmoniosa e para a implementação eficiente de políticas públicas, especialmente as fiscais e relativas à administração tributária.

O Direito Administrativo exerce um papel central nesse contexto, garantindo que as decisões políticas e administrativas sejam transparentes, responsáveis e eficazes. A Lei Geral de Processos Administrativos (LEPA) no Estado do Pará exemplifica a importância de normas claras e uniformes para a contagem de prazos e outros procedimentos, promovendo a segurança jurídica e a previsibilidade das ações governamentais em relação aos contribuintes.

A preservação da integridade das instituições e a promoção de práticas transparentes são fundamentais para a manutenção da confiança pública e segurança jurídica. A CF/88 e as legislações subsequentes, como a LEPA, reforçam a necessidade de responsabilidade e *accountability* no setor público, garantindo que os agentes públicos cumpram suas obrigações de acordo com a lei.

Portanto, o fortalecimento das instituições no Brasil, conforme orientado pelo ODS nº 16 da ONU, é vital para a promoção de sociedades pacíficas e inclusivas, garantindo sob o prisma do desenvolvimento sustentável social e fiscal e permitindo com que a implementação dessas medidas contribua para a criação de um ambiente em que a arrecadação possa estar alinhada com o Estado de Direito, em alinhamento à Agenda 2030.

Referências

ÁVILA, Humberto. Teoria giuridica dell'argomentazione. *In*: COMANDUCCI, Paolo; GUASTINI, Riccardo (org.). *Analisi e Diritto*. Madri: Marcial Pons, 2012 *apud* KOURY, Paulo. *Forma e Substância no Direito Tributário*. São Paulo: IBDT, 2021.

ALMEIDA, Carlos Otávio Ferreira de; BEVILACQUA, Lucas. O planejamento financeiro responsável: boa governança e desenvolvimento nos 30 anos da Constituição Federal. *In*: BUISSA, Leonardo; REIMANN, Simon; MARTINS, Rafael (org.). *Direito e finanças públicas nos 30 anos da Constituição*: experiências e desafios nos campos do direito tributário e Financeiro. Florianópolis: Tirant lo Blanch, 2018, p. 29-53.

BINENBOJM, Gustavo. A constitucionalização do direito administrativo no Brasil: direitos humanos e democracia como fundamentos de legitimidade e elementos estruturantes da dogmática administrativista. *In*: NALINI, J. R.; CARLINI, A. (coord.). *Direitos humanos e formação jurídica*. Rio de Janeiro: Forense, 2010.

BITTENCOURT NETO, Eurico. Estado social e administração pública de garantia. *Revista de Direito Econômico e Socioambiental*, Curitiba, v. 8, n. 1, p. 289- 302, jan./abr. 2017.

CANOTILHO, José Joaquim Gomes. *Direito constitucional e teoria da Constituição*. 3. ed. reimp. Coimbra: Almedina, 1999.

SCHUMPETER, Joseph. *Theorie der wirtschaftlichen Entwicklung*: Eine Untersuchung über Unternehmergewinn, Kapital, Kredit, Zins und den Konjunkturzyklus. 9. ed. Berlin: Duncker & Humblot, 1997 *apud* BERCOVICI, Gilberto. O Estado desenvolvimentista e seus impasses: uma análise do caso brasileiro. *Boletim de Ciências Econômicas*, Coimbra, XLVII, 2004.

FURTADO, Celso. *A Pré-Revolução Brasileira*: subdesenvolvimento e Estado Democrático. Rio de Janeiro: Fundo de Cultura, 1962.

BERCOVICI, Gilberto. O Estado desenvolvimentista e seus impasses: uma análise do caso brasileiro. *Boletim de Ciências Econômicas*, Coimbra, XLVII, 2004.

CRETELLA, José. *Direito Administrativo brasileiro*, vols. I e II. Forense, 1983 *apud* BUCCI, Alexandre; SANTOS; Walter. Negócio Jurídico Administrativo. *In*: TOLEDO, Armando (coord.). *Negócio Jurídico*. São Paulo: Quartier Latin, 2013, p. 228-247.

ÁVILA, Humberto. Segurança Jurídica: entre permanência, mudança e realização no direito tributário. 2. ed. São Paulo: Malheiros, 2012.

MIRANDA, Jorge. *Manual de direito constitucional*. 4. ed. Coimbra: Coimbra Editora, 1990. t.1.

EISENMANN, Charles. O Direito administrativo e o princípio da legalidade. *Revista de Direito Administrativo*, Rio de Janeiro, v. 56, p. 47-70, jan. 1959.

SASTRE, Silvia Díez. El precedente administrativo: concepto y efectos jurídicos. *In*: VALIM, Rafael; OLIVEIRA, José Roberto Pimenta; DAL POZZO, Augusto Neves (coord.). *Tratado sobre o princípio da segurança jurídica no direito administrativo*. Belo Horizonte: Fórum, 2013.

SUNDFELD, Carlos Ari. *Direito administrativo para céticos*. São Paulo: Malheiros, 2012.

CARVALHO FILHO, José Santos. *Processo Administrativo Federal* (Comentários à Lei nº 9.784, de 29/1/1999). Rio de Janeiro: Lumen Juris, 2001.

DI PIETRO, Maria Sylvia Zanella. A lei de processo administrativo: sua ideia matriz e âmbito de aplicação. In: NOHARA, Irene Patrícia; MORAES FILHOS, Marco Antonio Praxedes (org.). *Processo Administrativo*. Temas Polêmicos da Lei nº 9.784/99. São Paulo: Atlas, 2011, p. 192.

FUKUYAMA, Francis. What is Governance? *Governance* 26.3, p. 347-368, 2013.

KAUFMANN, Daniel; KRAAY, Aart; MASTRUZZI, Massimo. The Worldwide Governance Indicators: Methodology and Analytical Issues. *Hague Journal on the Rule of Law*, 3.2, p. 220-246, 2011.

ROTHSTEIN, Bo; TEORELL, Jan. What is Quality of Government? A Theory of Impartial Government Institutions. *Governance* 21.2, p. 165-190, 2008.

Informação bibliográfica deste livro, conforme a NBR 6023:2018 da Associação Brasileira de Normas Técnicas (ABNT):

MENDES NETO, João Paulo; SCHENATO JUNIOR, Carlos Alberto. Úteis, contínuos ou corridos: segurança jurídica na forma de contagem de prazos administrativos no Estado do Pará e sua influência para a Justiça e formação de instituições fortes (Meta 16 – ODS). In: IDAPAR, Instituto de Direito Administrativo do Pará (org.); OLIVEIRA, Maria Cristina Cesar de; DOURADO JUNIOR, Octavio Cascaes; MORAES, Marcio Augusto Moura de (coord.). *Sustentabilidade no Direito Administrativo*. Belo Horizonte: Fórum, 2025. p. 199-214. ISBN 978-65-5518-953-7.

SUSTENTABILIDADE E RESPONSABILIDADE CIVIL ESTATAL POR INJUSTIÇA AMBIENTAL[1]

ELODY BOULHOSA NASSAR

1 Introdução

A Organização das Nações Unidas (ONU) emitiu no dia 27 de agosto deste ano de 2024 alerta para o mundo, baseado em relatório que trata de medições recentes sobre o impacto do aumento do nível dos mares. As previsões foram feitas com base em um cenário de aquecimento global de 3ºC até o final do século. Segundo a ONU, essa elevação representa ameaça séria, em especial aos países em desenvolvimento, onde a infraestrutura pode ser destruída e a vida das pessoas, drasticamente afetada.[2]

Essas tragédias, hoje tão em relevo no mundo e no Brasil atual, vêm reforçar a necessidade de ampliar esforços da sociedade para o

---

[1] A pesquisa sobre injustiça ambiental iniciou na década de 1970, após moradores de um bairro de classe média negra em Houston, Texas, descobrirem que o Estado autorizara instalação de descarte de resíduos sólidos em sua comunidade, sendo que 14 dos 17 depósitos de resíduos industriais da cidade, responsáveis por mais de 80% da tonelagem de resíduos da cidade, estavam em bairros de população negra. Estudos subsequentes demonstraram que a raça era o fator mais importante na previsão da colocação de instalações de resíduos perigosos nos EUA. As origens da justiça ambiental – e por que só agora ela recebe a atenção devida. Disponível em: https://www.nationalgeographicbrasil.com/meio-ambiente/2021/03/as-origens-da-justica-ambiental-por-que-so-agora-recebendo-atencao. Acesso em: 28 ago. 2024.

[2] Disponível em: https://g1.globo.com/meio-ambiente/noticia/2024/08/27/mar-pode-21-cm-cidades-do-rj-ate-2050.ghtml. Acesso em: 27 ago. 2024.

cuidado com a saúde ambiental e as políticas públicas cada vez mais em prol da sustentabilidade, da preservação do meio ambiente sadio e das práticas de prevenção, precaução e regulação das atividades que, de qualquer forma, interferem na vida em sociedade, sobremaneira daquelas comunidades que estão mais vulneráveis,[3] por estarem em situação de risco, de desamparo social e de pobreza estrutural. A desigualdade com respeito à exposição ambiental prejudicial é especialmente dramática para as comunidades pobres e minoritárias.

Nossa Constituição Federal de 1988, no *caput* do art. 225, dispõe sobre o direito de todos a um meio ambiente sadio e ecologicamente equilibrado, bem de uso comum do povo, impondo ao Estado e à sociedade o dever de preservá-lo e defendê-lo para as presentes e para as futuras gerações.[4] Exsurge nesse cenário a ideia inarredável da sustentabilidade, cuja densificação de sua natureza multidimensional, no lúcido ensinamento do renomado jurista Juarez Freitas,[5] "condiciona o desenvolvimento duradouro de maneira a ensejar o bem-estar das gerações presentes sem prejudicar a produção do bem-estar das gerações futuras", o que chamou de "direito inalienável ao futuro".

Nosso estudo pretende enlaçar a correlação da sustentabilidade como dever, a reponsabilidade civil pública como obrigação e o cumprimento da justiça como implementação do direito fundamental ao bem-estar e ao cumprimento da justiça social ambiental. No recorte metodológico proposto, a responsabilidade civil extracontratual assume nova configuração, que ora se propõe demonstrar aplicável ao Direito Ambiental – que, embora diante de bem jurídico difuso,[6] apresenta-se

---

[3] IPCC, 2022: *Mudanças Climáticas 2022*: impactos, adaptação e vulnerabilidade. Contribuição do Grupo de Trabalho II para o Sexto Relatório de Avaliação do Painel Intergovernamental sobre Mudanças Climáticas. Disponível em: https://www.ipcc.ch/report/sixth-assessment-report-working-group-ii/. Acesso em: 10 set. 2024.

[4] O comando constitucional deve ser interpretado em consonância com o art. 1º, III, que consagra como fundamento da República o princípio da dignidade da pessoa humana; o art. 3º, II, que prevê como objetivo fundamental da República o desenvolvimento nacional; e o art. 4º, IX, que estipula que o Brasil deve reger-se em suas relações internacionais pelos princípios da cooperação entre os povos para o progresso da humanidade, de maneira a permitir maior efetividade na proteção ao meio ambiente. STF. ADC 42. Rel.: Min. Luiz Fux. Disponível em: http://redir.stf.jus.br/estfvisualizadorpub/jsp/consultarprocessoeletronico/ConsultarProcessoEletronico.jsf?seqobjetoincidente=4961436. Acesso em: 10 set. 2024.

[5] FREITAS, Juarez. *Sustentabilidade*: direito ao futuro. 4. ed. Belo Horizonte: Fórum, 2019, p. 61-65.

[6] STF, RE 163.231, Rel. Min. Maurício Correa, 26.02.1997, DJ de 29.06.2001.

amplamente compatível com as novas funções da responsabilidade civil e de justiça ambiental.

2 Sustentabilidade como valor supremo na CF de 1988

No nosso ordenamento jurídico, as disposições legais relativas à proteção do meio ambiente são consideradas internacionalmente entre as mais avançadas, notadamente a Constituição de 1988, uma das primeiras a cuidar especificamente da questão ambiental.[7]

No art. 170,[8] a CF de 1988 contempla o princípio do desenvolvimento sustentável, ainda que de forma implícita, sendo conceituado como aquele que determina a harmonização entre a promoção do desenvolvimento nacional (econômico e social) e a garantia da perenidade dos recursos naturais, juntamente com a devida proteção ambiental. Juarez Freitas, em clássica obra de referência sobre o tema, magistralmente, conceitua sustentabilidade:

> Trata-se do princípio constitucional que determina, com eficácia direta e imediata, a responsabilidade do Estado e da sociedade pela concretização solidária do desenvolvimento material e imaterial, socialmente inclusivo, *durável* e equânime, ambientalmente limpo, inovador, ético e eficiente, no intuito de assegurar, preferencialmente de modo preventivo e precavido, no presente e no futuro, o direito ao bem-estar.[9]

---

[7] Disposições constitucionais sobre a proteção ambiental: tutela geral do meio ambiente (art. 225); função social da propriedade (arts. 5º, XXIII, 182 e 186); enumeração dos bens da União (art. 20, II); divisão de competências entre os entes federativos (arts. 21, XIX, 23, III, VI e VII, e 24, VI, VII e VIII); regulamentação da ordem econômica (art. 170, VI); possibilidade de instauração de inquérito civil e ação civil pública em defesa do meio ambiente (art. 129, III); atribuição do sistema único de saúde de colaborar com a proteção do meio ambiente, nele compreendido o do trabalho (art. 200, VIII); dentre outros.

[8] Art. 170. A ordem econômica, fundada na valorização do trabalho humano e na livre iniciativa, tem por fim assegurar a todos existências digna, conforme os ditames da justiça social, observados os seguintes princípios: I. soberania nacional; II. propriedade privada; III. função social da propriedade; IV. livre concorrência; V. defesa do consumidor; VI. defesa do meio ambiente, inclusive mediante tratamento diferenciado conforme o impacto ambiental dos produtos e serviços e de seus processos de elaboração e prestação; VII. redução das desigualdades regionais e sociais; VIII. busca do pleno emprego; IX. tratamento favorecido para as empresas de pequeno porte constituídas sob as leis brasileiras e que tenham sua sede e administração no País.

[9] FREITAS, Juarez. *Sustentabilidade*: direito ao futuro. 4. ed. Belo Horizonte: Fórum, 2019, p.45.

A noção de sustentabilidade não se restringe ao campo Direito Ambiental, onde se encontra o seu nascedouro, mas é alçada ao nível de princípio constitucional, determinante para a responsabilização estatal. Tem aplicação importante em outros ramos da Ciência Jurídica e, de um modo particular, ao Direito Administrativo.

Para Juarez Freitas existe o Direito Administrativo antes e depois da incidência cogente do princípio da sustentabilidade. Resulta dessa afirmação que o direito fundamental à boa administração é plenamente tutelável. Ora, essa sindicabilidade sobre a ação estatal em desconformidade com a lei e descompromissada com o interesse público semeado com as noções fundamentais de respeito à dignidade da pessoa humana dará ensejo à responsabilização estatal. Nesse pensar, há necessidade de se trazer para dentro da ideia de sustentabilidade a ideia do bem-estar duradouro para que possa alcançar as gerações presentes e futuras. O bem-estar, no estudo de Juarez Freitas, há de ser baseado em evidências, no apreço à ciência, à segurança jurídica e à boa-fé dos administrados. Conceitos relacionados à precaução e à prevenção deverão ser subordinados à eficiência e à eficácia não só a curto, a médio como também a longo prazo.

A sustentabilidade alude em solidariedade intergeracional,[10] reconhecimento de direitos fundamentais das gerações futuras, sobretudo considerando as mudanças climáticas. A tutela climática é ainda mais ampla que um direito difuso tradicional, na medida em que também ocorre sobre pessoas que sequer existem. É o valor da solidariedade, segundo o STF, que vem dar nova configuração ao problema da responsabilização por danos decorrentes das ações públicas e privadas em descompasso com a sustentabilidade, a seguir:

> Houve evolução nas políticas públicas voltadas à proteção do meio ambiente, consubstanciadas na implementação de medidas de combate ao desmatamento ilegal, desde a implementação de ações de fiscalização ambiental, até operações contra o corte e a comercialização de madeira

---

[10] Do art. 225 da CF infere-se estrutura jurídica complexa em duas direções normativas. A primeira voltada ao reconhecimento do direito fundamental ao meio ambiente ecologicamente equilibrado, em uma perspectiva intergeracional. A segunda relacionada aos deveres de proteção e responsabilidades atribuídos aos poderes constituídos, aos atores públicos e à sociedade civil em conjunto. A preservação da ordem constitucional vigente de proteção do meio ambiente, densificada nos seus deveres fundamentais de proteção, impõe-se como limite substantivo ao agir legislativo e administrativo. ADI nº 4.757, rel. min. Rosa Weber, j. 13.12.2022, P, DJE de 17.3.2023.

ilegal, contra a invasão, desmatamento e garimpo ilegal em terras indígenas, bem como o reforço de outras medidas atinentes à promoção do meio ambiente ecologicamente equilibrado da Amazônia e do Pantanal. A despeito do esforço para retomada das políticas públicas de proteção ao meio ambiente, o reduzido tempo de implementação das novas medidas ainda não foi suficiente para alcançar a plena normalidade constitucional, mas se percebe processo de constitucionalização ainda em curso. Tratando-se da concretização de política pública transversal, a proteção ao meio ambiente ecologicamente equilibrado reclama a atuação coordenada de diversos órgãos e entidades da Administração Pública, na medida em que somente mediante atuação concertada de todo o Poder Público será alcançada a plena conformidade constitucional em matéria ambiental na Amazônia e Pantanal, inclusive com previsões orçamentárias e abertura de créditos extraordinários. ADPF 743, ADPF 746 e ADPF 857, rel. min. André Mendonça, red. do ac. min. Flávio Dino, j. 20.03.2024, P, DJE de 11.06.2024.

No contexto ecológico, os contratos[11] e atos administrativos precisam andar em sintonia com as políticas que ensejam o bem-estar duradouro, processos transparentes, sempre atentos aos impactos sociais, econômicos e ambientais. É o que Juarez Freitas denomina de "controle paramétrico de partida", relativamente aos custos e benefícios[12] sociais, ambientais, econômicos, diretos e indiretos (externalidades).[13]

No novo Direito Administrativo, que se descortina pautado na assunção dos encargos de forma compartilhada, o controle das opções políticas não permite mais a discricionariedade irresponsável e desatrelada das externalidades negativas e dos efeitos colaterais nocivos da intervenção adotada em planejamentos administrativos despojados de acuidade técnica e em descompasso com os fundamentos constitucionais. Mais do que nunca, em tema de sustentabilidade, os princípios constitucionais regentes da Administração Pública (art. 37, *caput*, da CF/88) são realçados: o princípio da legalidade como limitador da esfera discricionária e descalçada de amparo normativo; o da impessoalidade, que visa alcançar um maior número de pessoas beneficiadas

---

[11] No art. 5º e inciso IV do art. 11 da Lei Federal nº 14.133/21, o desenvolvimento sustentável é incluído como um dos princípios administrativos que devem ser observados no decorrer das contratações públicas assim como um dos objetivos das licitações públicas.

[12] Custos e benefícios externos são externalidades, sendo os custos externos externalidades negativas e os benefícios externos, denominados externalidades positivas. FREITAS, Juarez. 2019. p. 129.

[13] FREITAS, Juarez. 2019, p.127.

das atividades e serviços públicos (o alcance intergeracional das normas de ordem pública); o da moralidade, que protege o patrimônio público dos interesses particularistas em detrimento das razões finalísticas do interesse público; o da publicidade, que assegura a participação ampla do ponto de vista da sociedade, dos órgãos de controle e torna as atividades públicas transparentes, reduzindo-se ou minimizando-se as distorções sempre presentes sem a necessária abertura das janelas de observação das políticas de gabinete e das decisões de governança no âmbito público.

O caráter instrumental ambivalente da sustentabilidade, de acordo com a Constituição Federal,[14] exige que o Estado conduza suas ações e políticas para alcançar o que nomeou ser sustentável, tanto no aspecto negativo (defensivo), ao preservar as condições necessárias para aquilo que se pretende proteger não se torne insustentável, quanto no aspecto positivo (prestacional), ao exigir que a Administração Pública tome providências para viabilizar, por si ou por terceiros, a execução dos meios necessários para a prática sustentável. Importa sublinhar a lição de Amartya Sen, que exemplifica "ser sustentável o desenvolvimento que insere todos os seres vivos, de algum modo, no futuro comum".[15]

3 Responsabilidade civil extracontratual do estado em sede ambiental e a jurisprudência do STJ

> O problema é que não basta conscientizar o povo; é preciso que se conscientize, sobretudo, o próprio Poder Público. É preciso que ele não exerça o papel de degradações do ambiente que, infelizmente, ele exerce. E com muito mais força que qualquer cidadão. Eu posso poluir um riacho. O Poder Público pode acabar com a Floresta Amazônica.[16]

---

[14] "O princípio do desenvolvimento sustentável, impregnado de caráter eminentemente constitucional, encontra suporte legitimador em compromissos internacionais assumidos pelo Estado brasileiro e representa fator de obtenção do justo equilíbrio entre as exigências da economia e as da ecologia, subordinada, no entanto, a invocação desse postulado, quando ocorrente situação de conflito entre valores constitucionais relevantes, a uma condição inafastável, cuja observância não comprometa nem esvazie o conteúdo essencial de um dos mais significativos direitos fundamentais: o direito à preservação do meio ambiente, que traduz bem de uso comum da generalidade das pessoas, a ser resguardado em favor das presentes e futuras gerações" (STF, ADI-MC 3540, Rel. Min. Celso de Mello, DJ 05.05.2009).

[15] SEM, Amartya. *Desenvolvimento como liberdade*. São Paulo: Companhia das Letras, 2000, p. 343.

[16] FERRAZ, Sergio. Responsabilidade civil por dano ecológico. *Revista de Direito Administrativo e Infraestrutura – RDAI*, São Paulo, v. 2, n. 4, p. 409-421, 2018. Disponível em: https://www.rdai.com.br/index.php/rdai/article/view/127. Acesso em: 4 set. 2024.

A responsabilidade civil ambiental constitui um microssistema dentro do sistema geral da responsabilidade civil do Estado insculpida no art. 37, §6º, da CF/88, com seus próprios princípios e suas próprias regras, resultantes de normas constitucionais (art. 225, §3º, da CF) e infraconstitucionais (art. 14, §1º, da Lei nº 6.938/1981). Nesse viés, focamos a problemática da injustiça ambiental e a responsabilidade estatal em face do dever de sustentabilidade das ações públicas no que diz respeito aos princípios da precaução e prevenção em relação às consequências danosas nomeadamente aquelas impostas às populações desfavorecidas.

É aqui que as questões relacionadas à injustiça ambiental se tornam preocupação crítica. Qualquer concepção de sustentabilidade não pode ignorar as condições desiguais das pessoas ao acesso ao meio ambiente ecologicamente equilibrado. Qualquer concepção de justiça social não pode desconhecer o papel do meio ambiente sadio na vida humana, sem doenças e sofrimentos evitáveis ou mortalidade prematura. Os fenômenos catastróficos da natureza podem ser compreendidos como problemas ambientais em razão das mudanças climáticas, como ciclones, enchentes, furacões, elevações do nível do mar e incêndios florestais, entre outros. Não obstante, alguns desses fenômenos se relacionam com questões de justiça social (ou injustiça ambiental). Isso porque os mais atingidos por esses eventos trágicos têm sido com frequência os socialmente mais vulneráveis, como por exemplo no Brasil, ribeirinhos e moradores de áreas de risco. Casos assim podem ser classificados como de injustiça ambiental,[17] que pode ser sintetizada como conjunturas que ferem os direitos humanos, uma vez que as ações ambientais que desbordam em desequilíbrio ecológico provocam várias situações que representam negação da dignidade humana a certos grupos sociais, especialmente aqueles em situação de pobreza e vulnerabilidade social. Grande parte dos problemas de privação nas tragédias ambientais decorre de condições desfavoráveis de inclusão e de condições adversas de moradia, como exemplo. Dessa forma, não

---

[17] O termo vem ganhando destaque no Brasil após o desastre de Mariana, em Minas Gerais em 2015. Das vítimas do rompimento, 84,5% eram negras. Tragédia semelhante se repetiu em 2019, na cidade de Brumadinho, Minas Gerais. Os dois bairros mais impactados pela onda de rejeitos tinham como maior parte da população pessoas pobres e negras. Emerge desses fatos o importante questionamento: os desastres ecológicos e as mudanças climáticas também respondem aos vieses, preconceitos e discriminação de toda ordem que pautam as estruturas sociais, conectando-se com importantes questões de justiça? Disponível em: https://diplomatique.org.br/entendendo-a-injustica-ambiental/. Acesso em: 24 ago. 2024.

é possível conceber responsabilidade ecológica (art. 225 da CF) sem o implemento de políticas ambientais sustentáveis que propiciem aos menos favorecidos padrão de vida digno e adequadamente inclusivo. Vale trazer à colação a Resolução da Organização das Nações Unidas (ONU) em *Human rights and the environment* (Direitos Humanos e Meio Ambiente) nº 1990/41, onde se determina que a degradação ambiental é causa de alterações irreversíveis ao meio ambiente, ameaçando ecossistemas que mantêm a vida, a saúde e o bem-estar humanos. Esse senso de responsabilidade ecológica impõe governança climática, a cargo do Estado, de forma a pensar a sociedade em conexão com o meio ambiente. Assim sendo, todas as decisões da administração pública devem ser avaliadas socialmente frente aos riscos e às oportunidades que as emergências climáticas geram, de forma que essas decisões sejam sensíveis aos interesses dos mais vulneráveis.

A governança climática está ligada ao desenvolvimento dos países e ao bem-estar da natureza assim como das pessoas, considerando que a construção de soluções ambientais é um processo complexo e de escala global que envolve todos os níveis e é relevante para todos os setores da sociedade. Para o cumprimento de tal mister, se impõe a aprovação de leis de proteção ambiental que evitem injustiças e exijam um tratamento equitativo para todas as pessoas independentemente da cor, nacionalidade ou renda, garantindo que toda pessoa deve ter igual proteção dos riscos ambientais à sua saúde, sob pena de grave ofensa à dignidade humana. O novo paradigma da sustentabilidade enfatiza a reformulação do entendimento a respeito do tema da Responsabilidade Extracontratual do Estado na promoção da justiça ambiental. De fato, o Estado passa a ter responsabilidades dilatadas em face das exigências do bem-estar, cuja proteção lhe compete nos termos do comando constitucional dos arts. 3º[18] e 225 da CF /88, "o Estado que veste as lentes da sustentabilidade".[19]

As regras da responsabilidade civil objetiva passam sob a nova ótica constitucional a ser vistas como forma de concretização do valor

---

[18] Art. 3º CF/88: Constituem objetivos fundamentais da República Federativa do Brasil: I - construir uma sociedade livre, justa e solidária; II - garantir o desenvolvimento nacional; III - erradicar a pobreza e a marginalização e reduzir as desigualdades sociais e regionais; IV - promover o bem de todos, sem preconceitos de origem, raça, sexo, cor, idade e quaisquer outras formas de discriminação.

[19] FREITAS, Juarez. *Sustentabilidade*: direito ao futuro. 4. ed. Belo Horizonte: Fórum, 2019, p. 296.

da solidariedade social (art. 3º, I, da CF/88), da justiça social, aqui compreendidos a partir de uma perspectiva de alargamento da atuação dos direitos humanos. Esse pilar da responsabilidade civil impele a sociedade a dividir os encargos decorrentes das ações danosas no desempenho da função administrativa, em matéria ambiental. Nesse contexto de risco abrolha a incontornável importância da responsabilidade civil (solidária do Estado e da sociedade) como mecanismo capaz de suprir as insuficiências da prevenção, na medida em que uma ampla responsabilização dos degradadores do meio ambiente na esfera civil tem como efeito prático o desestímulo de condutas e atividades lesivas à qualidade ambiental.

O regime específico da responsabilidade civil ambiental está fundado, também, na consagração da responsabilidade objetiva do degradador do meio ambiente, ou seja, responsabilidade que independe da culpa do agente, fundada no simples risco ou no simples fato da atividade causadora do dano ambiental. É o que dispõem o art. 225, §3º, da CF e o art. 14, §1º, da Lei nº 6.938/1981. Dessarte, basta a comprovação i) do dano causado ao meio ambiente; ii) de uma atividade ou omissão degradadora e iii) do nexo causal entre o dano e o fato da atividade degradadora, sendo irrelevante discutir se houve culpa ou não do agente no episódio. Com o advento da Lei nº 6.938/81, que trata da Política Nacional do Meio Ambiente, a responsabilidade civil para a reparação do dano ambiental[20] passou a ser objetiva (art. 14, §1º), não sendo mais necessária a comprovação da culpa do responsável pela degradação ambiental. Com esses aportes, vale sublinhar os fundamentos ensejadores da responsabilidade extracontratual estatal e o seu delineamento em face das escolhas administrativas insustentáveis (independentemente de culpa ou dolo do agente), maculadas por vícios, irracionalidade na fixação das prioridades públicas, cujos efeitos danosos devem ser compensados na medida de sua extensão.

O primeiro fundamento extraído do art. 37, §6º, da CF repousa na demonstração e alcance do dano indenizável, cujos requisitos importam na diminuição ou destruição de um bem jurídico, patrimonial ou moral pertencente a uma pessoa; efetividade ou certeza do dano; nexo de causalidade entre ação e resultado danoso; ausência de causas

---

[20] *Curso de Direito Civil Brasileiro*. 6. ed., v. 7 Responsabilidade Civil, p. 46.

excludentes de responsabilidade.[21] Em uma fórmula sucinta: a licitude da atividade degradadora, no âmbito da responsabilidade objetiva por danos ambientais, não pode ser invocada para o fim de exonerar o agente da sua responsabilização na esfera civil. Basta, portanto, segundo se tem entendido, nos termos do art. 225, §3º,[22] da CF/88, a lesividade da atividade, pouco importando a sua legalidade ou ilegalidade.

Neste sentido o Superior Tribunal de Justiça consagrou o entendimento de que, em matéria de responsabilidade civil ambiental, tem aplicação a teoria do risco integral,[23] de sorte que não podem ser invocadas, tampouco, as excludentes do caso fortuito e da força maior, para o fim de exonerar a responsabilidade civil do degradador do meio ambiente. Nesse contexto, a lição de Themístocles Brandão Cavalcanti, segundo o qual "a ideia do dano é predominante e a sua reparação se impõe como proteção social ao patrimônio lesado, diminuído por um ato que pode, às vezes, ser legítimo em suas origens, em seu conteúdo jurídico, mas nocivo em seus efeitos, em suas consequências".[24]

O segundo fundamento: a relação de causalidade entre a ação ensejadora do dano e a extensão desse dano cuja repercussão poderá se alargar difusa, coletiva e transgeracionalmente. Tal regime especial de responsabilidade está baseado na especificidade do nexo causal e correspondente amplitude dos sujeitos responsáveis a partir da noção de "poluidor" adotada pela Lei da Política Nacional do Meio Ambiente (Lei nº 6.938/1981).[25] Sendo perceptíveis seus efeitos muitas vezes apenas no decorrer de algum tempo, não se consegue medir a extensão do dano de plano, o que inviabiliza a própria aplicabilidade do conceito de reparação

---

[21] DINIZ, Maria Helena. *Curso de Direito Civil Brasileiro*. 6. ed. vol. 7. São Paulo: Saraiva, 1992, p. 50-51

[22] "As condutas e atividades lesivas ao meio ambiente sujeitarão os infratores, pessoas físicas ou jurídicas, as sanções penais e administrativas, independentemente da obrigação de reparar os danos causados".

[23] A responsabilidade por dano ambiental é objetiva, informada pela teoria do risco integral, sendo o nexo de causalidade o fator aglutinante que permite que o risco se integre na unidade do ato, sendo descabida a invocação, pela empresa responsável pelo dano ambiental, de excludentes de responsabilidade civil para afastar a sua obrigação de indenizar. Disponível em: https://processo.stj.jus.br/repetitivos/temas_repetitivos/pesquisa.jsp?novaConsulta=true&tipo_pesquisa=T&cod_tema_inicial=681&cod_tema_final=681. Acesso em: 10 set. 2024.

[24] CAVALCANTI, Themistocles Brandão. *Curso de Direito Administrativo*. 6. ed. Rio de Janeiro: Freitas Bastos, 1961, p. 116.

[25] O art. 3º, IV, da Lei nº 6.938/1981 dispõe: poluidor é a "pessoa física ou jurídica, de direito público ou privado, responsável, direta ou indiretamente, por atividade causadora de degradação ambiental".

integral à situação. Para o fim de apuração do nexo de causalidade no dano urbanístico-ambiental e de eventual solidariedade passiva, nos termos do RESP nº 1.071.741-SP (2008/0146043-5) equiparam-se "quem faz, quem não faz quando deveria fazer, quem não se importa que façam, quem cala quando lhe cabe denunciar, quem financia para que façam e quem se beneficia quando outros fazem".

Nessa linha, decidiu o STJ[26] que, a partir da definição de poluidor ou degradador, viável a responsabilização civil de todos aqueles que, de alguma forma, direta ou indiretamente, realizam condutas e atividades lesivas ao meio ambiente, ampliando o espectro dos sujeitos responsáveis por danos ambientais, sejam pessoas físicas, sejam pessoas jurídicas, sejam de direito privado, sejam de direito público. Dessarte, havendo mais de um causador do dano ambiental – direto ou indireto – todos serão considerados solidariamente responsáveis pela reparação (art. 942 do Código Civil), podendo o ressarcimento ser exigido indistintamente de um, de alguns ou de todos.[27]

Fixando o entendimento sobre a responsabilidade civil da Administração Pública por danos ambientais em casos de omissão, o Superior Tribunal de Justiça (STJ) publicou, em 6 de dezembro de 2021, a Súmula 652, que editou a tese de que "a responsabilidade civil da Administração Pública por danos ao meio ambiente, decorrente de sua omissão no dever de fiscalização, é de caráter solidário, mas de execução subsidiária". A Súmula 652 foi baseada em alguns precedentes originários tendo como fundamento, em síntese, evitar a imposição indiscriminada de responsabilidade ao Estado por omissão, o que prejudicaria a sociedade como um todo, haja vista que é o erário público o responsável pelo pagamento das indenizações. Concebida assim, a responsabilidade solidária e de execução subsidiária significa que o Estado como devedor-reserva só será convocado a quitar a dívida se o degradador direto ou material não o fizer.[28]

---

[26] Tese 8 da Edição nº 30 do Jurisprudência em Teses do STJ: "Em matéria de proteção ambiental, há responsabilidade civil do Estado quando a omissão de cumprimento adequado do seu dever de fiscalizar for determinante para a concretização ou o agravamento do dano causado".

[27] STJ – 1ª T. – REsp n. 771.619/PR – j. 16.12.2008 – rel. Min. Denise Arruda.

[28] A responsabilidade solidária e de execução subsidiária significa que o Estado integra o título executivo sob a condição de, como devedor-reserva, só ser convocado a quitar a dívida se o degradador original, direto ou material (= devedor principal) não o fizer (arts. 50 e 934 do Código Civil).

Como terceiro fundamento da responsabilidade civil, a necessária ação ou inação do poder público (presença do agente público ou de quem lhe faça as vezes) em face de um dever jurídico de proteção, de precaução e de prevenção. Nessa lógica, a distribuição dos encargos pela coletividade é uma espécie de seguro coletivo que obriga a todos a contribuir, na medida de sua participação fiscal, para a indenização dos prejuízos (dimensão social da responsabilidade civil).

No atinente à dimensão social da responsabilidade civil, o STJ decidiu que o princípio da precaução pressupõe a inversão do ônus probatório, competindo a quem supostamente promoveu o dano ambiental comprovar que não o causou ou que a substância lançada ao meio ambiente não lhe era potencialmente lesiva.[29] Desse modo, existindo desconfiança, ou seja, um risco de que determinada atividade possa gerar dano ao meio ambiente ou à saúde humana, deve-se considerar que esta atividade acarreta sim este dano.[30] E ainda: ao julgar o RE nº 654.833/AC o STF consolidou a tese, já vigente no STJ, de que "É imprescritível a pretensão de reparação civil de dano ambiental".[31] Em abono a sua tese, decidiu que o dano ambiental se inclui dentre os direitos indisponíveis e como tal está dentre os poucos acobertados pelo manto da imprescritibilidade a ação que visa reparar o dano ambiental.

Em suma, ao Estado cabe o controle enfático das atividades, a observância dos princípios da precaução e da prevenção, do planejamento responsável e sustentável, do devido processo legal, do princípio da sustentabilidade em obras e licitações públicas,[32] da adoção de inovações tecnológicas compatíveis com as metas ambientais. É o que Juarez Freitas denomina de Estado fiscalmente prudente, o Estado do direito fundamental à boa administração. Não se trata de opção do administrador, mas de *incontornável obrigação legal e constitucional*.[33]

---

[29] REsp n. 1.060.753/SP, rel. Min. Eliana Calmon, 2ª Turma, julgado em 1/12/2009, DJe de 14/12/2009.

[30] Precedentes: REsp n. 1.454.281/MG, rel. Min. Herman Benjamin, 2ª Turma, j. 16/8/2016, DJe de 9/9/2016; e REsp n. 1.049.822/RS, rel. Min. Francisco Falcão, j. em 23/4/2009, DJe de 18/5/2009.

[31] BRASIL, Supremo Tribunal Federal. RE 654833/AC. Rel. Min. Alexandre de Moraes, 2020. Disponível em: https://portal.stf.jus.br/processos/detalhe.asp?incidente=4130104. Acesso em: 5 set. 2024.

[32] A sustentabilidade foi inserida no texto da Lei nº 8.666/1993, com a Lei nº 12.349/2010, como princípio, para que a licitação viesse a garantir a promoção do desenvolvimento nacional sustentável, adotando critérios e práticas sustentáveis nos instrumentos convocatórios. Vide art. 5º da Lei nº 14.133/2021.

[33] FREITAS, Juarez. *Sustentabilidade*: direito ao futuro. *Op. cit.*, p. 265.

Estamos em estado de emergência climática de importância internacional. É sob essa perspectiva que a atuação estatal sustentável se torna imperativa. Na formulação e execução das políticas públicas em matéria ambiental, a utilização dos princípios constitucionais desempenha função de assegurar, juridicamente, os direitos fundamentais postos no texto constitucional. A preservação do meio ambiente hoje é questão de sobrevivência, mais que de preferência. Robert Solow,[34] um dos mais notáveis economistas de nosso tempo, vê a sustentabilidade como o requisito a ser deixado à próxima geração: "tudo o que for necessário para que ela consiga um padrão de vida pelo menos tão bom quanto o nosso e para que possa olhar para a geração seguinte da mesma forma".

4 Conclusões

O Direito Administrativo deve ser entendido antes e depois da mandatória exegese do princípio da sustentabilidade. A ação administrativa, antes levada a cabo com critérios discricionários e vinculados, deve observar sob essa lente, rigorosamente, critérios de ordem social, ambiental, econômica, ética e jurídico-política. A sustentabilidade, por conseguinte, não se reveste como opção ou faculdade para o administrador. Ao invés, representa compromisso inarredável com a equidade intergeracional, com os princípios da prevenção e precaução, com o desenvolvimento duradouro e com os ditames da justiça ambiental.

Nesses moldes, a sustentabilidade comina ao Estado-Administração a releitura dos princípios regentes da Administração Pública, conferindo-lhes a marca indelével da busca do bem-estar durável, impondo-lhe uma governança sustentável, com feição ética, transparente, impessoal, legítima, com a imperiosa sindicabilidade dos critérios sociais, ambientais e econômicos. A sustentabilidade coíbe o omissivismo estatal e impõe a responsabilidade civil objetiva, integral e imprescritível ao Estado e à sociedade, solidariamente, ficando a cargo do primeiro a formulação das políticas públicas em consonância com as prioridades constitucionais, com a análise de riscos para evitar os custos e as externalidades negativas.

---

[34] SOLOW, Robert. The economics of resources or the resources of economics. *American Economic Review*, v. LXIV, n. 2, p. 1-14, maio 1974. Acesso em: 10 set. 2024.

Conclui-se, portanto, que o alcance do "Estado Ambiental de Direito[35] "está vinculado à observância do princípio da sustentabilidade e à implementação das políticas públicas ambientais (quer diretamente, quer em parceria com a sociedade civil – nesse sentido atuando também como fiscalizador), estando adstrito às finalidades explicitadas na Constituição, e não as cumprir caracteriza omissão, passível de responsabilidade. Não há discricionariedade administrativa que permita políticas públicas ou programas de governo que ignorem tais deveres, os quais derivam diretamente do texto constitucional. Diante da insuficiência da política ambiental à resolução de problemas, não resta lugar para abstenção, ao revés pela busca de soluções a partir de outra porta de entrada: a justiça ambiental".[36]

Referências

CAVALIERI FILHO, Sérgio. *Programa de responsabilidade civil*. 8. ed. 3. reimpr. São Paulo: Atlas, 2009.

DAL POZZO, Augusto; CAMMAROSANO, Márcio (coord.). *As implicações da covid-19 no direito administrativo*. 1. ed. São Paulo: Thomson Reuters Brasil, 2020.

DINIZ, Maria Helena. *Curso de Direito Civil Brasileiro*. 6. ed. V.7. São Paulo, Saraiva, 1992.

DI PIETRO, Maria Sylvia Zanella. *Direito Administrativo*. 37. ed., rev., atual. e ampl. Rio de Janeiro: Forense, 2024.

FERRAZ, Sergio. *Responsabilidade civil por dano ecológico*: RDA e RDAI, São Paulo: Thomson Reuters Livraria RT, v. 2, n. 4, p. 409-421, 2018. Disponível em: https://www.rdai.com.br/index.php/rdai/article/view/127. Acesso em: 4 set. 2024.

FREITAS, Juarez. *Sustentabilidade*: direito ao futuro. 4. ed. Belo Horizonte: Fórum, 2019.

ILAN PRESSER. Disponível em: https://www.conjur.com.br/wp-content/uploads/2024/06/Ilan_dissertacao.mestrado_litigancia.climatica.pdf. Acesso em: 5 set. 2024.

IPCC, 2022: Mudanças Climáticas 2022: Impactos, Adaptação e Vulnerabilidade. Contribuição do Grupo de Trabalho II para o Sexto Relatório de Avaliação do Painel Intergovernamental sobre Mudanças Climáticas. Disponível em: https://www.ipcc.ch/report/sixth-assessment-report-working-group-ii/. Acesso em: 10 set. 2024.

---

[35] SANTOS, Boaventura de Souza. *Pela mão de Alice*: o social e o político na pós-modernidade. Porto: Afrontamento, 1994.
[36] ILAN PRESSER, A tutela judicial do Meio Ambiente. Disponível em: https://www.conjur.com.br/wp-content/uploads/2024/06/Ilan_dissertacao.mestrado_litigancia.climatica.pdf. Acesso em: 5 set. /2024.

JÚNIOR PORFÍRIO, Nelson de Freitas. *Responsabilidade do Estado em face do dano ambiental.* São Paulo. Malheiros Editores, 2002.

OLIVEIRA, Maria Cristina Cesar de. *Princípios jurídicos e jurisprudência socioambiental.* Belo Horizonte: Fórum, 2009.

SEN, Amartya. *Desenvolvimento como liberdade.* São Paulo: Companhia das Letras, 2000.

Informação bibliográfica deste livro, conforme a NBR 6023:2018 da Associação Brasileira de Normas Técnicas (ABNT):

NASSAR, Elody Boulhosa. Sustentabilidade e responsabilidade civil estatal por injustiça ambiental. *In:* IDAPAR, Instituto de Direito Administrativo do Pará (org.); OLIVEIRA, Maria Cristina Cesar de; DOURADO JUNIOR, Octavio Cascaes; MORAES, Marcio Augusto Moura de (coord.). *Sustentabilidade no Direito Administrativo.* Belo Horizonte: Fórum, 2025. p. 215-229. ISBN 978-65-5518-953-7.

A IMPORTÂNCIA DO DESENVOLVIMENTO NACIONAL SUSTENTÁVEL NAS CONTRATAÇÕES PÚBLICAS

**AMANDA GUIOMARINO,
PRISCILLA VIEIRA**

1 Introdução

O desenvolvimento nacional sustentável nas contratações públicas é uma temática de crescente importância, pois reflete a necessidade de alinhar o crescimento econômico com a preservação ambiental e a promoção da justiça social.

A noção de sustentabilidade transcende a mera conservação dos recursos naturais, integrando também a responsabilidade social e a governança. Nesse contexto, as contratações públicas emergem como um instrumento estratégico capaz de fomentar práticas que minimizem os impactos ambientais, promovam a inclusão social e assegurem uma gestão pública transparente e eficiente.

A Constituição Federal do Brasil sublinha a importância da sustentabilidade ao estabelecer a defesa do meio ambiente e a redução das desigualdades regionais e sociais como princípios da atividade econômica.

Dessa forma, o desenvolvimento nacional sustentável se torna uma diretriz fundamental, garantindo que as necessidades presentes sejam atendidas sem comprometer a capacidade das futuras gerações de prover suas próprias necessidades.

Com a promulgação da Lei nº 14.133/2021, que regulamenta as licitações e contratos administrativos, o compromisso com o desenvolvimento sustentável foi mais uma vez reforçado, exigindo que todas as esferas de governo adotem práticas responsáveis em suas aquisições.

A inclusão de critérios ASG (Ambiental, Social e Governança) nas contratações públicas faz com que o Estado assuma o papel de protagonista das práticas sustentáveis, devendo liderar pelo exemplo.

Neste contexto, a importância do desenvolvimento nacional sustentável nas contratações públicas destaca-se como uma estratégia indispensável para a construção de um futuro mais justo, equilibrado e responsável.

A adoção de práticas sustentáveis nas aquisições governamentais não só impulsiona a inovação e a eficiência, mas também reforça o compromisso do Estado com um desenvolvimento socioeconômico que respeite e preserve o meio ambiente.

2 O desenvolvimento nacional sustentável e o tão falado ASG (ESG)

O desenvolvimento sustentável, na forma como pode ser entendido atualmente, procura equilibrar o processo de crescimento econômico nos pilares econômico, social e ambiental, com vistas a atender as necessidades presentes, sem comprometer a capacidade de gerações futuras de prover suas próprias necessidades.

Tendo isso em vista, percebe-se que não há como dissociar a ideia de que o desenvolvimento econômico também engloba a preservação ambiental. Tanto é assim que a Constituição da República elenca como princípio geral da atividade econômica a defesa do meio ambiente e a redução das desigualdades regionais e sociais (art. 170, incisos VI e VII) e classifica como direito de todos "o meio ambiente ecologicamente equilibrado" (art. 225).

Percebe-se portanto que estudar o desenvolvimento nacional sustentável ou a sustentabilidade envolve estudar o tripé ASG, sigla para ambiental, social e governança (ou ESG em inglês: *Environmental, Social, and Governance*).

ASG refere-se a um conjunto de critérios utilizados para medir a sustentabilidade e o impacto social de uma organização ou entidade.

No contexto das contratações públicas, a integração de critérios ASG visa assegurar que as compras governamentais não apenas atendam às necessidades administrativas, mas também promovam práticas responsáveis que minimizem os impactos ambientais, incentivem a responsabilidade social e garantam uma governança transparente e ética.

A adoção de critérios ASG nas licitações pode resultar em benefícios significativos, como a redução de emissões de carbono, a promoção de condições de trabalho justas e equânimes, além da melhoria da transparência nos processos de contratação.

Em breves linhas, no seu viés ambiental, a sustentabilidade relaciona-se à conservação e redução de impactos negativos ao meio ambiente. Por sua vez, o critério social diz respeito aos atores envolvidos no processo de desenvolvimento social. Por fim, o aspecto da governança está ligado às ações de transparência e responsabilidade da corporação, órgão ou entidade.

Em que pese não termos, ainda, no nosso ordenamento jurídico legislação específica versando a respeito dos critérios ASG, é possível encontrar na legislação esparsa administrativista leis que tratam sobre os três aspectos separadamente ou mesmo em conjunto, porém sem a preocupação de conceituação dos institutos ou de delimitação de sua atuação e abrangência.

A título de exemplo, a Lei nº 12.846/20213, conhecida como Lei Anticorrupção, que dispõe sobre a responsabilização administrativa e civil de pessoas jurídicas pela prática de atos contra a administração pública, nacional ou estrangeira, estabelece como um dos parâmetros da responsabilização a verificação da existência de mecanismos e procedimentos internos de integridade, auditoria e incentivo à denúncia de irregularidades e a aplicação efetiva de códigos de ética e de conduta no âmbito da pessoa jurídica.

Assim, percebe-se a preocupação do legislador em reforçar a importância de programas de integridade nas corporações, traduzindo o último aspecto do desenvolvimento sustentável, qual seja, a governança.

No que tange à governança pública, o Decreto nº 9.203/2017, o qual dispõe sobre a política de governança da administração pública federal direta, autárquica e fundacional, conceituou a governança pública como o "conjunto de mecanismos de liderança, estratégia e controle postos em prática para avaliar, direcionar e monitorar a gestão, com vistas à condução de políticas públicas e à prestação de serviços de interesse da sociedade".

Além disso, o referido decreto trouxe princípios, diretrizes e mecanismos para a implementação da governança na esfera federal.

Nesse ponto, destaca-se a diretriz de "direcionar ações para a busca de resultados para a sociedade, encontrando soluções tempestivas e inovadoras para lidar com a limitação de recursos e com as mudanças de prioridades", quando se volta o olhar para a formulação de políticas públicas e priorização de demandas que envolvam contratações públicas.

No que concerne, especialmente, à temática de contratações públicas temos a Lei nº 13.303/2016, que dispõe sobre o estatuto jurídico da empresa pública, da sociedade de economia mista e de suas subsidiárias, no âmbito da União, dos Estados, do Distrito Federal e dos Municípios, e que trouxe diversos dispositivos a respeito da sustentabilidade nos três aspectos.

Salienta-se a obrigação de utilização de produtos, equipamentos e serviços que reduzem o consumo de energia e de recursos naturais nas licitações e contratos disciplinados pela Lei nº 13.303/2016 (art. 32, §1º, inc. III); elaboração de Código de Conduta e Integridade (art. 9º, §1º); possibilidade de solicitar a certificação da qualidade do produto ou do processo de fabricação, inclusive sob o aspecto ambiental, por instituição previamente credenciada, nos processos de licitação para aquisição de bens (art. 47, inc. III).

E, mais recentemente no ordenamento jurídico, a promulgação e vigência da Lei nº 14.133/2021, a atual Lei de Licitações e Contratos Administrativos, deixou claro que a implementação de critérios ASG nas contratações públicas requer uma abordagem coordenada entre todos os entes federativos: União, Estados, Municípios e Distrito Federal.

Cada nível de governo tem um papel crucial na regulamentação e promoção de práticas sustentáveis e de boa governança, garantindo que as políticas sejam abrangentes e eficazes em todo o território nacional.

Dessa forma, a Lei nº 14.133/2021 representa um avanço significativo na direção de uma gestão pública mais sustentável e responsável, capaz de gerar impactos positivos duradouros para a sociedade brasileira.

3 A Lei nº 14.133/2021 e sua relação com o desenvolvimento nacional sustentável

A atual Lei de Licitações entende o desenvolvimento nacional sustentável como duas vertentes básicas: como princípio, previsto no seu art. 5º, e como objetivo da contratação, no rol do art. 11.

Isto é, dentre os 22 princípios que devem ser observados no processo de contratação pública e com a mesma importância dos já consagrados princípios da legalidade, da moralidade, da vinculação ao instrumento convocatório por exemplo, temos o desenvolvimento nacional sustentável, que deve ser cumprido em todas as etapas do metaprocesso de contratação, desde o seu planejamento em sua fase preparatória até a fase final, com a gestão e fiscalização do contrato.

A par disso, a normativa atual também tratou o desenvolvimento nacional sustentável como um dos objetivos do processo licitatório. O inciso IV do art. 11 dispõe que um desses objetivos é "incentivar a inovação e o desenvolvimento nacional sustentável".

Com efeito, compete à alta administração, de acordo com o parágrafo único desse mesmo dispositivo legal, promover a governança das contratações com o objetivo de alcançar os objetivos elencados no art. 11, o que demonstra a preocupação do legislador com a sustentabilidade nas contratações.

A governança das contratações, desta feita, traduz-se no comprometimento institucional em aplicar políticas públicas sintonizadas às práticas sustentáveis, adotando, assim, uma postura proativa na avaliação, direção e monitoramento dos processos licitatórios, assegurando que os critérios de sustentabilidade sejam rigorosamente aplicados e que os benefícios ambientais, sociais e econômicos sejam maximizados.

Sendo assim, a alta administração deve incentivar a sustentabilidade em todas as etapas do processo de contratação.

Não há que se falar em planejamento estratégico sem a garantia de contratações mais eficientes, tampouco em contratações mais eficientes sem alinhamento com as práticas aos princípios da sustentabilidade.

Podemos evidenciar, portanto, a inclusão de critérios de sustentabilidade nos editais de processos licitatórios, quando a lei prevê a preferência por produtos e serviços que apresentem maiores índices de sustentabilidade, incentivando o compromisso das empresas participantes a incluírem as práticas sustentáveis em sua política de responsabilidade social.

Assim, não apenas os benefícios imediatos, mas também os impactos a longo prazo passam a ser considerados nas compras públicas.

Notadamente, a ênfase na sustentabilidade não se limita ao planejamento estratégico previsto no art. 11 da Lei nº 14.133/2021, mas perpassa por todas as etapas de contratação.

Isto é, o enfoque na sustentabilidade, além do planejamento estratégico já mencionado e previsto no art. 11, também se encontra no planejamento operacional, ou seja, na fase preparatória da contratação, mais especificamente no momento da elaboração dos artefatos.

Nesse contexto, a elaboração dos artefatos, tais como os estudos técnicos preliminares, termos de referência e projetos básicos, devem incorporar os critérios de sustentabilidade com o objetivo de guiar todo o processo de contratação.

Isso envolve, por exemplo, a definição de especificações técnicas que favoreçam produtos e serviços sustentáveis, a inclusão de cláusulas contratuais que exijam práticas ambientalmente responsáveis dos fornecedores e a implementação de mecanismos de avaliação que considerem o impacto social e ambiental das propostas.

É cediço que o desenvolvimento nacional sustentável deve ocorrer de forma integrada, e um exemplo dessa integração pode ser encontrado no art. 40 da Lei nº 14.133/2021, que trata do planejamento de compras no setor público.

De acordo com o art. 40, o planejamento de compras deve considerar a expectativa de consumo anual e observar, entre outros aspectos, o parcelamento das compras quando for tecnicamente viável e economicamente vantajoso.

Essa abordagem visa otimizar os recursos públicos, garantindo que as aquisições sejam feitas de maneira eficiente e sustentável.

O §2º do art. 40 especifica que, na aplicação do princípio do parcelamento, deve-se considerar o aproveitamento das peculiaridades do mercado local, sempre que possível, desde que atendidos os parâmetros de qualidade.

Desta feita, ao incentivar o aproveitamento das peculiaridades do mercado local, a lei promove o fortalecimento das economias regionais. Esse incentivo não só dinamiza a economia local, mas também pode gerar empregos e fortalecer pequenas e médias empresas, contribuindo para a sustentabilidade social.

Em um contexto prático, a preferência por fornecedores locais pode resultar na redução de emissões de carbono associadas ao transporte de bens. Ao diminuir as distâncias de transporte, reduz-se a pegada de carbono, contribuindo para a sustentabilidade ambiental.

Na elaboração do Estudo Técnico Preliminar – ETP, o qual consiste, de acordo com o artigo 6º, inciso XX, da Lei nº 14.133/2021 "(...) no documento constitutivo da primeira etapa do planejamento de uma contratação que caracteriza o interesse público envolvido e a sua melhor solução (...)", deve-se destacar a descrição de possíveis impactos ambientais e medidas mitigadoras.

Ou seja, sempre que possível, devem ser incluídos requisitos de baixo consumo de energia e de outros recursos, bem como logística reversa para o desfazimento e reciclagem de bens e refugos, quando aplicável.

A identificação, inclusão e avaliação de impactos potenciais que um produto ou serviço pode causar ao meio ambiente ao longo de seu ciclo de vida, desde a produção até o descarte final, são fundamentais para, inclusive, promover uma mudança da cultura organizacional no que diz respeito à sustentabilidade.

Ao elaborar o ETP, a equipe de planejamento deve privilegiar práticas eficientes e responsáveis nas contratações públicas, com uma abordagem sempre integrada.

Portanto, todos esses aspectos serão incorporados ao Termo de Referência e ao Projeto Básico, sendo estes os principais instrumentos em que constarão as informações detalhadas dos bens, serviços e obras, os quais assegurarão a sustentabilidade ambiental, social e econômica das contratações públicas.

Ao determinar no art. 40, §1º, da Lei nº 14.133 que a especificação do produto deve ser feita preferencialmente conforme catálogo eletrônico de padronização, observando os requisitos de qualidade, rendimento, compatibilidade, durabilidade e segurança, a lei assegura que a licitação vá muito além da padronização e do menor preço, mas garanta a seleção de proposta apta a gerar o resultado mais vantajoso e eficiente.

No Termo de Referência, a Administração deve incluir especificações que favoreçam produtos com menor impacto ambiental, como aqueles que utilizam materiais reciclados, possuam eficiência energética ou reduzam a emissão de poluentes.

Ademais, a priorização de fornecedores que demonstrem práticas de responsabilidade social, como condições de trabalho justas, equidade de gênero e inclusão social, também é uma diretriz que a Nova Lei de Licitações estabelece.

É de suma importância que nas licitações haja a seleção de produtos que ofereçam a melhor relação custo-benefício ao longo de seu ciclo de vida, considerando não apenas o preço de aquisição, mas também os custos de operação, manutenção e descarte.

Deste modo, destaca-se o parágrafo primeiro do artigo 34 da Lei de Licitações, que trata a respeito do julgamento por menor preço e dispõe que deverá levar em consideração o menor dispêndio para a administração pública, englobando também os custos indiretos com as despesas de manutenção, depreciação e impacto ambiental do objeto licitado.

Ainda temos os critérios de sustentabilidade no momento do desempate das propostas na fase de seleção do fornecedor. O art. 60 da Lei nº 14.133/2021 ordena quatro critérios de desempate, sendo dois deles tangenciando o aspecto social e de governança, respectivamente nos incisos III e IV:

> Art. 60. Em caso de empate entre duas ou mais propostas, serão utilizados os seguintes critérios de desempate, nesta ordem:
> (...)
> III - desenvolvimento pelo licitante de ações de equidade entre homens e mulheres no ambiente de trabalho, conforme regulamento; (Vide Decreto nº 11.430, de 2023) Vigência
> IV - desenvolvimento pelo licitante de programa de integridade, conforme orientações dos órgãos de controle.

Extrai-se, portanto, que, havendo empate das propostas e persistindo o mesmo valor após os dois primeiros incisos, privilegiar-se-á a licitante que prestigiar a sustentabilidade, haja vista que uma boa contratação envolve seu aspecto social — ações de equidade entre homens e mulheres no ambiente de trabalho — em seu aspecto de governança, com o desenvolvimento de programa de integridade pelo licitante.

4 Compras sustentáveis e perspectivas para o futuro

No contexto das contratações públicas, a adoção de critérios de sustentabilidade não apenas atende a uma necessidade imediata de conformidade legal, mas também posiciona o Estado como um agente de transformação, capaz de influenciar positivamente o mercado e a sociedade em geral.

No entanto, a implementação de práticas sustentáveis nas compras públicas enfrenta diversas resistências que podem dificultar a concretização de uma política de aquisições verdadeiramente comprometida com os princípios de sustentabilidade.

Essas resistências, embora compreensíveis em certos contextos, representam barreiras significativas que precisam ser superadas para que o desenvolvimento sustentável se torne uma realidade nas contratações governamentais.

Um dos principais desafios é a falta de conhecimento e capacitação dos servidores públicos em relação às práticas de sustentabilidade. Muitos gestores e agentes responsáveis pelas aquisições não possuem treinamento adequado para entender e aplicar os critérios ASG (ambiental, social e governança).

Sem uma compreensão clara dos benefícios e métodos para integrar a sustentabilidade nos processos de compra, a tendência é seguir práticas tradicionais, que priorizam apenas o menor preço.

Outra resistência comum é a percepção de que produtos e serviços sustentáveis são mais caros. Essa visão de curto prazo ignora os benefícios econômicos a longo prazo, como a redução de custos operacionais, maior durabilidade dos produtos e menores despesas com manutenção e descarte.

Como se não bastasse, a preocupação com o orçamento imediato muitas vezes impede a consideração de opções mais sustentáveis.

Inicialmente, a incorporação de critérios de sustentabilidade pode adicionar uma complexidade aos processos de compra, exigindo mais tempo e recursos para a elaboração de editais, avaliação de propostas e monitoramento de contratos.

Essa complexidade em um primeiro momento pode desestimular os gestores públicos, especialmente em contextos nos quais os recursos humanos e financeiros são limitados.

Simplificar e padronizar os processos de incorporação de critérios sustentáveis, com o desenvolvimento de guias e ferramentas práticas que possam ser facilmente utilizadas pelos gestores públicos, pode representar um facilitador na identificação e aquisição de opções sustentáveis.

Em muitas instituições, há uma resistência cultural e institucional à mudança. As práticas tradicionais de compra são profundamente enraizadas, e a mudança para uma abordagem sustentável pode ser vista como uma ameaça ao *status quo*. Além disso, a falta de liderança e de compromisso político com a sustentabilidade pode reforçar essa resistência.

Outra boa prática que vem se destacando no cenário é a adoção de almoxarifado virtual, vista como um avanço no gerenciamento de recursos materiais. Isto é, pode-se adotar o controle por unidade que utiliza os bens, com visualização da série histórica de consumo e gasto, reduzindo, além do consumo de papel, também o espaço físico.

Cada vez mais, as compras compartilhadas vêm se destacando como uma excelente prática de sustentabilidade, visto que há uma economia nas contratações, percebida como positiva aos avanços sociais e ambientais.

De acordo com a Instrução Normativa nº 10/2012, a compra compartilhada consiste na "contratação para um grupo de participantes previamente estabelecidos, na qual a responsabilidade de condução do processo licitatório e gerenciamento da ata de registro de preços serão de um órgão ou entidade da Administração Pública Federal".

Dentre as vantagens que se observa na popularização dessa prática, está a importância que o planejamento ganha na nova Lei de Licitações, pois permite ganho de escala, reduzindo o custo operacional e processual de cada certame isolado, vez que será realizada apenas uma contratação para atender as necessidades dos órgãos públicos.

Por fim, observa-se, de igual modo, a implementação da logística reversa, que consiste no retorno de parte do bem contratado e consumido – a exemplo das embalagens dos produtos – para o próprio fornecedor dar o descarte adequado ou a sua doação a algum setor que necessita do bem (a exemplo da exploração de recursos naturais). Assim, haveria a boa gestão dos resíduos sólidos e a diminuição de contaminações e lixos urbanos.

A Lei nº 12.305/2010, no inciso XII do art. 3º, conceitua a logística reversa como o "instrumento de desenvolvimento econômico e social caracterizado por um conjunto de ações, procedimentos e meios destinados a viabilizar a coleta e a restituição dos resíduos sólidos ao setor empresarial, para reaproveitamento, em seu ciclo ou em outros ciclos produtivos, ou outra destinação final ambientalmente adequada".

A Lei de Licitações preocupou-se com o descarte dos resíduos sólidos, sendo parte integrante do Estudo Técnico Preliminar, no art. 18, §1º, inc. XII, a previsão desse instituto, com vistas ao fortalecimento dessa boa prática de conservação ambiental.

A ideia, portanto, de um desenvolvimento nacional sustentável demanda uma mudança de postura estatal, com vistas ao fomento de inovações tecnológicas, aliadas à conservação de recursos ambientais e uso responsável do dinheiro público.

Para tanto, é imprescindível que sejam feitos estudos prévios, responsáveis pelo surgimento da demanda que deverá ser atendida pela compra pública, com a devida justificativa da contratação. É justamente aí que reside a importância da formulação das políticas públicas, com atenção especial à sustentabilidade socioambiental.

A partir de um bom planejamento e da adoção de práticas de boa governança na Administração Pública, é possível que os agentes públicos envolvidos, tanto no processo de contratação como no planejamento estratégico de órgãos e entidades, observem os critérios de sustentabilidade em todas as fases do processo de compras públicas.

5 Conclusão

O desenvolvimento nacional sustentável nas contratações públicas emerge como uma necessidade imperativa para alinhar o crescimento econômico com a preservação ambiental e a promoção da justiça social. A integração de critérios ASG (Ambiental, Social e Governança) não só garante que as compras governamentais atendam às necessidades administrativas, mas também fomentem práticas responsáveis e sustentáveis.

A Constituição Federal e a Lei nº 14.133/2021 reforçam o compromisso do Estado com a sustentabilidade, exigindo que todas as esferas de governo adotem práticas que minimizem os impactos ambientais, promovam a inclusão social e assegurem uma gestão pública transparente e ética.

Neste contexto, o Estado deve assumir o papel de protagonista, liderando pelo exemplo em suas aquisições e inspirando o setor privado e a sociedade a seguirem práticas sustentáveis.

A adoção de critérios ASG nas licitações públicas não só impulsiona a inovação e a eficiência, mas também reafirma o compromisso com um desenvolvimento socioeconômico que respeite e preserve o meio ambiente.

Notadamente, no entanto, há uma resistência na aplicação da sustentabilidade nas compras públicas, tornando-se um desafio multifacetado que exige do gestor público uma abordagem estratégica e integrada para ser superada.

A capacitação dos servidores públicos, a análise econômica de longo prazo, a simplificação dos processos de compra, a mudança cultural e institucional e a implementação de políticas de apoio são passos essenciais para promover práticas de aquisição que sejam ambientalmente responsáveis, socialmente justas e economicamente viáveis.

Superar essas resistências é crucial para que o Estado possa liderar pelo exemplo e contribuir efetivamente para o desenvolvimento nacional sustentável.

As compras sustentáveis são uma peça-chave para o desenvolvimento nacional sustentável, alinhando as práticas de aquisição com os princípios de preservação ambiental, justiça social e eficiência econômica.

Ao adotar critérios ASG em suas contratações, o Estado não só promove um uso responsável dos recursos públicos, mas também incentiva o setor privado e a sociedade a seguirem práticas sustentáveis.

O desenvolvimento nacional sustentável nas contratações públicas se destaca como uma estratégia indispensável para a construção de um futuro mais justo, equilibrado e responsável, e com a promulgação da Lei nº 14.133/2021 espera-se uma crescente conscientização sobre a importância da sustentabilidade e um futuro das compras públicas no Brasil cada vez mais promissor.

Referências

BRASIL. Lei nº 14.133, de 1º de abril de 2021. Lei de Licitações e Contratos Administrativos. Brasília, DF: Diário Oficial da União, 2021.

BRASIL. Tribunal de Contas da União. *Dez passos para a boa governança*. 2. ed. Brasília: TCU; Secretaria de Controle Externo da Administração do Estado, 2021. Disponível em: https://portal.tcu.gov.br/data/files/D5/F2/B0/6B/478F771072725D77E18818A8/10_passos_para_boa_governanca_v4.pdf. Acesso em: 10 ago. 2024.

BORGES DE PAULA, Marco Aurélio (coord.). *A hora e a vez do ESG*: provocações e reflexões em homenagem a Ricardo Voltolini. Belo Horizonte: Fórum, 2023.

CADER, Renato; VILLAC, Teresa. *Governança e Sustentabilidade*. 1. ed. Belo Horizonte: Fórum, 2022.

CARVALHO, Fábio Lins de Lessa. A inovação como fator do desenvolvimento da administração pública: três exemplos vindos do passado para orientar o presente e o futuro. In: ZOCKUN, Maurício; GABARDO, Emerson (coord.). *Novas Leis:* promessas de um futuro melhor? Livro do VI Congresso Brasileiro de Direito Administrativo. Belo Horizonte: Fórum, 2023.

FORTINI, Cristiana; OLIVEIRA, Rafael Sérgio Lima de; CAMARÃO, Tatiana (coord.). *Comentários à Lei de Licitações e Contratos Administrativos*: Lei nº 14.133, de 1º de abril de 2021. 1. reimpr. Belo Horizonte: Fórum, 2022. v. 2.

FREITAS, Juarez. *Sustentabilidade*. 4. ed. Belo Horizonte: Fórum, 2019.

FURTADO, Madeline Rocha. ESG – Sustentabilidade ambiental, social, governança e a Lei de Licitações e Contratos: onde estamos? Fórum de Contratação e Gestão Pública – FCGP, Belo Horizonte, ano 22, n. 262, p. 56-63, out. 2023.

REIS, Luciano Elias. *Compras Públicas Inovadoras*. 1. ed. Belo Horizonte: Fórum, 2022.

TORRES, Ronny Charles Lopes de. *Leis de Licitações Públicas Comentadas*. São Paulo: Juspodivm, 2023.

VILLAC, Teresa. *Licitações Sustentáveis No Brasil*. 2. ed. Belo Horizonte: Fórum, 2020.

VILLAC, Teresa; NETTO BESSA, Fabiane Lopes Bueno; DOETZER, Gisele Duarte. *Gestão Pública Brasileira*. 1. ed. Belo Horizonte: Fórum, 2020.

Informação bibliográfica deste livro, conforme a NBR 6023:2018 da Associação Brasileira de Normas Técnicas (ABNT):

GUIOMARINO, Amanda; VIEIRA, Priscilla. A importância do desenvolvimento nacional sustentável nas contratações públicas. *In:* IDAPAR, Instituto de Direito Administrativo do Pará (org.); OLIVEIRA, Maria Cristina Cesar de; DOURADO JUNIOR, Octavio Cascaes; MORAES, Marcio Augusto Moura de (coord.). *Sustentabilidade no Direito Administrativo*. Belo Horizonte: Fórum, 2025. p. 231-243. ISBN 978-65-5518-953-7.

COMPRAS PÚBLICAS SUSTENTÁVEIS: APLICAÇÃO DA NOVA LEI DE LICITAÇÕES E CONTRATOS NOS MUNICÍPIOS BRASILEIROS

MILENE DIAS DA CUNHA,
MERIAM PAES

1 Introdução

Desde a Conferência de Estocolmo, em 1972, têm se ampliado os debates sobre a importância do desenvolvimento sustentável em prol de maior eficiência econômica e equidade social. As estratégias governamentais voltadas ao desenvolvimento sustentável têm se concentrado na busca da sustentabilidade ambiental e no aumento da eficiência do uso dos recursos em todo o mundo, atendendo às necessidades do momento atual, sem comprometer as necessidades das gerações futuras.

Nesse contexto, as compras públicas sustentáveis desempenham um papel crucial na promoção do desenvolvimento sustentável e na construção de sociedades mais justas e ambientalmente responsáveis. Ao adotar práticas de aquisição que consideram não apenas o custo financeiro, mas também os impactos econômicos, sociais e ambientais, os governos podem liderar pelo exemplo e influenciar positivamente o mercado.

Na dimensão ambiental, as compras públicas sustentáveis ajudam a reduzir a pegada ecológica. Optando por produtos e serviços que utilizam recursos naturais de maneira eficiente, que emitem menos gases de efeito estufa e que geram menos resíduos, as administrações públicas contribuem para a preservação do meio ambiente e o combate às mudanças climáticas.

Mas também essas práticas promovem a responsabilidade social. Ao priorizar fornecedores que adotam práticas éticas de trabalho, que respeitam os direitos humanos e que promovem a inclusão social, as compras públicas podem incentivar melhorias nas condições de trabalho e promover a equidade social. Isso inclui dar preferência a empresas que contratam minorias, mulheres e pessoas com deficiência, estimulando a diversidade e a inclusão.

Outro aspecto importante é o estímulo à inovação e à economia verde. Compras públicas sustentáveis podem criar demanda para tecnologias e soluções inovadoras que enfrentam os desafios ambientais e sociais. Isso não só apoia empresas que investem em pesquisa e desenvolvimento, mas também acelera a transição para uma economia mais sustentável e resiliente.

Ademais, essas práticas podem gerar economias a longo prazo. Embora produtos e serviços sustentáveis possam, inicialmente, parecer mais caros, eles frequentemente resultam em economia de custos operacionais e de manutenção, além de minimizar riscos ambientais e legais. Por exemplo, edifícios com certificação verde podem ter custos de operação mais baixos devido à eficiência energética e ao uso racional da água.

As compras públicas sustentáveis são uma ferramenta poderosa para promover o desenvolvimento sustentável. Elas ajudam a proteger o meio ambiente, a promover a justiça social, a incentivar a inovação e podem resultar em economias a longo prazo, ao mesmo tempo em que fortalecem a confiança nas instituições públicas. Ao adotarem critérios claros e rigorosos de sustentabilidade, os governos demonstram compromisso com a gestão responsável dos recursos públicos, o que pode melhorar a imagem institucional e aumentar a confiança dos cidadãos.

Conforme Trajano (2023), a capacidade da administração pública para sinalizar ao mercado sua política de compras rumo ao desenvolvimento sustentável é alta, ao alinhar suas aquisições de bens e serviços aos critérios e quesitos socioambientais. As compras públicas representam uma parcela importante da economia de um país nos gastos com bens e serviços, sendo necessária a adoção de critérios sustentáveis em compras públicas.

Nesse caminhar de ideias, a Nova Lei de Licitações e Contratos Administrativos, Lei nº 14.133/2021, trouxe importantes avanços no que diz respeito à incorporação de critérios de sustentabilidade nas aquisições públicas no Brasil. Essa legislação representa um marco na modernização das práticas de contratação pública, promovendo uma gestão mais eficiente, transparente e alinhada com os princípios do desenvolvimento sustentável.

Por esse motivo, o objetivo do presente artigo é avaliar a aplicação da Nova Lei de Licitações e Contratos nas contratações públicas brasileiras, especialmente sobre o viés sustentável, a partir de levantamento realizado pela Associação Nacional de Membros dos Tribunais de Contas e pela Rede de Controle da Gestão Pública do Estado do Pará.

2 A Lei nº 14.133/2021 e as compras públicas sustentáveis

Um dos principais destaques da nova lei é a ênfase na sustentabilidade como um dos objetivos fundamentais das licitações. O artigo 5º da Lei nº 14.133/2021 estabelece que, entre os objetivos das licitações, está a "promoção do desenvolvimento nacional sustentável". Isso inclui a adoção de práticas que promovam a preservação do meio ambiente e a eficiência no uso de recursos naturais, além de incentivar a inovação tecnológica sustentável.

Além disso, a nova lei incorpora explicitamente a sustentabilidade como critério de julgamento das propostas. O artigo 11 menciona que, na definição do objeto da licitação, a Administração deve considerar, sempre que possível, "as especificações técnicas e de desempenho alinhadas às boas práticas de sustentabilidade". Isso significa que os critérios ambientais e sociais devem ser levados em conta na avaliação das propostas, estimulando os fornecedores a adotarem práticas mais sustentáveis em seus processos produtivos e na entrega de seus produtos e serviços.

Outro ponto importante é a possibilidade de inserção de critérios de sustentabilidade nos contratos públicos. A Lei nº 14.133/2021 permite que os editais de licitação incluam exigências relacionadas à responsabilidade socioambiental dos fornecedores, como a adoção de práticas que reduzam a emissão de gases de efeito estufa, o uso de materiais reciclados, a eficiência energética, entre outros. Essas exigências visam incentivar o mercado a desenvolver soluções inovadoras e sustentáveis, contribuindo para a construção de uma economia mais verde.

A nova lei também reforça a necessidade de capacitação dos agentes públicos em temas relacionados à sustentabilidade. A inclusão de critérios sustentáveis nos processos de licitação requer conhecimento especializado para que os servidores possam avaliar adequadamente as propostas e garantir que os objetivos de desenvolvimento sustentável sejam alcançados. Nesse sentido, a lei prevê a promoção de programas de capacitação contínua, buscando preparar os agentes públicos para os desafios e oportunidades da sustentabilidade nas compras governamentais.

Além disso, a Lei nº 14.133/2021 incentiva a participação de micro e pequenas empresas, reconhecendo a importância dessas entidades para o desenvolvimento econômico sustentável. A inclusão dessas empresas nos processos de licitação pode promover a inovação e a competitividade, ao mesmo tempo em que fortalece a economia local e gera empregos.

A Nova Lei de Licitações e Contratos Administrativos consolida a sustentabilidade como um viés obrigatório na promoção da sustentabilidade nas contratações públicas no Brasil. Ao incorporar critérios socioambientais nos processos licitatórios e nos contratos, a lei não só alinha as práticas governamentais aos princípios do desenvolvimento sustentável, como também estimula o mercado a adotar soluções mais inovadoras e responsáveis. Com a implementação efetiva dessas diretrizes, espera-se que o setor público desempenhe um papel de liderança na construção de uma economia mais sustentável e resiliente.

Nesse sentido, é importante rememorar que, em 2015, durante a Cúpula da Organização das Nações Unidas (ONU) sobre o Desenvolvimento Sustentável, os 193 países-membros aprovaram por consenso a Agenda 2030 para o Desenvolvimento Sustentável contendo 17 Objetivos de Desenvolvimento Sustentável (ODS) e 169 metas.

O Objetivo 12 visa assegurar padrões sustentáveis de produção e consumo, no qual a Meta 12.7 busca promover práticas de compras públicas sustentáveis, de acordo com as políticas e prioridades nacionais e regionais.

Nesse contexto, Trajano (2023) observa que a inserção de critérios sustentáveis nas compras públicas vem ganhando cada vez mais importância entre as iniciativas de consumo em todo o mundo; a questão de sustentabilidade tem sido adotada como diretriz básica do desenvolvimento econômico em diversos países.

Segundo o autor, as despesas com compras públicas pelos países membros da Organização para a Cooperação e Desenvolvimento Econômico (OCDE) representam 12% o PIB, enquanto na União Europeia elas representam entre 16% e 19% do PIB, no Reino Unido 13% do PIB, no Japão em torno de 17,5% do PIB, na Suécia chega a 20% do PIB e na China até 27% do PIB (TRAJANO, 2023).

Os gastos brasileiros com compras públicas, segundo o IPEA (*apud* TRAJANO, 2023), atingiram em média 12% do PIB nos anos de 2002 e 2019, com menor volume em 2017 e 2019 (9,4% do PIB), e maior volume em 2008 (14% do PIB), destacando-se como maior comprador o Governo Federal, com 6,6% do PIB, acompanhado dos Municípios, com 3,1%, seguidos dos Estados e do Distrito Federal, com 2,2%.

Entretanto, Trajano (2023) afirma que a baixa adoção de critérios sustentáveis nas compras públicas no Brasil impede que o país avance na velocidade pretendida para o cumprimento da Meta 12.7 do ODS 12 da Agenda 2030, no que diz respeito à promoção de práticas de compras públicas sustentáveis, de acordo com as políticas e prioridades nacionais, rumo a uma sociedade sustentável.

É cediço que o incentivo à adoção de padrões sustentáveis de produção e consumo parte de um conjunto formal de leis e outros instrumentos normativos que regulamentam o processo. Conforme apontado por Moura (2013), esses padrões podem se referir tanto ao processo produtivo sustentável como à responsabilidade pós-consumo, com vistas a minimizar a geração de resíduos e reintegrar os materiais utilizados ao ciclo produtivo por meio de reciclagem e da logística reversa, sendo a regulamentação um importante pré-requisito, por conferir legitimidade às estratégias de compras públicas sustentáveis desenvolvidas pelo setor público.

Ainda, Moura (2013) destaca outros instrumentos possíveis para incentivar as compras públicas sustentáveis, tais como a criação ou supressão de tributos específicos, o oferecimento de subsídios e o estabelecimento de um portfólio de produtos a serem incluídos prioritariamente nas licitações públicas, assim como o desenvolvimento de ferramentas de apoio, tais como manuais de orientação e banco de dados, com exemplo de editais e produtos sustentáveis.

A etapa de identificação de critérios ambientais e sociais como um dos passos cruciais nas compras públicas sustentáveis envolve o conhecimento e a avaliação dos impactos ambientais dos produtos e a necessidade de identificar critérios que possam ser atendidos em função da disponibilidade no mercado, sem restringir o processo competitivo.

Moura (2013) destaca, ainda, que os critérios de sustentabilidade também podem ser estabelecidos de acordo com rótulos/selos ambientais e certificações já disponíveis no mercado, sem que tal exigência possa colocar barreiras ao princípio da isonomia entre os competidores, por não haver respaldo legal para tal procedimento. Todavia se pode estabelecer que todos os produtos ofertados no certame cumpram as normas estabelecidas em determinado rótulo. Para os casos em que os produtos não tenham rótulo, pode-se apresentar qualquer outro meio de prova adequado, tal como uma especificação técnica do fabricante, que demonstre que o produto cumpre com os critérios.

3 Aplicação da Nova Lei de Licitações e Contratos na gestão pública brasileira

As contratações públicas sustentáveis previstas na Lei nº 8.666, de 1993, e na Lei nº 14.133, de 2021, vêm sendo implementadas, gradativamente, mediante alterações no arcabouço jurídico por meio da Lei nº 12.349, de 2010, que alterou o art. 3º[1] da Lei nº 8.666, de 1993, e o Decreto nº 7.746, de 2012, que regulamentou tal artigo.

Todavia, o Ministro Dias Toffoli, em seu voto na ADI nº 2.946, reconheceu expressamente que, antes mesmo da alteração trazida pela Lei nº 12.349/2010, as licitações públicas sustentáveis já eram constitucionais e legais, uma vez que o direito ao meio ambiente ecologicamente equilibrado já se encontrava consagrado no art. 225 da Constituição, muito antes da edição da lei que introduziu no art. 3º da Lei nº 8.666/93 a promoção do desenvolvimento nacional sustentável.

A Lei Geral de Licitações e Contratos, Lei nº 14.133, de 2021, definiu o desenvolvimento sustentável como princípio a ser observado na aplicação da lei e reforçou essa orientação ao dispor que o incentivo à inovação e o desenvolvimento nacional sustentável são objetivos do

---

[1] Art. 3º A licitação destina-se a garantir a observância do princípio constitucional da isonomia, a seleção da proposta mais vantajosa para a administração e a promoção do desenvolvimento nacional sustentável e será processada e julgada em estrita conformidade com os princípios básicos da legalidade, da impessoalidade, da moralidade, da igualdade, da publicidade, da probidade administrativa, da vinculação ao instrumento convocatório, do julgamento objetivo e dos que lhes são correlatos.

processo licitatório, assim como reforçou essa diretriz ao dispor sobre a responsabilidade da alta administração do órgão ou entidade pela governança das contratações e implementação dos processos e estruturas, inclusive quanto à gestão de riscos e controles internos, para avaliar, direcionar e monitorar os processos licitatórios e os respectivos contratos.

Nesse contexto, a Advocacia-Geral da União (BRASIL, 2023) alerta no sentido de que a realização de contratação sustentável pela Administração Pública não pode ser mais considerada como exceção ao cotidiano da Administração, por não ser mais medida excepcional e sim regra geral.

Com vistas a orientar a Administração Pública quanto aos procedimentos necessários às compras sustentáveis, a AGU elaborou o Guia Nacional de Contratações Sustentáveis (BRASIL, 2023), recomendado pela Consultoria-Geral da União como instrumento balizador das contratações sustentáveis na esfera nacional e pelo Tribunal de Contas da União (Acórdão nº 1056/2017 – Plenário), segundo o qual o Guia Nacional de Contratações "tem por objetivo oferecer segurança aos gestores públicos na implementação de práticas socioambientais".

Assim, o Guia destaca os aspectos mínimos a serem seguidos pela Administração Pública para realizar a contratação pública sustentável, quais sejam: questionamento quanto à necessidade do consumo; redução do consumo; análise do ciclo de vida do produto (produção, distribuição, uso e disposição) para determinar a vantajosidade econômica da oferta; estímulo para que os fornecedores assimilem a necessidade premente de oferecer ao mercado, cada vez mais, obras, produtos e serviços sustentáveis; fomento da inovação, tanto na criação de produtos com menor impacto ambiental negativo quanto no uso racional destes produtos, minimizando a poluição e a pressão sobre os recursos naturais; fomento a soluções mais sustentáveis, as quais foquem na função que se almeja com a contratação e que gerem menor custo e redução de resíduos; fomento à contratação pública compartilhada entre órgãos por meio de registro de preços (contratações compartilhadas sustentáveis).

O Guia traz de forma clara e pedagógica o passo a passo para a Administração Pública realizar a contratação sustentável, observando sempre 4 passos:

- 1º passo: necessidade da contratação e a possibilidade de reuso/redimensionamento ou aquisição pelo processo de desfazimento;

- 2º passo: planejamento da contratação com parâmetros de sustentabilidade;
- 3º passo: análise do equilíbrio entre os princípios licitatórios da isonomia, da vantajosidade e da sustentabilidade;
- 4º passo: gestão e fiscalização do contrato, bem como a gestão de resíduos.

Outro instrumento importante para a contratação sustentável pela Administração Pública é o Plano de Ação para Produção e Consumo Sustentáveis (PPCS) elaborado pelo Ministério do Meio Ambiente (MMA) e publicado em 2011, considerado um instrumento apto à promoção de mudanças nos padrões de produção e consumo em âmbito nacional, de forma a torná-los mais sustentáveis, a partir do uso do poder de compra governamental.

O PPCS é um plano de ação que se propõe a mudar a cultura e disseminar conceitos não difundidos devidamente na base da sociedade e na esfera das elites dirigentes do País sobre o consumo e principalmente sobre o consumo sustentável.

Em seu primeiro ciclo (2011-2014), o PCCS estabeleceu as ações e metas voltadas ao tema de compras públicas sustentáveis, dentre elas a consolidação de um arcabouço normativo e sua aplicação na prática pelos órgãos governamentais, cujas ações e metas seriam revisadas no segundo ciclo (2017-2020) com publicação em 2016, sob a coordenação do MMA.

Nesse contexto, destaca-se a análise comparada entre o modelo brasileiro e as experiências desenvolvidas por países considerados referência em compras públicas sustentáveis, que identificaram os pontos de convergência, os fatores de êxito e os aspectos de interesse para o governo brasileiro, com o objetivo de tecer recomendações para o aperfeiçoamento das ações nacionais de CPS.

Nesse estudo foram analisadas as experiências desenvolvidas pelos Estados Unidos da América, pela Coreia do Sul, pelo Japão e pela Suécia, além das ações executadas pelo governo brasileiro, apoiado em diversos momentos por organismos internacionais, como a Comissão Econômica para a América Latina e o Caribe (CEPAL) e o Programa das Nações Unidas para o Meio Ambiente (PNUMA).

Foram identificados os seguintes fatores de êxito:

- legislação específica sobre o tema CPS;
- adoção de sistema informatizado de compras públicas;

- consideração de critérios de sustentabilidade para produtos e serviços, ora baseados em questões econômicas, sociais e ambientais, ora privilegiando o aspecto ambiental;
- elaboração de planos de compras sustentáveis que permitam a verificação do cumprimento das normas e critérios estabelecidos;
- realização de um monitoramento eficaz que permita a construção de dados estatísticos sobre os volumes e valores praticados em CPS e os ganhos e benefícios por elas proporcionados.

A Nova Lei de Licitações e Contratos (Lei nº 14.133, de 1º de abril de 2021) definiu o desenvolvimento nacional sustentável tanto como princípio a ser observado na aplicação da lei (art. 5º) quanto como objetivo do processo licitatório (art. 11).

Ademais, cabe à alta administração do órgão ou entidade exercer o controle das contratações por meio de práticas contínuas e permanentes de gestão de riscos e de controle preventivo (art. 169).

Nesse ponto, o governo federal vem adotando medidas necessárias para implementar mecanismos de governança. Assim, a Secretaria Especial de Desburocratização, Gestão e Governo Digital do Ministério da Economia baixou a Portaria SEGES/ME nº 8.678, de 19 de julho de 2021, que dispõe sobre a governança das contrações públicas no âmbito da Administração Pública federal direta, indireta e fundacional, na qual foram estabelecidos os instrumentos de governança nas contrações públicas (art. 6º).

A Portaria ressignificou o conceito nascido no âmbito da Instrução Normativa nº 10, de 12 de novembro de 2012, fundamentada na Lei nº 8.666, de 21 de junho de 1993, uma vez que foram estabelecidos novos objetivos, diretrizes e conteúdo pela Nova Lei de Licitações e Contratos, observando o princípio do desenvolvimento nacional sustentável ao longo de todo o ciclo da contratação. Diante disso, o Ministério de Gestão e da Inovação em Serviços Públicos, com objetivo de oferecer um modelo de referência à alta administração dos órgãos e entidades, editou o Plano Diretor de Logística Sustentável (BRASIL, 2024).

O PLS é um dos instrumentos de governança e tem a função de assegurar os objetivos das contratações públicas, além de estabelecer estratégias das contratações e da logística no âmbito do órgão e entidade, considerando as dimensões econômica, social, ambiental e cultural. Por ser um instrumento de governança, deve estar vinculado ao planejamento estratégico do órgão ou entidade, ou instrumento equivalente, e ao plano plurianual (art. 9º da Portaria nº 8.678, de 2011), observando as diretrizes tecidas pela Estratégia Federal de Desenvolvimento (EFD) para o período de 2020-2031, instituída pelo Decreto nº 10.531, de 26 de outubro de 2020, e pelos Objetivos de Desenvolvimento Sustentável (ODS) da Agenda 2030.

Por sua vez, o PLS norteará a elaboração do Plano de Contratações Anual (PCA), dos estudos técnicos preliminares, dos anteprojetos, dos projetos básicos e termo de referência de cada contratação (art. 8º, §1º, I e II).

Figura 1 – Plano Diretor de Logística Sustentável: encadeamento dos ODS e EFD Brasil com as compras públicas

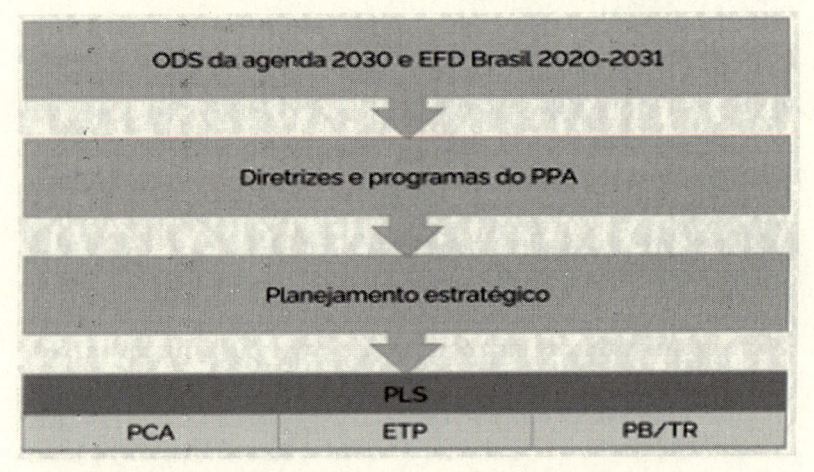

Fonte: COELHO, Giselle Floriano; MACHADO, Priscila Rayane de Menezes Silva; ZOCH, Vanessa Pozzi (*apud* BRASIL, 2024).

O PLS é um grande promotor do desenvolvimento nacional sustentável na Administração Pública, pois é capaz de estabelecer novos paradigmas para a gestão interna e influenciar o mercado fornecedor, fomentando, dessa forma, negócios de impacto, inovação e novos padrões de consumo, produção e descarte mais responsáveis. Ademais, a elaboração e a implementação do PLS são obrigatórias para todos os órgãos e entidades no âmbito da Administração Pública Federal, conforme estabelece o art. 7º da Portaria nº 8.678, de 2021.

4 Boas práticas

Para o Tribunal de Contas da União (TCU, 2024), as compras públicas sustentáveis desempenham um papel fundamental na promoção da sustentabilidade e na busca por um desenvolvimento mais equilibrado, assim como representam uma parcela significativa da economia, com potencial para impulsionar práticas sustentáveis em larga escala.

Dentre essas práticas sustentáveis, pode-se destacar a participação maciça e crescente, na condição de fornecedores credenciados no Portal de Compras do Governo Federal (Compras.gov.br), das empresas de pequeno porte (16,5%), das microempresas (41,6%) e dos microempreendedores individuais (8,5%), que juntos somam aproximadamente 67% do total de fornecedores nacionais cadastrados, como se mostra a seguir:

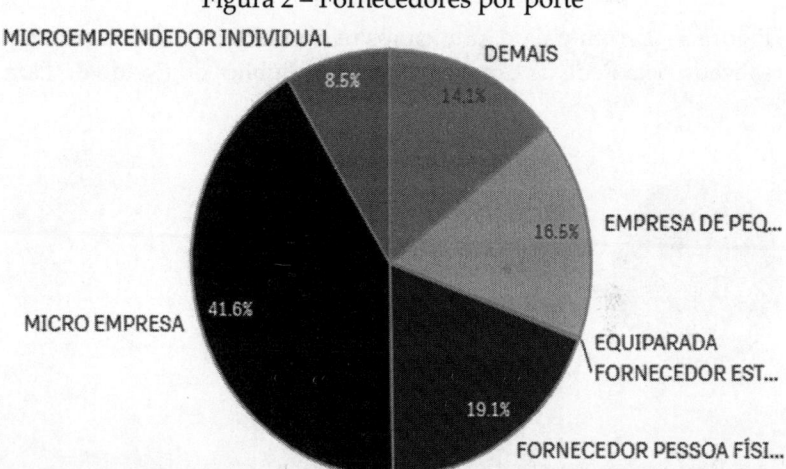

Figura 2 – Fornecedores por porte

Fonte: Painel de Fornecedores Nacionais e Internacionais (BRASIL, 2024).

Em que pese o avanço na Administração Pública Federal quanto à implementação da Lei nº 14.133, de 2021, verifica-se uma baixa implementação da Nova Lei de Licitações e Contratos pelos municípios brasileiros.

5 Levantamento sobre a aplicação da Nova Lei de Licitações e Contratos nos municípios brasileiros

Nesse contexto, a Rede de Controle da Gestão Pública do Estado do Pará realizou um levantamento no âmbito dos Municípios do Estado do Pará, por meio de aplicação de formulário via *google forms*, disponibilizado pela Associação dos Membros dos Tribunais de Contas (Atricon) e pelo Conselho Nacional de Presidentes dos Tribunais de Contas (CNPTC) e prosseguido pelo Tribunal de Contas dos Municípios do Estado do Pará e sequencialmente pelo Ministério Público do Estado do Pará.

A metodologia utilizada na pesquisa foi a aplicação de formulário, inicialmente aplicado pela Atricon (20/04/2023 a 21/07/2023) e sequencialmente pela Rede de Controle do Pará (20/10/2023 a 29/02/2024), por meio do TCM-PA e MP-PA, tendo como respondentes 121 dos 144 municípios paraenses.

Figura 3 – Percentual de municípios respondentes no levantamento realizado pela Rede de Controle da Gestão Pública do Estado do Pará

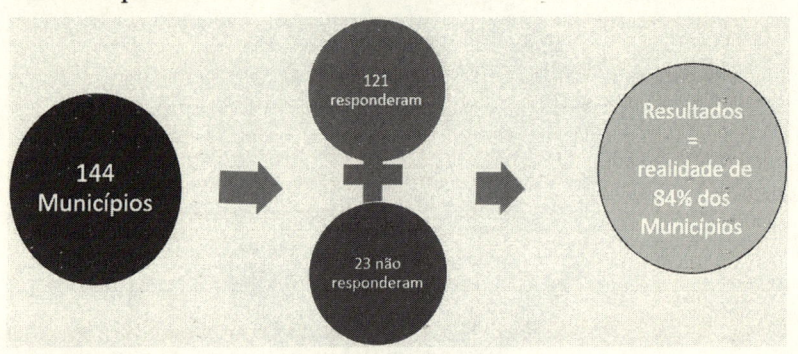

Fonte: Rede de Controle da Gestão Pública do Estado do Pará (sem data).

Foram elaborados 27 quesitos sobre os principais aspectos da Lei nº 14.133/2021, apresentando os indicadores a seguir.

Tabela 1 – Consolidação das respostas aos quesitos sobre os principais aspectos da Lei nº 14.133/2021 no Estado do Pará

(continua)

Quesitos respondidos	Sim	Não
Desde 1º de abril de 2021, foi realizada alguma iniciativa de constituição de grupo de trabalho/comitê/comissão para estudos, diagnóstico e/ou planejamento de implementação da Lei nº 14.133/2021 em sua organização?	82%	39%
Desde 1º de abril de 2021, os servidores atuantes na temática de contratações públicas de sua organização tiveram acesso a ações de capacitação sobre a Lei nº 14.133/2021?	89%	11%
A Alta Administração de sua organização envolveu-se em alguma ação de planejamento para a implementação da Lei nº 14.133/2021?	72%	28%
Foi realizada alguma discussão interna em sua organização envolvendo os temas a serem regulamentados da Lei nº 14.133/2021?	83%	17%
Foi editada alguma regulamentação em sua organização para dispor sobre a aplicação da Lei nº 14.133/2021?	47%	53%
Foi implementado em sua organização algum instrumento de macroplanejamento nos moldes do Plano de Contratações Anual previsto na Lei nº 14.133/2021?	26%	74%
Foi implementada em sua organização alguma normatização ou modelo para a realização de Estudo Técnico Preliminar (ETP), nos moldes previstos na Lei nº 14.133/2021?	37%	63%
Existe em sua organização normativo/regulamento estabelecendo as competências das unidades e servidores que atuam no processo de contratação?	49%	51%
Existe em sua organização normativo/regulamento disciplinando internamente o fluxo da fase preparatória dos processos de contratação?	49%	51%
Existe em sua organização normativo/regulamento estabelecendo as competências para elaboração dos instrumentos de planejamento das contratações, como o Termo de Referência e a pesquisa de preços?	49%	51%
Existe em sua organização normativo/regulamento estabelecendo o procedimento para realização de pesquisa de preços?	47%	53%
Existe em sua organização normativo/regulamento disciplinando as atribuições e responsabilidades de gestores e fiscais de contratos administrativos?	45%	55%
Os gestores e fiscais de contratos administrativos foram capacitados para atender às novas exigências da Lei nº 14.133, de 2021, no que tange à fiscalização dos contratos administrativos?	42%	58%

(continua)

Quesitos respondidos	Sim	Não
Foram elaborados em sua organização modelos/manuais de termo de referência?	61%	39%
Foram elaboradas em sua organização minutas padronizadas de editais de licitação e de contratos administrativos?	70%	30%
Em sua organização há algum tipo de planejamento de capacitação de servidores que atuam nas contratações públicas?	60%	40%
Há segregação de funções entre os servidores que realizam os procedimentos relacionados à fase preparatória e à fase de seleção dos fornecedores?	59%	41%
Em sua organização já foi realizado algum procedimento de contratação direta com base na Lei nº 14.133/2021?	41%	59%
Quanto à relação entre as atividades de controle interno (2ª linha de defesa) e as atividades de auditoria (3ª linha de defesa), selecione a opção que melhor represente a sua realidade: ✓ Existe apenas controle interno (2ª linha de defesa). ✓ Existe controle interno (2ª linha de defesa) e auditoria (3ª linha de defesa) e as atividades são desempenhadas por unidades distintas. ✓ Existe controle interno (2ª linha de defesa) e auditoria (3ª linha de defesa), mas as atividades são desempenhadas por uma mesma unidade.	83% 5% 12%	
Em relação às licitações realizadas em sua organização, selecione a opção que melhor represente a sua realidade: ✓ As licitações são realizadas apenas na forma presencial. ✓ As licitações são realizadas na forma eletrônica. ✓ São realizadas licitações tanto na forma presencial quanto na forma eletrônica, sendo a maioria na forma presencial. ✓ São realizadas licitações tanto na forma presencial quanto na forma eletrônica, sendo a maioria na forma eletrônica.	14% 2% 8% 76%	
Em sua organização já foi realizado algum procedimento licitatório com base na Lei nº 14.133/2021?	27%	73%
Em sua organização foi realizada alguma ação para análise das providências necessárias para a utilização do Portal Nacional de Contratações Públicas (PNCP)?	49%	51%
Quanto aos sistemas eletrônicos de contratações públicas, selecione a opção que melhor represente a sua realidade: ✓ Em minha organização não é utilizado nenhum sistema eletrônico de contratação pública. ✓ Em minha organização é utilizado sistema eletrônico apenas para realização de licitação. ✓ Em minha organização é utilizado sistema eletrônico e, também, de contratação direta.	2% 73% 25%	

(conclusão)

Quesitos respondidos	Sim	Não
Em relação aos sistemas eletrônicos de contratações públicas, selecione a opção que melhor represente a sua realidade: ✓ Em minha organização não é utilizado nenhum sistema eletrônico de contratação pública. ✓ O sistema utilizado é próprio. ✓ O sistema utilizado é público, mas desenvolvido por outro ente federativo. ✓ Em minha organização, é utilizado mais de um sistema eletrônico, todos públicos. ✓ Em minha organização, é utilizado mais de um sistema eletrônico, sendo públicos e privados.	2% 2% 48% 10% 20%	
Sua organização possui conhecimento dos requisitos e das providências necessárias para a utilização do Portal Nacional de Contratações Públicas (PNCP)?	72%	28%
Sua organização estaria preparada para implementar, em sua plenitude, a Lei nº 14.133, de 2021?	42%	58%
Se achar necessário, descreva as principais dificuldades enfrentadas para a implementação da Lei nº 14.331, de 2021 e identifique quais as demandas de capacitação que deseja solicitar aos Tribunais de Contas. Principais respostas obtidas: ✓ Capacitação; ✓ Internet local; ✓ Regulamentação; ✓ Elaboração de documentos; ✓ Falta de estrutura física e de pessoal; e ✓ Uso do Portal Nacional de Compras Públicas.		

Fonte: Elaborado pelas autoras.

Após consolidação dos dados, verificam-se alguns pontos fortes para a implementação da Nova Lei de Licitações e Contratos (Lei nº 14.133/2021): participação efetiva da Alta Administração nas ações de planejamento com vistas a implementação da Lei (72%), o envolvimento dos servidores na temática de contratações públicas por meio de ações de capacitação (89%), discussões internas sobre a regulamentação da Lei (83%), assim como a constituição de grupo de trabalho/comitê/comissão para estudos, diagnóstico e/ou planejamento de implementação da Lei nº 14.133/2021.

Todavia, apenas 47% dos municípios respondentes editaram alguma regulamentação da Lei, 27% realizaram algum procedimento licitatório com base na Nova Lei de Licitações e Contratos e 42% estariam preparados para implementar em sua plenitude a Lei.

Dentre as dificuldades identificadas pelos participantes da pesquisa para implementação da Lei nº 14.133/2021 estão a capacitação, a internet local, a regulamentação, a elaboração de documentos, a falta de estrutura física e de pessoal e o uso do Portal Nacional de Compras Públicas (PNCP).

O diagnóstico sobre a aplicação da Nova Lei de Licitações e Contratos verificado no Estado do Pará pode ser verificado também na pesquisa realizada pela Confederação Nacional dos Municípios (CNM), em outubro de 2021, quando foram ouvidos 1.000 municípios (20%) dos 5.568 existentes no país. Da pesquisa foram extraídos os seguintes resultados:

Tabela 2 – Consolidação das respostas aos quesitos sobre os principais aspectos da Lei nº 14.133/2021 nos municípios brasileiros

Quesitos respondidos	Sim	Não
Algum servidor realizou algum tipo de capacitação sobre a Lei nº 14.133/2021	61%	37%
Houve designação de agente de contratação no Município	18%	92%
Como aconteceu aplicação da Lei nº 14.133/2021:		
✓ Contratação direta	78%	
✓ Contratação direta por dispensa de valor	96%	
Municípios que realizaram processos licitatórios com base na nova Lei de Licitações e Contratos	4%	
Quantos na modalidade pregão	92%	
Prometeram aplicar exclusivamente a nova lei até o final do ano de 2021.	75%	

Fonte: Elaborado pelas autoras.

Em que pese haver a promessa de 75% da amostra pesquisada em aplicar a nova norma até o final de 2021, verifica-se que naquele ano apenas 4% dos municípios pesquisados realizaram processos licitatórios com base na Nova Lei de Licitações e Contratos, ou seja, de 1.000 municípios pesquisados apenas 40 cumpriram a norma, e desses 40 municípios 37 usaram a modalidade pregão (92%). Isso mostra a fragilidade para que os municípios brasileiros, principalmente aqueles de pequeno porte, consigam cumprir a meta por eles estabelecida.

Além dos pontos identificados na pesquisa, Martin Haeberlin, palestrante da CNM (2021), observou dez desafios enfrentados por todos os entes na implementação da Lei de Licitações e Contratos, a seguir:

1. A governança e a integridade (*compliance*);
2. A fase preparatória e aplicação do princípio do planejamento;
3. Regulamentações que precisam ser realizadas;
4. Trabalhar e lidar com novos prazos;
5. A relação entre a transparência de dados e a lei geral de proteção de dados;
6. Transformação do registro cadastral;
7. Concretização dos meios alternativos de solução de conflitos;
Desafios em especial dos municípios:
8. Forma eletrônica e operabilidade com novos sistemas;
9. O agente de contratação (art. 8º); e
10. Obrigatoriedade de publicação em Diário Oficial e em jornal de grande circulação.

Desta forma, os desafios a serem enfrentados são muitos, principalmente os de natureza estrutural e humana, pois impactam diretamente na consecução da meta estabelecida pelos 1.000 municípios pesquisados, pois, sem infraestrutura de rede, sem sistemas informatizados e sem pessoas devidamente capacitadas, a tendência é não atingir as metas porventura estabelecidas.

O Instituto Brasileiro de Defesa do Consumidor (IDEC, 2022), ao levantar os indicadores de acesso à internet nas regiões brasileiras, por meio da pesquisa TIC Domicílios, do Centro Regional de Estudos para o Desenvolvimento da Sociedade da Informação (Cetic.br) e da Pesquisa Nacional por Amostra de Domicílios (PNAD), do Instituto Brasileiro de Geografia e Estatística, considerou grave a situação da região Norte quando comparada com as demais regiões, pois ficou constatado que 43% dos domicílios da Região Norte não têm acesso à internet diante da indisponibilidade na região.

Figura 4 – Domicílios sem acesso à internet
por motivos para a falta de internet

DOMICÍLIOS SEM ACESSO À INTERNET, POR MOTIVOS PARA A FALTA DE INTERNET					
Região	Indisponibilidade na região	Falta de necessidade dos moradores	Moradores acham muito caro	Falta de computador no domicílio	Preocupações com segurança ou privacidade
Sudeste	33	47	68	45	51
Nordeste	35	50	65	45	39
Sul	25	38	69	37	52
Norte	43	66	73	46	56
Centro-Oeste	19	58	66	22	47

Fonte: IDEC, 2022.

Ora, se a Lei nº 14.133/2021 estabelece que as licitações serão realizadas preferencialmente de forma eletrônica (art. 17, §2º) e sendo o pregão a modalidade de licitação obrigatória para aquisição de bens e serviços comuns (art. 6º, inciso XLI), torna-se imprescindível disponibilizar aos municípios uma estrutura de rede de internet que permita uma comunicação segura e estável para viabilizar a realização de certames licitatórios por meio eletrônico, oportunizando um número maior de interessados, e o exercício do controle social, dando maior transparência aos procedimentos licitatórios.

Outro fator que impacta sobremaneira na implementação da Lei nº 14.133/2021 é a inexistência de procuradorias municipais ou advocacias públicas nos municípios brasileiros. Nesse aspecto, o 1º Diagnóstico da Advocacia Pública Municipal no Brasil, elaborado pela Associação Nacional de Procuradores Municipais (ANPM, 2017), em parceria com a Consultoria Herkenhoff & Prates, que conduziu a coleta nos meses de abril a dezembro de 2016, consolidou os dados e realizou a análise dos resultados.

Os resultados da pesquisa revelaram no gráfico 1 que, dentre os municípios brasileiros pesquisados, 34,4% contam com pelo menos um procurador municipal, assim sendo 65,6% dos municípios não têm procurador concursado.

Figura 5 – Proporção de municípios brasileiros
que contam com procurador ativo, efetivado por
meio de concurso específico para a carreira

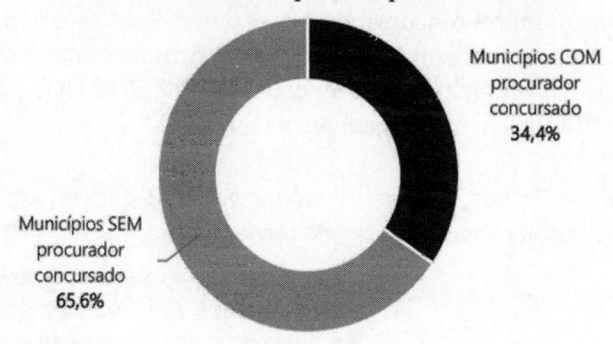

Municípios COM procurador concursado
34,4%

Municípios SEM procurador concursado
65,6%

Fonte: ANPM, 2017.

O mesmo diagnóstico identificou no gráfico 2 desigualdades entre as regiões brasileiras quanto à proporção de municípios que contam com procurador concursado, onde a pior situação é da Região Norte, à medida que somente 15,8% dos municípios desta região têm em seu quadro funcional procuradores concursados, e por consequência 84,2% dos municípios não têm procurador concursado. Em contraponto, 62,3% municípios da Região Sul têm procuradores concursados contra 37,7% sem procuradores concursados.

Figura 6 – Proporção de municípios brasileiros que contam com procurador concursado para a carreira, por região geográfica

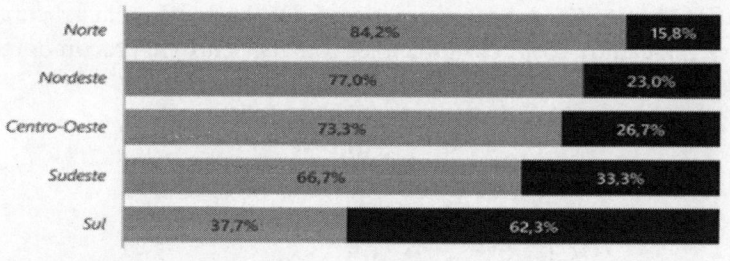

Região	Municípios SEM procurador concursado	Municípios COM procurador concursado
Norte	84,2%	15,8%
Nordeste	77,0%	23,0%
Centro-Oeste	73,3%	26,7%
Sudeste	66,7%	33,3%
Sul	37,7%	62,3%

Fonte: ANPM, 2017.

Outro fator importante identificado no gráfico 3 do referido diagnóstico é a proporção de procuradores concursados por porte municipal, pois quanto maior o porte do município maior é a proporção de procuradores concursados. Nesse ponto, 93,8% dos municípios de grande porte possuem procuradores concursados, enquanto que a proporção nos municípios de pequeno porte (até 50.000 hab.) e médio porte (até 100.000 hab.) atingem no máximo 34,3%.

Figura 7 – Proporção de municípios brasileiros que contam com procurador concursado para a carreira, por porte municipal

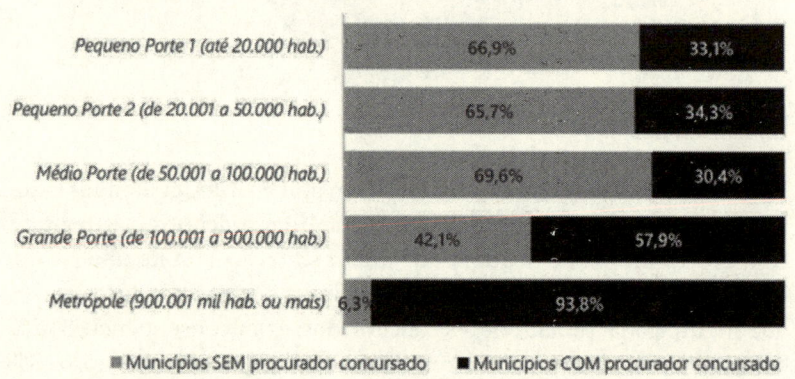

Porte	SEM procurador concursado	COM procurador concursado
Pequeno Porte 1 (até 20.000 hab.)	66,9%	33,1%
Pequeno Porte 2 (de 20.001 a 50.000 hab.)	65,7%	34,3%
Médio Porte (de 50.001 a 100.000 hab.)	69,6%	30,4%
Grande Porte (de 100.001 a 900.000 hab.)	42,1%	57,9%
Metrópole (900.001 mil hab. ou mais)	6,3%	93,8%

Fonte: ANPM, 2017.

Não menos importante é a relação direta entre o Índice de Desenvolvimento Humano – IDH e o percentual de procuradores concursados identificada no gráfico 4 do Diagnóstico. Assim sendo, verifica-se que 76% dos municípios com IDH baixo não têm procuradores, enquanto 54,3% dos municípios com IDH alto têm procuradores concursados.

Figura 8 – Proporção de municípios brasileiros que contam com procurador concursado para a carreira, por Índice de Desenvolvimento Humano Municipal 2010 (IDHM 2010)

	Municípios SEM procurador concursado	Municípios COM procurador concursado
Municípios com IDH-M Baixo	75,9%	24,1%
Municípios com IDH-M Médio	69,6%	30,4%
Municípios com IDH-M Alto	54,3%	45,7%

Fonte: ANPM, 2017.

Vieira (2023) alerta sobre a imprescindibilidade do órgão de assessoramento jurídico junto à Administração Pública, sob pena de descumprimento da Nova Lei de Licitações e Contratos quanto à obrigatoriedade da participação desse órgão no processo licitatório mediante controle prévio de legalidade e análise jurídica da contratação previstos nos artigos 8º, §3º; 19, IV; 53, *caput*, §1º, §4º e §5º; 117, §3º; 168, II e 169, II.

A deficiência na estruturação de recursos humanos que atendam às necessidades dos municípios, a exemplo da inexistência de procuradorias nos órgãos de assessoramento jurídico, pode inviabilizar o andamento do processo licitatório em todas as fases da licitação onde a participação do órgão de assessoramento jurídico é necessária e obrigatória.

6 Pontos positivos

O Portal Nacional de Contratações Públicas (PNCP), desenvolvido pelo Governo Federal, é um exemplo de boas práticas ao proporcionar aos entes federados o acesso a um sistema de compras nacional, seguro e confiável, além de ampliar os índices de transparência pública. Nele, pode-se acessar e consultar cada processo licitatório realizado por cada ente da Federação e seus respectivos órgãos, os licitantes vencedores, as modalidades de licitação, os preços ofertados.

O Portal permite, ainda, acessar gráficos estatísticos.

No caso do Estado do Pará, verifica-se que houve um incremento substancial no uso do PNCP, considerando que no ano de 2023 somente

49 municípios paraenses utilizavam o Portal, por meio de 12 sistemas. Em 2024, a adesão foi de 100%, ou seja, os 144 municípios paraenses passaram a utilizar o PNCP, por meio de 17 sistemas, assim distribuídos, conforme imagens a seguir:

Figura 9 – Comparativo da adesão ao PNCP pelos municípios paraenses nos anos de 2023 e 2024

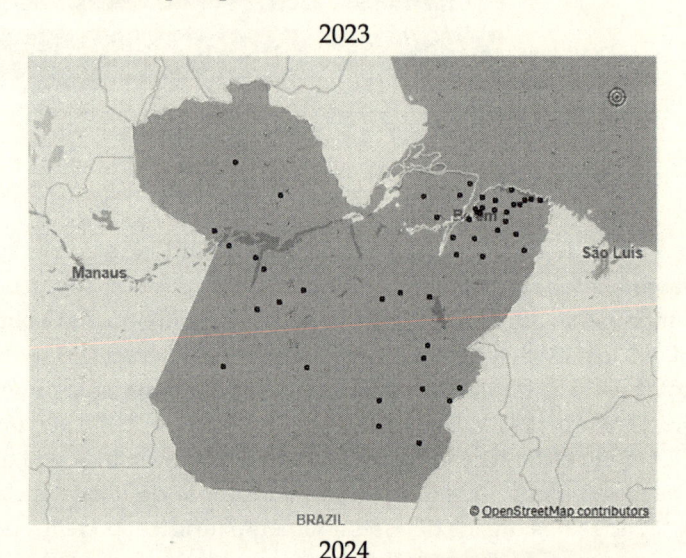

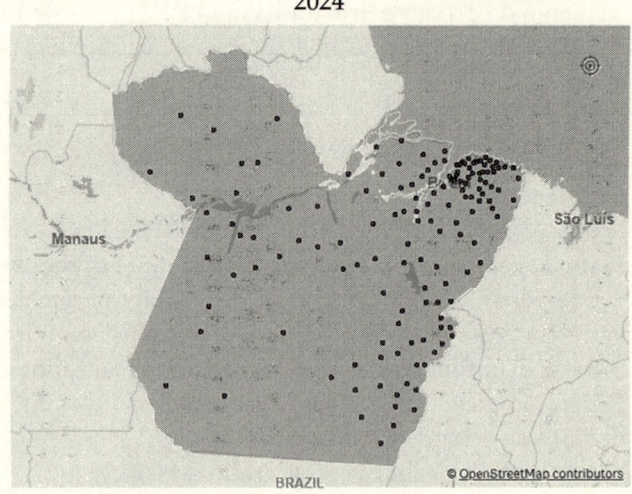

Fonte: Painel PNCP em Números. Estados e Municípios (BRASIL, 2024).

Quanto aos municípios brasileiros, verifica-se, dentre os 5.579 municípios existentes, 5.208 municípios (93,4%) aderiram ao PNCP, em 2024, cujas aquisições públicas estão estimadas em R$620 bilhões, tendo sido homologados R$201 bilhões, até a presente data (agosto/2024).

7 Considerações finais

A Nova Lei de Licitações e Contratos, Lei nº 14.133/2021, ao estabelecer o desenvolvimento nacional sustentável como objetivo a ser observado pela Administração Pública nas compras públicas, traz em seu escopo uma visão integrada dos aspectos econômico, social e ambiental.

A Administração Pública Federal estabeleceu diversos instrumentos no sentido de colaborar com os demais entes da federação a implementar a Lei nº 14.133/2021, a exemplo do Portal Nacional de Compras Públicas (PNCP) com adesão de 93,4% dos municípios, com destaque para os municípios do Estado do Pará cuja adesão foi de 100%, ou seja, 144 municípios (2024).

Todavia, as pesquisas mostram uma dicotomia entre a realidade enfrentada pelos municípios brasileiros na implementação da Lei nº 14.133/2021, quando se verifica na maioria deles a inexistência de infraestrutura lógica de internet e sistemas que permitam a realização dos procedimentos licitatórios no próprio município, soma-se a isso a falta de pessoal capacitado, a inexistência de procuradorias jurídicas ou órgãos de assessoramento jurídico, fatores esses que terminam por obrigar os municípios a terceirizar serviços que lhe são afetos, inclusive os processos licitatórios, que fatalmente serão realizados fora da sede do município.

Ademais, nos casos em que os procedimentos licitatórios são realizados *in loco*, esses se dão por meio de pregões presenciais com participação de um menor número de licitantes, diante dos altos custos com deslocamentos, pois, no caso da Região Norte, muitos desses municípios demandam até três dias de viagem para chegar ao destino pretendido, porque muitos deles só podem ser acessados por via marítima, encarecendo, assim, o preço final das aquisições públicas. Aliado a isto, a transparência pública fica totalmente prejudicada, à medida da impossibilidade de acesso dos interessados por meio da rede mundial de computadores (internet).

Diante dessas dificuldades enfrentadas pelos municípios de pequeno e médio porte para o cumprimento da nova norma, as compras públicas sustentáveis acabam por ficar em segundo plano, não somente por sua complexidade, mas, principalmente, em face dos problemas estruturais existentes.

Assim sendo, percebe-se que a solução dos problemas apontados perpassa pela integração das políticas públicas a nível estadual e federal, a fim de sanar as dificuldades enfrentadas pelos municípios brasileiros, principalmente a respeito das infovias de telecomunicações.

Outra medida a fim de mitigar as dificuldades enfrentadas principalmente é a união dos municípios por meio de consórcios públicos, para a realização de compras públicas, dotados de infraestrutura física adequada e de pessoal capacitado, a fim de reduzir os custos de aquisição e ao mesmo tempo cumprir as normas estabelecidas pela Nova Lei de Licitações e Contratos.

Diante desse cenário, conclui-se que a ampliação da perspectiva da sustentabilidade nas contratações públicas brasileiras requer, primeiro, a consciência da sua importância e o compromisso por sua aplicação e, depois, a adoção e implementação das medidas e dos recursos humanos e estruturais na administração pública, de modo a superar as dificuldades hoje enfrentadas.

Referências

ASSOCIAÇÃO NACIONAL DE PROCURADORES MUNICIPAIS (ANPM). 1º Diagnóstico da Advocacia Pública Municipal no Brasil. Belo Horizonte (MG). 2017. Disponível em: https://redir.stf.jus.br/paginadorpub/paginador.jsp?docTP=TP&docID=652547618&prcID=5209724. Acesso em: 15 jul. 2024.

BRASIL. Advocacia-Geral da União (AGU). Consultoria-Geral da União. Guia Nacional de Contratações Sustentáveis. 6. ed. BARTH, Maria Leticia B.G; BLIACHERIS, Marcos W.; BRANDÃO, Gabriela da S.; CABRAL, Flávio. G.; CLARE, Celso V.; FERNANDES, Viviane V. S.; PAZ E SILVA FILHO, Pereira Rodrigo M.; SANTOS, Murillo Giordan; VILLAC, Teresa. Brasília: AGU, set. 2023.

BRASIL. Ministério da Gestão e da Inovação em Serviços Públicos. Secretaria de Gestão e Inovação. Plano diretor de logística sustentável: 2024 / Ministério da Gestão e da Inovação em Serviços Públicos, Secretaria de Gestão e Inovação. Brasília-DF: Diretoria de Normas e Sistemas/SEGES/MGI, 2024.

BRASIL. Portal de Compras do Governo Federal. Painel de Fornecedores Nacionais e Internacionais. Disponível em: https://www.gov.br/compras/pt-br/cidadao/Fornecedores%20Nacionais%20e%20Internacionais. Acesso em: 15 jul. 2024.

BRASIL. Portal Nacional de Contratações Públicas – PNCP. Painel PNCP em Números. Estados e Municípios. Disponível em: https://www.gov.br/pncp/pt-br/acesso-a-informacao/painel-pncp-em-numeros/pncp-em-numeros-contratacoes/pncp-em-numeros-municipio. Acesso em: 15 jul. 2024.

CONFEDERAÇÃO NACIONAL DE MUNICÍPIOS. Nova Lei de Licitações: CNM fala sobre os desafios dos Municípios com a legislação. Portal CNM, Brasília-DF, out. 2021. Disponível em: https://cnm.org.br/comunicacao/noticias/nova-lei-de-licitacoes-cnm-fala-sobre-os-desafios-dos-municipios-com-a-legislacao. Acesso em: 31 jul. 2024.

INSTITUTO BRASILEIRO DE DEFESA DO CONSUMIDOR. Acesso à Internet na Região Norte do Brasil, mar. 2022. Disponível em: https://idec_pesquisa-acesso-internet_acesso-internet-regiao-norte.pdf. Acesso em: 31 jul. 2024.

MOURA, Adriana Maria Magalhães de. As Compras Públicas Sustentáveis e sua Evolução no Brasil. Boletim regional, urbano e ambiental, n. 7, jan./jun. 2013. Repositório do Conhecimento do IPEA. Disponível em: https://repositorio.ipea.gov.br/handle/11058/5584. Acesso em: 15 jul. 2024. Acesso em: 15 jul. 2024.

REDE DE CONTROLE DA GESTÃO PÚBLICA DO ESTADO DO PARÁ. Levantamento Relativo à Lei Federal nº 14.133 de 2021, compreendendo Municípios do Estado do Pará. [documento não publicado].

TRAJANO, André. *Sustentabilidade em Compras Públicas*: o uso de critérios de sustentabilidade à luz da triple *bottom line* no processo de contratualização pública. Rio de Janeiro: Uiclap, 2023.

TRIBUNAL DE CONTAS DA UNIÃO. Compras Públicas Sustentáveis. Brasília-DF: TCU, 2024. Disponível em: https://sites.tcu.gov.br/compras-publicas-sustentaveis/o-que-sao-compras-publicas-sustentaveis.html. Acesso em: 15 jul. 2024.

VIEIRA, Raphael Diógenes Serafim. Órgão de assessoramento jurídico corresponde à Advocacia Pública. Associação Nacional das Procuradorias e dos Procuradores Municipais. 30 jun. 2023. Voz do Associado. Disponível em: https://anpm.com.br/voz-do-associado/orgao-de-assessoramento-juridico-corresponde-a-advocacia-publica. Acesso em: 1 ago. 2024.

Informação bibliográfica deste livro, conforme a NBR 6023:2018 da Associação Brasileira de Normas Técnicas (ABNT):

CUNHA, Milene Dias da; PAES, Meriam. Compras públicas sustentáveis: aplicação da Nova Lei de Licitações e Contratos nos municípios brasileiros. *In:* IDAPAR, Instituto de Direito Administrativo do Pará (org.); OLIVEIRA, Maria Cristina Cesar de; DOURADO JUNIOR, Octavio Cascaes; MORAES, Marcio Augusto Moura de (coord.). *Sustentabilidade no Direito Administrativo*. Belo Horizonte: Fórum, 2025. p. 245-269. ISBN 978-65-5518-953-7.

COMPRAS PÚBLICAS SUSTENTÁVEIS SOB A ÓTICA DA LEI FEDERAL Nº 14.133/2021: EXPECTATIVA OU POSSIBILIDADE REAL?

ANETE MARQUES PENNA DE CARVALHO,
TÁTILLA BRITO PAMPLONA

1 Introdução

As compras públicas sustentáveis no Brasil representam uma estratégia crucial para integrar critérios ambientais, sociais e econômicos nas aquisições governamentais. Compreendendo que o governo é um dos maiores consumidores do país, movimentando cerca de 15% (quinze por cento) do PIB, essa abordagem visa não apenas a eficiência econômica, mas também a promoção de práticas que minimizem os impactos ambientais e incentivem a inclusão social.

Desde a promulgação da Lei nº 8.666/1993, que regulava as licitações até a recente Lei nº 14.133/2021, as diretrizes para compras sustentáveis têm se fortalecido, refletindo um compromisso governamental com o desenvolvimento sustentável.

Essa evolução normativa busca garantir que as aquisições públicas não apenas atendam às necessidades imediatas, mas também contribuam para a sustentabilidade a longo prazo, considerando o ciclo de vida dos produtos e serviços.

As compras públicas sustentáveis configuram-se, portanto, como instrumento estratégico para promover um consumo responsável, estimular a economia verde e assegurar que as decisões de compra do governo reflitam um compromisso com a justiça social e a proteção ambiental.

Indubitavelmente, um novo marco na promoção de práticas de contratação pública sustentável no Brasil é o que representa a recente Lei nº 14.133/2021 no atual acervo jurídico. A novel legislação inova em vários aspectos e exige que os processos licitatórios considerem os impactos ambientais e as medidas mitigadoras desde a fase preparatória, promovendo uma abordagem mais consciente e responsável nas contratações públicas.

As práticas de contratações e gestões públicas baseadas em critérios de sustentabilidade visam impulsionar o desenvolvimento sustentável por meio de compras governamentais que considerem aspectos ambientais, sociais e econômicos, buscando a construção de uma sociedade mais equilibrada e consciente.

Indispensável, portanto, que o administrador público trabalhe na prática com o conceito das compras e contratações sustentáveis, gerando o compromisso de 'reinvenção' de processos, produtos consumidos e de mentalidade no âmbito das três esferas de poder.

2   Evolução legislativa das compras públicas no Brasil

A Constituição Federal de 1988[1] já fornecia os fundamentos para as compras públicas sustentáveis ao estabelecer que a ordem econômica observe, entre os seus princípios, a defesa do meio ambiente, inclusive mediante tratamento diferenciado conforme o impacto ambiental de produtos e serviços, e de seus processos de elaboração e prestação.

No mesmo ambiente, a Carta Magna coloca o princípio da livre concorrência, demonstrando a preocupação do Estado em harmonizar estes princípios na busca do desenvolvimento sustentável, sem esquecer que o próprio artigo 225 instituiu o direito de todos ao meio ambiente ecologicamente equilibrado, bem de uso comum do povo e essencial à sadia qualidade de vida, impondo ao poder público e à coletividade o dever de defendê-lo e preservá-lo para presentes e futuras gerações.

Determina ainda que as contratações públicas se concretizem mediante licitação, assegurando igualdade de condições para todos

---

[1] Art.170, inciso IV, da Constituição Federal de 1988.

os licitantes,² o que está regulamentado atualmente pela Lei Federal nº 14.133, de 1º de abril de 2021.

Referida Lei, de âmbito nacional, restabeleceu entre seus princípios (art. 5º) e como um dos seus objetivos (art. 11, inc. IV) o desenvolvimento nacional sustentável, prevendo ainda os critérios de sustentabilidade ambiental como um dos parâmetros para a definição de remuneração variável vinculada ao desempenho do contratado (art.144).

Tal dispositivo não tem correspondência com qualquer um da Lei nº 8.666/93, o que comprova a grande evolução legislativa na tentativa de efetivar o desenvolvimento nacional sustentável nas licitações e contratações da Administração Pública.³

As diversas alterações legislativas ocorridas nas últimas décadas tornavam a Lei Federal nº 8.666/1993⁴ cada vez mais desatualizada em relação aos conceitos mais atuais de sustentabilidade. Pode-se afirmar o mesmo em relação à Lei nº 12.305/2010, que institui a Política Nacional de Resíduos Sólidos.

A Lei Federal nº 14.133, de 1º de abril de 2021, revogou a Lei nº 8.666/1993, a Lei nº 10.520/2002 (Lei do Pregão) e os artigos 1º a 47-A da Lei nº 12.462/2011 (Regime Diferenciado de Contratações – RDC), estabelecendo normas gerais de licitação e contratação para as Administrações Públicas diretas, autárquicas e fundacionais da União, dos Estados, do Distrito Federal e dos Municípios, trazendo relevante alteração com a preocupação em estabelecer um maior equilíbrio entre o desenvolvimento econômico e o desenvolvimento nacional sustentável.

Toda essa normativa sobre as contratações públicas sustentáveis possui correlação com o ODS 12 (Assegurar padrões de produção e consumo sustentáveis) da Agenda 2030 da ONU, em sua meta 7, que é a de "promover práticas de compras públicas sustentáveis, de acordo com as políticas e prioridades nacionais".

---

² Art.37, inciso XXI, da Constituição Federal de 1988.
³ Destaca-se o Guia Nacional de Contratações Sustentáveis desenvolvido pela Advocacia-Geral da União, o qual dispõe que devem ser adotados 4 passos no procedimento para contratações sustentáveis: 1º) necessidade da contratação e a possibilidade de reuso/redimensionamento ou aquisição pelo processo de desfazimento; 2º) planejamento da contratação com parâmetros de sustentabilidade; 3º) análise do equilíbrio entre os princípios licitatórios da isonomia, da vantajosidade e da sustentabilidade; e 4º) gestão e fiscalização do contrato, bem com gestão de resíduos.
⁴ Tratava das normas para licitações e contratos da Administração Pública antes da atual Lei nº 14.133/21.

Essas legislações têm como objetivo incentivar a aquisição de produtos e serviços que atendam a critérios de sustentabilidade, promovendo o desenvolvimento sustentável e a preservação do meio ambiente. Assim, as licitações públicas devem ocorrer considerando todos esses preceitos expressos em leis e normas específicas, de modo que em uma compra ou uma contratação de serviço, necessariamente, se busque selecionar, entre as opções ofertadas, a mais sustentável, e não apenas o menor preço.

3 Sustentabilidade, desenvolvimento sustentável e a Lei nº 14.133/2021

Muito comum associar a dimensão da sustentabilidade exclusivamente à defesa do meio ambiente, todavia, vale o destaque para a sólida construção do conceito de sustentabilidade a partir da noção de preservação e defesa ambiental que se dá diante da reflexão de que a principal base de sustentação da existência e continuidade do ser humano vem do meio ambiente.

No entanto, impõe-se que outros fatores sejam considerados para a manutenção e desenvolvimento do ser humano, como fatores econômicos, sociais, políticos e éticos.

Aqui, cabe destacar as diferenças sobre o que é sustentabilidade e desenvolvimento sustentável. A sustentabilidade é um conceito mais amplo do que desenvolvimento sustentável. Seu conceito está sempre em transformação por ser um conceito sistêmico e dinâmico. Já o conceito de desenvolvimento sustentável relaciona-se com o que ficou definido no Relatório *Brudtland* ("Nosso Futuro Comum"), ou seja, é o desenvolvimento econômico que procura satisfazer as necessidades da geração atual, sem comprometer a capacidade das gerações futuras de satisfazerem as suas próprias necessidades, tendo essa definição sido adotada pela Constituição Federal de 1988.

Ambiental, social e econômica são três pilares de incidência do desenvolvimento sustentável, de onde deriva a atribuição da expressão *triple bottom line*, interpretada como "tripé da sustentabilidade", as três dimensões da sustentabilidade (BRASIL, 2010).

A sustentabilidade ambiental se concentra em combater questões ambientais, como as mudanças climáticas. A sustentabilidade social engloba todas as atividades humanas e que todos os domínios da sustentabilidade remetem a um componente social, devendo priorizar os direitos humanos e reconhece que o bem-estar de todas as pessoas determina a longevidade, eficácia e sustentabilidade de uma sociedade. Por fim, a sustentabilidade econômica se refere à ideia de empresa sustentável, abrangendo neste conceito tanto as empresas do setor privado quanto a Administração pública em sentido amplo quando atua na compra de bens, serviços e atividades para implementar serviços públicos.

O desenvolvimento de uma consciência ambiental na Administração Pública decorre de um movimento internacional, externado desde a Conferência das Nações Unidas sobre o Meio Ambiente, em 1992, tendo nesta mesma conferência sido criada a Agenda 21, a qual reconhecia a influência exercida pelos governos nas decisões empresariais e na opinião pública, assim como recomendava a incorporação do aspecto ecológico em suas políticas de aquisições (CNUMAD, 2000).

A compra sustentável tem por escopo o atendimento das necessidades da Administração Pública na aquisição de bens e serviços por um preço adequado, porém que gere um impacto positivo nas três dimensões da sustentabilidade: ambiental, social e econômico, tendo em vista que assumem um papel importantíssimo, pois geralmente compõem uma parte substancial do orçamento de um ente político.

Ao inserir o desenvolvimento sustentável como um de seus princípios fundamentais, a Lei nº 14.133/21 adota uma visão multidimensional do desenvolvimento sustentável, alcançando aspectos econômicos, sociais e ambientais, dando um significado importante pela busca no equilíbrio entre a prosperidade econômica, o progresso social e a proteção ambiental, de forma a atender as necessidades da sociedade de maneira duradoura e sustentável.

A conscientização dos impactos ambientais e medidas mitigadoras desde a fase preparatória da licitação é o foco da lei, permitindo a exigência de certificações de sustentabilidade como requisito de qualificação técnica, bem como a possibilidade de remuneração variável vinculada ao desempenho do contratado com base em critérios de sustentabilidade ambiental.

4 Critérios de sustentabilidade na Lei nº 14.133/21

Além de trazer o desenvolvimento sustentável como um princípio das contratações públicas, a legislação estabeleceu margens de preferência no processo licitatório relacionadas a critérios de sustentabilidade, trazendo em seu inciso II do artigo 26 preferência na contratação aos licitantes que ofertarem produtos reciclados, recicláveis ou biodegradáveis em relação a licitantes ofertantes de bens comuns, caso as propostas daqueles sejam até 10% superior à destes.[5]

A novidade em relação às compras públicas sustentáveis é a contida no §1º do artigo 18, que indica o conteúdo do estudo técnico preliminar, devendo este conter o problema a ser resolvido e a sua melhor solução, de modo a permitir a avaliação da viabilidade técnica e econômica da contratação. E, dentre os elementos do estudo técnico preliminar, destaca-se o disposto no inciso XII do mesmo dispositivo, que exige a descrição de possíveis impactos ambientais e respectivas medidas mitigadoras, incluídos os requisitos de baixo consumo de energia e de outros recursos, bem como a logística reversa para desfazimento e reciclagem de bens e refugos, quando aplicável.

Por fim, a Lei nº 14.133/2021 incorporou de forma definitiva a importância de a Administração Pública levar em consideração o ciclo de vida dos bens e materiais em suas compras públicas como forma de garantir a sustentabilidade dessas aquisições públicas. A análise do ciclo de vida do produto deve ser inserida no momento da escolha do critério de sustentabilidade, partindo da análise desde os materiais utilizados e o modo de produção, passando pelo modo de distribuição, embalagem e transporte, até chegar ao uso e por fim à disposição final.

No que diz respeito à integração da proteção ambiental no processo licitatório, ressalta-se que a referida lei integra a proteção ambiental no processo licitatório, através da caracterização de bens ou serviços que não gerem impacto negativo no meio ambiente ou que gerem o mínimo impacto, como é o caso da utilização de produtos biodegradáveis, reciclados ou oriundos de produção controlada, além da preocupação com o tipo de resíduo gerado na sua utilização, considerados aspectos ambientais relevantes.[6]

Nesse contexto, as "licitações verdes" ou "licitações sustentáveis", como são conhecidas, instituídas no Brasil por tratados internacionais e confirmadas pela introdução de dispositivos no ordenamento jurídico, possuem suma importância na conjuntura apresentada.

---

[5] §1º, II, do art. 26 da Lei Federal nº 14.133/2021.

[6] Importante registro a exemplos de critérios ambientais são bens constituídos por material reciclado, atóxico e biodegradável, conforme ABN NBR 15448-1 e 15448-2; papel, mobiliários e outros produtos oriundos de madeira com certificação Cerflor do Inmetro ou FSC; cláusula de logística reversa; e avaliação do ciclo de vida dos produtos; entre outros.

A priorização de aquisição, por parte do Estado, de produtos e serviços que possuem menos impacto sobre o meio ambiente, ou seja, que exigem menos gasto de energia e matéria-prima para sua produção e que permitem a reutilização ou reciclagem são essenciais para a persecução da sustentabilidade (BIDERMAN, 2008).

A realização de licitações verdes em grande escala torna-se de extremo valor na questão da sustentabilidade, em razão das expressivas vantagens que apresenta. Isso porque as chamadas "compras verdes", para além de gerar um impacto positivo na imagem política do governo, trazem melhorias para a qualidade de vida da comunidade local e aumento da conscientização no que tange às temáticas ambientais.

Como já destacado, a Lei nº 14.133/2021 estabeleceu entre seus princípios e como um dos seus objetivos o desenvolvimento nacional sustentável. Porém, para além do aspecto principiológico, o diploma necessita de diversos regulamentos, dentre os quais se destaca a definição de critérios de sustentabilidade ambiental para obras e fornecimento de bens e serviços citados no artigo 144 da citada norma federal.

Nesse contexto, e face à necessidade de melhor regulamentação e parametrização dos critérios necessários para que a norma federal tenha bases sólidas e efetivas a serem aplicadas pela Administração Pública estadual, é que o Estado do Pará, por meio de sua Secretaria de Estado de Meio ambiente e Sustentabilidade – SEMAS, desenvolveu proposta de regulamentação do tema, fortalecendo os elos entre as demandas de políticas públicas, governança pública e sustentabilidade, consideradas essenciais para garantir a manutenção, a qualidade da prestação do serviço público e a preservação do meio ambiente.[7]

O Estado do Pará, na luta contra as mudanças climáticas como parte da Agenda 2030 e visando a preservação e conservação do meio ambiente, definiu conceitos e sugeriu critérios de sustentabilidade para inserção nas licitações, obras e fornecimento de bens e serviços na administração pública.

No contexto nacional, portanto, a nova lei de licitações trouxe o marco para estabelecer critérios e definir novos padrões para implementação das compras sustentáveis na rotina da administração pública e, nessa linha, o Estado do Pará surge como uma das capitais dentro da Amazônia legal que mais tem se preocupado em investir na sustentabilidade de forma ampla, com incentivos à cadeia produtiva de

---

[7] Regulamentação em trâmite, em fase de deliberação final.

base sustentável, fomento à bioeconomia, planos e projetos de recuperação e restauração de vegetação nativa em larga escala, bem como em investimento na política interna de mudança do modelo de compras e contratações pela administração pública estadual.

No que tange às estratégias propostas pela Lei nº 14.133/21 para o desenvolvimento econômico, destaca-se que os critérios econômicos têm a ver com os custos envolvidos, mas não apenas do material a ser adquirido ou serviço contratado, mas também com a racionalidade processual, a celeridade no processo de contratação, a valorização das micro e pequenas empresas, além do ciclo de vida do produto.

Tendo em vista a complexidade de todo o processo de compras e as horas de trabalho a serem utilizadas para seu total êxito, é importante que haja a definição de um valor mínimo de mercadorias e serviços a passar pela metodologia voltada às compras sustentáveis. Essa definição comumente já existe nos departamentos de compras/suprimentos de grandes empresas do setor privado com vistas à simplificação do processo de aquisição de valores relativamente baixos ao total da companhia. Porém, essa ainda não é a realidade na Administração Pública, que começou há pouco tempo o trabalho de avanço para o alcance de tais critérios em seus processos internos.

Isso não significa, contudo, que nesses casos os critérios de sustentabilidade devam ser ignorados pela contratante: por um lado, o processo de homologação dos fornecedores dessas compras continuará tendo o mesmo rigor; por outro, é possível que a própria Administração Pública adote um processo simplificado para esses casos específicos.

Segundo dados coletados no site do Ministério do Meio Ambiente, o governo brasileiro despende, anualmente, mais de 600 bilhões de reais com a aquisição de bens e contratações de serviços (cerca de 15% do PIB). Neste sentido, direcionar o poder de compra do setor público para a aquisição de produtos e serviços com critérios de sustentabilidade implica a geração de benefícios socioambientais e a redução de impactos ambientais, bem como induz e promove o mercado de bens e serviços sustentáveis.

A decisão de se realizar uma compra sustentável não implica, necessariamente, maiores gastos de recursos financeiros. Isso porque nem sempre a proposta vantajosa é a de menor preço e também porque se deve considerar, no processo de aquisição de bens e contratações de serviços, dentre outros aspectos: a) os custos de um produto ou serviço ao longo de toda a sua vida útil; b) a eficiência nas compras e licitações sustentáveis que permita satisfazer as necessidades da administração pública mediante a utilização mais eficiente dos recursos e com menor impacto socioambiental; c) o compartilhamento das compras, por meio da criação de centrais de compras que possibilitem utilizar-se de produtos inovadores e ambientalmente adequados sem aumentar-se os gastos públicos; d) a redução de impactos ambientais e problemas de saúde, já que grande parte dos problemas ambientais e de saúde a nível local é influenciada pela qualidade de produtos consumidos e dos serviços prestados; e) desenvolvimento e inovação com estímulo ao consumo de produtos mais sustentáveis, incentivando os mercados e fornecedores a desenvolverem abordagens inovadoras, aumentando a competitividade da indústria nacional e local.

Por fim, o progresso social no contexto do desenvolvimento sustentável também está no foco da novel lei para as compras públicas, pois esta adota critérios que envolvem a qualidade de vida das pessoas, a acessibilidade de produtos e serviços, as oportunidades de inserção no mercado de trabalho de pessoas com deficiência, o acesso das pequenas empresas aos mercados, entre outros. Destaca-se a expedição de declaração de ausência de exploração de trabalho infantil e trabalho escravo; destinação de percentual de vagas para reabilitados e pessoas com deficiência (Lei nº 8.213/1991); cotas de gênero e raça e para mulheres vítimas de violência doméstica; acessibilidade tecnológica, comunicacional, arquitetônica e urbanística; exigência de fornecimento de Equipamentos de Proteção Individual (EPI) e Equipamento de Proteção Coletiva (EPC), entre outros.

5 Desafios para aplicabilidade da Lei nº 14.133/21?

Embora já se percebam as vantagens e os resultados das experiências de Compras Sustentáveis pela Administração Pública, deve-se destacar que ainda são inúmeros os obstáculos práticos para sua implementação, tais como: 1. o custo dos bens que é mais elevado para aquisição; 2. as restrições à competitividade e as ofertas insuficientes nos processos licitatórios; 3. a falta de conhecimento e informação sobre o meio ambiente e sobre bens sustentáveis por grande parte dos licitantes; 4. a dificuldade na elaboração de critérios de sustentabilidade e outros obstáculos resultantes da cultura organizacional.

Quanto aos custos, embora, de fato, alguns produtos sustentáveis possam ser mais caros no início, quando incluem compensações no preço pelas novas tecnologias e materiais empregados, ou pelo *design* diferenciado, frequentemente não se observa diferença significativa quanto ao custo. Quando ocorre um crescimento da demanda, estes produtos são produzidos em maior quantidade e economias de escala são alcançadas; logo, este custo tende a cair.

Nas compras públicas sustentáveis, a oferta economicamente mais vantajosa deve considerar o somatório dos custos econômicos e ambientais causados pelo produto em todo o seu ciclo de vida. Ao se considerar os custos externos evitados (externalidades negativas) impostos à sociedade pelos produtos não sustentáveis em termos de poluição, saúde pública e desperdício dos recursos naturais, entre outros, o custo real dos produtos sustentáveis se torna ainda menor (BIDERMAN *et al.*, 2008).

O desafio, portanto, está em estabelecer uma análise econômica nos processos licitatórios referentes ao custo total dos produtos, incluindo o custo de suas *externalidades*, visando explicitar os custos reais para os compradores. Além disso, esclarecem os gestores públicos que uma licitação sustentável não implica optar por um produto ou serviço mais caro, mas buscar alternativas que signifiquem menor impacto e mais economia, a médio e longo prazos (PERERA, 2007).

Outro desafio é deixar de ver os critérios de sustentabilidade como uma barreira de entrada nos processos licitatórios, restringindo sua oportunidade de participação. Por conseguinte, como as compras públicas sustentáveis se baseiam em normas inovadoras, pode ser difícil encontrar os provedores em condições de ofertar os bens ou serviços na quantidade e qualidade desejadas.

Sendo assim, os compradores necessitam tanto se informar sobre o que está disponível no mercado – para que a competição não seja frustrada com uma oferta insuficiente –, como sinalizar ao mercado o que pretende adquirir futuramente –, para que este se planeje e possa dar respostas, aumentando a oferta dos produtos que atendem aos critérios – ou, ainda, lançar novos produtos com os atributos desejáveis.

Esta é uma etapa importante no processo, de modo que as especificações técnicas estabelecidas para os produtos não venham a anular a competitividade ou discriminar os ofertantes.

Aponta-se a falta de conhecimento sobre o meio ambiente e a forma de elaborar critérios ambientais como outro obstáculo a ser enfrentado, pois a maior parte dos compradores públicos não é de especialistas ambientais e tem dificuldades em identificar o que seria um serviço *ambiental e socialmente preferível*.

Assim, é importante que os gestores responsáveis compreendam os conceitos e desenvolvam as competências necessárias para a tarefa, sendo que a falta de capacidade técnica sobre temas ambientais e de desenvolvimento sustentável transforma-se em um grande obstáculo para a incorporação de critérios ambientais nas compras (BRASIL e ICLEI, 2010).

Pretende-se incorporar uma análise do ciclo de vida dos produtos, contudo são necessários estudos específicos prévios e bancos de dados para as principais categorias de produtos (famílias de compras) a serem adquiridos pela administração pública. Neste sentido, a existência de rotulagem e de certificações ambientais confiáveis pode facilitar a tarefa, já que estes estabelecem um conjunto de critérios ambientais e/ou sociais a serem cumpridos pelos produtos, além de um sistema de monitoramento (auditoria) para avaliar periodicamente os produtos que recebem os selos.

Obstáculos da cultura organizacional demonstram ser outra pedra no critério de sustentabilidade, pois a mudança de comportamento e hábito para a implantação de compras públicas sustentáveis é imprescindível, o que pode representar uma verdadeira quebra de paradigmas em algumas instituições. Daí a importância do compromisso, partindo dos mais altos níveis da hierarquia da organização, até a incorporação de questões de sustentabilidade na agenda da instituição, de modo a enfrentar as resistências às mudanças na cultura organizacional e, então, possibilitar a assimilação de novos valores. Neste sentido, torna-se importante institucionalizar as políticas e as estratégias para as compras públicas sustentáveis, de modo que transcendam as pessoas ou uma gestão de governo (BRAMMER; WALKER, 2007).

6 Conclusão

A realização de compras e contratações sustentáveis pela Administração Pública pode ter forte impacto na defesa e preservação do meio ambiente, além de garantir seu compromisso ético e responsável dentro da sociedade. Neste sentido, as compras públicas sustentáveis são uma abordagem estratégica adotada por governos para promover o desenvolvimento econômico, social e ambientalmente responsável, através da incorporação de critérios de sustentabilidade nas aquisições governamentais, tendo como objetivo maior promover maior eficiência energética, minimizando o impacto ambiental gerado pelos itens de consumo; investindo e fomentando a produção de bens sustentáveis e reutilizáveis; incentivando o consumo responsável e fomentando a inclusão social.

Dessa forma, o que a Administração Pública compra, de quem compra e como usa os bens e serviços comprados pode ter enorme influência em tudo, desde o desempenho e o bem-estar dos seus colaboradores até a reputação e as relações com as partes interessadas. As decisões de compra afetam a organização, a sociedade, a economia e o meio ambiente.

As licitações sustentáveis trazem a possibilidade de que se aplique na estruturação do processo licitatório e formação dos contratos critérios de inteligência ambiental e social. A urgência de que a Administração Pública se adeque aos critérios de compras e contratações sustentáveis parte do dever em aderir aos Objetivos de Desenvolvimento Sustentável (ODS) das Nações Unidas, como já destacado neste artigo.

Sabe-se dos inúmeros desafios da administração pública para implantar as licitações sustentáveis, contudo, o mercado está em constante mudança e produtos novos estão sendo desenvolvidos e melhorados a todo tempo. As adaptações para uso de materiais mais sustentáveis tornam-se então um processo muito mais simples, já que há um aumento do número de fornecedores que buscam atender à maioria dos requisitos de sustentabilidade exigidos.

Assim, a sustentabilidade é promovida em toda a sociedade, já que se torna um exemplo e estimula a incorporação de princípios e critérios sustentáveis em bens públicos.

O papel da sustentabilidade na nova Lei nº 14.133/21 é aumentar o desenvolvimento sustentável do Brasil, protegendo o meio ambiente e os biomas brasileiros, portanto, em que pese as regulamentações pendentes e a concretização prática dessas regras, é possível criar uma expectativa positiva para a implementação da SUSTENTABILIDADE em seus variados aspectos multidimensionais, como elemento de governança.

Referências

BIDERMAN, Rachel *et al.* (org.). *Guia de compras públicas sustentáveis*: uso do poder de compra do governo para a promoção do desenvolvimento sustentável. 2. ed. Rio de Janeiro: Editora FGV, 2008 (Iclei European Secretariat GmbH).

BRAMMER, Stephen; WALKER, Helen. *Sustainable procurement pratice in the public setor*: an international comparative study. Bath: University of Bath On-line Publication Storem, 2007. (working paper). Disponível em: http://opus.bath.ac.uk. Acesso em: 10 ago. 2024.

BRASIL. Ministério do Planejamento, Orçamento e Gestão. Instrução Normativa nº 1, de 19 de janeiro de 2010. Dispõe sobre os critérios de sustentabilidade ambiental na aquisição de bens, contratação de serviços ou obras pela Administração Pública Federal direta, autárquica e fundacional e dá outras providências. Brasília: MP, 2010. Disponível em: http://cpsustentaveis.planejamento.gov.br/wp-content/uploads/2010/03/Instru%C3%A7%C3%A3o-Normativa-01-10.pdf. Acesso em: 20 ago. 2024.

BRASIL. Ministério do Planejamento, Orçamento e Gestão; ICLEI – LOCAL GOVERNMENTS FOR SUSTAINABILITY. Guia de compras públicas sustentáveis para administração federal. MP; Iclei, 2010. Acesso em: 20 ago. 2024.

BRASIL. Ministério do Meio Ambiente. Compras Públicas Sustentáveis. Brasília: MP, 2013. Disponível em: https://antigo.mma.gov.br/informma/item/526-eixos-temáticos-licitação-sustentável.html. Acesso em: 27 ago. 2024.

CNUMAD – Conferência das Nações Unidas sobre Meio Ambiente e Desenvolvimento. Agenda 21. 3. ed. Brasília: Senado Federal, 2000.

IPEA – Instituto de Pesquisa Econômica Aplicada. Financiando o desenvolvimento sustentável: o papel das compras públicas. Brasil em desenvolvimento 2011: Estado, planejamento e políticas públicas. Brasília: Ipea, 2011. vol. 2.

PERERA, Oshani *et al.* State of play in sustainable public procuremet. *IISD*, Teri, 2007.

Informação bibliográfica deste livro, conforme a NBR 6023:2018 da Associação Brasileira de Normas Técnicas (ABNT):

CARVALHO, Anete Marques Penna de; PAMPLONA, Tátilla Brito. Compras públicas sustentáveis sob a ótica da Lei Federal nº 14.133/2021: expectativa ou possibilidade real? *In*: IDAPAR, Instituto de Direito Administrativo do Pará (org.); OLIVEIRA, Maria Cristina Cesar de; DOURADO JUNIOR, Octavio Cascaes; MORAES, Marcio Augusto Moura de (coord.). *Sustentabilidade no Direito Administrativo*. Belo Horizonte: Fórum, 2025. p. 271-283. ISBN 978-65-5518-953-7.

SUSTENTABILIDADE E GOVERNANÇA NO PROCESSO ADMINISTRATIVO DE REGULARIZAÇÃO FUNDIÁRIA URBANA NA AMAZÔNIA LEGAL

JANE VIEIRA ALCÂNTARA NEVES,
MONIQUE SOARES LEITE

1 Introdução

Conforme os dados divulgados no ano de 2024 pela Secretaria Nacional de Habitação do Ministério das Cidades em parceria com a Fundação João Pinheiro, o déficit habitacional do Brasil totalizou 6 milhões de domicílios em 2022. Houve, assim, um aumento de 4,2% do total de déficit de domicílios, em comparação a 2019.[1] A mesma pesquisa também demonstrou que a predominância do déficit habitacional no país atinge famílias com até dois salários mínimos de renda domiciliar (74,5%) e que o ônus excessivo com o aluguel urbano, que atinge famílias com renda domiciliar de até três salários mínimos, que gastam mais de 30% de sua renda com aluguel, destaca-se no resultado geral do indicador, com 3.242.780 de domicílios, correspondendo a 52,2% do déficit habitacional.

---

[1] Disponível em: https://agenciabrasil.ebc.com.br/geral/noticia/2024-04/brasil-registra-deficit-habitacional-de-6-milhoes-de-domicilios#:~:text=O%20d%C3%A9ficit%20habitacional%20do%20Brasil,total%20de%20d%C3%A9ficit%20de%20domic%C3%ADlios.

Como resultado de um processo histórico de expressiva alteração do espaço urbano a partir do início do século XX no Brasil, em decorrência dos investimentos na industrialização, os aglomerados urbanos passaram a anexar os espaços rurais e tornaram-se os centros de poder, gerando, com isso, um mercado hierarquizado e excludente pautado pela especulação imobiliária.[2]

Essa realidade trouxe como principal consequência um desenho de ordenamento urbano marcado pela exclusão espacial dos mais pobres, que passaram a produzir seu próprio espaço, na periferia das cidades, conforme destaca Dos Santos (2018):

> os grupos sociais excluídos – rejeitados pelo mercado imobiliário, por não deterem renda suficiente para pagar pelo solo urbano e abandonados pelo Poder Público, ineficaz na provisão de moradias – tomam o papel de agentes modeladores do espaço urbano e produzem seu próprio espaço, retomando o antigo modelo de apropriação do solo, ocupando áreas públicas ou privadas em regiões desvalorizadas, originando loteamentos clandestinos, ocupações e favelas, reforçando o cenário de desigualdade e de segregação socioespacial.

Não por acaso, a meta global de nº 11 da Agenda 2030 para o alcance dos Objetivos do Desenvolvimento Sustentável (ODS) consiste em "tornar as cidades e os assentamentos humanos inclusivos, seguros, resilientes e sustentáveis", estabelecendo que, no Brasil, até o ano de 2030, deverá ser garantido o acesso de todos à habitação segura, adequada e a preço acessível e aos serviços básicos; proporcionar o acesso a sistemas de transporte seguros, acessíveis, sustentáveis com especial atenção para as necessidades das pessoas em situação de vulnerabilidade; aumentar a urbanização inclusiva e sustentável, e as capacidades para o planejamento e gestão de assentamentos humanos participativos, integrados e sustentáveis; e apoiar relações econômicas, sociais e ambientais positivas entre áreas urbanas, periurbanas e rurais, reforçando o planejamento nacional e regional de desenvolvimento.

A proposta do presente trabalho consiste, pois, em abordar especificamente a dimensão social da sustentabilidade como norteador do modo de proceder da Administração Pública na condução do processo

---

[2] DOS SANTOS, Myrian Silvana Silva Cardoso Ataíde. Regularização Fundiária Urbana e o Direito à Cidade Sustentável na Amazônia: avaliação e mensuração de seus efeitos. Tese de doutorado. Disponível em: https://repositorio.ufpa.br/jspui/handle/2011/11174. Acesso em: 10 ago. 2024.

administrativo de regularização fundiária urbana, a partir da edição da Lei Federal nº 13.465, de julho de 2017, que dispõe sobre a regularização fundiária rural e urbana, sobre a liquidação de créditos concedidos aos assentados da reforma agrária e sobre a regularização fundiária no âmbito da Amazônia Legal e instituiu mecanismos para aprimorar a eficiência dos procedimentos de alienação de imóveis da União.

Para tanto, serão elencados alguns dos resultados alcançados no Estado do Pará, a partir do estabelecimento de um novo modelo de governança fundiária na Amazônia Legal após a edição do Provimento nº 144, de 25 de abril de 2023 pela Corregedoria Nacional do Conselho Nacional de Justiça (CNJ), que estabeleceu o Programa Permanente de Regularização Fundiária na Amazônia Legal no âmbito do Poder Judiciário, com a finalidade de definir, coordenar e dar celeridade às medidas relativas à Regularização Fundiária Urbana (Reurb) e rural, bem como à identificação de áreas públicas e daquelas destinadas à proteção ambiental.

2 Sustentabilidade, governança pública fundiária e processo administrativo de regularização fundiária urbana na Amazônia legal

Para Freitas (2012, p. 59), a dimensão social da sustentabilidade abriga os direitos fundamentais sociais do texto constitucional, e, por esse motivo tais direitos "requerem os correspondentes programas relacionados à universalização, com eficiência e eficácia, sob pena de o modelo de governança (pública e privada) ser autofágico e, numa palavra, insustentável".

O mesmo autor cita, expressamente, que o direito à moradia, expressamente previsto como direito social no artigo 6º da Constituição Federal de 1988, traz em seu bojo uma verdadeira exigência ao Poder Público de realização da regularização fundiária e aplicação da legislação pertinente, como forma de combate à degradação habitacional, o que abrange o oferecimento de alternativas habitacionais saudáveis, na medida em que as áreas urbanas devem ser tratadas como verdadeiros ecossistemas que não comportam sobrecargas e exigem o devido ordenamento e ocupação racional do uso do solo (FREITAS, 2018, p. 93-94).

Nessa perspectiva, a atuação da Administração Pública na regularização fundiária urbana possui como substrato e elemento fundante a própria dimensão social da sustentabilidade.

Feitas essas considerações, em termos conceituais, a regularização fundiária urbana tem seus elementos mais relevantes dispostos no próprio texto legal quando estabelece que se trata de um conjunto de medidas jurídicas, urbanísticas, ambientais e sociais destinadas à incorporação dos núcleos urbanos informais ao ordenamento territorial urbano e à titulação de seus ocupantes (art. 9º da Lei nº 13.465/2017).

Marrara e Castro (2019) definem a regularização fundiária urbana como:

> [...] processo multifacetado, conduzido por diferentes instâncias, que visa a delimitar áreas sob ocupação irregular, organizar e viabilizar a titulação dos ocupantes e prover o espaço atingido com as infraestruturas, utilidades e serviços necessários à garantia do direito à cidade.[3]

Convém mencionar, porém, que, desde o advento da Lei nº 10.257, de 10 de julho de 2001 – Estatuto da Cidade, que estabeleceu diretrizes gerais para a execução da política urbana prevista nos artigos 182 e 183 da Constituição Federal e normas de ordem pública e interesse social para o uso da propriedade urbana em prol do bem coletivo, da segurança e do bem-estar dos cidadãos, bem como do equilíbrio ambiental, a regularização fundiária foi elencada como um instrumento de caráter jurídico e político.

Contudo, apenas com a edição da Lei nº 11.977, de 7 de julho de 2009, posteriormente alterada em decorrência da edição da Medida Provisória nº 759, de 22 de dezembro de 2016, sendo convertida na Lei nº 13.465/2017 (Lei da Reurb), o processo administrativo de regularização fundiária foi concretamente regulamentado na legislação nacional, quando então foi estabelecido um novo e importante marco legislativo da sustentabilidade como diretriz da atuação da Administração Pública na regularização fundiária urbana, com o reforço do protagonismo dos municípios, dadas as diretrizes programáticas já fixadas no Estatuto da Cidade.

---

[3] MARRARA, T.; CASTRO, A. S. O processo administrativo de regularização fundiária urbana na lei 13.465/2017. *Caderno de Direito e Políticas Públicas*, [S.l.], v. 1, n. 1, p. 4, 2019. Disponível em: http://seer.unirio.br/cdpp/article/view/9524. Acesso em: 10 jun. 2024.

Para Dos Santos (2018, p. 65-66):

> Essa necessária ênfase conceitual sobre a incorporação dos núcleos urbanos ao ordenamento territorial reforçou o protagonismo do ente municipal na gestão urbana e, ao mesmo tempo, transferiu para gestão local a responsabilidade pela definição de parâmetro urbanístico, como tamanho de lote e testada mínima e requisitos sociais para enquadramento das diferentes modalidades de regularização fundiária e atos registrais.

Nada obstante, consiste em dever inerente a todas às instâncias dos poderes públicos[4] a formulação e desenvolvimento, no espaço urbano, das políticas de suas respectivas competências, pautadas pelos princípios de sustentabilidade econômica, social e ambiental e ordenação territorial, buscando-se a ocupação eficiente e o uso funcional do solo urbano.[5]

E, considerando o histórico de ocupação e uso do solo na Amazônia, com diversos desafios decorrentes da concentração de terras federalizadas, a complexidade para o pleno exercício da difícil tarefa de regularização fundiária dos assentamentos informais nos municípios aliada à baixa capacidade técnica para o desenvolvimento e regular instrução dos processos administrativos pelos entes municipais agravam esse cenário (DOS SANTOS, 2018, p. 66-68).

Fato é que foram evidenciados os objetivos específicos sob responsabilidade da União, Estados e Municípios,[6] dentre os quais, destacam-se, para os fins do presente artigo, dois em especial, com o intuito de situar a importância da governança fundiária mais adiante abordada: 1) a identificação dos núcleos urbanos informais, que devem ser regularizados a fim de garantir a prestação de serviços públicos aos seus ocupantes, de modo a melhorar as condições urbanísticas e ambientais em relação à situação de ocupação informal anterior; e 2) ampliar o acesso à terra urbanizada pela população de baixa renda, de modo a priorizar a permanência dos ocupantes nos próprios núcleos urbanos informais regularizados.

---

[4] Para aprofundamento sobre o tema, cf.: DOS SANTOS, Myrian Silvana Silva Cardoso Ataíde. REGULARIZAÇÃO FUNDIÁRIA URBANA E O DIREITO À CIDADE SUSTENTÁVEL NA AMAZÔNIA: avaliação e mensuração de seus efeitos. Tese de doutorado. Disponível em: https://repositorio.ufpa.br/jspui/handle/2011/11174. Acesso em: 10 ago. 2024.

[5] Conforme inteligência do art. 9º, §1º, da Lei nº 13.465/2017.

[6] Art. 10 da Lei nº 13.465/2017.

Não se pretende, neste artigo, tratar sobre a instrumentalização, detalhamento, tampouco o procedimento administrativo de regularização fundiária urbana em si, temas esses objeto do Capítulo III da Lei nº 13.465/2017, mas sim corroborar sua sustentabilidade social, a fim de evidenciar o modelo de governança fundiária que tem sido desenhado particularmente no último ano, diante do estímulo para o desenvolvimento de Programas Permanentes de Regularização Fundiária no Poder Judiciário, a partir da atuação das Corregedorias de Justiça dos Estados.

Importa, neste ponto, trazer o conceito de governança pública e de governança fundiária. A Federação Internacional de Contadores (IFAC), em conjunto com o The Chartered Institutute of Public Finance And Acoountancy – IPFA (2013), publicou um trabalho intitulado "Boa Governança no Setor Público" (Good Governance in the Public Sector: Consultation Draft for an International Framework), no bojo do qual definiu governança pública como *as estruturas postas em prática para garantir que os resultados pretendidos pelas partes interessadas sejam definidos e alcançados*.[7]

O Tribunal de Contas da União (TCU) define governança pública organizacional como "mecanismos de liderança, estratégia e controle postos em prática para avaliar, direcionar e monitorar a atuação da gestão, com vistas à condução de políticas públicas e à prestação de serviços de interesse da sociedade" (p. 12-13). No mesmo trabalho, foi evidenciada a diferença entre governança e gestão pública para que não restem dúvidas acerca das finalidades específicas e sua importância para o Poder Público, pois, "enquanto a governança é a função direcionadora, a gestão é a função realizadora".

É importante traçar esse liame técnico bem definido pelo TCU, eis que o Poder Judiciário não possui competência constitucional para atuar na gestão da regularização fundiária, razão pela qual sua atuação se alinha ao eixo da governança institucional, demandando as atividades específicas, tais como avaliação do ambiente, cenários, alternativas e resultados almejados como elementos direcionadores da preparação e coordenação de políticas e planos definidos pelo Poder Público nessa seara.

---

[7] IFAC (2013). Good Governance in the Public Sector – Consultation Draft for an International Framework. Disponível em: https://www.ifac.org/system/files/publications/files/Good-Governance-in-the-Public-Sector.pdf. Acesso em: 10 jun. 2024.

A governança institucional pretende o alinhamento das denominadas "funções organizacionais" às necessidades de todas as partes interessadas, notadamente da sociedade, monitorando os resultados, desempenho e cumprimento das políticas e planos em cotejo com as metas previamente estabelecidas. Já as atividades de gestão pública, inerentes ao Poder Executivo, abrangem a elaboração e execução dos planos e o controle do desempenho com vistas ao alcance dos resultados almejados e monitoramento adequado dos riscos inerentes.

No tocante à governança fundiária, a Organização das Nações Unidas para a Alimentação e Agricultura (FAO) destaca o seu papel vetor e a situa como um instrumento de gestão da terra, evidenciando que:

> Contribui para o aprimoramento da política fundiária, visando o desenvolvimento sustentável do meio rural, a partir da perspectiva da afirmação da diversidade sociocultural e ambiental, que envolve o universo de estabelecimentos agrícolas e não agrícolas e as suas inter-relações com os diferentes setores, tanto no espaço rural como urbano.[8]

A partir dessas bases conceituais sobre governança pública e governança fundiária, a Corregedoria Nacional do Conselho Nacional de Justiça editou o Provimento nº 144/2023, que tem como diretriz a atuação proativa esperada, administrativamente, em matéria de regularização fundiária, das Corregedorias de Justiça dos Estados da Amazônia Legal, a fim de propor mais uma linha de enfrentamento aos problemas históricos relacionados à posse e a propriedade do solo urbano e rural na região, o que tem agravado os problemas ambientais que desequilibram os ecossistemas existentes.

A partir dos resultados alcançados após a realização, na última semana de agosto de 2023, de um esforço concentrado para o tratamento de temas de regularização fundiária na Amazônia Legal denominado "Solo Seguro Amazônia".[9]

No Estado do Pará, o tratamento mais dedicado à regularização fundiária foi iniciado ainda em março de 2023, com as articulações interinstitucionais e o início da realização de reuniões periódicas organizadas pela Corregedoria-Geral do Tribunal de Justiça do Estado (CGJ/TJPA),

---

[8] Cf.: https://www.fao.org/family-farming/detail/en/c/431871/.
[9] Os resultados podem ser acompanhados no seguinte link: https://www.cnj.jus.br/corregedoriacnj/solo-seguro-semana-nacional-de-regularizacao-fundiaria/.

com a participação de órgãos públicos e privados e representantes da sociedade civil organizada.

Dentre as medidas implementadas no Pará encontram-se a instituição de um Núcleo de Regularização Fundiária no âmbito CGJ/TJPA, a revisão e atualização dos procedimentos administrativos de requalificação e desbloqueio de matrículas (Provimentos CGJ nº 4, 6 e 7/2023). Ainda, foi consolidado um projeto permanente de regularização fundiária que materializa as diversas frentes de ação interinstitucional do órgão censor estadual, pautado pelo mapeamento, estímulo e aprimoramento dos processos de regularização fundiária urbana e rural desenvolvidos pelos municípios e que envolvem os órgãos fundiários do Estado (Iterpa) e da União (Incra e SPU):[10] o projeto "Regularizar", institucionalizado (Portaria nº 115/2023-CGJ) estabeleceu um foro administrativo voltado à construção conjunta de soluções compartilhadas, com o intuito de "fomentar e induzir o adequado enfrentamento da regularização fundiária e a destinação escorreita das terras".[11]

Conforme informações disponibilizadas publicamente, o escopo principal do projeto é "conhecer, revisitar e proporcionar o diálogo interinstitucional assertivo, construindo as parcerias que potencializem as competências dos atores diretamente envolvidos com a execução da política fundiária".[12]

Atualmente, o projeto também já se encontra institucionalizado como Programa Permanente do TJPA, e foi incluída no Regimento Interno do TJPA uma nova atribuição da Corregedoria-Geral de Justiça: realizar, de forma contínua, o planejamento, desenvolvimento e monitoramento de ações voltadas à regularização fundiária previstas no Programa Permanente de Regularização Fundiária.

Até o dia 5 de agosto de 2024 foram realizadas 14 reuniões ampliadas pelo Grupo de Governança Fundiária, com a formalização e acompanhamento de 21 Acordos de Cooperação Técnica firmados com municípios, Colégio de Registradores de Imóveis e Iterpa. Com as ações da Semana Solo Seguro da Amazônia Legal (2023), foram entregues 4.000 títulos registrados decorrentes de Reurbs instruídas pelos municípios de Ananindeua, Belém, Breu Branco, Canaã dos Carajás,

---

[10] As informações sobre o Projeto Regularizar-Pará e as reuniões realizadas pelo Grupo de Governança Fundiária estão disponíveis: https://www.tjpa.jus.br/PortalExterno/institucional/Corregedoria-Geral-de-Justica/1043287-programa-regularizar.xhtml.

[11] *Idem*.

[12] *Ibidem*.

Curionópolis, Marituba e Parauapebas. Também houve a realização de evento acadêmico, assim como a entrega de títulos registrados às comunidades quilombolas tituladas pelo Iterpa. Essa atuação do TJPA no âmbito administrativo, e não judicial, recebeu menção honrosa na premiação "Solo Seguro" realizada pelo CNJ em 2023.

E, em 2024, a partir das medidas fixadas pelo Provimento CNJ nº 158/2023 para o Solo Seguro Favela, foi identificado um total de 8.698 títulos entregues decorrentes de processos de regularização fundiária urbana de interesse social no período compreendido entre agosto de 2023 e junho de 2024.[13]

Outros resultados alcançados pela articulação interinstitucional da Corregedoria-Geral de Justiça do Estado do Pará que podem ser citados após análise do material produzido (reuniões gravadas e atas de reunião): 1) intermediação do diálogo para o bom andamento e formalização dos acordos de cooperação técnica envolvendo a primeira légua patrimonial do município de Belém (UFPA/CODEM e SPU); 2) levantamento e consolidação de todos os títulos emitidos em favor das comunidades tradicionais quilombolas para verificação do *status* do registro imobiliário, visando a regularização ou atualização, conforme o caso, com a priorização de problemas levantados nas mesas quilombolas; 3) envolvimento das superintendências do Incra no Pará objetivando a padronização de critérios de análise e encaminhamentos de demandas apresentadas pelos municípios aderentes ao Projeto Regularizar; 4) obtenção e compartilhamento dos dados de municípios que já receberam sua área patrimonial do Iterpa.

Como se observa, existe uma nova perspectiva de atuação na esfera administrativa do Poder Judiciário, através da Corregedoria de Justiça, que ultrapassa o papel de mero fiscal da atividade notarial e de registro e começa a conclamar a melhoria da comunicação entre os órgãos e entidades que atuam na governança fundiária, passando a integrar e fomentar ações de regularização fundiária, a partir do estímulo à discussão técnica e enfrentamento das dificuldades encontradas para o desenvolvimento dos processos administrativos correlatos. Com isso, o processo se torna ainda mais transparente e a prestação de contas inerente à execução da política pública essencial que visa garantir

---

[13] Informação constante no despacho exarado no dia 12.06.2024 no PJECOR n. 0000255-28.2024.2.00.0814 que foi encaminhado ao Conselho Nacional de Justiça.

o direito à moradia efetivamente passa a ocorrer com a presença do Poder Judiciário.

Trata-se da materialização da indisponibilidade do interesse público envolvido. Para Mello (2003, p. 64) estando diante de interesses da coletividade, significa que estes não estão à disposição, são inapropriáveis e, por esse motivo, não pode o agente público dele se apossar, ou dispor, pois, ao contrário, existe o dever que é uma função do Poder Público outorgada de apenas curá-los, efetivando tais interesses.

Com efeito, na esfera administrativa é possível ao Judiciário atuar mais diretamente na consecução dos interesses públicos, correspondentes aos interesses da coletividade, pois esse é o elemento que valida a própria existência jurídica do Estado, vinculando sua atuação. Como assinala Loubet (2009):

> (...) o Estado, enquanto órgão central diretor dos rumos sociais, só encontra legitimidade jurídica quando cumpre o seu papel básico: promover o bem-comum. De fato, é promovendo o bem-estar dos indivíduos que o aparelho estatal atinge os seus objetivos institucionais, na medida em que não só sua origem histórica e filosófica, mas, sobretudo, sua existência jurídica atribuída pelo direito positivo dá a pauta do agir estatal nesse sentido, sendo certo que carece de validade ontológica qualquer ação do Poder Público que se afaste dessa condição primária. (p. 34)

3 Considerações finais

O direito à moradia traz consigo verdadeira exigência de que seja promovida a regularização fundiária, e, por esse motivo, é possível afirmar que configura, ao mesmo tempo, o elemento fundante e norteador ao bom funcionamento de um modelo de governança adequado e válido, como também à execução de todas as etapas do processo administrativo de regularização fundiária.

A atuação do Poder Judiciário, através da Corregedoria Nacional do CNJ e das Corregedorias Estaduais, no sentido de estimular não apenas o debate sobre regularização fundiária, mas, sobretudo, de inserir-se no papel de agente articulador capaz de potencializar a melhoria da comunicação interinstitucional entre os órgãos e entidades responsáveis pela elaboração e desenvolvimento dos projetos de regularização fundiária, tem se demonstrado como elemento que fortalece a governança fundiária, possibilitando a melhoria dos processos, procedimentos e práticas, bem como estimulando o incremento das bases de dados e intercâmbio de informações técnicas de interesse mútuo entre os agentes que atuam nas diferentes esferas do Poder Executivo.

Referências

BENATTI, J. H.; FISCHER, Luly R. C. As Novas Tendências do Planejamento Nacional Brasileiro: fim da Amazônia Legal? *In*: SILVEIRA, Vladmir Oliveira da; SANCHES, Samyra Naspolini; COUTO, Monica Benetti (org.). *Direito e desenvolvimento no Brasil do século XXI*. 1. ed. Brasília: Ipea: Conpedi, 2013, p. 51-84.

BLANCHET, Gabriela; REGO, Anna Lygia. A governança corporativa do futuro: tendências e desafios. *In*: SAAVEDRA, Gioavanni Agostini (org.). *Governança Corporativa, Compliance e Gestão de Riscos*. 1. ed. São Paulo: ESENI Editora, 2020.

BRASIL, IBGC – Instituto Brasileiro de Governança Corporativa. Conhecimento: Governança Corporativa, 2020. Disponível em: https://www.ibgc.org.br/conhecimento/governanca-corporativa.

BRASIL. Tribunal de Contas da União. Dez passos para a boa governança / Tribunal de Contas da União. Edição 2 – Brasília: TCU, Secretaria de Controle Externo da Administração do Estado, 2021. Recuperado de: https://portal.tcu.gov.br/data/files/D5/F2/B0/6B/478F7 71072725D77E18818A8/10_passos_para_boa_governanca_v4.pdf.

BRASIL. Lei nº 13.465, de 11 de julho de 2017. Recuperado de: https://www.planalto.gov.br/ccivil_03/_ato2015-2018/2017/lei/l13465.htm.

BRASIL. Lei nº 10.257, de 10 de julho de 2001. Recuperado de: https://www.planalto.gov.br/CCIVIL_03/////LEIS/LEIS_2001/L10257.htm.

BURITI, Victor Novais; TRENTINI, Flavia. A lei de regularização fundiária urbana (Lei n. 13465/2017) e a sua compatibilidade com a meta 11.1 da Agenda 2030 da Organização das Nações Unidas. 2020, Anais... Florianópolis, SC: CONPEDI, 2020. Disponível em: http://site.conpedi.org.br/publicacoes/olpbq8u9/breg8z46/L3VHds4B48308Zg6.pdf. Acesso em: 16 ago. 2024.

CAZELLA Ademir Antonio *et al.* (org.). Governança da terra e sustentabilidade: experiências internacionais de políticas públicas em zonas rurais. Blumenau: Nova Letra, 2015.

DOS SANTOS, Myrian Silvana Silva Cardoso Ataíde. *Regularização fundiária urbana e o direito à cidade sustentável na Amazônia*: avaliação e mensuração de seus efeitos. Tese de doutorado. Disponível em: https://repositorio.ufpa.br/jspui/handle/2011/11274.

FREITAS, Juarez. *Sustentabilidade*: direito ao futuro. 2. ed. Belo Horizonte: Fórum, 2012.

IFAC. Good Governance in the Public Sector — Consultation Draft for an International Framework, 2013. Disponível em: https://www.ifac.org/system/files/publications/files/Good-Governance-in-the-Public-Sector.pdf.

LOUBET, Wilson Vieira. O princípio da Indisponibilidade do Interesse Público e a Administração Pública Consensual. 1. ed. Brasília: Ed. Consulex, 2009.

MARRARA, T; CASTRO, A. S. O processo administrativo de regularização fundiária urbana na lei 13.465/2017. *Caderno de Direito e Políticas Públicas*, [S.l.], v. 1, n. 1, p. 4, 2019. Disponível em: http://seer.unirio.br/cdpp/article/view/9524. Acesso em: 16 ago. 2024.

MELLO, Celso Antônio Bandeira de. *Curso de Direito Administrativo*. 15 ed. São Paulo: Malheiros, 2003.

MOREIRA, Rafael Martins Costa. *Direito Administrativo e Sustentabilidade*. 1. ed. Belo Horizonte: Fórum, 2017. Disponível em: https://www.forumconhecimento.com.br/livro/L1464. Acesso em: 9 set. 2024.

Informação bibliográfica deste livro, conforme a NBR 6023:2018 da Associação Brasileira de Normas Técnicas (ABNT):

NEVES, Jane Vieira Alcântara; LEITE, Monique Soares. Sustentabilidade e governança no processo administrativo de regularização fundiária urbana na Amazônia legal. *In*: IDAPAR, Instituto de Direito Administrativo do Pará (org.); OLIVEIRA, Maria Cristina Cesar de; DOURADO JUNIOR, Octavio Cascaes; MORAES, Marcio Augusto Moura de (coord.). *Sustentabilidade no Direito Administrativo*. Belo Horizonte: Fórum, 2025. p. 285-296. ISBN 978-65-5518-953-7.

OS OBJETIVOS DE DESENVOLVIMENTO SUSTENTÁVEL (ODS) E OS SEUS REFLEXOS NAS COMPETÊNCIAS E HABILIDADES PARA A ATUAÇÃO ADVOCATÍCIA EM DIREITO ADMINISTRATIVO

VICTOR RUSSO FRÓES RODRIGUES

1 Introdução

O tema da sustentabilidade e a sua relação com a Administração Pública tem ganhado cada vez mais relevância no Brasil da última década. Trabalhos importantes sobre o tema já abordam, inclusive, a necessidade de pensar-se o paradigma de um novo Direito Administrativo, baseado na compreensão e adoção de conceitos mais amplos de sustentabilidade que capacitem este ramo do Direito para um futuro viável (FREITAS, 2019).

Apesar de olhos atentos poderem perceber essa movimentação, em uma visão mais apressada, a relação entre sustentabilidade e Direito Administrativo poderia parecer resumir-se à já conhecida previsão da realização de contratações públicas sustentáveis, envolvendo em maior ou menor medida as formas relativas à preservação do meio ambiente no âmbito das licitações e contratos públicos. De fato, este tema é de alta relevância no contexto do Direito Administrativo brasileiro atual e vem tendo importante avanço doutrinário,[1] o qual refletiu (e ao mesmo tempo é retroalimentado) numa positivação em diversas esferas normativas.

No entanto, a visão pode e deve ser ampliada para rincões menos usuais da relação entre sustentabilidade e Direito Administrativo, sobretudo em diálogo com importantes instrumentos internacionais que extrapolam uma observação dogmática centrada no paradigma legal nacional. É o caso do aprofundamento da relação entre sustentabilidade e o controle das atividades das instituições e dos agentes públicos, campo menos intuitivo quando se fala sobre o assunto.

É nesse sentido que o presente artigo objetiva trazer à tona a importância de compreender-se mais profundamente os Objetivos de Desenvolvimento Sustentáveis, conforme materializado pela Agenda 2030, em especial em relação aos reflexos que tais Objetivos trazem para as competências e habilidades exigidas daqueles que atuam nos ramos do Direito Administrativo, sobretudo na carreira da advocacia.

2 Os Objetivos de Desenvolvimento Sustentável (ODS) e o controle das atividades das instituições e dos agentes públicos

Pode ser que a nomenclatura "Objetivos de Desenvolvimento Sustentável (ODS)" soe familiar, em diferentes medidas, aos profissionais do Direito. Entretanto, sendo algo que extrapola uma formação jurídica mais estrita e tradicional, uma forte hipótese que sustenta o presente artigo é a de que esse assunto não seja de conhecimento geral da comunidade jurídica e, mais, que não seja de domínio aprofundado de grande parcela daqueles que laboram na área do Direito Administrativo.

Partindo dessa presunção, vale a pena uma breve contextualização desse instrumento proposto pela Organização das Nações Unidas (ONU). Em resumo, trata-se de uma agenda mundial de compromissos firmada entre os países aderentes à Cúpula das Nações Unidas sobre o Desenvolvimento Sustentável, ocorrida em setembro de 2015. Tal agenda estabeleceu metas a serem atingidas até o ano de 2030 (daí ser

---

[1] Sobre o tema, pode-se brevemente citar os trabalhos de Marco Antônio Praxedes de Moraes Filho (2018; 2019); Lucas Campos Jereissati e Álisson José Maia Melo (2020); da Escola Nacional de Administração Pública (BRASIL, 2019); e em um espectro mais amplo, o trabalho de Vivian Lima Lopez Valle e Rodrigo Maciel Cabral (2022).

conhecida também como Agenda 2030), divididas entre 17 grandes objetivos a serem perseguidos (NAÇÕES UNIDAS BRASIL, 2024).

Normalmente conhecidos em relação às metas referentes à sustentabilidade ecológica, à redução das desigualdades e eliminação de violências, os 17 ODS contam com temas mais amplos do que o senso comum costuma identificar como ligados à sustentabilidade, demonstrando o alargamento do conceito.

O que fica encoberto e que se entende que deva ser mais bem apropriado pelos juristas é a existência de objetivos referentes a questões que não tratam diretamente de temas ecológicos. Dentre esses, nos interessa particularmente o Objetivo 16 (Paz, Justiça e Instituições Eficazes), que visa "promover sociedades pacíficas e inclusivas para o desenvolvimento sustentável, proporcionar o acesso à justiça para todos e construir instituições eficazes, responsáveis e inclusivas a todos os níveis".

Tal Objetivo, juntamente com o Objetivo 17 (Parcerias e Meios de Implementação), é visto como tendo um "papel transversal", servindo como meio para a implementação dos demais ODS, uma vez que um bom funcionamento das instituições e o fortalecimento da governança podem propiciar um incremento nas condições gerais que permitem o avanço das demais metas (COSTA; BETIOL; TEIXEIRA, 2022).

Multifacetado, tal objetivo foi desdobrado em subitens que abordam temas variados, tal como o enfrentamento às violências e discriminações, ampliação do acesso à justiça, combate ao crime organizado, ampliação do fornecimento de identidade legal aos cidadãos dos países, acesso à informação, etc. Entretanto, alguns pontos específicos chamam a atenção e são de maior interesse para o objeto do presente artigo:

Objetivo 16. Promover sociedades pacíficas e inclusivas para o desenvolvimento sustentável, proporcionar o acesso à justiça para todos e construir instituições eficazes, responsáveis e inclusivas em todos os níveis
(...)
16.5 Reduzir substancialmente a corrupção e o suborno em todas as suas formas
16.6 Desenvolver instituições eficazes, responsáveis e transparentes em todos os níveis
16.7 Garantir a tomada de decisão responsiva, inclusiva, participativa e representativa em todos os níveis
16.8 Ampliar e fortalecer a participação dos países em desenvolvimento nas instituições de governança global

Os pontos elencados, sem exclusão dos demais, trazem objetivos voltados à melhora do funcionamento das instituições em geral, afetando mais especificamente as instituições componentes da Administração Pública ou em colaboração com esta. Nesse sentido, o alinhamento com uma pauta internacional do combate à corrupção, conjugada com a expectativa do aumento de transparência, governança, participação e representatividade tem trazido novos desafios para aqueles que lidam interna e externamente com a Administração Pública.

3 Reflexo dos ODS na atuação advocatícia em Direito Administrativo

Como dito, tais objetivos a que o Brasil se comprometeu em plano internacional geram diversos reflexos na sua internalização pelas instituições nacionais. No presente artigo elege-se chamar a atenção para a meta de redução substancial da corrupção, que traz importantes repercussões na vida dos agentes públicos e daqueles que atuam em favor deste tipo de sujeito.

Uma percepção relevante em relação ao tema é que uma das consequências desse compromisso é o aumento da inserção do Brasil nas Convenções Internacionais sobre o combate à corrupção. De acordo com pesquisas sobre o assunto, já se sente os efeitos em relação à adesão do Brasil no plano internacional, tendo em vista a constatação de que:

> O Brasil aderiu aos mais relevantes instrumentos legais internacionais para o combate à corrupção: a Convenção das Nações Unidas contra a Corrupção, a Convenção sobre o Combate da Corrupção de Funcionários Públicos Estrangeiros em Transações Comerciais Internacionais, da Organização para a Cooperação e Desenvolvimento Econômico (OCDE), a Convenção Interamericana contra a Corrupção, além de respeitar o Foreign Corrupt Practices Act – Lei de Práticas de Corrupção no Exterior –, dos Estados Unidos, e o Bribery Act – Lei Anticorrupção –, do Reino Unido. (COSTA; BETIOL; TEIXEIRA, 2022, p. 16)

Essa participação internacional, inclusive, já repercutiu em uma inovadora previsão legal (ainda não tão explorada no âmbito prático), quando tornada expressa a referência à Convenção das Nações Unidas contra a Corrupção na Lei de Improbidade, quando de sua reforma, por meio da previsão de seu artigo 11, parágrafo primeiro[2] (BRASIL, 1992).

Nesse sentido, o jurista administrativista não pode mais ignorar uma esfera de conhecimento que extrapola o âmbito nacional. Faz-se necessário que se adquira novas habilidades de compreensão e acesso a esses instrumentos internacionais, inclusive com a possibilidade de manejo das técnicas de controle de convencionalidade.

Além desse primeiro efeito "internacionalizante", outra necessidade de aprimoramento em relação às competências e habilidades dos juristas (em geral, mas dos administrativistas em especial) é a compreensão de como os ODS estão se capilarizando por meio dos órgãos de justiça e de controle.

Em breve observação de pesquisa, pode-se perceber uma grande mobilização do Poder Judiciário brasileiro em relação à preocupação quanto ao atendimento da Agenda 2030. Pode-se citar que o Conselho Nacional de Justiça (CNJ) capitaneia, desde o ano de 2018, a coordenação das ações de institucionalização dos ODS no âmbito do Poder Judiciário, integrando as metas do CNJ com as metas dos ODS. Inclusive, o CNJ implementou a iniciativa de criação dos chamados Laboratórios de Inovação, Inteligência e ODS (LIODS) e de uma Rede de Inovação no Poder Judiciário, a qual já gerou produtos nacionais e internacionais acessíveis ao público.[3]

Especificamente quanto ao ODS 16 e à meta 16.5 merece referência a iniciativa da Comissão Permanente de Acompanhamento dos Objetivos de Desenvolvimento Sustentável e da Agenda 2030, criada pelo CNJ, que publicou estudo com base em dados processuais relativos a ações de improbidade administrativa, gerando avaliações úteis para a visualização de estratégias (CNJ, 2021a). Da mesma forma, um grande esforço foi empreendido em prol do ODS 16 na modelagem de um Portal da Transparência pelos Tribunais brasileiros (CNJ, 2021b).

Isso se irradia para o âmbito de competência própria de cada um dos Tribunais brasileiros, que passaram a implementar suas ações

---

[2] Art. 11. (...). §1º Nos termos da Convenção das Nações Unidas contra a Corrupção, promulgada pelo Decreto nº 5.687, de 31 de janeiro de 2006, somente haverá improbidade administrativa, na aplicação deste artigo, quando for comprovado na conduta funcional do agente público o fim de obter proveito ou benefício indevido para si ou para outra pessoa ou entidade.

[3] Disponível em: https://www.cnj.jus.br/programas-e-acoes/agenda-2030/. Acesso em: 10 set. 2024.

de forma integrada com o CNJ, a fim de contemplar o avanço na implementação dos ODS. Se multiplicaram, portanto, as Comissões de Sustentabilidade/Gestão Sustentável nos Tribunais, a previsão de metas referentes aos ODS nos planejamentos institucionais, os eventos e capacitações sobre o tema, dentre outras iniciativas. Como efeito visível importante se pode apontar a atual tendência de classificação das decisões judiciais com base no ODS contemplado, a exemplo do que tem feito o Supremo Tribunal Federal, o qual criou inclusive uma ferramenta tecnológica (RAFA 2030) que utiliza a inteligência artificial para ajudar na catalogação e classificação das suas decisões para o atingimento das metas da Agenda 2030.[4]

De forma semelhante, os Tribunais de Contas, enquanto órgãos de controle externo, também têm implementado ações semelhantes em cumprimento às metas dos ODS. Cita-se, exemplificativamente, o trabalho de divulgação realizado pelo Tribunal de Contas do Estado de São Paulo, que desde 2018 já reconhecia o seu papel na implementação da Agenda 2030 (ESCOLA PAULISTA DE CONTAS PÚBLICAS DO TCESP, 2017). Atualmente, este Tribunal de Contas disponibiliza um Painel de Acompanhamento do cumprimento dos ODS,[5] revelando uma preocupação em externalizar o seu compromisso com o assunto.

Nesse sentido, percebe-se que os próprios entes públicos estaduais e alguns municipais já apresentam interesse no diálogo com os ODS, como é o caso do próprio Estado do Pará, que pelo menos desde o ano de 2020 lança Relatórios Locais Voluntários sobre os ODS no Pará (PARÁ, 2020; 2021; 2023), demonstrando um interesse da percepção nacional e internacional de sua preocupação com o tema.

Ainda, chama-se a atenção para o papel das Escolas de Governo/Governança dos entes públicos como propagadoras deste tipo de conhecimento, instruindo os agentes públicos quanto à necessidade de observância das previsões dos ODS. Cita-se como exemplo o caso da Escola de Governança Pública do Estado do Pará – EGPA, que tem promovido diversas atividades educativas diretamente ligadas aos ODS e voltadas aos servidores públicos paraenses.[6]

---

[4] Disponível em: https://portal.stf.jus.br/hotsites/agenda-2030/. Acesso em: 10 set. 2024.
[5] Disponível em: https://painel.tce.sp.gov.br/pentaho/api/repos/%3Apublic%3AODS%3AODS.wcdf/generatedContent?userid=anony&password=zero. Acesso em: 10 set. 2024.
[6] Disponível em: https://ava.egpa.pa.gov.br/. Acesso em: 10 set. 2024.

Esse fato reforça a necessidade de apropriação por parte dos juristas em relação ao paradigma mais amplo trazido como reflexo dos ODS, apontando-se a necessidade de atualização dos profissionais do Direito para uma melhor interlocução com os rumos que a Administração Pública vem trilhando politicamente na condução de suas ações e estratégias.

Em síntese, uma compreensão da apropriação realizada pelas instituições brasileiras de justiça e controle em relação à implementação dos ODS faz parte de um novo paradigma de atuação profissional, no qual o jurista deve se situar se quiser compreender melhor as formas de direcionamento das ações da Administração Pública que irão impactar seus clientes.

Por fim, situado todo esse novo contexto, um dos pontos consequentes que se vislumbra de maior importância no momento é que, em meio a tantos reflexos positivos, o jurista deve estar atento ao recrudescimento das iniciativas que visam o atingimento de metas de controle da Administração Pública, sobretudo quanto às metas anticorrupção.

Obviamente, as metas para a extirpação de condutas corruptas ou ímprobas são desejáveis, mas trazem consequências dúplices: de um lado tendem a aumentar o número de tentativas de responsabilização, decorrência de uma maior fiscalização e controle em vários níveis, compreendendo-se principalmente uma prevalência do aspecto punitivo e do objetivo de repatriação de valores ao Erário Público (COSTA; PAGOTTO, 2020); de outro, aumentam a necessidade de resguardo e o fortalecimento das garantias constitucionais do Direito Administrativo Sancionador em face de possíveis arbitrariedades que possam ser cometidas diante de uma tentativa de atingimento da meta a qualquer custo.

Deve-se deixar claro que o objetivo de redução e até eliminação da corrupção na Administração Pública é louvável, mas o compromisso internacional deve se dar em consonância com todo o respeito às garantias dos agentes públicos ou privados a que se pretenda responsabilizar. O afã de justificar e publicizar algum critério de possível eficiência quanto aos ODS não pode gerar punições apressadas, irrazoáveis e, ao fim, ilegais.

É nesse sentido que os juristas devem também reforçar as suas competências e habilidades em relação aos elementos do já citado Direito Administrativo Sancionador, campo do conhecimento prático que tem ganhado cada vez mais relevância entre os administrativistas, mas que ainda precisa de maior disseminação entre os atuantes no Direito Administrativo e sobretudo reforço de seu reconhecimento pelos Tribunais.

4 Conclusão

Em que pese as aferições mais recentes no sentido de que há um lento avanço no atingimento das metas estipuladas pelo Brasil quanto aos Objetivos de Desenvolvimento Sustentável (NAÇÕES UNIDAS BRASIL, 2024), os reflexos dos ODS para a vida prática dos atuantes em Direito Administrativo já é uma realidade.

Nesse sentido, por meio de breves exemplos procurou-se demonstrar a importância de os juristas atuantes em Direito Administrativo, em especial os atuantes na advocacia em favor de agentes públicos, adquirirem novas competências e habilidades vinculadas aos reflexos dos ODS em seu âmbito de trabalho. Compreender como os ODS trazem perspectivas de internacionalização, compreender como as instituições brasileiras têm se amoldado para cumprir as metas e compreender quais os possíveis benefícios e riscos dessa implementação são todas novas competências para uma atuação qualificada no ramo.

Referências

BRASIL. ENAP (Escola Nacional de Administração Pública). Sustentabilidade na Administração Pública. Escola Virtual Gov, Brasília, Logística e Compras Públicas, 4 out. 2019. Disponível em: https://www.escolavirtual.gov.br/curso/254. Acesso em: 10 set. 2024.

BRASIL. Lei nº 8.429, de 2 de junho de 1992. Dispõe sobre as sanções aplicáveis aos agentes públicos nos casos de enriquecimento ilícito no exercício de mandato, cargo, emprego ou função na administração pública direta, indireta ou fundacional e dá outras providências. *In*: Diário Oficial [da] República Federativa do Brasil, Poder Executivo, Brasília, DF, 03 jun. 1992, Seção 1, p. 6995. Disponível em: http://www.planalto.gov.br/ccivil_03/leis/L8429.htm. Acesso em: 10 set. 2024.

ESCOLA PAULISTA DE CONTAS PÚBLICAS DO TCESP. *Cadernos da Escola Paulista de Contas Públicas do TCESP*, São Paulo: Tribunal de Contas do Estado de São Paulo, vol. 1, n. 1, 2017.

CONSELHO NACIONAL DE JUSTIÇA (CNJ). Estudo de dados processuais: improbidade administrativa: acordo de não persecução cível. *In*: GOMES, Maria Tereza Uille (coord.). *Comissão Permanente de Acompanhamento dos Objetivos de Desenvolvimento Sustentável da Agenda 2030*. Brasília: CNJ, 2021.

CONSELHO NACIONAL DE JUSTIÇA (CNJ). Laboratório de inovação: portal da transparência pelos tribunais brasileiros. *In*: GOMES, Maria Tereza Uille (coord.). *Comissão Permanente de Acompanhamento dos Objetivos de Desenvolvimento Sustentável da Agenda 2030*. Brasília: CNJ, 2021.

COSTA, Ligia Maura; BETIOL, Luciana Stocco; TEIXEIRA, Marco Antonio Carvalho. Combatendo a corrupção. *GV Executivo*, v. 21, n. 3, 30 ago. 2022.

COSTA, Ligia Maura; PAGOTTO, Leopoldo. Uma forma de combater a corrupção. *GV Executivo*, v. 19, n. 4, jul./ago. 2020.

FREITAS, Juarez. *Sustentabilidade*: direito ao futuro. 4. ed. Belo Horizonte: Fórum, 2019.

JEREISSATI, Lucas Campos; MELO, Álisson José Maia. As contratações públicas sustentáveis e a implementação da meta 12.7 dos objetivos para o desenvolvimento sustentável (ODS) no Brasil: avanços e retrocessos. *Revista Brasileira de Políticas Públicas*, Brasília, vol. 10, n. 3, p. 491-5194, 2020.

LÓPEZ VALLE, V. L.; CABRAL, R. M. Administração pública digital e a implementação dos objetivos do desenvolvimento sustentável. *Revista Eletrônica Direito e Política*, [S.l.], v. 17, n. 1, p. 187-225, 2022. Disponível em: https://periodicos.univali.br/index.php/rdp/article/view/18656. Acesso em: 19 set. 2024.

MORAES FILHO, Marco Antônio Praxedes de. *Licitações sustentáveis*: os parâmetros do desenvolvimento nacional e o controle das compras públicas verdes. Porto Alegre: Fi, 2018.

MORAES FILHO, Marco Antônio Praxedes de; SOUSA, Eduardo Rodrigues de; SILVA, Cristiano Guilherme da Câmara. Desenvolvimento sustentável na Constituição Federal de 1988: os desafios jurídicos nas licitações ecológicas. *Themis*, Fortaleza, v. 17, n. 1, p. 125-150, jan./jun. 2019.

NAÇÕES UNIDAS BRASIL. Apenas 7% dos Objetivos de Desenvolvimento Sustentável avançam satisfatoriamente no Brasil, 15 jul. 2024. Disponível em: https://news.un.org/pt/story/2024/07/1834461. Acesso em: 10 set. 2024.

NAÇÕES UNIDAS BRASIL. Os Objetivos de Desenvolvimento Sustentável no Brasil. Disponível em: https://brasil.un.org/pt-br/sdgs/16. Acesso em: 10 set. 2024.

PARÁ. Governador (2020 - Helder Zahluth Barbalho). Relatório Local Voluntário sobre os Objetivos de Desenvolvimento Sustentável do Estado do Pará. Ano 2020 / Helder Zahluth Barbalho – Belém: Secretaria de Estado de Planejamento e Administração / Secretaria de Estado de Meio Ambiente e Sustentabilidade, 2020.

PARÁ. Governador (2020 - Helder Zahluth Barbalho). Relatório Local Voluntário sobre os Objetivos de Desenvolvimento Sustentável do Estado do Pará. Ano 2021. Belém: Secretaria de Estado de Planejamento e Administração / Secretaria de Estado de Meio Ambiente e Sustentabilidade, 2021.

PARÁ. Governador (2022 - Helder Zahluth Barbalho). Relatório Local Voluntário sobre os Objetivos de Desenvolvimento Sustentável do Estado do Pará. Ano 2023. Belém: Secretaria de Estado de Planejamento e Administração/ Secretaria de Estado de Meio Ambiente e Sustentabilidade, 2023.

SHERMAM, Ariane. ODS 16 e o poder de polícia administrativa: algumas considerações sobre a (in)delegabilidade e a necessidade de aprimoramento institucional em um contexto de transformações do estado e da administração pública. *In*: WARPECHOWSKI, Ana Cristina Moraes; GODINHO, Heloísa Helena Antonacio Monteiro; IOCKEN, Sabrina Nunes (coord.). *Políticas públicas e os ODS da Agenda 2030*. Belo Horizonte: Fórum, 2021.

WARPECHOWSKI, Ana Cristina Moraes; CUNHA, Milene Dias da. A indução de um novo patamar de consciência ética como pilar essencial no combate à corrupção. *In*: WARPECHOWSKI, Ana Cristina Moraes; GODINHO, Heloísa Helena Antonacio Monteiro; IOCKEN, Sabrina Nunes (coord.). *Políticas públicas e os ODS da Agenda 2030*. Belo Horizonte: Fórum, 2021.

Informação bibliográfica deste livro, conforme a NBR 6023:2018 da Associação Brasileira de Normas Técnicas (ABNT):

FRÓES RODRIGUES, Victor Russo. Os Objetivos de Desenvolvimento Sustentável (ODS) e os seus reflexos nas competências e habilidades para a atuação advocatícia em Direito Administrativo. *In*: IDAPAR, Instituto de Direito Administrativo do Pará (org.); OLIVEIRA, Maria Cristina Cesar de; DOURADO JUNIOR, Octavio Cascaes; MORAES, Marcio Augusto Moura de (coord.). *Sustentabilidade no Direito Administrativo*. Belo Horizonte: Fórum, 2025. p. 297-306. ISBN 978-65-5518-953-7.

PROCESSO ESTRUTURAL E SUSTENTABILIDADE NO DIREITO ADMINISTRATIVO: UM CAMINHO PARA A EFETIVAÇÃO DE POLÍTICAS PÚBLICAS AMBIENTAIS

ADILSON CARVALHO PANTOJA

1 Introdução

O contexto atual, caracterizado pela era do Antropoceno, destaca a intensa intervenção humana nos ciclos biológicos do planeta, marcando uma nova era geológica.[1] Essa intervenção trouxe à tona uma crescente preocupação com os impactos ambientais e a necessidade de desenvolver estratégias voltadas para a preservação dos ecossistemas e a adoção de práticas sustentáveis.

O agravamento das pressões sobre o meio ambiente, resultantes dos padrões de consumo e produção, formou um consenso global sobre a importância da preservação ambiental e do desenvolvimento sustentável. Como resposta, tanto o setor público quanto o privado têm incorporado agendas de gestão sustentável, refletindo uma crescente responsabilidade com relação à utilização criteriosa dos recursos naturais.

---

[1] CUNHA, Clarissa de Oliveira Gomes Marques da; AFONSO, Henrique Weil. Rumo a futuros distópicos? História do Direito, pós-colonialidade e crítica no Antropoceno. *Veredas do Direito*, Belo Horizonte, v. 14, n. 30, p. 187-213, set./ dez. 2017, p. 192.

Nesse cenário, o Estado tem papel especial na promoção de práticas sustentáveis, especialmente em razão de seu poder de compra e capacidade de influenciar o mercado. As contratações públicas, frequentemente de grande vulto e com garantias financeiras robustas, têm o potencial de induzir comportamentos sustentáveis em diversos agentes econômicos.[2] Com isso, a administração pública tem função fundamental na preservação ambiental, o que inclui a consideração dos impactos ecológicos de suas aquisições.

Contudo, a concretização de políticas de sustentabilidade enfrenta desafios práticos, especialmente diante da omissão ou atuação ineficiente dos órgãos administrativos competentes pela gestão ambiental.

Nessa conjuntura de omissão e falhas de gestão, a pauta das políticas públicas ambientais e de sustentabilidade é levada ao seio do Poder Judiciário e exige soluções complexas e sistêmicas, já que os litígios daí decorrentes apresentam ramificações que transcendem os limites do litígio tradicional do "autor-réu e requerem um olhar para além da órbita individual, atribuindo aos conflitos uma visão dimensional ou estruturante".

É justamente nesse ponto que o presente estudo se propõe a intervir, com o objetivo de analisar como o processo estrutural, no âmbito do Direito Administrativo, pode contribuir para a efetivação de políticas públicas ambientais. Busca-se, em particular, avaliar como o processo estrutural pode oferecer soluções sistêmicas para os desafios da gestão ambiental sustentável no setor público.

Para alcançar esse objetivo, a pesquisa adotará o método dedutivo, fundamentando-se em revisão bibliográfica. Inicialmente, serão explorados os contornos do conceito de desenvolvimento sustentável, com ênfase na Agenda 2030 e na meta nº 7 do Objetivo de Desenvolvimento Sustentável (ODS) 12, bem como seus reflexos no ordenamento jurídico brasileiro, com enfoque específico nos procedimentos licitatórios. Na sequência, será discutido o conceito de processo estrutural, seu objeto, características e sua relação com o controle judicial de políticas públicas.

Ao final, será examinado o papel do Judiciário na implementação de políticas públicas através de processos estruturais, avaliando intervenção judicial na administração pública para garantir o cumprimento

---

[2] JEREISSATI, Lucas Campos; MELO, Álisson José Maia. As contratações públicas sustentáveis e a implementação da meta 12.7 dos Objetivos para o Desenvolvimento Sustentável (ODS) no Brasil: avanços e retrocessos. *Revista Brasileira de Políticas Públicas*, 10(3), p. 494, 2020.

de metas ambientais por meio do exame do julgamento da ADPF nº 760 e a Pauta Verde no STF. Nesse ponto, discute-se como o processo estrutural pode contribuir para a melhoria da eficiência administrativa na gestão dos recursos ambientais, promovendo uma governança administrativa sustentável.

2 O desenvolvimento sustentável e as contratações públicas: Agenda 2030 da ONU, ODS 12.7 e gestão pública sustentável

O conceito de sustentabilidade, segundo Tereza Vilac, é aberto e dinâmico, pois sua concretização está condicionada ao contexto histórico e à evolução das transformações sociais, políticas, ambientais e econômicas.[3] No âmbito público, uma das primeiras manifestações desse conceito surge com a chamada "licitação verde", que se voltava à aquisição de bens e serviços por parte de órgãos governamentais, observando critérios ambientais durante os processos de produção. Posteriormente, esse conceito foi ampliado para abarcar dimensões econômicas e sociais, originando o termo "contratações públicas sustentáveis".[4]

A sustentabilidade, embora de caráter difuso, encontra amparo em diversos textos normativos, como a Constituição Federal de 1988, acordos internacionais e legislações infraconstitucionais, sempre tendo como base a preservação dos recursos naturais e a mitigação dos impactos decorrentes dos padrões de consumo e produção. No sistema jurídico brasileiro, a Constituição de 1988 foi a primeira a dedicar um capítulo específico ao meio ambiente, enquanto as anteriores tratavam o tema de forma marginal, associando-o exclusivamente ao desenvolvimento econômico e à infraestrutura.[5]

Expressa no art. 225 da Constituição, a proteção ao meio ambiente torna-se um dever da Administração Pública, que visa garantir a preservação para as presentes e futuras gerações. Nesse contexto, o desenvolvimento sustentável torna-se um princípio norteador das ações administrativas, sendo essencial nas contratações públicas por meio

---

[3] VILAC, Teresa. *Manual Implementando licitações sustentáveis na Administração Pública Federal*. Brasília: AGU, 2013, p. 11.
[4] UTTAM, Kedar; ROOS, Caroline Le Lann. Competitive dialogue procedure for sustainable public procurement. *Journal of Cleaner Production*, vol. 86, 2015.
[5] VILAC, Teresa. *Manual Implementando licitações sustentáveis na Administração Pública Federal*. Brasília: AGU, 2013, p. 14.

das chamadas "licitações públicas sustentáveis". Essas contratações conferem preferência a bens e serviços que adotem práticas socioambientalmente responsáveis, com menor impacto ambiental, priorizando produtos com padrões sustentáveis.[6]

A lógica do desenvolvimento sustentável busca, então, harmonizar o crescimento econômico com o bem-estar social e a preservação ambiental, promovendo um equilíbrio entre as demandas de consumo e a conservação dos ecossistemas. Juarez Freitas destaca que a sustentabilidade possui um caráter sistêmico e multidimensional, abrangendo não apenas a dimensão ambiental, mas também aspectos políticos, sociais, éticos e econômicos. Assim, é necessário romper com abordagens simplistas para que o conceito de sustentabilidade possa ser efetivamente implementado como princípio constitucional.[7]

A complexidade desse princípio também é reconhecida internacionalmente, conforme reafirmado pela Organização das Nações Unidas (ONU) na Agenda 2030,[8] que estabelece 17 Objetivos de Desenvolvimento Sustentável (ODS), visando à promoção de padrões globais de bem-estar e preservação do planeta e realizáveis por meio de metas, expandindo, assim, o conceito de sustentabilidade para além do tripé: ambiental, social e econômico.

No escopo das contratações públicas, destaca-se o ODS 12, que visa garantir padrões de produção e consumo sustentáveis. Por sua vez, a meta nº 7 desse objetivo refere-se diretamente à promoção de práticas de compras públicas sustentáveis, de acordo com as políticas e prioridades nacionais.

No Brasil, o ODS 12 foi incorporado ao ordenamento jurídico, com adaptação para "promover práticas de contratações e gestão públicas com base em critérios de sustentabilidade, de acordo com as políticas e

---

[6] FERREIRA, Maria Augusta Soares de Oliveira. Licitações sustentáveis como instrumento de defesa do meio ambiente: fundamento jurídico para sua efetividade. *In*: BLIACHERIS, Marcos Weiss; FERREIRA, Maria Augusta Soares de Oliveira (coord.). *Sustentabilidade na Administração Pública*: valores e práticas de gestão socioambiental. Belo Horizonte: Fórum, 2012.

[7] FREITAS, Juarez. *Sustentabilidade: direito ao futuro*. 3. ed. Belo Horizonte: Fórum, 2016, p. 53.

[8] De acordo com o preâmbulo, a Agenda 2030 consiste em "um plano de ação para as pessoas, para o planeta e para a prosperidade. Ela também busca fortalecer a paz universal com mais liberdade. Reconhecemos que a erradicação da pobreza em todas as suas formas e dimensões, incluindo a pobreza extrema, é o maior desafio global e um requisito indispensável para o desenvolvimento sustentável" (UNITED NATIONS. General Assembly. *Transforming our world: the 2030 Agenda for Sustainable Development*. A/ 70/ L.1, 18 sep. 2015. Geneva: UN, 2015).

prioridades nacionais".[9] Tal incorporação marca um avanço significativo na política de contratações públicas ao integrar critérios socioambientais aos processos licitatórios, assegurando a preferência por produtos e serviços que minimizem impactos ambientais e otimizem benefícios sociais e econômicos ao longo do ciclo de vida dos bens adquiridos.[10]

Nesse contexto, o processo de licitação sustentável, conforme definido por Moraes Filho, Sousa e Silva, afasta-se da antiga noção de vantagem econômica imediata para a Administração Pública. Hoje, o critério de "vantajosidade" inclui a consideração de todo o ciclo de vida do contrato, desde o planejamento até a execução, priorizando soluções economicamente viáveis e sustentáveis. Isso implica que as licitações devem não apenas atender às necessidades administrativas, mas também gerar benefícios para a sociedade e o meio ambiente.[11]

Do ponto de vista legislativo interno, a preocupação com questões ambientais nas contratações públicas foi inicialmente expressa na Lei nº 6.938/1981, que instituiu a Política Nacional do Meio Ambiente. No entanto, foi com a alteração promovida pela Lei nº 12.349/2010, no art. 3º da Lei nº 8.666/93, que se consolidou o dever da Administração de adotar práticas de licitações sustentáveis, com a inclusão de critérios econômicos, sociais e ambientais. O Decreto nº 7.746/2012 e seu sucessor, o Decreto nº 9.178/2017, reforçaram a obrigatoriedade de incorporar critérios sustentáveis em editais de licitação, consolidando a exigência de contratações públicas que minimizem impactos ambientais e promovam benefícios socioeconômicos.

Em um contexto mais recente, a Lei nº 14.133/2021, denominada Lei de Licitações e Contratos Administrativos, que substitui a Lei nº 8.666/93, trouxe diversas inovações relacionadas à incorporação da sustentabilidade nos processos de contratação pública. Em estudo, Pacheco Vieira e Puerari[12] identificaram vários dispositivos da nova

---

[9] IPEA (Instituto de Pesquisa Econômica Aplicada). *Agenda 2030: ODS — Metas Nacionais dos Objetivos de Desenvolvimento Sustentável.* Brasília: Ipea, 2018, p. 316.

[10] JEREISSATI, Lucas Campos; MELO, Álisson José Maia. As contratações públicas sustentáveis e a implementação da meta 12.7 dos objetivos para o desenvolvimento sustentável (ODS) no Brasil: avanços e retrocessos. *Revista Brasileira de Políticas Públicas*, 10(3), p. 507-508, 2020.

[11] MORAES FILHO, Marco Antônio Praxedes de; SOUSA, Eduardo Rodrigues; SILVA, Cristiano Guilherme da Câmara. Desenvolvimento sustentável na Constituição Federal de 1988: os desafios jurídicos nas licitações ecológicas. *Themis*, Fortaleza, v. 17, n. 1, p. 125-150, jan./ jun. 2019, p. 142-143.

[12] PACHECO VIEIRA, Lucas; PUERARI, Adriano. A Sustentabilidade na nova Lei de Licitações. *Saber Humano: Revista Científica da Faculdade Antonio Meneghetti*, [S. l.], v. 11, n. 19, p. 56-81, 2021.

legislação que possibilitam a concretização das diferentes dimensões da sustentabilidade, além de apontarem as condições jurídicas necessárias para que se promova um avanço significativo na sua aplicação em contratações públicas.

Nesse sentido, os autores concluem que a nova Lei de Licitações foi promulgada em um contexto normativo já maduro quanto à inserção da sustentabilidade no âmbito das contratações públicas, embora ainda não esteja plenamente implementada de forma a atender às demandas atuais.[13]

Dessa forma, a introdução de critérios específicos de sustentabilidade nas compras públicas visa assegurar que os impactos negativos sejam minimizados e os aspectos positivos maximizados ao longo do ciclo de vida dos produtos adquiridos. Isso inclui a análise de custo-benefício, levando em consideração não apenas o valor monetário, mas também os impactos socioambientais envolvidos na produção e utilização dos bens e serviços. Assim, as licitações sustentáveis consolidam-se como um instrumento essencial para a promoção do desenvolvimento sustentável no âmbito das contratações públicas, em conformidade com as diretrizes constitucionais e os compromissos internacionais firmados pelo Brasil.

3 Processo estrutural e o controle judicial de políticas públicas

O julgamento do Tema 698 da Repercussão Geral (RE 684.612) pelo Supremo Tribunal Federal[14] consolidou a constitucionalidade do processo estrutural, conferindo legitimidade ao Poder Judiciário para intervir em políticas públicas destinadas à realização de direitos fundamentais, nos casos de ausência ou deficiência grave de serviços. Tal intervenção, no entanto, não configura violação ao princípio da separação dos poderes, um dos pilares da ordem democrática.

---

[13] PACHECO VIEIRA, Lucas; PUERARI, Adriano. A Sustentabilidade na nova Lei de Licitações. *Saber Humano: Revista Científica da Faculdade Antonio Meneghetti*, [S. l.], v. 11, n. 19, p. 56-81, 2021, p. 79.

[14] STF, *RE 684612*, Relator Ricardo Lewandowski, Relator p/ Acórdão Roberto Barroso, Tribunal Pleno, julgado em 03/07/2023, Processo Eletrônico Repercussão Geral - Mérito DJe-s/n, Divulg. 04/08/2023, Public. 07/08/2023.

Nesse contexto, o processo estrutural, embora já objeto de estudos doutrinários nacionais,[15] ganha maior destaque nas diversas áreas do Direito, especialmente diante das violações de direitos fundamentais, uma vez que expande o campo de atuação judicial para além dos interesses das partes processuais.

Segundo Owen Fiss,[16] o processo estrutural se caracteriza pela atuação de um magistrado que, ao se deparar com uma burocracia estatal em descompasso com os princípios constitucionais, assume a responsabilidade de reorganizar as estruturas vigentes. O objetivo dessa intervenção é eliminar as ameaças que tais arranjos institucionais representam para os valores constitucionais. A principal ferramenta utilizada para implementar essas diretrizes de reorganização é a *injunction*, que se materializa em ordens judiciais — de fazer ou não fazer — destinadas a reformular o funcionamento da organização.

Por sua vez, Vitorelli compreende o processo estrutural como uma modalidade de processo de espectro coletivo, cujo objetivo central é a reorganização de uma estrutura — pública ou privada — que, devido ao seu funcionamento disfuncional, gera a violação de direitos fundamentais.[17] Esses litígios, conhecidos como litígios estruturais, têm como ponto de partida o modo como as burocracias operam, demandando sua reestruturação para que sejam adequadas ao arcabouço legal e à proteção de direitos. A resolução desses litígios exige, portanto, uma transformação substancial nas bases das estruturas envolvidas, o que, por sua complexidade, configura um desafio considerável.[18]

Trata-se, nesse sentido, de um "processo-programa", cuja finalidade é a implementação de um plano de mudanças significativas e duradouras nas instituições ou estruturas que originaram o litígio, de forma que o comportamento causador das violações seja progressivamente

---

[15] Sobre o assunto, pode-se citar diversas obras referências na temática: JOBIM, Marco. *Medidas Estruturantes*: Da Suprema Corte Estadunidense ao Supremo Tribunal Federal. Porto Alegre: Livraria do Advogado, 2013; ARENHART, Sergio Cruz; OSNA, Gustavo; JOBIM, Marco Félix. *Curso de processo estrutural*. São Paulo: Thomson Reuters, 2023; VITORELLI, Edilson. *Processo Civil Estrutural*: teoria e prática. 5. ed. rev., atual. e ampl. Salvador: Juspodivm, 2024.

[16] FISS, Owen. The forms of justice. *Harvard Law Review*, Cambridge, vol. 93, n. 1, nov. /1979, p. 2.

[17] VITORELLI, Edilson. *Processo Civil Estrutural*: teoria e prática. 5. ed. ver. atual. e ampl. Salvador: Juspodivm, 2024. p. 58.

[18] BARROS, Marcus Aurélio de Freitas. *Dos litígios aos processos coletivos estruturais*: novos horizontes para a tutela coletiva brasileira. 1. ed. Belo Horizonte, São Paulo: D'Plácido, 2020, p. 30.

alterado.[19] Assim, o processo estrutural surge como um instrumento capaz de promover mudanças na estrutura das instituições, com um alcance que transcende a proteção de interesses individuais, assumindo um papel reformador e utilizando o Judiciário como um meio de implementação de políticas públicas e concretização de direitos sociais, além de reconfigurar a própria sociedade.

Gisele Góes destaca que o conceito de processo estrutural ocupa um lugar central na compreensão dos litígios coletivos complexos, irradiando-se para outros conceitos jurídicos fundamentais.[20] Nesse sentido, o processo estrutural amplia o tratamento de litígios coletivos, que, em razão de sua complexidade, não poderiam ser adequadamente tutelados pelos modelos tradicionais, voltados para a proteção de direitos individuais.[21]

De acordo com Vitorelli, os litígios estruturais frequentemente envolvem instituições públicas, em razão do impacto amplo que essas organizações exercem na sociedade. Essas instituições, embora possam operar de maneira inadequada, possuem relevância social que impede sua simples eliminação, como ocorre no âmbito privado pelas regras de mercado.[22] Logo, a solução para tais litígios envolve a reestruturação dessas entidades, corrigindo suas disfunções sem comprometer sua continuidade.

Assim, os processos estruturais podem ser identificados por algumas características específicas, tais como a complexidade, a multipolaridade, a reforma institucional e a prospectividade.[23] A complexidade decorre da coexistência de múltiplas condutas que, em conjunto, resultam em violações estruturais de direitos, sem que seja possível individualizar uma única causa responsável.[24] Assim, a complexidade

---

[19] VITORELLI, Edilson. *Processo Civil Estrutural* – teoria e prática. 5. ed. rev. atual. e ampl. Salvador: Juspodivm, 2024, p. 80.

[20] GÓES, Gisele Santos Fernandes. Processo estrutural, modulação e o tema 698 do Supremo Tribunal Federal. *Revista de Processo*, vol. 349, p. 323-341, mar. 2024, p. 2 – versão eletrônica.

[21] PEREIRA, Bernardo Augusto da Costa; GÓES, Gisele Santos Fernandes. Processos estruturais no direito brasileiro: breves reflexos acerca desde (não tão) novo paradigma processual. *In*: VITORELLI, Edilson; OSNA, Gustavo; ZANETI JR., Hermes; REICHELT, Luis Alberto; JOBIM, Marco Félix; DOTTI, Rogéria (org.). *Coletivização e Unidade do Direito* – Estudos em homenagem ao Professor Sérgio Cruz Arenhart – Vol. III. Londrina: Thorth, 2022. p. 188.

[22] VITORELLI, Edilson. *Processo Civil Estrutural* – teoria e prática. 5. ed. rev. atual. e ampl. Salvador: Juspodivm, 2024, p. 66.

[23] ARENHART, Sergio Cruz; OSNA, Gustavo; JOBIM, Marco Félix. *Curso de processo estrutural*. São Paulo: Thomson Reuters, 2023.

[24] NÓBREGA, Flaviane Fernanda Bitencourt; FRANÇA, Eduarda Peixoto da Cunha; CASIMIRO, Matheus. Processos estruturais e diálogo institucional: qual o papel do poder judiciário na

manifesta-se na falta de soluções previamente testadas e na ocorrência de resultados incertos, influenciados por uma multiplicidade de variáveis.[25]

A multipolaridade reflete o envolvimento de diversos atores processuais e interesses coletivos, o que vai além da tradicional relação processual entre autor e réu, ou seja, ela excede aos contornos do litisconsórcio, pois, apesar da possibilidade de serem agrupados fictamente em um só polo da relação processual, os sujeitos não estão em real consórcio em prol de um único objetivo, ao contrário, eles litigiam entre si, compartilham de pretensões diversas e antagônicas.[26]

Outra característica relevante é a "recomposição institucional", que evidencia o pano de fundo das denominadas "reformas estruturais" e justifica a intervenção judicial para a readequação de elementos já consolidados ou profundamente enraizados na realidade fática, por meio de uma atuação ativa e inovadora.[27]

A prospectividade, por sua vez, está voltada para o futuro, almejando a reestruturação das instituições e a prevenção de novas violações por meio de transformações contínuas em comportamentos e circunstâncias.[28] Essa característica reflete a busca por soluções que evitem a perpetuação de violações de direitos, muitas vezes já prolongadas por extensos períodos, de maneira que seu foco permanece nos resultados futuros, com constantes reanálises e reavaliações dos impactos gerados.[29]

Portanto, o processo estrutural é um mecanismo jurídico capaz de promover mudanças institucionais profundas, com vistas à concretização de direitos fundamentais e à correção de disfunções burocráticas. Esse modelo processual é especialmente relevante nas questões relacionadas à sustentabilidade, considerando a importância de se assegurar que os órgãos de gestão ambiental cumpram adequadamente seu papel na

---

transformação de realidades inconstitucionais. *REI – Revista Estudos Institucionais*, [S.l.], v. 8, n. 1, p. 105-137, 2022, p. 110-111.

[25] ARENHART, Sergio Cruz; OSNA, Gustavo; JOBIM, Marco Félix. *Curso de Processo Estrutural*. 2. ed. rev., atual. e ampl. São Paulo: Thomson Reuters, 2023, p. 65-66.

[26] ARENHART, Sergio Cruz; OSNA, Gustavo; JOBIM, Marco Félix. *Curso de Processo Estrutural*. 2. ed. rev., atual. e ampl. São Paulo: Thomson Reuters, 2023, p. 73-74.

[27] ARENHART, Sergio Cruz; OSNA, Gustavo; JOBIM, Marco Félix. *Curso de Processo Estrutural*. 2. ed. rev., atual. e ampl. São Paulo: Thomson Reuters, 2023, p. 82.

[28] ARENHART, Sergio Cruz; OSNA, Gustavo; JOBIM, Marco Félix. *Curso de Processo Estrutural*. 2. ed. rev., atual. e ampl. São Paulo: Thomson Reuters, 2023, p. 88.

[29] FERRARO, Marcela Pereira. *Do processo bipolar a um processo coletivo-estrutural*. 2015, Dissertação de Mestrado em Direito das Relações Sociais. Universidade Federal do Paraná, Curitiba, 2015, p. 23.

proteção do meio ambiente, sem perpetuar violações que comprometam a sustentabilidade e os direitos das gerações futuras.

4 Processo estrutural como mecanismo de reestruturação de órgãos administrativos em falhas de gestão ambiental: o caso da ADPF nº 760 e a Pauta Verde

O processo estrutural, enquanto mecanismo judicial, revela-se um instrumento eficaz na reestruturação de órgãos administrativos, sobretudo em casos de falhas de gestão ambiental. A Arguição de Descumprimento de Preceito Fundamental (ADPF) nº 760, proposta no Supremo Tribunal Federal (STF), exemplifica o uso desse instrumento em um contexto de judicialização das políticas públicas, especialmente no tocante à proteção ambiental e ao cumprimento dos compromissos internacionais assumidos pelo Brasil.

De acordo com Samuel Paiva Cota,[30] a crescente judicialização das políticas públicas no Brasil reflete um conjunto de fatores históricos e institucionais, entre eles o processo de redemocratização consolidado pela Constituição de 1988. A Constituição ampliou o acesso à justiça e conferiu um papel central ao Poder Judiciário, promovendo uma nova forma de litigância, especialmente em temas relacionados aos direitos fundamentais e sociais. A partir desse cenário, observa-se o protagonismo crescente do Judiciário na implementação de políticas públicas, notadamente em áreas onde os demais poderes se mostram omissos ou ineficazes.

Essa dinâmica, conforme aponta Susana Henriques da Costa,[31] tem como fundamento a positivação constitucional dos direitos fundamentais e sociais, que passou a conferir aos cidadãos o direito de exigir do Estado a implementação dessas garantias. Consequentemente, a litigância pela efetivação desses direitos tornou-se uma ferramenta fundamental para suprir a inação ou insuficiência dos demais poderes.

---

[30] COTA, Samuel Paiva. Do pedido e da participação: proposições para o desenvolvimento de uma teoria dos Processos Estruturais. *In*: ALMEIDA, Gregório Assagra de (coord.). *Coleção Direitos fundamentais e acesso à justiça no estado constitucional de direito em crise.* Belo Horizonte: D'Plácido, 2019, p. 52.

[31] COSTA, Susana Henriques da. Acesso à justiça: promessa ou realidade? Uma análise do litígio sobre creche e pré-escola no município de São Paulo. *Civil Procedure Review*, [S.l.], v. 7, n. 2, p. 38-68, 2016, p. 41.

Nesse sentido, a ausência ou prestação deficiente dos serviços públicos pelos demais poderes conduz à recorrente judicialização de políticas públicas, desafiando a intervenção judicial, como, por exemplo, nos casos de litigância por vagas em creches e pré-escolas em São Paulo ou judicialização da saúde nos casos de filas de espera no Sistema Único de Saúde (SUS),[32] ou mesmo questões ambientais e mudanças climáticas.

Nesse contexto, a judicialização de políticas públicas ambientais, exemplificada pela ADPF nº 760,[33] insere-se em um contexto mais amplo de falhas na gestão pública que resultam em violações sistêmicas de direitos. Tais litígios envolvem questões complexas e multidimensionais, que ultrapassam a lógica do processo tradicional bilateral (autor e réu), exigindo do Judiciário uma postura ativa e prospectiva. O objetivo é a transformação estrutural das burocracias estatais, eliminando arranjos institucionais que perpetuam a violação de direitos constitucionais.

O processo estrutural, nesse contexto, constitui uma modalidade de adjudicação caracterizada pela necessidade de intervenção judicial em órgãos públicos, com vistas à reestruturação de suas práticas e políticas. Edilson Vitorelli[34] destaca que essa forma de atuação judicial não se limita a uma decisão pontual, mas envolve a elaboração de planos de longo prazo, implementados por meio de providências sucessivas e incrementais, com o objetivo de modificar o funcionamento das instituições de maneira sustentável e eficaz. Esse processo é monitorado continuamente, com a possibilidade de revisão das medidas enquanto são avaliados os avanços.

No caso da ADPF nº 760, a demanda decorreu da omissão do governo brasileiro em relação à gestão do desmatamento na Amazônia, especialmente entre os anos de 2019 e 2020. A ação buscava a reativação do Plano de Ação para Prevenção e Controle do Desmatamento na Amazônia Legal (PPCDAm), negligenciado no período, o que resultou em um aumento expressivo das queimadas e do desmatamento. A omissão estatal, atribuída a órgãos como o Ministério do Meio Ambiente,

---

[32] Sobre o assunto, consultar: BORGES, Fabrício de Lima. *Litígios estruturais e filas de espera do Sistema Único de Saúde (SUS)*: soluções práticas para a atividade jurisdicional. Dissertação (Mestrado Profissional em Direito) – Programa de Pós-Graduação Profissional em Direito, Escola Nacional de Formação e Aperfeiçoamento de Magistrados. Brasília, DF, 2023. 188f.

[33] SUPREMO TRIBUNAL FEDERAL. *Arguição de Descumprimento de Preceito Fundamental nº 760*. Relatora: Min. Cármen Lucia. Tribunal Pleno, DJe 3 abr. 2024.

[34] VITORELLI, Edilson. Levando os conceitos a sério: Processo estrutural, processo coletivo, processo estratégico e suas diferenças. *Revista de Processo online*, São Paulo, vol. 284. p. 15, out. 2018.

IBAMA, ICMBio e FUNAI, não apenas afetou o equilíbrio ecológico da região, mas também comprometeu os direitos das populações tradicionais e a prestação de serviços ecossistêmicos essenciais.

A ação argumentava que a inação do governo configurava uma violação aos preceitos fundamentais da Constituição, especialmente os relacionados ao direito ao meio ambiente equilibrado e à saúde pública. Além disso, ressaltava o risco de a Floresta Amazônica atingir o "ponto de não retorno", com consequências irreversíveis para o clima global. Dentre os pedidos da ação, destacava-se a necessidade de uma audiência pública para debater as consequências socioambientais e a implementação de medidas estruturais para reduzir o desmatamento.

A decisão do STF, embora não tenha declarado o estado de coisas inconstitucional, determinou a adoção de medidas concretas para reduzir o desmatamento e garantir a sustentabilidade das políticas ambientais. O voto da Ministra Cármen Lúcia, relatora do caso, foi determinante ao reconhecer a gravidade da situação e impor à União a elaboração de um plano detalhado com metas claras e monitoramento periódico. O julgamento reafirmou o compromisso do Brasil com a proteção ambiental, tanto no âmbito nacional quanto internacional.

Dessa forma, o referido caso ilustra como o processo estrutural revela-se como uma estratégia jurídica crucial para a efetivação de políticas públicas ambientais, sendo capaz de corrigir falhas históricas na gestão dos recursos naturais e prevenir retrocessos. Ao garantir a eficácia dessas políticas, o Judiciário assume um papel de destaque na promoção do desenvolvimento sustentável e no combate às mudanças climáticas, alinhando-se às diretrizes da Agenda 2030 e aos Objetivos de Desenvolvimento Sustentável (ODS) da Organização das Nações Unidas (ONU).

Nesse contexto, a aplicação do processo estrutural na gestão ambiental ilustra a possibilidade de uma aliança entre sustentabilidade e eficiência administrativa. Conforme Alexandre de Moraes, o princípio da eficiência impõe à Administração Pública, direta e indireta, o dever de buscar o bem comum, por meio do exercício de suas competências de forma imparcial, transparente e eficaz, minimizando a burocracia e priorizando a qualidade na utilização dos recursos públicos.[35] Essa abordagem visa evitar desperdícios e maximizar a rentabilidade social, o que converge com a necessidade de práticas administrativas sustentáveis.

---

[35] MORAES, Alexandre de. *Direito constitucional*. 34 ed. São Paulo: Atlas, 2018.

Ao aprofundar a análise do princípio da eficiência, Maria Sylvia Zanella Di Pietro destaca que ele se manifesta tanto no desempenho individual do agente público quanto na organização e estruturação da própria administração pública. Esse princípio exige que a Administração atue com o melhor desempenho possível, tanto na prestação de serviços quanto na gestão interna, de forma a alcançar os melhores resultados para o interesse público.[36] Essa dupla dimensão do princípio da eficiência é essencial para que as políticas públicas, incluindo as ambientais, sejam implementadas de maneira eficaz.

Essa relação entre eficiência administrativa e sustentabilidade fica ainda mais clara quando consideramos as contratações públicas. A efetivação do princípio da eficiência, nesse caso, está diretamente relacionada à adoção de critérios sustentáveis na aquisição de produtos e serviços. Ao adquirir bens que atendam a padrões ambientais e sociais, a Administração Pública não apenas economiza recursos, mas também promove a preservação do meio ambiente e a qualidade de vida das gerações futuras.

Em consonância com essa visão, Maria Augusta Soares de Oliveira Ferreira argumenta que, ao privilegiar produtos e serviços com menor impacto ambiental, a Administração também evita as chamadas "externalidades ambientais", que, quando ignoradas, podem gerar custos econômicos elevados. Exemplo disso são os gastos com despoluição de rios ou com a saúde pública, afetada pela degradação ambiental. A adoção de práticas sustentáveis, portanto, é uma forma de prevenir tais externalidades e, ao mesmo tempo, promover eficiência no uso dos recursos públicos.[37]

Assim, o princípio da eficiência, previsto no artigo 37 da Constituição Federal, impõe à Administração Pública o dever de gerir os recursos de maneira eficaz, com foco na melhor utilização possível dos bens públicos e na prevenção de desperdícios. A adoção de práticas sustentáveis nas contratações públicas, embasada em critérios ambientais, sociais e econômicos, não só protege o meio ambiente, mas

---

[36] DI PIETRO, Maria Sylvia Zanella. *Direito administrativo*. 31 ed. rev. atual e ampl. Rio de Janeiro: Forense, 2018.

[37] FERREIRA, Maria Augusta Soares de Oliveira. Licitações sustentáveis como instrumento de defesa do meio ambiente: fundamento jurídico para sua efetividade. *In*: BLIACHERIS, Marcos Weiss; FERREIRA, Maria Augusta Soares de Oliveira (coord.). *Sustentabilidade na Administração Pública*: valores e práticas de gestão socioambiental. Belo Horizonte: Fórum, 2012, p. 83-105.

também contribui para a consolidação de uma administração mais eficiente, comprometida com os direitos das gerações presentes e futuras.

Dessa maneira, quando há ineficiência ou omissão dos órgãos administrativos de gestão ambiental, a crise ecológica se intensifica, tornando a intervenção judicial por meio de processos estruturais medida necessária, tal como demonstrado no caso da ADPF nº 760 e o tratamento da Pauta Verde. Em casos como o mencionado, o Judiciário assume um papel de supervisão na implementação de políticas públicas, garantindo que as práticas administrativas sejam adequadas e eficazes na proteção do meio ambiente e de uma gestão pública sustentável.

5 Considerações finais

O presente artigo discutiu como o processo estrutural, no âmbito do Direito Administrativo, pode contribuir para a efetivação de políticas públicas orientadas à sustentabilidade. Com esse propósito, o estudo concentrou-se, em particular, em avaliar de que modo o processo estrutural pode oferecer soluções sistêmicas para os desafios inerentes à gestão ambiental no setor público, frequentemente decorrentes de deficiências institucionais e estruturais na administração pública.

Nesse cenário, observou-se que o objeto do processo estrutural ganha relevância como um instrumento jurídico voltado para a correção de disfunções institucionais, especialmente no campo da gestão ambiental. Ao contrário dos processos judiciais tradicionais (o famoso processo "Caio e Tício"), o processo estrutural não busca apenas solucionar conflitos individuais, mas sim reestruturar as práticas administrativas de forma ampla, visando a implementação de políticas públicas eficazes.

O processo estrutural tem como objetivo a modificação de comportamentos institucionais de forma duradoura, corrigindo disfunções sistêmicas que afetam a gestão pública. E é por esta razão que no campo da sustentabilidade essa abordagem torna-se pertinente, haja vista que as questões ambientais exigem soluções de longo prazo e a cooperação entre diferentes atores institucionais e sociais. Logo, há necessidade de medidas contínuas e progressivas, característica central do processo estrutural, que se alinha à complexidade das questões ambientais.

Dessa forma, conclui-se que o processo estrutural se afigura como ferramenta de forte envergadura para lidar com a complexidade dos desafios ambientais atuais, uma vez que sua abertura à flexibilidade e seu foco na transformação institucional o tornam um caminho eficaz frente à ineficiência dos órgãos administrativos, especialmente no que diz respeito à gestão ambiental sustentável, promovendo uma administração pública mais comprometida com o desenvolvimento sustentável.

Referências

ARENHART, Sergio Cruz; OSNA, Gustavo; JOBIM, Marco Félix. *Curso de processo estrutural*. São Paulo: Thomson Reuters, 2023.

COELHO, Saulo Pinto; ARAÚJO, André Fabiano Guimarães de. A sustentabilidade como princípio constitucional sistêmico e sua relevância na efetivação interdisciplinar da ordem constitucional econômica e social: para além do ambientalismo e desenvolvimento. *Revista da Faculdade de Direito de Uberlândia*, v. 39, p. 262, 2011.

COSTA, Susana Henriques da. Acesso à justiça: promessa ou realidade? Uma análise do litígio sobre creche e pré-escola no município de São Paulo. *Civil Procedure Review*, [S.l.], v. 7, n. 2, p. 38-68, 2016.

COTA, Samuel Paiva. Do pedido e da Participação: proposições para o desenvolvimento de uma teoria dos Processos Estruturais. *In:* ALMEIDA, Gregório Assagra de (coord.). *Coleção Direitos fundamentais e acesso à justiça no estado constitucional de direito em crise*. Belo Horizonte: D'Plácido, 2019.

CUNHA, Clarissa de Oliveira Gomes Marques da; AFONSO, Henrique Weil. Rumo a futuros distópicos? História do direito, pós-colonialidade e crítica no Antropoceno. *Veredas do Direito*, Belo Horizonte, v. 14, n. 30, p. 187-213, set./ dez. 2017.

FERRARO, Marcela Pereira. *Do processo bipolar a um processo coletivo-estrutural*. Dissertação de Mestrado em Direito das Relações Sociais. Universidade Federal do Paraná, Curitiba, 2015.

FERREIRA, Maria Augusta Soares de Oliveira. Licitações sustentáveis como instrumento de defesa do meio ambiente: fundamento jurídico para sua efetividade. *In*: BLIACHERIS, Marcos Weiss; FERREIRA, Maria Augusta Soares de Oliveira (coord.). *Sustentabilidade na Administração Pública*: valores e práticas de gestão socioambiental. Belo Horizonte: Fórum, 2012.

FISS, Owen. The forms of justice. *Harvard Law Review*, Cambridge, vol. 93, n. 1, p. 2, nov. 1979.

FREITAS, Juarez. *Sustentabilidade: direito ao futuro*. 3. ed. Belo Horizonte: Fórum, 2016.

GÓES, Gisele Santos Fernandes. Processo estrutural, modulação e o tema 698 do Supremo Tribunal Federal. *Revista de Processo*, vol. 349, p. 323-341, mar. 2024 – versão eletrônica.

IPEA (Instituto de Pesquisa Econômica Aplicada). *Agenda 2030*: ODS — Metas Nacionais dos Objetivos de Desenvolvimento Sustentável. Brasília: Ipea, 2018.

JEREISSATI, Lucas Campos; MELO, Álisson José Maia. As contratações públicas sustentáveis e a implementação da meta 12.7 dos objetivos para o desenvolvimento sustentável (ODS) no Brasil: avanços e retrocessos. *Revista Brasileira de Políticas Públicas*, 10(3), 492-519, 2020.

MORAES, Alexandre de. *Direito constitucional*. 34. ed. São Paulo: Atlas, 2018.

MORAES FILHO, Marco Antônio Praxedes de; SOUSA, Eduardo Rodrigues de; SILVA, Cristiano Guilherme da Câmara. Desenvolvimento sustentável na Constituição Federal de 1988: os desafios jurídicos nas licitações ecológicas. *Themis*, Fortaleza, v. 17, n. 1, p. 125-150, jan./jun. 2019.

MOTTA, Fabrício; OLIVEIRA, Antônio Flávio de. Sustentabilidade econômica e políticas públicas. *A&C – Revista de Direito Administrativo & Constitucional*, Belo Horizonte, ano 19, n.78, p. 87-113, out./dez. 2019.

NÓBREGA, Flaviane Fernanda Bitencourt; FRANÇA, Eduarda Peixoto da Cunha; CASIMIRO, Matheus. Processos estruturais e diálogo institucional: qual o papel do poder judiciário na transformação de realidades inconstitucionais. *REI – Revista Estudos Institucionais*, [S. l.], v. 8, n. 1, p. 105-137, 2022.

PEREIRA, Bernardo Augusto da Costa; GÓES, Gisele Santos Fernandes. Processos estruturais no direito brasileiro: breves reflexos acerca desde (não tão) novo paradigma processual. *In*: VITORELLI, Edilson Vitoreli; OSNA, Gustavo; ZANETI JR., Hermes; REICHELT, Luis Alberto; JOBIM, Marco Félix; DOTTI, Rogéria (org.). *Coletivização e Unidade do Direito – Estudos em homenagem ao Professor Sérgio Cruz Arenhart – Vol. III*. Londrina: Thorth, 2022.

PIETRO, Maria Sylvia Zanella Di. *Direito administrativo*. 31. ed. rev. atual e ampl. Rio de Janeiro: Forense, 2018.

SUPREMO TRIBUNAL FEDERAL. *RE 684612*, Relator Ricardo Lewandowski, Relator p/ Acórdão Roberto Barroso, Tribunal Pleno, julgado em 03/07/2023, Processo Eletrônico Repercussão Geral - Mérito DJe-s/n, Divulg. 04/08/2023, Public. 07/08/2023.

UTTAM, Kedar; ROOS, Caroline Le Lann. Competitive dialogue procedure for sustainable public procurement. *Journal of Cleaner Production*, vol. 86, 2015.

UNITED NATIONS. General Assembly. *Transforming our world*: the 2030 Agenda for Sustainable Development. A/ 70/ L.1, 18 sep. 2015. Geneva: UN, 2015.

VILAC, Teresa. Manual Implementando licitações sustentáveis na Administração Pública Federal. Brasília: AGU, 2013. 60 p. il.

VITORELLI, Edilson. *Processo Civil Estrutural*: teoria e prática. 5. ed. rev. atual. e ampl. São Paulo: Juspodivm, 2024.

VITORELLI, Edilson. Levando os conceitos a sério: processo estrutural, processo coletivo, processo estratégico e suas diferenças. *Revista de Processo online*, São Paulo, vol. 284, out. 2018.

Informação bibliográfica deste livro, conforme a NBR 6023:2018 da Associação Brasileira de Normas Técnicas (ABNT):

PANTOJA, Adilson Carvalho. Processo estrutural e sustentabilidade no Direito Administrativo: um caminho para a efetivação de políticas públicas ambientais. *In:* IDAPAR, Instituto de Direito Administrativo do Pará (org.); OLIVEIRA, Maria Cristina Cesar de; DOURADO JUNIOR, Octavio Cascaes; MORAES, Marcio Augusto Moura de (coord.). *Sustentabilidade no Direito Administrativo*. Belo Horizonte: Fórum, 2025. p. 307-323. ISBN 978-65-5518-953-7.

O COMBATE À GRILAGEM PELOS CARTÓRIOS DE REGISTRO DE IMÓVEIS: UMA ANÁLISE ACERCA DA JURIDICIDADE DOS PROVIMENTOS VOLTADOS AO COMBATE À GRILAGEM EDITADOS PELA CORREGEDORIA DE JUSTIÇA DO TRIBUNAL DE JUSTIÇA DO ESTADO DO PARÁ

ANTONIO CARLOS APOLINÁRIO DE SOUZA CARDOSO

Introdução

A pesquisa proposta busca investigar a legalidade/juridicidade das normas voltadas ao combate à grilagem de terras rurais editadas pela Corregedoria de Justiça paraense.

Para isso o seu desenvolvimento se dá em duas seções. A primeira introduz a questão da grilagem no território paraense, sua relação com os cartórios de registro de imóveis e apresenta as normas editadas pela Corregedoria de Justiça paraense, bem como expõe as limitações/proibições por elas geradas. A segunda, por sua vez, avança sobre a relação da fiscalização exercida pelo Poder Judiciário sobre a atividade dos oficiais de imóveis e investiga sua função regulamentar/normativa que origina as normas editadas pela Corregedoria de Justiça do TJPA.

Na conclusão argumenta-se que o conjunto de normas editadas pela Corregedoria paraense, voltadas ao combate à grilagem de imóveis rurais, se encaixa neste novo conceito de legalidade/juridicidade. Isso porque a regularidade da prestação dos serviços de registro imobiliário não pode estar dissociada da promoção da função social da propriedade rural e da integração da atividade registral imobiliária ao sistema de combate à grilagem.

1 O caos fundiário e o combate à grilagem pela Corregedoria de Justiça

A definição de impressibilidade do estudo sobre grilagem de terra permite dispor dos mecanismos de apropriação privada dos bens públicos, bem como de questões como violência agrária e ambiental. Segundo o IPAM (2006), somente no Pará, cerca de 30 milhões de hectares estão nas mãos de grileiros, que utilizam documentos falsos, muitos deles forjados em cartórios de registro de imóveis, para se apossarem de terras públicas.

É indiscutível que em diferentes momentos utilizou-se de distintos mecanismos para a apropriação da terra, e com isso buscou-se a legitimação das áreas apropriadas ilegalmente. É neste contexto que a grilagem deve ser vista como um instrumento e não o fim de um processo. Isso se deve, em parte, à formação histórica da propriedade no Brasil, que, desde a sua origem, teve uma base possessória (BENATTI, 2003).

Registra-se que, em 1999, a Assembleia Legislativa do Estado do Pará instalou a Comissão Parlamentar de Inquérito – CPI da Grilagem de Terra, que tinha como objetivo apurar denúncias de irregularidades na área de terra adquirida pela empresa C. R. Almeida no município de Altamira, no Estado do Pará (PARÁ, 1999).

Em 2001, o Congresso Nacional criou a Comissão Parlamentar de Inquérito – CPI da Grilagem, destinada a investigar a ocupação de terras públicas da Região Amazônica, que buscou investigar diversos acontecimentos envolvendo a apropriação indevida e ilegal de extensas áreas de terra pertencentes ao patrimônio público (IPAM, 2006, p. 17).

É sabido que, embora a apropriação indevida de terras públicas por particulares, a grilagem, possua causas e agentes variados, as fraudes ocorridas nos cartórios de registros de imóveis constituem um dos exemplos mais conhecidos dessa prática criminosa (TRECCANI *et al.*, 2023).

Igualmente é comprovada a relação entre a grilagem e a ofensa a direitos humanos variados. Porquanto a indefinição dos direitos sobre a terra constitui fator de insegurança que estimula disputas no meio rural, os quais, não raro, levam ao emprego da violência (TRECCANI *et al.*, 2021). De igual maneira, a ausência de definição dos responsáveis/titulares sobre os imóveis de propriedade fragiliza o sistema de proteção ao meio ambiente, ante a impossibilidade de identificação e responsabilização de infratores ambientais (TRECCANI *et al.*, 2020 e REYDON, *et al.*, 2017).

De acordo com Alves e Treccani (2017), para combater a grilagem de terras públicas na Amazônia, foi editado o Provimento CJCI/TJE-PA nº 13, de 21 de junho de 2006, que objetiva o bloqueio das matrículas que violam os limites constitucionais estabelecendo o bloqueio de todos os registros de imóveis rurais nos Cartórios de Registro de Imóveis das Comarcas do Interior que tenham sido realizadas: a) entre 16/07/1934 e 08/11/1964 com área maior que 10.000 ha; b) entre 09/11/1964 e 04/10/1988 com extensão superior a 3.000 ha; c) a partir de 05/10/1988 referente a áreas maiores que 2.500 ha.

As normas editadas pela Corregedoria do Tribunal de Justiça paraense têm informação de limitações não compreendidas no Direito positivo brasileiro e exigem uma interpretação do Direito registral diversa daquela empreendida no restante do país, mais precisamente uma aplicação inspirada na disciplina agrarista (TRECCANI *et al.*, 2022). Além da determinação dos bloqueios e cancelamentos dos registros que se encontrem nas situações elencadas foram condicionados à prévia autorização do Juízo Agrário competente os novos registros de áreas superiores a 2.500 hectares, independentemente da época da edição dos títulos.

Portanto, as limitações trazidas pelas normas editadas pela Corregedoria do Tribunal de Justiça do Estado do Pará, inauguradas com o Provimento nº 13, de 21 de junho de 2006 e, atualmente, regradas pelo Provimento nº 6, de 6 de junho de 2023, inovam no ordenamento jurídico brasileiro, posto que trazem limitações e possibilidades de cassação de direitos sem previsão expressa na legislação federal.

Dito isso, importa examinar os reflexos dessas diretrizes sobre a atividade do oficial de registro de imóveis, de forma a avaliar de que maneira a eficácia de tais limitações convive com o regime jurídico incidente sobre a atividade do registro imobiliário, marcadamente influenciada pela lógica privatista do direito real de propriedade civilista (TRECCANI *et al*, 2017).

2 A fiscalização e regulação da atividade registral pelo Poder Judiciário e a juridicidade dos provimentos voltados ao combate à grilagem

A atividade dos oficiais de registro de imóveis se submete ao princípio da legalidade (RIBEIRO, 2008). Esta compreensão não se restringe à necessidade de obediência à Lei em sentido formal, e, com efeito, menos ainda às fontes normativas privadas, como a Lei de Registros Públicos, o Código Civil ou Leis Esparsas, como as Leis da Alienação Fiduciária de Bens Imóveis, Lei de Condomínios e Incorporações, entre outras.

O artigo 236 da Constituição Federal dispõe que os serviços notariais e de registro serão exercidos em caráter privado, por delegação do Poder Público. Deste comando constitucional, aponta Ribeiro (2008), originam-se duas obrigações ao Estado: 1) a delegação do serviço a particulares (descentralização administrativa por colaboração); e 2) o dever de garantir a regularidade da prestação dos serviços pela fiscalização e regulação.

Explica o autor que ao constituinte criar o dever delegação dos serviços de notas e registros a particulares denota a natureza pública destas delegações, as quais serão exercidas por particulares investidos de função administrativa. Portanto, oficiais de registro de imóveis exercem suas funções a partir da descentralização de competências administrativas e o fazem na condição de agentes públicos.

As funções dos oficiais de registro constituem manifestação de competências administrativas delegadas pelo Poder Público (MELLO, 2011). Por essa razão, o vínculo entre o Poder Público delegante e particular, investido em função por pública, é regulado pelo Direito Público, especificamente, o administrativo.

Portanto, oficiais de registro de imóveis são exemplos de agentes públicos que atuam por delegação do Poder Público, mais precisamente designam-se como agentes particulares em colaboração do Poder Público (MELLO, 2011). Isso porque, conforme explica o autor, não obstante a delegação a esses sujeitos, registradores e notários, estes conservam a qualidade de particulares operando com recursos materiais próprios e sem receber remuneração dos cofres públicos.[1] Sobre este aspecto arremata o autor (MELLO, 2011, p. 84):

---

[1] Explica Mello (2011, p. 250) que os registradores e notários constituem espécie de agentes públicos que se enquadram na categoria dos "Particulares em colaboração com a

O delegável a um notário ou registrador, evidentemente, não é a totalidade da atividade notarial ou registral pública do País. Não existe um único "serviço" notarial ou um único "serviço" de registro a ser cometido a uma dado pessoa, mas múltiplos "serviços" notariais e múltiplos serviços de registro, cada qual constituindo uma unidade, operados nas respectivas circunscrições, pelos diversos sujeitos neles titulados. À toda evidência, tais funções ou ofícios constituem-se, em si mesmos e cada qual, em um braço, em um segmento, da totalidade da função pública notarial ou registral.

Ainda sobre a delegação dos serviços de notas e registro importa ressaltar que coube ao Poder Judiciário a fiscalização sobre o exercício dessas atividades. Essa é a maneira que dispôs o constituinte no §1º do art. 236 da Constituição Federal. Dessa forma, atento à estrutura estabelecida pelo constituinte, o legislador federal, dentro da competência estabelecida pelo art. 22, XXV, da CF, estabeleceu que compete ao Poder Judiciário a promoção dos concursos públicos para ingresso na atividade dos tabeliães e oficiais (arts. 14 e 15 da Lei nº 8.935/94) e a competência para imposição de sanções a estes agentes públicos (arts. 32 e 34 da Lei nº 8.8.935, de 1994), inclusive, a perda de delegação (art. 35 da Lei nº 8.935, de 1994).

Dessa maneira, evidenciado que o exercício dos serviços de notas e registros por particulares ocorre por meio de delegação, ou seja, preservada a titularidade pública destas funções, conclui-se que os oficiais de registro de imóveis submetem-se ao regime jurídico de direito público. Em outras palavras, é dizer que os atos praticados pelos registradores imobiliários se submetem ao regime jurídico administrativo, por isso os atos do oficial gozam de presunção de veracidade (autênticos) e de conformidade com o Direito (presunção de legitimidade). Acerca desta conclusão argumenta Salles (2012, p. 14):

> A este respeito, muito embora reconhecendo a pertinência de estudos divergentes, parece-nos ate algo cristalino que o "ato de registro" tenha seu fundamento e sua sustentação junto a princípios e instituições do *Direito* Público, de forma que não há relevantes dúvidas para qualificar o ato de registro como espécie de "ato administrativo".

Administração", segundo o autor os particulares em colaboração se dividem em 4 grupos: i) os requisitados; ii) *sponte própria* (gestores de negócios públicos); iii) contratador por locação civil de serviços; e, finalmente, (iv) concessionários e permissionários de serviços públicos, bem como delegados de função ou ofício público, quais os titulares de serventia de Justiça não oficializada, como é o caso dos notários, *ex vi* do art. 236 da Constituição".

Assim sendo, além dos atributos do ato administrativo, os quais, não por coincidência, se assemelham aos fins dos atos notarias e registrais,[2] importa ressaltar que os atos de registro, igualmente, submetem-se aos princípios de Direito Administrativo, em especial, o da legalidade.

Explica Mello (2011) que a submissão do governante à Lei constitui um dos pilares centrais da compreensão do Estado de Direito. Dessa maneira, argumenta o autor que o princípio da legalidade é considerado a base do regime jurídico-administrativo. Desta premissa se extrai o pensamento predominante acerca do princípio da legalidade dentro do regime jurídico de direito público: diferente do particular que, como regra, pode praticar qualquer ato que a Lei não proibir, o administrador/agente público só pode atuar conforme determina a Lei.

Portanto, oficiais de registro de imóveis apenas podem agir mediante previsão legal, em outras palavras, quando a competência para agir possua fundamento normativo. Daí dizer que para compreender a atividade registral é necessário conhecer as leis aplicáveis à atividade, as quais não se restringem à Lei de Registros Públicos e o Código Civil, como será melhor analisado adiante, mas às normas administrativas, ambientais, agrárias, urbanísticas, entre outras que devem ser observadas na prática imobiliária.

Diante da necessidade da correta aplicação da miscelânea normativa incidente sobre a atividade registral imobiliário, bem como o dever do Poder Judiciário de zelar pela regularidade da prestação dos serviços de notas e registros, avulta a importância do conhecimento acerca das normas e decisões emanadas pelas Corregedorias de Justiça e do Conselho Nacional de Justiça sobre a matéria registral (RIBEIRO, 2008).

Neste sentido, destaca-se, como uma das mais claras interseções entre o Direito público e o Direito registral a relação de fiscalização e regulação das atividades de registro, como desenvolveu Ribeiro (2008), em sede de tese.

A regulação dos cartórios de notas e registros é exercida pela atividade correcional que consiste na fiscalização e correlato poder de cesura sobre desvios de condutas, descumprimento da legalidade e má prestação do serviço; assim como pela regulação, esta função é expressa

---

[2] Estabelece o art. 1º da Lei nº 8.935/94 que: "Os serviços concernentes aos Registros Públicos, estabelecidos pela legislação civil para autenticidade, segurança e eficácia dos atos jurídicos, ficam sujeitos ao regime estabelecido nesta Lei".

pela competência normativa que enseja a edição de recomendações, orientações e provimentos (RIBEIRO, 2008).

O fundamento normativo da competência regulamentar e fiscalizatória da atividade cartorial reside no parágrafo 1º do art. 236 da Constituição Federal, que a delega ao Poder Judiciário local. Igualmente, merece destaque o papel que o Conselho Nacional de Justiça – CNJ tem desenvolvido, desde sua criação por meio da Emenda Constitucional nº 45, de 2004, que introduziu na Constituição Federal o art. 103-B, com a edição de normas que passaram a balizar a atividade de notários e registradores (RIBEIRO, 2008).

O CNJ tem realizado importante papel na promoção da atividade registral e notarial ao delegar atividades, antes privativas do Poder Judiciário, aos cartórios de notas e registros, como demonstra a Resolução nº 35, de 2007,[3] o Provimento nº 28, de 2013,[4] o Provimento nº 65, de 2017,[5] o Provimento nº 150, de 11 de setembro de 2023,[6] e o Provimento nº 148, de 30 de agosto de 2023, que instituiu o Código Nacional de Normas da Corregedoria Nacional de Justiça – Foro Extrajudicial.

Essa competência normativa, além de fornecer maior segurança na aplicação do Direito Registral, tem ampliado as competências dos oficiais de registro, como comprovam os provimentos elencados. Sobre este aspecto, vale ressaltar que não só da recepção e sistematização de procedimentos, outrora restritos ao foro judicial, restringem-se estas regulações. A bem da verdade, há normativas voltadas à concretização de normas constitucionais a ampliar os direitos humanos[7] e, também, a aperfeiçoar a proteção de valores constitucionais, como a soberania, a moralidade administrativa[8] e o patrimônio público[9] (HILL, 2020).

---

[3] Disciplina a lavratura dos atos notariais relacionados a inventário, partilha, separação consensual, divórcio consensual e extinção consensual de união estável por via administrativa.
[4] Registro tardio de nascimento em cartório.
[5] Usucapião extrajudicial em cartório.
[6] Regulamenta o procedimento de adjudicação compulsória extrajudicial.
[7] Neste sentido o Provimento nº 73, de 28 de junho de 2018, do Conselho Nacional de Justiça, voltado à averbação de alteração de nome e gênero nos assentos de nascimento e casamento de pessoas transgênero.
[8] Exemplo é o Provimento nº 77, de 07/11/2018, que tornou defesa a delegação interina das atividades de tabelião e oficial ao cônjuge, companheiro ou parente em linha reta, colateral ou por afinidade, até o terceiro grau do antigo delegatário ou de magistrados do tribunal local.
[9] São exemplos o Provimento nº 43, de 17 de abril de 2015 (arrendamento de imóvel rural por estrangeiro), e o Provimento nº 88, de 1º de outubro de 2019, voltado ao combate à lavagem de dinheiro e à corrupção, ambos do Conselho Nacional de Justiça.

As normas mencionadas na compreensão contemporânea acerca do princípio da legalidade administrativa, o que se convencionou denominar de juridicidade administrativa. Entendimento acerca do princípio da legalidade que não mais se limite ao produto da atividade legislativa formal, mas que reconhece a necessidade de abranger as normas constitucionais e aos resultados da atividade normativa atípica[10] de outros Poderes voltadas a concretização da eficácia constitucional (DEZAN, 2023).

É exemplo dessa atividade regulamentar do Poder Judiciário, sobre as atividades dos registros de imóveis, o conjunto normativo voltado ao combate à grilagem de imóveis rurais no Estado do Pará. As referidas normas informam os procedimentos de combate à grilagem a partir da interpretação dos princípios e regras registrais sob a luz da influência do Direito Agrário. Posição hermenêutica que proporciona uma compreensão do Direito influenciada por este ramo do Direito Público, Direito Agrário/Agroambiental, e pelo princípio constitucional da função social da propriedade (TRECCANI *et al.*, 2017).

Importa recordar que no Direito Administrativo uma das maiores influências observadas da contemporânea dogmática constitucional se dá sobre a compreensão acerca do princípio da legalidade. Argumenta Binenbojm (2005) que a noção de legalidade deve ser substituída pela de juridicidade, ou seja, o administrador não deve se orientar apenas pela Lei, mas, primeiramente, pela Constituição, e, igualmente, possui o dever de observar o ordenamento como um todo.

Portanto, deve o agente público, quando no exercício da função administrativa, atentar para o ordenamento jurídico por inteiro. Como mencionado, o Poder Judiciário, conforme determina o §1º do art. 236 da CF, exerce sobre as atividades registrais e notariais atividade fiscalizatória/regulamentar, semelhante aos agentes do Poder Executivo quando da regulamentação/fiscalização da prestação de serviços públicos (RIBEIRO, 2008). Dessa maneira, os princípios constitucionais da função da propriedade e da função da propriedade rural devem surtir efeitos sobre as normas a serem editadas quando estas tiverem por objeto imóveis rurais.

---

[10] São exemplos os regulamentos, decretos, instruções, pareceres normativos e provimentos.

A incidência dos direitos fundamentais sobre as relações jurídicas privadas há muito tem sido reconhecida pela mais alta corte do país.[11] Portanto, há muito os princípios constitucionais, como da igualdade, eficiência, impessoalidade, a função social da propriedade e a dignidade humana, passaram a conformar as interpretações da legislação complementar, agregando às regras jurídicas, mesmo quando estas normas estiverem voltadas ao Direito Civil e Registral (SALLES, 2012, p. 34).

Com efeito, a instrumentalização das normas de Direito Registral e Notarial como mecanismo a serviço da efetivação dos direitos e garantias fundamentais é o que se conclui a partir do conteúdo das seguintes normas editadas pelo Conselho Nacional de Justiça – CNJ: a) Resolução Conjunta nº 3, de 19/04/2012: dispõe sobre o nascimento de indígena no Registro Civil de Pessoas Naturais; b) Resolução nº 175, de 14/05/2013: dispõe sobre a habilitação, celebração de casamento civil, ou de conversão de união estável em casamento, entre pessoas de mesmo sexo; c) Provimento nº 63, de 14/11/2017: em seus artigos 16 a 19 regula o assento de nascimento de crianças concebidas mediante o uso de técnicas de reprodução assistida e, em seu art. 16, §2º, regulamenta o assento de filhos de casais homoafetivos; d) Provimento nº 77, de 07/11/2018: dispõe sobre a designação de responsável interino por serventias extrajudiciais vagas proibindo que as delegações provisórias possam recair sobre cônjuge, companheiro ou parente em linha reta, colateral ou por afinidade, até o terceiro grau do antigo delegatário ou de magistrados do tribunal local, de modo a estender a vedação à prática do nepotismo nas delegações extrajudiciais, conferindo eficácia aos princípios da impessoalidade, moralidade e eficiência (art. 37 da CF);[12] e) Provimento nº 144, de 25/04/2023: estabelece, no âmbito do Poder Judiciário, o Programa Permanente de Regularização Fundiária na Amazônia Legal, institui a Semana Nacional de Regularização Fundiária e dá outras providências; Provimento nº 158, de 05/12/2023: institui, no âmbito do Poder Judiciário, o Programa Permanente de Regularização

---

[11] Neste sentido o Recurso Extraordinário nº 158.215, julgado em 7/6/1996, oportunidade em que o STF determinou a observância do direito ao contraditório em ampla defesa na exclusão de associado de cooperativa, e o Recurso Extraordinário nº 161.243, julgado em 19/12/1997, em que a Suprema Corte aplicou a empregado brasileiro o estatuto de uma empresa que previa benefícios a empregados de nacionalidade francesa.

[12] A regulação das delegações interinas, atualmente, é regrada pelo Provimento nº 176 de 23 de julho de 2024, também do CNJ, norma que manteve as proibições relativas à vedação a prática do nepotismo.

Fundiária Plena de Núcleos Urbanos Informais e Favelas – "Solo Seguro – Favela" – e dá outras providências.

Desse modo, é perceptível que a atividade normativa do Conselho Nacional de Justiça, há muito, utiliza a competência conferida pelo §1º do art. 236 da CF (RIBEIRO, 2008) para conferir eficácia, no âmbito dos cartórios, aos mandamentos constitucionais voltados à promoção da dignidade humana (art. 1º, III, CF), funcionalização da propriedade (art. 5º, XXIII) e obediência aos princípios da administração pública (art. 37 da CF).

Os imóveis rurais, por sua vez, se submetem a um regime jurídico específico, o regime agrarista/agroambiental. Este regime há muito produz efeitos sobre a esfera do registro imobiliário. São exemplos de normas agraristas que influenciam a atividade do registro imobiliário: 1) a definição de imóvel rural (art. 4º, I, da Lei nº 4.504,64 – Estatuto da Terra); 2) a vedação ao registro de áreas inferiores à fração mínima de parcelamento – vedação ao minifúndio (art. 8º da Lei nº 5.868/72); 3) a obrigatoriedade de apresentação do certificado de cadastro de imóvel rural – CCIR para a realização de desmembramentos, arrendamentos, hipotecas, vendas ou promessa de vendas de imóveis rurais (§1º do art. 22 da Lei nº 4.947/66); 4) a regulação dos loteamentos de imóveis rurais (Decreto-Lei nº 58/37); 5) as limitações para aquisição de imóveis rurais por estrangeiros (Lei nº 5.709/71); 6) disciplina do registro de títulos de créditos rurais (Decreto-Lei nº 167/67); 7) o regramento para o cancelamento de matrículas e registros de imóveis rurais (Lei nº 6.739/79); 8) necessidade de comprovação do pagamento do Imposto Territorial Rural – ITR para a prática de atos de registro de imóveis rurais (art. 21 da Lei nº 9.393/96); 9) requisitos da escritura pública de imóveis rurais (art. 1º, III, "b" do Decreto nº 93.240/86 que regulamentou a Lei nº 7.422/85); 10) a forma de descrição dos imóveis rurais no registro de imobiliário – especialização do imóvel rural (art. 3º da Lei nº 10.267/01 que alterou os artigos 169, 176 e 225 da Lei de Registros Públicos); 11) obrigação de troca de informações acerca dos códigos de imóveis rurais decorrentes das mudanças de titularidade, parcelamento, desmembramento, loteamento e unificação entre o INCRA e os cartórios de registro de imóveis (art. 5º do Decreto nº 4.449/02); 12) os prazos para a exigência da apresentação da descrição georreferenciada com certificação do INCRA nos casos de pedidos de desmembramento, parcelamento, remembramento e em qualquer situação de transferência de imóvel rural (art. 10 do Decreto nº 4.449/02); 13) a averbação do cadastro Ambiental Rural – CAR (art. 30 da Lei nº 12.651/12).[13] Dessa maneira fica esclarecido que há muito, em especial naquilo que diz respeito à disciplina registral dos imóveis rurais, o Direito brasileiro objetivou muito mais que a mera definição da titularidade privada. A mera identificação do titular do Direito constituiu um dos pilares do Direito Registral Imobiliário, contudo, ela é satisfatória se confrontada aos objetivos publicísticos (soberania alimentar, proteção do meio ambiente, defesa do patrimônio público etc.) tão caros e presentes na legislação agrarista, incidente sobre os imóveis rurais (UFPA, 2018).

O regime jurídico aplicável aos imóveis rurais apresenta uma disciplina registral fortemente influenciada pela persecução de fins sociais, que transcendem o interesse particular dos respectivos detentores de direitos reais, pois as proibições e regras descritas evidenciam a forte influência de objetivos como a soberania alimentar brasileira e, especialmente, o cumprimento da função social dos imóveis rurais.

Esse tratamento legal, cada vez mais aberto à recepção de objetivos contemporâneos, como a promoção da governança de terras,[14] segue ao encontro da evolução do Direito brasileiro. Tendência normativa que demonstra não só a legitimidade da edição de provimentos, recomendações e orientações voltadas ao aprimoramento da disciplina de imóveis rurais, mas que evidencia que a publicação de normas vocacionadas à promoção de objetivos sociais e coletivos, como a promoção da governança fundiária, se amoldam à concepção contemporânea da legalidade administrativa, a juridicidade (DEZAN, 2023).

---

[13] Esta averbação não é obrigatória, segundo os termos da Lei nº 12.651/12.
[14] Segundo Reydon e Felício (2017, p.14), sob a nomenclatura de "governança fundiária" se compreende: "o enfoque de tais estudos busca construir indicadores aplicados às mais variadas realidades fundiárias capazes de identificar a boa governança, separando-a da governança débil". Ainda sobre o referido conceito explicam os autores (REYDON e FELÍCIO, 2017, p. 15) com base nas diretrizes da Organização das Nações Unidas para a Alimentação e Agricultura – FAO: "O enfoque de governança fundiária adotado pela FAO tem antecedentes nas reformas do Estado e na gestão interna das empresas observadas no intervalo 1970- 2000. Originada dos debates em torno da definição de governança, a proposta do documento *'Buena gobernanza en la tenencia y la administración de tierras'*, emitido pela FAO, é introduzir esse enfoque para a discussão da administração da posse e do uso da terra à semelhança de iniciativas do Banco Mundial e do FMI. A concepção de governança presente no documento da FAO procura enfrentar os problemas da gestão eficiente com instrumentos muito parecidos com os preconizados pela abordagem da administração gerencial".

Por isso, argumenta-se que o conjunto de normas editadas pela Corregedoria Paraense, voltadas ao combate à grilagem de imóveis rurais, se encaixa neste novo conceito de legalidade.

E assim defende-se, pois, atualmente, a regularidade da prestação dos serviços de registro imobiliário não pode estar dissociada da promoção da função social da propriedade rural e da integração da atividade registral imobiliária ao sistema de administração de terras. Em outras palavras, não há maneira eficaz de promover a função social da propriedade rural, a proteção ao meio ambiente e aos demais direitos humanos, sem o aprimoramento da prestação do serviço registral por parte dos órgãos responsáveis por sua fiscalização. Por fim, vale ressaltar que a aplicação das disposições das referidas normas, em especial as ordens de bloqueio e cancelamento de registros, foi ratificada pelo Poder Judiciário paraense, conforme demonstrou o levantamento efetuado por Silva (2023), o que demonstra a robustez das referidas construções normativas e sua adequação à realidade do meio rural paraense.

Conclusão

A atividade normativa da Corregedoria paraense encontra justificativa fática evidenciada pelo caótico cenário fundiário local. Dessa maneira, exige-se do Poder Público e da Justiça ações e diretrizes voltadas ao combate da prática da grilagem.

Os serviços de registros de imóveis constituem funções administrativas delegadas pelo Poder Público. Portanto, o exercício de tais competências exige a observância do sistema normativo como um todo: das disposições constitucionais, como os princípios da Administração Pública (art. 37, *caput*, da CF) e a função social da propriedade (art. 5º, XXIII, e 186, CF), assim como das normas infralegais editadas pelo Poder Judiciário, responsável por sua fiscalização e regulação (art. 236, §1º, CF), como demonstrado por Ribeiro (2008).

Dessa maneira, conclui-se que o conjunto de normas editadas pela Corregedoria paraense, voltadas ao combate à grilagem de imóveis rurais, se encaixa neste novo conceito de legalidade/Juridicidade. Isso porque a regularidade da prestação dos serviços de registro imobiliário não pode estar dissociada da promoção da função social da propriedade rural e da integração da atividade registral imobiliária ao sistema de combate à grilagem.

Referências

ALVES, Luana Bandeira; TRECCANI, Girolamo Domenico. *O Sistema Nacional de Gestão de Informações Territoriais como Instrumento de Combate à Grilagem de Terras Públicas na Amazônia*. Disponível em: https://governancadeterras.com.br/wp-content/uploads/2017/10/TRECCANI-4.pdf.2017. Unicamp, 2017. Acesso em: 29 nov. 2021.

AGHIARIAN, Hércules E. D. Da constitucionalização da atividade notarial e registral. *In*: TUTIKIAN, Claudia (coord.). *Moderno Direito Imobiliário, Notarial e Registral*. São Paulo: Quartier Latin, 2011. p. 129-161.

BANCO MUNDIAL. Avaliação da governança Fundiária no Brasil. Junho 2014. Relatório: 88751-BR. Disponível em: http://siteresources.worldbank.org/INTLGA/Resources/Brazil_land_governance_assessment_final_Portuguese.pdf. Acesso em: 7 dez. 2017.

BANDEIRA DE MELLO, Celso Antônio. *Curso de Direito Administrativo*. 26. ed. São Paulo: Malheiros, 2009.

BANDEIRA DE MELLO, Celso Antônio. A competência para a criação e extinção de serviços notariais e de registro e para delegação para provimento desses serviços. *In*: DIP, Ricardo; JACOMINO, Sérgio (org.). *Coleção Doutrinas Essenciais Direito Registral*. 1. ed. Vol. I. São Paulo: Revista dos Tribunais, 2011, p. 82.

BENATTI, José Helder. *Direito de Propriedade e Proteção Ambiental no Brasil*: apropriação e o uso dos recursos naturais no imóvel rural. UFPA. Tese de Doutorado. Belém, 2003.

BINEMBOJM, Gustavo. Da supremacia do interesse público ao dever de proporcionalidade: um novo paradigma para o direito administrativo / From the supremacy of the public interest to the duty of proportionality: a new paradigm for administrative law. *Revista Quaestio Iuris*, [S.l.], v. 1, n. 2, p. 27-63, 2014. Disponível em: https://www.e-publicacoes.uerj.br/quaestioiuris/article/view/11615. Acesso em: 18 ago. 2024.

BRASIL. CONGRESSO. Câmara dos Deputados, Comissão Parlamentar de Inquérito Destinada a Investigar a Ocupação das Terras Públicas na Região Amazônica. *Ocupação das Terras Públicas na Região amazônica*. Relatório Final da Comissão Parlamentar de Inquérito, Brasília: Câmara dos Deputados, Coordenação de Publicações. 2002.

CARDOSO, Antônio Carlos Apolinário de Souza; VASCONCELOS, Tatiane Rodrigues de; FERREIRA, Dauana Santos; TRECCANI, Girolamo Domenico. O Combate à Grilagem no Pará e os Limites ao Registro Imobiliário: uma revisão dos princípios registrais a partir da Constituição de 1988 e da Lei nº 10.267/2001. *In*: TARREGA, Maria Cristina Vidotte Blanco; SILVA, Andrea Gonçalves (org.). *Direito agrário contemporâneo*: por uma transformação da realidade social. São Paulo: Dialética, 2022. 496 p. (v. III).

CONFLITOS NO CAMPO BRASIL, v. 1, p. 112-123, 2021.

DEZAN, S. L. A Constitucionalização do direito administrativo para um modelo de administração pública democrática. *Revista Direitos Fundamentais e Democracia*, [S. l.], v. 28, n. 1, p. 129-148, 2023. DOI: 10.25192/issn.1982-0496.rdfd.v28i12301. Disponível em: https://revistaeletronicardfd.unibrasil.com.br/index.php/rdfd/article/view/2301. Acesso em: 17 ago. 2024.

FAO/SEAD. *Governança de terras*: da teoria à realidade brasileira. Brasília, 2017.

GUEDES, Sebastião Neto Ribeiro; REYDON, Bastiaan Philip. Direitos de propriedade da terra rural no Brasil: uma proposta institucionalista para ampliar a governança fundiária. *Rev. Econ. Sociol. Rural*, Brasília, v. 50, n. 3, p. 525-544, set. 2012. Disponível em: http://www.scielo.br/scielo.php?script=sci_arttext&pid=S0103-20032012000300008&lng=en&nrm=iso. Acesso em: 18 ago. 2024. http://dx.doi.org/10.1590/S0103-20032012000300008.

HILL, Flávia Pereira. Desjudicialização e Acesso à Justiça além dos Tribunais: pela concepção de um devido processo legal extrajudicial. *Revista Eletrônica de Direito Processual*, v. 22, p. 379-408, 2020.

PARÁ, TRIBUNAL DE JUSTIÇA. CORREGEDORIA DE JUSTIÇA DAS COMARCAS DO INTERIOR. *Provimento nº 13, de 21 de junho de 2006*. Dispõe sobre a averbação de BLOQUEIO de Matrículas de áreas rurais nos Cartórios do Registro de Imóveis nas Comarcas do Interior e dá outras providências. Diário da Justiça, 23 de junho de 2006.

PARÁ, TRIBUNAL DE JUSTIÇA. *Provimento Conjunto nº 004/2021-CJCI-CJRMB*. Atualiza os procedimentos de Requalificação de Matrículas Imobiliárias com Averbação de Bloqueio e Cancelamento, formalizados em cumprimento a decisão do Conselho Nacional de Justiça no Pedido de Providências n. 0001943-67.2009.2.00.0000, bem como dispõe sobre o Procedimento de Cancelamento de Matrículas de Imóveis Rurais, fundamentado em documentos falsos ou insubsistentes de áreas rurais, nos Cartórios de Registro de Imóveis nas Comarcas do Estado do Pará, de que trata a Lei 6.379/79, e dá outras providências. Diário da Justiça, 1 de fevereiro de 2021.

RAMOS, Carlos Augusto; SANTOS, Michely; LIMA, Loyanne; SANTOS, Arlete dos; TRECCANI Girolamo. Nota Técnica 07. Sobre a Emissão do Cadastro Ambiental Rural Perímetro Baseado na Posse Mansa e Pacífica: Um Estudo de Caso em Ponta de Pedras, Marajó, Pará. Belém, março de 2017.

REYDON, Bastiaan Philip; BUENO, Ana Paula da Silva; SIQUEIRA, Gabriel Pansani. Histórico e dinâmica dos diferentes cadastros de terras do Brasil. *In*: FAO/SEAD. 2017. Governança de terras: da teoria à realidade brasileira, Brasil. p. 127-159. Disponível em https://igterras.com.br/livros/. Acesso em: 4 out. 2021.

ROCHA, Ibraim; TRECCANI, Girolamo Domenico; BENATTI, José Heder; HABER, Lilian Mendes; CHAVES, Rogério Arthur Friza. *Manual de Direito Agrário Constitucional*. Lições de Direito Agroambiental. Belo Horizonte: Fórum, 2019, v.1.

SALLES, Venicio. *Direito Registral Imobiliário*. São Paulo: Saraiva, 2012.

SILVA, Gabriel Cozendey Pereira. Combate à grilagem na jurisprudência paraense: bloqueios e cancelamentos de registros. *Fórum de Direito Urbano e Ambiental* (impresso), v. 128, p. 35-47, 2023.

TRECCANI, Girolamo Domenico; MONTEIRO, Aianny Naiara Gomes; FERREIRA, Dauana Santos; BRITO, Brenda; GOMES, Pedro. *Combate à Grilagem de Terras em Cartórios no Pará*. Uma Década de Avanços e Desafios, 2023.

TRECCANI, Girolamo Domenico; BENATTI, J. H.; MONTEIRO, Aianny Naiara Gomes. *Agravamento da violência no campo*: reflexões sobre a política de regularização fundiária.

TRECCANI, Girolamo Domenico; MONTEIRO, Aianny Naiara Gomes; PINHEIRO, Maria Sebastiana Barbosa. Dados fundiários e ambientais – Divergências e conflitos. *Revista de Direito Econômico e Socioambiental*, v. 11, p. 237-271, 2020.

TRECCANI, Girolamo Domenico. *Violência e Grilagem*: instrumentos de aquisição da propriedade da terra no Pará. Belém: UFPA, 2006.

TRECCANI, Girolamo Domenico. Dos cadastros ao cadastro único multifinalitário: o longo caminho a ser trilhado. *In*: BENATTI, José Heder. *Cadastro territorial no Brasil*: perspectivas e o seu futuro. Belém: UFPA, 2018. 177p. Recurso eletrônico. ISBN 978-85-63728-61-6, Disponível em: https://governancadeterras.com.br/wp-content/uploads/2019/04/eBook_CadastroTerritorialBrasil-2018.pdf. Acesso em: 30 nov. 2021.

Informação bibliográfica deste livro, conforme a NBR 6023:2018 da Associação Brasileira de Normas Técnicas (ABNT):

CARDOSO, Antonio Carlos Apolinário de Souza. O combate à grilagem pelos cartórios de registro de imóveis: uma análise acerca da juridicidade dos provimentos voltados ao combate à grilagem editados pela Corregedoria de Justiça do Tribunal de Justiça do Estado do Pará. *In:* IDAPAR, Instituto de Direito Administrativo do Pará (org.); OLIVEIRA, Maria Cristina Cesar de; DOURADO JUNIOR, Octavio Cascaes; MORAES, Marcio Augusto Moura de (coord.). *Sustentabilidade no Direito Administrativo*. Belo Horizonte: Fórum, 2025. p. 325-339. ISBN 978-65-5518-953-7.

SOBRE OS AUTORES

Adilson Carvalho Pantoja
Mestrando em Direitos Humanos com ênfase em Direito Processual Civil pela Universidade Federal do Pará (UFPA). Graduado em Direito pelo Centro Universitário Metropolitano da Amazônia (UNIFAMAZ). Coordenador do Grupo de Pesquisa Observatório de Tutela Coletiva e Estrutural (CNPq). Membro do Instituto de Direito Administrativo do Pará (IDAPAR). Advogado. *E-mail*: adilsoncpantojaea@gmail.com.

Amanda Guiomarino
Servidora Pública. Analista Ministerial – Direito do Ministério Público do Estado do Pará. Graduada em Direito e especialista em Direito Administrativo e Gestão Pública. Presidenta da Comissão de Licitação e Contratos do Instituto de Direito Administrativo do Estado do Pará (IDAPAR). Integrante do Grupo de Pesquisa, Ensino e Extensão em Direito Administrativo Contemporâneo e do Centro de Estudos Empírico-Jurídicos. Palestrante e conteudista. Instagram @amandaguiomarino.

Ana Maria Barata
Mestra e professora aposentada da UFPA em Direito Administrativo. Especialista em Direito Administrativo Sancionador Disciplinar. Consultora jurídica aposentada. Advogada. Autora de cinco livros coletivos. Membra efetiva do IDASAN, IDAPAR e ISM.

Anete Marques Penna de Carvalho
Advogada, Procuradora do Estado do Pará e Juíza substituta do TRE/PA. Mestra em Direito pela UFPA. Doutora em Direito pela Faculdade de Direito da Universidade de Lisboa (Portugal).

Antonio Carlos Apolinário de Souza Cardoso
Mestre e doutorando em Direito (PPGD/UFPA). Tabelião e registrador em Curionópolis/PA. *E-mail*: acapolinarioscardoso@gmail.com.

Arianne Brito Cal Athias
Pós-doutora em Direito na Universidade de Salamanca (2022). Doutora em Direito Administrativo pela Pontifícia Universidade Católica – PUC-SP (2007). Mestra em Direito pela Universidade da Amazônia – UNAMA (2001). Professora associada I da Universidade Federal do Pará (UFPA), cedida ao Ministério Público do Estado do Pará para exercer o cargo em comissão de assessor do Procurador-Geral de Justiça. Professora do programa de pós-

graduação em Direito e Desenvolvimento na Amazônia – PPGDDA (mestrado profissional) da UFPA. Professora titular de graduação e do programa de pós-graduação em Direitos Fundamentais (mestrado) da UNAMA. Vice-presidente do Instituto de Direito Administrativo do Pará (IDAPAR).

Carlos Alberto Schenato Junior
Mestre em Direito pela Universidade Federal do Pará (UFPA). Professor assistente do curso de pós-graduação em Direito e Processo Tributário no Centro Universitário do Estado do Pará (CESUPA). Vice-presidente da Associação dos Advogados Tributaristas do Pará (AATP). Advogado atuante na área de Direito Tributário. *E-mail*: schenatojunior95@gmail.com.

Cesar Pereira
Sócio sênior de Justen, Pereira, Oliveira & Talamini. Chartered Arbitrator (C.Arb) e Fellow do Chartered Institute of Arbitrators (FCiarb). Doutor em Direito Administrativo pela Pontifícia Universidade Católica de São Paulo (PUC-SP).

Daniella Maria dos Santos Dias
Doutora em Direito pela Universidade Federal de Pernambuco. Professora Titular da Universidade Federal do Pará (UFPA) e professora do Instituto de Ciências Jurídicas e do programa de pós-graduação em Direito da UFPA. Especialista em Direito Ambiental e em Educação Ambiental pela UFPA. Especialista em Direito Agrário pelo CESUPA. Promotora de Justiça. Universidade Federal do Pará/Universidade Federal do Sul e Sudeste do Pará. Brasil. *E-mail*: diasdaniella@gmail.com.

Elody Boulhosa Nassar
Mestra e Doutora em Direito pela Universidade Federal do Pará. Professora adjunta da cadeira de Direito Administrativo da Universidade Federal do Pará (aposentada). Procuradora do Estado do Pará (aposentada). Advogada.

Eurico Soares Montenegro Neto
Advogado Administrativista com atuação no ramo estatal (CEF) e privado (MBAV Sociedade de Advogados). Doutorando em Direito Constitucional no IDP. Mestre em Direito Econômico pela PUC-PR. Presidente do Instituto Rondoniense de Direito Administrativo (IRDA).

Fábio Bandeira de Mello
Mestrando em Direito e Função Social pela Faculdade Autônoma de Direito (FADISP). Pós-Graduado em Direito Civil e Processual Civil pelo Centro Integrado de Ensino Superior do Amazonas (CIESA). Pós-graduado em Direito Público pela Universidade do Estado do Amazonas (UEA). Bacharel em Direito pelo Centro Integrado de Ensino Superior do Amazonas (CIESA). Sócio Administrador do escritório Bandeira de Melo e Barbirato Advogados e Presidente do Instituto Amazonense de Direito Administrativo (IADA).

Fernando Lourenço Matos Lima
Mestre em Direito pela Universidade Federal do Pará (UFPA). Especialista em Direito Ambiental e Sustentabilidade pela FGV-IDEAL e Filosofia e Teoria do Direito pela PUC Minas. Advogado. *E-mail*: fernandolmlima@hotmail.com.

Jane Vieira Alcântara Neves
Advogada. Mestranda em Direito no programa de pós-graduação em Direito e Desenvolvimento da Amazônia (PPGDDA/UFPA). Especialista em Direito Público e Direito Notarial e Registral. Membra do Instituto de Direito Administrativo do Pará (IDAPAR).

João Paulo Mendes Neto
Doutor em Direito Tributário pela Pontifícia Universidade Católica de São Paulo (PUC-SP), com área de concentração em Direito Tributário Constitucional. Graduado pelo Centro Universitário do Estado do Pará (CESUPA). Especialista em Direito Tributário e em Direito Processual Tributário. Advogado. Sócio do Escritório Mendes Advocacia e Consultoria S/S desde 2017. Coordenador de pós-graduação *lato sensu* em Direito (CESUPA). Presidente e Fundador da Associação dos Advogados Tributaristas do Estado do Pará – AATP (2018-2019). Presidente da Comissão Especial em Direito Empresarial do Conselho Federal da Ordem dos Advogados do Brasil (2019). Ex-Conselheiro Titular no Conselho Administrativo de Recursos Fiscais – CARF em Brasília-DF (2019-2020).

João Rogério Rodrigues
Advogado. Mestrando na área ambiental/UFPA. Membro efetivo do IDAPAR. Sócio fundador do Escritório Rodrigues Sociedade Individual.

Marcio Augusto Moura de Moraes
Advogado, mestrando em Administração Pública pelo Instituto de Direito Público (IDP), Conselheiro Seccional Efetivo da OAB/PA (2018-2024), pós-graduando em Direito Administrativo pela PUC Minas, MBA em Direito do Trabalho pela FGV-Ideal, membro da Comissão de Servidores Públicos do IBDA e do Instituto de Direito Administrativo Sancionador (IDASAN). Presidente do Instituto de Direito Administrativo do Pará (IDAPAR).

Maria Cristina Cesar de Oliveira
Mestra e doutora em Direito (UFPA). Estágio Doutoral na Universidade de Coimbra, Portugal, e na Universidade Externado, Bogotá, Colômbia. Professora associada III (aposentada) (UFPA). Consultora jurídica (aposentada) do Estado do Pará. Advogada (UFPA). Foi Procuradora-Geral da UFPA, Secretária de Meio Ambiente do Município de Belém/PA, Consultora Geral do TCE/PA e Conselheira Titular representando a OAB/PA no COEMA/PA. Diretora acadêmica do IDAPAR.

Meriam Paes
Auditora de Controle Externo do TCE/PA. Especialista em Gestão Pública com ênfase em Políticas Públicas e Governança pelo Instituto de Formação Profissional e Superior da Escola de Governança Pública do Estado do Pará (2019), especialista em Gestão Governamental pela Fundação Getúlio Vargas - SP (2005) e graduada em Ciências Contábeis pelas Faculdades Integradas Colégio Moderno (1984).

Miguel Monteiro Ribeiro
Engenheiro ambiental e sanitarista formado pela UEPA. Pós-graduando em Engenharia de Segurança do Trabalho na USP. Consultor ambiental.

Milene Dias da Cunha
Conselheira Substituta no TCE/PA. Mestre em Ciência Política pela Universidade Federal do Pará (2019), especialista em Direito Público com ênfase em Gestão Pública pelo Complexo Jurídico Damásio de Jesus (2015), especialista em Gestão de Pessoas e Marketing pelo Centro Universitário de Patos de Minas (2004) e graduada em Administração pelo Centro Universitário de Patos de Minas/Universidade Estado de Minas Gerais (2002). Presidente da Associação Nacional dos Ministros e Conselheiros Substitutos dos Tribunais de Contas (AUDICON) (2024 - atual). Secretária-Geral da Associação dos Membros dos Tribunais de Contas do Brasil (ATRICON) (2024 - atual). Docente, autora de artigos e conferencista na área de controle externo e políticas públicas.

Mônica Martins Toscano Simões
Mestra em Direito Administrativo pela PUC-SP. Procuradora do Estado do Pará.

Monique Soares Leite
Analista Judiciário do Tribunal de Justiça do Estado do Pará. Especialista em Direito Administrativo (PUC Minas) e em Direito Processual Civil (Anhanguera/Uniderp). Membra do Instituto de Direito Administrativo do Pará (IDAPAR).

Octavio Cascaes Dourado Junior
Doutor em Desenvolvimento Sustentável do Trópico Úmido pelo NAEA/UFPa. Mestre em Engenharia Hidráulica pela EPUSP. Especialista em Direito Administrativo pela PUC Minas. Engenheiro civil e advogado. Professor adjunto IV da UEPA. Conselheiro Titular representando a UEPA no COEMA/PA. Presidente da Comissão de Princípios Jurídicos e Sustentabilidade do IDAPAR.

Pedro Simões da Silva
Graduando em Direito no Centro Universitário do Pará (Cesupa) e integrante do Grupo de Pesquisa Comunidade, Conflitos, Problemas e Insatisfações Sociais e o Estudo sobre Paz (CNPq).

Priscilla Vieira
Advogada, especialista em Direito e Processo do Trabalho. Coautora de livros. Membra do Instituto de Direito Administrativo do Estado do Pará (IDAPAR) e da Rede Governança Brasil. Conteudista no Instagram @priscillavieira.licitar. Palestrante. Professora de pós-graduação em Licitações e Contratos.

Renata Fabris Pinto Gurjão
Advogada administrativista. Sócia do Fabris & Gurjão Advocacia. Assessora jurídica do Conselho de Medicina do Estado de Rondônia (CREMERO). Mestranda em Ciência Jurídica pela Univali-FCR. Pós-graduada em Ciência Jurídica, Direito Administrativo, Licitações e Contratos Administrativos. Consultora ESG. Secretária-Geral do Instituto Rondoniense de Direito Administrativo (IRDA). Presidente da Comissão de Direito Administrativo da OAB/RO.

Sandoval Alves da Silva
Doutor e mestre em Direito pela Universidade Federal do Pará (UFPA). Procurador do Trabalho, professor da UFPA, no programa de pós-graduação em Direito (PPGD) e na graduação. Membro da International Association of Procedural Law (IAPL) e do Instituto Iberoamericano de Derecho Procesal (IIDP). Coordenador do Grupo de Pesquisa Comunidade, Conflitos, Problemas e Insatisfações Sociais e o Estudo sobre Paz (CNPq).

Sérgio Oliva Reis
Discente do curso de mestrado profissional do programa de pós-graduação em Direito e Desenvolvimento da Amazônia da UFPA. Advogado e Procurador do Estado do Pará. *E-mail*: olivareissergio@gmail.com.

Stefany Monteiro Lucena
Engenheira ambiental e sanitarista formada pela UEPA. Pós-graduanda em Recuperação Ambiental de Áreas Degradadas e Contaminadas – Faculdade Unyleya. Consultora ambiental.

Tátilla Brito Pamplona
Procuradora do Estado, especialista em Gestão, Projetos e Auditoria Ambiental pela UFPA e em Gestão Estratégica de Carbono pela FGV.

Victor Russo Fróes Rodrigues
Advogado e professor universitário. Sócio do Penna & Russo Advocacia, coordenador da área de Direito Público. Mestre em História pelo programa de pós-graduação em História Social da Amazônia (UFPA). Bacharel em Direito pela Universidade Federal do Pará (UFPA). Vice-diretor geral da Escola Superior de Advocacia da OAB/PA. Presidente da Comissão de Educação Jurídica da OAB/PA.

Esta obra foi composta em fonte Palatino Linotype, corpo 10
e impressa em papel Pólen Bold 75g (miolo) e Supremo 250g (capa)
pela Gráfica Star7.